The Carolina Curriculum
for Infants & Toddlers with Special Needs

卡罗来纳特殊教育课程

婴儿及幼童（0—36个月）

上册·评估课程

[美] 南希·约翰逊 – 马丁（Nancy M. Johnson-Martin）
[美] 苏珊·阿特迈尔（Susan M. Attermeier）
[美] 邦妮·哈克（Bonnie J. Hacker）著
张苗苗　高　旭　张俊杰　申文琪　张晶晶　李囡囡　译

图书在版编目（CIP）数据

卡罗来纳特殊教育课程：婴儿及幼童：第三版：全二册/（美）南希·约翰逊-马丁，（美）苏珊·阿特迈尔，（美）邦妮·哈克著；张苗苗等译. —— 北京：华夏出版社有限公司，2020.7

书名原文：The Carolina Curriculum for Infants and Toddlers with Special Needs，Third Edition
ISBN 978-7-5080-9838-8

Ⅰ.①卡… Ⅱ.①南… ②苏… ③邦… ④张… Ⅲ.①学前教育-特殊教育-教学参考资料 Ⅳ.① G764

中国版本图书馆 CIP 数据核字（2019）第 261483 号

Originally published in the United States of America by Paul H. Brookes Publishing Co., Inc.

Copyright © 2004 by Paul H. Brookes Publishing Co., Inc.

版权所有，翻印必究

北京市版权局著作权合同登记号：图字 01-2018-7347 号

卡罗来纳特殊教育课程：婴儿及幼童：第三版

作　者	［美］南希·约翰逊-马丁
	［美］苏珊·阿特迈尔
	［美］邦妮·哈克
译　者	张苗苗　高　旭　张俊杰　申文琪　张晶晶　李囡囡
责任编辑	黄　欣　刘梦宇
出版发行	华夏出版社有限公司
经　销	新华书店
印　刷	三河市少明印务有限公司
装　订	三河市少明印务有限公司
版　次	2020 年 7 月北京第 1 版
	2020 年 7 月北京第 1 次印刷
开　本	880mm×1230mm　1/16
印　张	27.5
字　数	435 千字
定　价	158.00 元（全二册）

华夏出版社有限公司　地址：北京市东直门外香河园北里4号　邮编：100028
　　　　　　　　　　　网址：www.hxph.com.cn　　　　　　电话：（010）64618981
若发现本版图书有印装质量问题，请与我社营销中心联系调换。

前言

近年来，在对残疾儿童进行康复治疗前，先对他的状况进行评估，借此形成有针对性的干预方案，做到有的放矢、个别化和精准化，已逐渐成为业内的共识。

中国残疾人康复协会在为全国的孤独症康复专业人员组织培训时，深切地感到引进和推广能够让广大专业人员易学、好操作，并能将评估与教学紧密结合的评估方法十分必要和迫切。通过专家推荐，并在华夏出版社和相关专业人员的共同努力下，卡罗来纳特殊教育课程终于能够在国内应用和推广了。

这套评估及干预系统能够有效地指导教师和家长对孤独症儿童进行早期干预、系统干预和个别化干预，此外还可以应用于智力、运动等发育迟缓儿童的评估和教学。为全国的特殊教育教师、康复专业人员和家长及时判明孩子状况，开展有针对性、有效果的干预打下坚实的基础。

希望这套评估干预课程能够得到广泛推广和使用，从而帮助更多的残疾儿童得到有效的康复治疗。

中国残疾人康复协会

许晓鸣

2019 年 12 月

译者序

初次接触卡罗来纳特殊教育课程是在入行不久的一个夏天,去美国参观一所孤独症谱系障碍儿童康复机构,机构的教学主管向我介绍他们使用的这套评估和教学干预系统。尽管当时的自己还只是一名一线的教学人员,没有接触过评估和更改项目等工作内容,但是已经被这套评估和干预系统吸引了,因为它里面的专业术语并不多,能够让使用者轻松掌握孩子每个成长阶段的各方面变化。当时作为康复领域新人的我,在阅读这本书时,仿佛看到一个慢慢长大的孩子,看到他各方面的变化和成长。尽管很欣赏这套教学系统和它的教学理念,但是因为工作单位并没有使用这套系统,所以它一直放在我的书架上。直到几年后,我回到北京工作,在工作中逐渐从一名一线教学人员转变为给学生进行评估、设计与更新教学计划的从业人员,这时我再次翻开这套书。

卡罗来纳特殊教育课程在表格和使用说明上的展现形式,与国内比较常用的教学评估系统比较相似,所以对于已经接受过上岗培训,并且参与康复教学计划的从业人员来说,看懂它并不难。这套教学系统的主要特点是:第一,这套系统针对所有发育迟缓的儿童,使用者可根据儿童的月龄来进行能力评估,获取教学建议,它是一套可以随时评估随时教学的系统,而且很鼓励家庭的介入,在每个教学项目中也给出了在自然情景下教学的相关建议;第二,这套系统讲求项目与项目之间的融合教学,虽然教学计划是独立列出的,但是在教学过程中需要把项目按照逻辑和相关性进行整理和实施,这样的教学更自然,也更连贯,也是目前康复从业人员在干预过程中需要提升的部分。所以看懂虽然不难,但是执行起来就需要从业人员认真去构思和操作。

卡罗来纳特殊教育课程提到在实际操作时需要遵循的9个基本原则,当中包括从业人员熟悉的重视结果和把教学任务细分成更小步骤的原则,还有需要提醒、不然可能会在繁忙的教学中忘记的原则:把游戏加入教学中;找到孩子的动机,然后再进行教学;给孩子足够的选择权;提供结构化的环境但同时要有变化;将学到的知识运用到生活中;使用的语言要符合孩子的理解能力;允许适当的安静时间，在这个时间里孩子可以在没有任务的情况下安心地玩一会儿。相信作为从业人员的你看到后，会理解我为什么将这些原则罗列出来，因为这些我们不是不知道，而是在实际教学过程中很容易忽略。

  这是一套项目覆盖范围比较全面、集评估和干预为一体的教学系统，两本书包含了从出生到 60 个月的儿童在各方面需要具备的能力。我希望大家在拿到书后，能够结合目前自己正在使用的能力评估和教学系统，取长补短，整合出一套适合孩子的教学系统。也希望通过这本书，能够让我们在教学过程中不时反思，我们教的内容是不是符合孩子的需要，是不是具有功能性，是不是一步步让孩子更好地融入主流。

国际行为分析协会中国分会主席

张苗苗

2019 年 12 月

致谢

本书的出版有赖于那些在前两版课程研发过程中发挥重要作用的人的努力。我们特别感谢前两版的合著者肯尼思·詹斯（Kenneth Jens）博士；感谢卡伦·奥唐奈（Karen O'Donnell）博士和佩姬·奥格斯比（Peggy Ogelsby）博士对第一版的学习指导章节的贡献；感谢朱迪·伯克（Judy Burke）协调了北卡罗来纳大学教堂山分校发展和学习障碍部的婴幼儿治疗计划课程最初的实地试验；感谢萨拉·卡特（Sara Carter，CCC-SP语言病理学家）在第二版的语言发展部分提供的巨大帮助；感谢芭芭拉·戴维斯·戈德曼（Barbara Davis Goldman）博士为我们在思考婴幼儿语言、认知和社交技能的见解方面做出的较大贡献；我们也感激发展和学习障碍部的主任哈里·钱伯林（Harrie Chamberlin），他鼓励我们并支持婴幼儿治疗计划的发展；我们感谢弗兰克·波特·格雷厄姆儿童发展中心的主任詹姆斯·加拉格尔（James Gallagher）博士，以及卡罗来纳州残障人士早期教育协会，第一版课程正是在协会的大力支持下研发出来的。

对于那些从繁忙日程中抽出时间来审查第二版课程并提出改进建议的专业人士，我们深表感谢。

最后，我们感谢鲍勃·约翰逊（Bob Johnson）为用镜头捕捉封面孩子的神采所付出的时间和专业知识，感谢家人和朋友对我们事业的支持，感谢希瑟·什雷斯塔（Heather Shrestha）鼓励和帮助我们对这个版本的课程进行修订，感谢麦肯齐·劳伦斯（Mackenzie Lawrence）引导我们从初稿到成品过程中付出智慧、勤奋、耐心和毅力。

致孩子们、父母们

和富有献身精神的儿童护理工作者们，

在过去30年里，他们走进我们的生活，

教会我们很多关于人类发展、勇气、决心、适应能力

和成就感的知识，没有他们，

就不会有这门课程。

目 录
CONTENTS

第一部分 课程描述

第一章 绪 论 …………………………………………………………… 003
第二章 学习指导：原则和建议 ………………………………………… 013
第三章 影响学习、发展和早期读写能力的环境因素 ………………… 019
第四章 使用卡罗来纳课程 ……………………………………………… 027

第二部分 课程序列

第五章 自我—社交
  序列 1   自我管理和责任 ………………………………………… 047
  序列 2   人际交往能力 …………………………………………… 058
  序列 3   自我概念 ………………………………………………… 075
  序列 4-I   自理能力：进食 ………………………………………… 089
  序列 4-II   自理能力：穿衣 ………………………………………… 105
  序列 4-III 自理能力：梳洗 ………………………………………… 112
  序列 4-IV   自理能力：如厕 ………………………………………… 118

第六章 认 知
  序列 5   注意力和记忆力：视觉/空间 …………………………… 123
  序列 6-I   视觉感知：积木和拼图 ………………………………… 142
  序列 6-II   视觉感知：配对和分类 ………………………………… 151
  序列 7   对物品的功能性使用和象征游戏 ……………………… 155
  序列 8   问题解决/推理 …………………………………………… 167

序列9　　数字概念 ··· 187

第七章　认知/沟通
　　序列10　　概念/词汇：接受性 ·· 193
　　序列11　　概念/词汇：表达性 ·· 208
　　序列12　　注意力和记忆力：听觉 ·· 219

第八章　沟　通
　　序列13　　语言理解 ·· 231
　　序列14　　对话技能 ·· 241
　　序列15　　语法结构 ·· 265
　　序列16　　模仿：仿说 ·· 272

第九章　精细运动
　　序列17　　模仿：动作 ·· 283
　　序列18　　抓握与操作 ·· 292
　　序列19　　双边技能 ·· 308
　　序列20　　工具使用 ·· 320
　　序列21　　视觉—运动技能 ·· 326

第十章　粗大运动
　　序列22-I　　直立：姿势和移动 ·· 333
　　序列22-II　　直立：平衡 ··· 350
　　序列22-III　　直立：球类运动 ··· 355
　　序列22-IV　　直立：户外运动 ·· 360
　　序列23　　俯卧（腹部朝下） ··· 365
　　序列24　　仰卧（背部朝下） ··· 375

附　录
　　附录A　　常见的障碍及其对幼儿发展的影响 ··· 381
　　附录B　　资源和推荐读物 ·· 382
　　附录C　　游戏和有运动障碍的儿童 ·· 384
　　附录D　　对有严重运动障碍的幼儿使用物品操作板来辅助教学 ············ 387
　　附录E　　动作发展里程碑 ·· 388

第一部分
课程描述

第一章 绪 论

自从《卡罗来纳特殊教育课程：婴儿》（Johnson-Martin, Jens, & Attermeier）第一版于1986年出版以来，早期干预领域发生了很多变化。随着1986年《残疾人教育法修正案》的颁布，美国的早期干预服务行业急剧扩张，从广泛分散的、仅针对儿童个人的服务机构，发展成每个州都拥有一个计划，这些计划致力于将儿童视为家庭单元的一部分；从只有少数得到训练的治疗师来与有特殊需要的幼儿一起工作，到目前拥有各种各样的经过专门教育和培训的专业人员，来和该群体及其家庭一起工作。目前我们有特殊教育工作者、言语治疗师、职业治疗师、物理治疗师、心理学家、护士、社会工作者和营养学家，他们都是早期干预领域的专家。此外，这些专业人士已经学会了共同合作，不仅分享信息和专业知识，还允许彼此角色之间的界限尽可能模糊。之前专业人员主要是在基于中心的项目中提供服务，目前已经转变成在家庭、儿童看护中心和幼儿园提供服务。现在专业人员已经和父母、儿童照料者以及教师建立了合作关系，以便在他们所服务的儿童的日常生活中开展和实施干预活动。

我们在研发第一套卡罗来纳课程时，早期干预服务领域迫切需要针对功能水平在出生至24个月龄范围内儿童的材料，以及针对那些有着严重障碍而不能在所有领域均衡发展的儿童的材料。因此，那个课程侧重于从出生至24个月龄的发展阶段，并试图通过将5个基本发展领域（自我—社交、认知、沟通、精细运动、粗大运动）内的技能分成24个技能序列，按照技能发展的顺序排列，来适应不均衡的发展模式。

对《卡罗来纳特殊教育课程：婴儿》的接纳，鼓励作者开发一个针对24至60个月龄发展范围内的儿童的配套课程：《卡罗来纳特殊教育课程：学龄前儿童》（CCPSN；Johnson-Martin, Attermeier, & Hacker, 1990）。在1991年修订婴幼儿课程（《卡罗来纳特殊教育课程：婴儿及幼童》第二版，CCITSN；Johnson-Martin, Jens, Attermeier, & Hacker）的时候，我们曾试图整合婴儿及幼童课程和学龄前课程。但是干预者发现，对于那些技能同时分散在两种课程中的儿童，很难有效地使用任何一种课程。

此次对CCITSN及其配套课程（CCPSN第二版）的修订，可为从出生至60个月龄的有特殊需要的儿童提供指导。目前婴儿及幼童课程包含的项目涵盖了从出生至36个月龄的发展技能，而学前课程的项目则涵盖了从24至60个月龄的发展技能。两个课程中关于24至36个月龄的序列和项目名称都是相同的，这样干预者可以顺利地从一个课程转换到另一个课程。

什么是 CCITSN 方法？

和 CCITSN 之前的版本一样，本版通过有层次的发展任务，把评估和干预联系起来，这些发展任务既与儿童的典型日常活动有关，也与长期适应相关——这是一种被巴格纳图、尼斯沃斯和芒森（Bagnato, Neisworth, & Munson, 1997）描述为"真实性"的方法。也就是说，干预措施以有意义的方式融入儿童的生活中。评估工具上的每个项目都与描述该技能教学流程的课程项目直接关联，由此提供了一个框架让使用者顺利地从评估过渡到干预。此版本具有以下特征：

1. 课程以典型的发展顺序为基础，但并不假定儿童将在不同领域，甚至在一个领域内以相同的速度发展（例如，儿童可能表现出典型的认知发展但伴随着极度迟缓的运动发育，或儿童可能具有与年龄相符的语法结构，但词汇量明显落后）。因此，该课程既可以用于缓慢但以典型模式发展的儿童，也适用于那些由于一种或多种障碍而导致发展模式明显不典型的儿童。

2. 课程以两种方式应对非典型发展。首先，将每个发展领域按照逻辑细分为教学序列（即在这种序列内，项目的顺序主要是由一个技能是如何建立在另一技能之上来决定的，而不仅仅是由典型发展的儿童学习这些技能的平均年龄水平来决定）。其次，针对每个发展领域中的项目都给出了一般性的调整建议，以适应儿童特定的感觉或运动限制。因此，对于一个运动能力发育严重迟缓，但具备潜在平均认知能力的儿童来说，他或她在认知领域的发展，并不会因为不能完成需要典型运动技能的认知项目而停滞不前。

3. 本课程是以这样的认识为基础的，即：很多有严重障碍的婴幼儿，即使努力干预，也永远不会典型发展。因此，在面对这些孩子时，我们必须考虑教授非典型但具备高度适应性的技能，这些技能可能会暂时或永久地取代典型技能。例如，如果儿童不能说话，那么可以教他或她用手指出或通过其他反应来做出选择、表达愿望等等。

4. 虽然课程是发展性的，课程的项目来自标准的发展评估工具、临床经验以及让·皮亚杰（Jean Piaget）式的观察，但是项目的建构是以行为学理论和方法论为基础的。课程还非常强调发展适应性功能的技能，即使这些并不一定是典型发展的技能（例如，虽然爬行是典型发展的技能，但当爬行不具备功能性时，可以发展用屁股往前移动或使用滑板的技能）。

CCITSN 中包含了什么？

CCITSN 旨在提供一种系统的方法，为功能水平在出生至 36 个月龄发展范围内有特殊需要的儿童制订干预计划。在这个课程中，你会获得：

- 一个标准参照评估，用于确定儿童对重要的社交、认知、语言、运动和适应性技能的掌握程度；

- 通过评估得到选择下一步教学目标的建议；
- 为包含教学目标的个别化家庭支持计划（IFSP）制定活动指南。

本次修订版有什么变化？

本次修订版的变化反映了重组项目以便顺利过渡到 CCPSN 的需求，修订者们意识到本课程的使用人群更加复杂，并希望这个版本包含以前版本中未提及的信息。

年龄范围的扩展

如前所述，本版 CCITSN 适用于功能水平在出生至 36 个月龄的儿童，之前版本涵盖的范围是从出生至 24 个月龄。

序列的重组

婴儿及幼童课程中除了加入了针对 24 至 36 个月龄发展水平的序列，其他序列也重组了，以便更顺利地过渡到学前课程。最值得注意的是，在认知领域，之前放在几个客体永久性序列中的项目，目前放在"注意力和记忆力：视觉"和"注意力和记忆力：听觉"这两个序列里。这个修改不仅仅是为了让本课程与学前课程更好地衔接，也是为了适应当前对客体永久性任务本质的认识，客体永久性任务目前经常被描述为"记忆和运动任务"（Agular & Baillargeon, 1999, p.137）。这种新的描述并不会降低这些序列的重要性，而是在认知发展中为其赋予了略微不同的角色。

表 1.1 列出了本课程中的序列清单及其所属的发展领域。注意其中有三个序列"概念/词汇：接受性""概念/词汇：表达性""注意力和记忆力：听觉"被列入认知/沟通领域。这些序列中所评估的技能被包含在几乎所有的认知能力测试和语言能力测试中，因此，它们显然同时属于这两个领域，在评估这两个领域的总体发展水平时，这些序列都应该被包含在内。

根据常用的发展测试的最新版本，包括：《贝利婴幼儿发展量表（第二版）》（Bayley, 1993），《Peabody 运动发育量表（第二版）》（Folio & Fewell, 2000），《学前儿童语言发展量表（第四版）》（the Preschool Language Scale, Zimmerman, Steiner, & Pond, 2002），有些项目在评估记录上被移动到不同的年龄水平段。

更加依赖于课程使用者的专业知识

我们在开发第一版的课程时合理地预期，大多数课程使用者不仅缺乏提供早期干预的经验，而且在婴幼儿发展方面也没有良好的知识背景。鉴于行业的快速发展，以及越来越多经验丰富的干预者加入，稍微减少提供的基础信息并鼓励使用者在使用课程时充分运用自己的经验和智慧，似乎才更合适。但是，我们认识到仍然会有一些缺乏经验的使用者，并且一些干预者认为向家长提供课程项目是有效的。因此，评估和课程项目仍将简明易懂，并提供恰当的例子。我们的目的是，在儿童发展方面拥有极少教学经验的人，也能够理解并遵循本课程的指导，来评估每个项目所代表的技能，并能遵循指导来开展工作，以促进该技能的发展。

表 1.1　CCITSN 的发展领域和序列

自我—社交		沟通	
1.	自我管理和责任	13.	语言理解
2.	人际交往能力	14.	对话技能
3.	自我概念	15.	语法结构
4-I.	自理能力：进食	16.	模仿：仿说
4-II.	自理能力：穿衣		
4-III.	自理能力：梳洗		
4-IV.	自理能力：如厕		

认知		精细运动	
5.	注意力和记忆力：视觉/空间	17.	模仿：运动
6-I.	视觉感知：积木和拼图	18.	抓握和操作
6-II.	视觉感知：配对和分类	19.	双边技能
7.	对物品的功能性使用和象征游戏	20.	工具使用
8.	问题解决/推理	21.	视觉—运动技能
9.	数字概念		

认知/沟通		粗大运动	
10.	概念/词汇：接受性	22-I.	直立：姿势和移动
11.	概念/词汇：表达性	22-II.	直立：平衡
12.	注意力和记忆力：听觉	22-III.	直立：球类运动
		22-IV.	直立：户外运动
		23.	俯卧（腹部朝下）
		24.	仰卧（背部朝下）

注意：序列 10、11 和 12 同时属于认知和沟通领域，在此表中单独列出

降低对特殊调适的重视程度

在《卡罗来纳特殊教育课程：婴儿及幼童》的前两个版本中，每个项目都包含了针对有视力、听力和（或）运动障碍的儿童的特殊调适，这造成了内容的冗余。鉴于经验丰富的早期干预专家越来越多，我们推断，在每个序列的开头提供调适的一般性建议应该就足够了，由课程使用者自己来设计具体如何调适，以满足他们工作时遇到的个别儿童的需求。

删除关于运动发展的章节

鉴于儿科的物理治疗师和职业治疗师可以提供有关运动发展的详细信息，以满足个别儿童的需求，我们认为不再需要关于运动发展的章节。我们鼓励那些没有幼儿运动发展背景的干预者从关于发展的流行书籍中获取信息，例如，《触点：孩子的情绪和行为发展：从出生至 3 岁》（*Touchpoints:*

Your Child's Emotional and Behavioral Developments: Birth to 3, Brazelton, 1992），或者《婴儿和儿童：从出生至 5 岁》(*Your Baby and Child: From Birth to Age Five,* Leach, 1997），或者上一版的《卡罗来纳特殊教育课程：婴儿及幼童》(Johnson-Martin et al., 1991)。如果干预者没有儿童运动发展背景，又需要了解某一个特定儿童的需求方面的信息，应该咨询物理治疗师或者职业治疗师。

| 加强对功能性活动的重视 |

当作者就第二版婴儿及幼童课程向使用者征求意见时，很多人建议，要对功能性活动给予更多重视。在某种程度上，这种担忧可能是由于对一个特定技能如何与更广泛的技能类别相关联缺乏清晰的认识。例如，一个干预者感觉自己花费了太多时间教儿童移除盖在物体上的布（客体永久性序列中很多项目的重点）。这些项目的目的并不是教导儿童把布拉起来，而是帮助儿童学习关注一个对象，并在不能看到它时还记得该对象（客体永久性）。各种各样隐藏物品的方式对儿童的注意力和记忆力提出挑战。这些行为的目的显然没有得到很清晰的说明。

在本课程的第三版中，在每个项目之下，之前版本的标题为"在每日常规活动中应用的部分"，本版的标题改为"每日常规和功能活动"，以此来强调在各种典型的日常情况下练习该技能的重要性，以及指出如何在环境中实践该技能以便提高效率。高效率可能意味着儿童能在游戏中发展出更强的独立性，好奇心渐增，为了实现不同的功能使用同一种技能等等。

然而，我们所写的任何内容，都不能替代你自己，请你运用自己的教育方法和经验，并从长远的角度考虑。早期干预的目的是帮助儿童掌握那些为幼儿园及以后的学习和适应社会做准备的技能。一些项目建议的功能活动或每日常规活动可能并不适合某些儿童，或者在某些民族文化背景下是不被接受的。因此，你需要考虑你所教授的技能，是如何与家庭为儿童设定的目标，以及儿童将来在学校和社区中所面临的需求相关联的。当有冲突或不适应的情况时，你需要考虑该序列是如何与家长的目标，以及儿童长期的学业、自理能力和社交技能相关联的。可能有必要尝试为儿童设计替代方案，以便他们在这些领域获得一些能力（例如，通过使用沟通板而不是通过讲话来掌握语言能力）。没有任何一般性的课程能够取代针对儿童特质的活动和目标。

| 强调早期读写能力 |

为了鼓励干预者考虑到儿童准备入学的长期目标，本版课程试图强调早期读写能力的重要性。自 20 世纪 80 年代以来，人们越来越认识到，早期读写能力不是从学习阅读和写字开始的（Notari-Syverson, O'Connor, & Vadasy, 1998）。更确切地说，它始于婴幼儿和学龄前阶段，通过以下的方式：

- 印刷/书籍意识：在儿童可以独立阅读之前就给他们书读，与他们之后的阅读能力高度相关。通过给儿童读书，让儿童看到他们阅读，以及指出周围环境中的文字等方式，父母和其他家庭成员在儿童读写能力的发展上起着重要作用。儿童对印刷的意识包括早期的涂鸦、绘画、字母/单词组合，以及对于书面文字可以表达思想的理解。

- 元语言意识：元语言意识是指思考、操作和谈论语言形式的能力。从本课程所涵盖的年龄层面来讲，这通常涉及对新发音和新单词表现出兴趣，以及认识到一个新单词拥有和已知单词共同的特性（例如，能够分离出单词的首音，形成押韵）。儿童通过韵律、唱歌以及挑出单词中的特定读音来学习这些技能。
- 口语：与阅读相关的口语技能包括使用单词和句子来描述事件、讲述故事、进行对话以及表达感受（Notari-Syverson et al., 1998）。

与早期读写能力相关的项目分布在整个课程中，包括培养儿童对语音的关注，对语音顺序的记忆，对图片和书籍的兴趣，理解词汇所代表的特定对象和图片，说话，配对图形，涂鸦，画图形。在为有特殊需要的儿童制订干预计划时，不管这个计划将在家中还是在幼儿园实施，早期读写能力都应该是首先考虑设置的长期目标之一。

本章末尾的附录中包含了一份早期读写技能清单。它涵盖了从婴儿到学龄前期间学习的技能（CCITSN 和 CCPSN 所涵盖的年龄段）。大多数技能都包含在本课程的一个或另一个序列中。技能清单的价值不仅在于帮助你评估儿童在早期阅读技能上的发展，还可以展示读写能力与特定课程项目之间的关联，这些项目可能侧重于发展视觉、运动、认知、语言或社交技能。

| 给家长和教师的参考资料：关于影响发展的一般情况 |

很多接受早期干预项目服务的儿童拥有非特定的"发育迟缓"，但缺乏更明确的诊断，一方面是由于幼儿的发展是多变的，从而导致难以做出正确诊断，另一方面则是由于专业人员不愿意给幼儿"贴标签"。作为本书作者，我们也有给儿童贴标签的担忧。但是，一个诊断有时候能够帮助父母和儿童获得有针对性的服务。此外，诊断也可能会对家庭计划和其他重要事项产生影响。

我们鼓励那些从事早期干预工作的人熟悉儿童早期发展受限的一般特征。当你与一位被描述为发育迟缓的儿童一起工作时，可能很明显的是，这个儿童不仅仅发育迟缓，还有特征表明其属于某种更特殊的情况，或者可能只是具有非常令人费解的特征。如果遇到这种情况，你可能希望鼓励这个家庭去寻求进一步的评估或专业咨询，以便更好地理解儿童发展问题的实质，尤其是当特定的诊断可以为家庭提供额外服务和支持时。为了帮助推进这个进程，本书后的附录 A 提供了一个发展受限的常见情况清单。保罗·布鲁克斯出版公司的网站（http://www.brookespublishing.com/ccupdates）上提供了每种情况的具体特征、它们对于发展的影响、对干预人员和授课教师的具体建议以及资源清单。

| CCITSN 针对的人群有哪些？ |

本版 CCITSN 旨在提供课程干预策略，适用于功能水平在出生至 36 个月龄发展范围内的有发展障碍的儿童。之前的版本曾被和你一样的各种各样的干预人员使用并获成功，包括：教育工

作者、心理学家、儿童照看工作者、公共卫生护士、物理治疗师、职业治疗师以及言语—语言病理学家。这些干预者与从轻度到重度的各种障碍的儿童一起工作。为了使本书被继续广泛地使用，在措辞上，我们尽量避免使用专业术语。此外，我们还努力提醒使用者，要对儿童表现出的某些特征或反应保持警惕，必要时需要寻求有特殊技能的专业人士的帮助（例如，物理治疗师、职业治疗师或者言语—语言病理学家）。

CCITSN 适用于以中心和以家庭为基础的干预项目。可以预期，在专业人员提供的建议和指导下，父母和其他照料者将能够在与有特殊需要的儿童的日常互动中使用本课程项目。

CCITSN 的项目是如何挑选的？

所有三个版本的婴儿及幼童课程的基本内容的编选方式与大多数其他早期课程相同。也就是说，审查了各种各样的发展性常模参照测试中列出的发展性技能，并将相关技能融合到课程中（例如：Bayley, 1993; Bzoch, League, & Brown, 1991; Folio & Fewell, 2000; Rosetti, 1990; Sparrow, Balla, & Cicchetti, 1984; Zimmerman et al., 2002）。在这些基本项目的基础上，添加了从心理发展序数量表（Ordinal Scales of Psychological Development, Uzgiris & Hunt, 1975）中挑选的项目，这是基于皮亚杰理论的知名认知测试之一；添加了作者认为的针对由于特定障碍而阻碍了典型技能发展的儿童的替代技能；添加了沟通意图清单（The Communicative Intention Inventory, Coggins & Carpenter, 1981）中的技能以扩展沟通部分的重点，以及一些作者认为对社交发展和动机很重要的其他技能。言语—语言病理学、职业治疗、物理治疗、护理、心理学、教育和营养等领域的专家们审查了这些技能清单，并为最终的定稿做出了贡献。

CCITSN 有哪些研究支持？

第一版的婴儿及幼童课程是作为联邦资助项目的一部分而开发的，并在美国 11 个州的 22 个中心进行了实地试验，为 150 名儿童提供了服务，其中包括一些有严重身体和（或）感觉障碍的儿童。

收集到的数据

有效性

没有课程经验的评审员完成了一个评估量表，量表涵盖了全面性、可理解性、对于准备个别化教育计划（IEP）的有效性、对各种残障儿童的适用性以及监测进展的方便性（感知可用性）。在使用课程 6—8 个月后，那些参与实地试验的人完成了类似的量表（实际可用性）。

课程实施的可靠性

每两个月访问一次当地实地试验的站点，并收集有关课程实施方式的数据。

儿童的能力进展

使用一个包含 5 个步骤的程序来检查课程对于促进儿童发展变化的有效性：初始评估、为期 3 个月的干预（针对适当序列中的一半内容）、第二次评估、另外 3 个月的干预期（针对剩下的序列内容），以及最终的评估。这样就可以比较儿童在重点干预序列以及非重点干预序列上的能力发展情况。

| 结果 |

收集的数据表明，课程使用者发现，《卡罗来纳特殊教育课程：婴儿及幼童》（Johnson-Martin et al., 1986）是有效的，也就是说，他们按照预计的方式实施课程，并且发现它促进了儿童能力的发展、提高。后续版本没有进行进一步的实地试验，但作者已经寻求并纳入了课程使用者以及儿童发展和早期干预学者们的反馈。

| 总结 |

CCITSN 的前两个版本已被应用于多种场合，以促进有特殊需要的婴幼儿的发展进步。前两个版本将发展性评估程序与课程活动联系起来，并提供了调整活动的建议，以满足有特定和严重障碍儿童的需求。本次修订试图在先前版本优势的基础上，通过回应使用者的反馈来更新课程，并解决先前版本存在的问题。

| 参考文献 |

Agular, A., & Baillargeon, R. (1999). Perseveration and problem solving in infancy. *Advancesin Child Development and Behavior, 27*, 135–180.

Bagnato, S.J., Neisworth, J.T., & Munson, S.M. (1997). *LINKing assessment and early inter-vention: An authentic curriculum-based approach*. Baltimore: Paul H. Brookes Publishing Co.

Bayley, N. (1993). *Bayley Scales of Infant Development* (2nd ed.). San Antonio, TX: Harcourt Brace & Co.

Brazelton, T.B. (1992). *Touchpoints: Your child's emotional and behavioral development: Birth to 3*. Boulder, CO: Perseus Publishing.

Bzoch, K.R., League, R., & Brown, V. (1991). *Receptive Expressive Emergent Language Test* (2nd ed.). Los Angeles: Western Psychological Services.

Coggins, T.E., & Carpenter, R.L. (1981). The Communicative Intention Inventory: A system for observing and coding children's early intentional communication. *Applied Psycholin-guistics, 2*, 235–251.

Education of the Handicapped Act Amendments of 1986, PL 99-457, 20 U.S.C. §§ 1400 *et seq*.

Folio, M.R., & Fewell, R. (2000). *Peabody Developmental Motor Scales* (2nd ed.). Los Angeles: Western Psychological Services.

Johnson-Martin, N.M., Attermeier, S.M., & Hacker, B. (1990). *The Carolina Curriculum for Preschoolers with Special Needs*. Baltimore: Paul H. Brookes Publishing Co.

Johnson-Martin, N.M., Jens, K.G., &Attermeier, S.M. (1986). *The Carolina Curriculum for Handicapped Infants and Infants at Risk*. Baltimore: Paul H. Brookes Publishing Co.

Johnson-Martin, N.M., Jens, K.G., Attermeier, S.M., & Hacker, B. (1991). *The Carolina Curriculum for Infants and Toddlers with Special Needs* (2nd ed.). Baltimore: Paul H. Brookes Publishing Co.

Leach, P. (1997). *Your baby and child: From birth to age five*. New York: Alfred A. Knopf.

Notari-Syverson, A., O'Connor, R.E., &Vadasy, P.F. (1998). *Ladders to literacy: A preschool activity book*. Baltimore: Paul H. Brookes Publishing Co.

Rosetti, L. (1990). *The Rosetti Infant-Toddler Language Scale*. East Moline, IL: LinguiSystems.

Sparrow, S.S., Balla, D.A., & Cicchetti, D.V. (1984). *Vineland Adaptive Behavior Scales*. Circle Pines, MN: American Guidance Service.

Uzgiris, I.C., & Hunt, J.M. (1975). *Assessment in Infancy: Ordinal Scales of Psychological Development*. Urbana: University of Illinois Press.

Zimmerman, I.L., Steiner, V.G., & Pond, R.E. (2002). *Preschool Language Scale* (4th ed.). San Antonio, TX: Harcourt Brace & Co.

第一章附录　早期读写技能清单

印刷/书籍意识

____用手拿书和玩书

____注视页面

____翻页

____视觉检查页面

____把手放在图片上

____当被要求"给我看……"时，能指出特定的图片

____有喜欢的图片或页面

____评论故事

____以正确的方向拿书（即，正面向上，从正确的一侧打开）

____有喜欢的书，并要求阅读它们

____看着图片谈论一个故事

____谈论时指着文字

____知道文字是从左向右排列的

____阅读环境中的印刷品和标志

____识别文本中简单的单词

____回答与故事相关的问题

____将故事与自己的生活经验联系起来

____知道字母的名称和发音

____在纸上做标记

____涂鸦

____仿画线条

____仿画形状

____仿写字母

____仿写单词

____假装书写

____使用自创的拼写来写短信息

元语言意识

____在游戏时使用环境中的声音

____被要求时重复单个声音

____在重复性的故事中填充下一句

____参与说童谣

____回忆一句话中的一个词

____理解并应用押韵

____识别单词的首音

____将音节组合成单词

____将单词分解成音节

口语

____使用单词

____使用句子

____描述事件时有开始、中间和结尾

____复述读过的故事

____展开持续的对话

____使用类别来描述对象（例如，动物、食物）

____在游戏中谈论过去的经历

____预测会发生什么

____区分真实和假装

____描述感受和动机

资料来源：Notari-Syverson, A., O'Connor, R.E., & Vadasy, P.F. (1998). Ladders to literacy: A preschool activity book. Baltimore: Paul H. Brookes Publishing Co.

第二章
学习指导：原则和建议

CCITSN 的目的是，当早期干预人员、残障儿童家庭和其他照料者努力优化儿童与周围世界（包括其中的人）的互动时，为他们提供支持。正如奥唐奈（O'Donnell）和奥格尔（Ogle）指出的那样，干预者和照料者"有独特而令人兴奋的机会来组织经验，让儿童知道他们所做的事情的确会对他们的环境造成影响"（Johnson-Martin，Jens，& Attermeier，1986，p.7）。

本课程所包含的每一个项目都是以已被证实有效的教育幼儿的原则为基础的。本章概述了编写本课程活动以及作者希望本课程如何被实施的基本原则，以下是这些基本原则：

- 融入游戏
- 跟随儿童的动机（由儿童来主导）
- 提供选择
- 使结果有效
- 通过任务分解来确保教学的成功
- 提供一致性和变化
- 将学习融入日常生活中
- 使用清晰的语言
- 允许安静的时间

融入游戏

儿童往往是在游戏情景中完成大部分学习的。至关重要的是，父母和干预者要将干预活动融入儿童的游戏，将与儿童的互动视为"游戏（play）"而不是"治疗（therapy）"，并设计一些游戏方法，使具有严重障碍的儿童也能独立玩耍。为了强调这一点，整个课程中的许多活动被描述为游戏。我们鼓励你尝试其他活动，无论是你自己创造的活动，还是从现成的为功能水平在出生至 36 个月范围内的儿童所设计的游戏活动、童谣和歌曲等书籍中所获得的活动。本书末尾的附录 B 中列出了一些例子。

游戏作为儿童认知、情感和社交发展的窗口，也是很关键的。通过观察儿童的独立游戏，和父母的游戏，以及和同伴的游戏，可以知道儿童对什么感兴趣，儿童想要了解什么，儿童使用了什么策略解决问题，儿童是如何处理挫折的，以及儿童是如何看待自己的社交世界的。在设计一个恰当的IEP时，应该考虑以后所有的因素。

儿童的发展障碍会影响他们的游戏方式。例如，孤独症儿童的一个显著特征就是刻板或范围狭窄的游戏活动。对于这些儿童，一种有益的方法就是地板时光（floor time），具体参见格林斯潘、威德和西蒙（Greenspan, Wieder, & Simon, 1998）的描述。指的是使用儿童所选择的玩具，和儿童在地板上一起玩耍，并允许儿童主导如何使用玩具。成人扮演的角色是帮助儿童扩展他们的游戏主题或活动。例如，当儿童正在旋转玩具汽车上的轮子，成人可以旋转另一辆车上的轮子，谈论轮子转动的快慢，或者示范在地板上推汽车，然后举起汽车看一看轮子是如何转动的。这可能会演变为在地板上长时间地推汽车，以及更复杂的假装游戏。

儿童的很多早期游戏都涉及某种类型的运动操作，因此运动功能的损伤可能会严重影响儿童的游戏发展，从而影响儿童的认知、语言和社交发展。本书末尾的附录C简要描述了典型的游戏发展阶段，针对那些由于运动障碍而不能与物品和人良好互动的儿童，附录C也给出了如何鼓励他们进行游戏的建议，以及一个个案研究实例。

跟随儿童的动机（由儿童来主导）

从出生开始，儿童就在尝试理解他们的行为对其物理和社交环境的影响。成功地造成影响，会强化他们的学习动机，以及他们日渐形成的视自己为有能力个体的概念（Jennings & MacTurk, 1995）。为有特殊需要的儿童提供课程的最大风险之一，是成人可能会过于注重指导儿童，力图按照成人的计划来教导儿童特定的技能，从而减少了儿童的自然探索，降低了儿童的主动性，并经常打断愉快的社交互动，而那却是早期个人和情感发展的重要方面。

因此，在为有特殊需要的婴幼儿（或者功能发展水平在此范围内的年龄更大的儿童）制订干预计划时，最重要的原则之一就是将干预与儿童的直接兴趣和正在进行的活动结合起来。

当儿童患有严重障碍或多种障碍，并且只能够参与少数正在进行的活动时，识别他或她的兴趣可能是很困难的。在这些情况下，教师和照料者必须发挥更积极和更富创造性的作用来激发儿童的注意力和兴趣，以及更换教具来提供更强烈或多样化的刺激。然而，尽可能多让儿童来主导活动依然是至关重要的，即使是让他们通过目光注视来选择活动。

提供选择

在典型的发展过程中，儿童出生后不久就开始做选择，并且终生都在持续做选择。早期的选择很简单（例如，是看向一个玩具还是看向一个人，是继续吮吸还是停止）。随着儿童变得更有能力、行动更自如，面对的选择也显著增加。此外，儿童会更有意识地做出选择，也会对自己做出的选择投入更多。做选择对于培养控制感和掌控感至关重要，同时也是沟通的一个重要方面（早在儿童会说话之前，选择就被用来表达需求）。

儿童的障碍越严重，面对的选择就越少。照料者经常陷入这样的陷阱，即只做他们认为对儿童最好的事情，而没有给儿童提供其他选择。这可能会导致儿童消极被动，没有沟通交流的需求或愿望。或者，如果儿童已经开始寻求独立，却很少有机会去做选择，那么他或她可能会变得非常叛逆。无论儿童的障碍是什么样的，照料者每天都应该有意识地努力给儿童创造选择的机会，并且应该尊重儿童的决定。例如，在进餐时间，照料者可以一手拿着果汁，另一只手拿着一勺鸡蛋。儿童看向哪一个或者伸手去够哪一个，就把那个给儿童。即使这仅仅是偶然的而不是一个"真正的选择"，也是在教导儿童，行为会造成影响，并为之后的谨慎选择奠定基础。至关重要的是，一旦儿童做出了一个选择，照料者就应该接受儿童的决定。因此，照料者必须提供双方都可接受的选项，并且不能预设儿童做出的哪一种选择是正确选择。

通过提供选择，可以避免"可怕的2岁"阶段的许多行为问题。如果让儿童在两种活动中选择一个，那么两个选项都被拒绝的概率是很小的，即使这两个选项通常都不是儿童偏好的活动（例如，"你现在想刷牙还是穿上你的睡衣？"）。当你尝试帮助儿童学习特别困难的事情时，这一点尤为重要。拿出两三种不同干预活动的相关教具，让儿童选择其中一个活动，然后再进行另外一个（或多个）活动。这样你就跟随了儿童的动机，给了儿童一种控制感，倾听了他或她的想法，表明了你对儿童的尊重，并且满足了你让儿童完成困难任务的愿望。

使结果有效

学习的一个最基本的准则是，如果行为后面跟随的是期望的或者有趣的事件，那么行为更有可能会重复或继续。然而，如果行为没有产生明显的效果或者之后跟随的是不喜欢的事件，那么行为则不太可能会重复或继续。我们行为的一些结果是物理定律的作用（例如，当你摇晃一个沙锤，它就会发出声音），但许多行为具有社交互动的功能（例如，如果对某个人微笑，他或她也会对你微笑；如果你做得好，你会得到表扬）。通过社交回应以及对儿童的周围环境进行控制，成人为儿童的大部分行为结果负责。

使结果有效的指导方针

通过提供有效的行为结果来促进学习，这听起来很简单，而且确实如此。但是，如果要有效地使用后果，必须牢记一些关键方面。

1. 在教导儿童（对于发展中的幼儿来说尤其如此）认识自己改变环境的能力时，请思考一下以下两名儿童的差异：一名儿童能够通过拉一根绳子来摇动风铃，而另一名儿童因为搭了两块积木而得到了糖果。两名儿童都可能会重复这些活动，并且因而"学会"了它们。然而，第一个儿童学会了如何影响物理环境（即摇动风铃），并且可能不仅仅是重复这个动作，还可能全天在其他活动中也尝试做这个动作。第二个儿童学会了去完成一个任务以便从成人那里得到糖果，而当没有成人在旁边提供强化物时，他可能对给定的活动或其他物品并不感兴趣。儿童的障碍越严重，照料者就越需要设置学习情境，以便在儿童与环境互动时会有有趣和期望的事情发生。例如，如果儿童有严重的身体局限性，可能有必要选择那些只需要儿童做出最少的动作就能产生效果的玩具，或者使用那些只需要最小动作就能激活玩具的电子开关。

2. 社交结果具有很强的影响性。从出生开始，儿童就需要关注，并且将会重复那些能够得到成人关注的活动。那些学会了关注儿童的恰当行为、忽略儿童不恰当行为的成人，将更可能遇到更少的行为问题。为儿童的成就由衷感到兴奋（例如，当儿童独立迈出第一步时，拥抱他或她），是对儿童内在成就感的良好补充。鼓掌、拥抱和其他表明认可的信号都是有效的结果，但应该被合理地使用，主要用于为学习困难的任务提供支持，在这些任务中，儿童最初可能难以取得或领会更自然的结果。

3. 当任务的性质决定必须使用社交结果、食物或其他奖励来支持或替代自然结果时，一旦有迹象表明儿童开始对行为的自然结果有反应，就应立即减少其他形式的强化。

4. 在教授儿童沟通技巧时，社交结果就是自然结果。儿童学习沟通时，需要有一个提供积极回应的倾听者。这开始于关注儿童的目光注视（例如，回应儿童的目光对视，对儿童正在注视的对象作出反应），然后从轮流游戏过渡到对话。

5. 同样的结果不是对所有儿童都有效。有些儿童会更容易对玩具作出积极的回应，而其他儿童可能更偏好社交。一些儿童只会对一两种结果（例如食物）作出回应，那就需要我们教授他们享受社交结果和环境效果。仔细的观察有助于确定适合特定儿童的最佳结果。

6. 多样化的积极结果会更有效。和成人一样，儿童可能会对同样的结果感到厌烦，之前所渴望的事件或体验会变得不那么令他激动。

7. 如果结果紧随着目标行为出现，并且能够被一致地应用，则该结果是最有效的。这有助于儿童认识到自己的行为和环境中所发生的事情之间的关系。当儿童在学习新事物，以及当照料者为消极行为提供负面结果（例如罚站）时，保持一致性尤为重要。当你试图消除一个行为时，应该在每一次行为发生时都给予结果。例如，儿童试图咬其他儿童，而他只是有时候会被排除在集体活动之外，该儿童可能会感到很困惑。

8. 当儿童开始理解语言时，向他们口头解释结果，可以提高结果的有效性。通过这种方式，儿童获得了关于他们如何影响环境的额外线索（例如"按下按钮，然后看电视""给我你的手，我会拉你起来""来吃午餐，然后我们去外面"）。

通过任务分解来确保任务的成功

为了确保儿童有持久的动机和兴趣，让他们体验成功是至关重要的。CCITSN 序列中的项目是按照对大多数儿童的预期难度排列的。虽然对大多数儿童来说，每个项目的流程都将是足够详细的，但是为了确保某些儿童顺利完成任务并促进其学习，有必要将一个任务分解成更小的步骤。任务分解可能涉及更换教具和（或）部分教学内容。例如，当儿童在抽去积木以保持积木平衡时遇到困难，而他的任务是搭建一个三层塔楼，那么你可以从鬃毛拼插积木开始，这样儿童不用考虑平衡问题就能把积木固定在一起。当儿童能够用鬃毛拼插积木搭建一座塔之后，就可以引入光滑的积木。为了满足不同能力的儿童的需求，必须创造性地分解任务。

提供一致性和变化

虽然听起来很矛盾，但儿童既需要环境中的一致性，也需要变化。一致性让儿童有一种安全感，干预者和照料者应该为儿童的生活提供秩序和常规，这可以帮助儿童认识到，世界在某种程度上是可以预测的。儿童能学到对特定的人应该抱以什么样的期待，以及洗澡、进食和穿衣等每日常规行为发生的顺序。儿童还能学到对特定玩具应该有什么样的期待，儿童可能会长久地通过重复一项活动来获得极大的乐趣，即使对成人来说，这个活动已经变得乏味甚至令人厌烦。当然，常规有时候会发生改变，但是一致性的感觉可以帮助儿童学会在他们的世界中感到安全，并学会信任他们的照料者。在这个安全的世界中，儿童才能够识别变化并有兴趣来引起变化。

将学习融入日常生活中

儿童每天都在各个发展领域中学习。虽然对于某些儿童而言，他们在某些领域的发展可能会相对超前，在其他领域的发展可能会比较滞后，但是在每一个活动中，他们有可能在很多方面学到新东西。例如，表演 Pat-a-cake 的童谣，涉及粗大动作、精细动作、认知和社交技巧。

同样，在每一次和儿童的互动中，不论是在为特定活动而预留的特定时间内，还是在日常照看活动中，干预者和照料者都有机会去鼓励儿童学习。事实上，有充分的证据表明，相比那些孤立于每一个特定教学活动中的经历，发生在日常生活中的经历对于教学来说更有效（Sandall，1997）。例如，一个正在练习提高抓握能力的儿童，在白天有很多机会练习这项技能（例如在穿衣、吃饭、洗澡以及游戏期间）。

使用清晰的语言

在和儿童说话的时候，重要的是，既不要用过于低龄的用语，也不要过度谈论儿童。这对于那些发育缓慢并且长期停留在婴幼儿发展阶段的儿童，以及那些由于发展障碍而影响了有效沟通能力的儿童来说尤为重要。

不要用过于低龄的用语

成人应该使用发音正确、成人形式的词汇（例如"马"而不是"小马马"），以鼓励儿童的语言发展并支持他们的社会发展。可以通过使用较短的句子来使语言更容易被理解，要随着儿童理解能力的提高而扩展句子。

不要过度谈论

如果儿童说话不多，成年人又倾向于当场讨论儿童（例如谈论他们的偏好、缺点），就好像儿童不在场或者听不到一样，这对儿童自我概念的形成和语言能力的学习都是不利的。

一定要与儿童交谈

要直接和儿童讲话，如果儿童不能说话，那么就寻找表示理解的其他线索。鼓励儿童通过任何可能的反应来做出选择。将儿童介绍给其他人，让儿童知道自己是被重视的。

允许安静的时间

像成人一样，所有儿童也都需要有自己的时间（也就是独自玩耍的时间，或者是在成人没有提出任何要求的情况下和成人一起玩耍的时间）。仅仅是通过对儿童作出回应，对儿童的兴趣表现出兴趣和热情，成人就能教会儿童很多东西。要一致地和有规律地使用课程材料，如本书中所提供的那些课程材料，但请记得，本版课程中介绍的活动，仅仅是儿童日常生活中重要常规活动的一部分。

总结

本章的重点是，通过将干预融入游戏和其他典型的日常活动中，敏锐地觉察儿童的发展水平、需求和愿望，提供恰当的结果，允许安静和独立游戏的时间，使用清晰的语言等，以这些方式来促进儿童的学习。然而，这些原则只是使儿童获得最佳发展的愿望方程式的一部分，另外一部分则是由更大的环境所提供的安全、保障和激励。这些因素将是下一章的重点。

参考文献

Greenspan, S.I., Wieder, S., & Simon, R. (1998). *The child with special needs: Encouraging intellectual and emotional growth. Reading*, MA: Perseus Books.

Jennings, K.D., &MacTurk, R.H. (1995). The motivational characteristics of infants and children with physical and sensory impairments. In R.H. MacTurk& G.A. Morgan (Eds.), *Mastery motivation: Origins, conceptualizations, and applications. Vol. 12: Advances in applied developmental psychology* (pp. 147–219). Norwood, NJ: Ablex Publishing Corporation.

Johnson-Martin, N.M., Jens, K.G., &Attermeier, S.M. (1986). *The Carolina Curriculum for Handicapped Infants and Infants at Risk*. Baltimore: Paul H. Brookes Publishing Co.

Sandall, S.R. (1997). Early intervention contexts, content, and methods. In A.H. Widerstrom, B.A. Mowder, & S.R. Sandall (Eds.), *Infant development and risk* (2nd ed., pp. 261–286). Baltimore: Paul H. Brookes Publishing Co.

第三章
影响学习、发展和早期读写能力的环境因素

本章重点介绍影响学习和发展的重要因素,这些因素在为婴幼儿制订干预计划时可能被忽视。我们在家庭和幼儿护理中心的工作中观察到,许多父母和照料者没有意识到,如果以促进儿童最基本的技能发展或为儿童早期读写能力奠定坚定基础的角度看,他们所提供的环境不是最佳的。首先,我们要探讨物理环境中影响儿童发展的重要因素。然后,我们再考虑音乐、节奏和运动在促进儿童发展中的积极作用。自20世纪60年代以来,人们越来越认识到早期接触音乐在促进儿童语言、情感、认知、社交和运动技能发展方面的重要作用(Campbell,2002;Gardner,1993;Madaule,1994)。最后,我们讨论促进儿童早期读写能力发展的家庭和学校的环境和活动。

| 准备物理环境 |

在家庭和教室中建立的环境,将为儿童的认知、运动、社交、情感、语言和识字技能的发展提供一个完整的框架。婴幼儿最好的学习环境是一个能够提供足够安全保障、满足其生理需求、有不同类型的游戏区域并且提供适当刺激的环境。

| 提供安全保障 |

家庭和教室的环境需要为儿童提供周密的安全保障。这有助于我们及早发现并避免潜在的危险,这些潜在的危险存在于从地板至儿童身高高度的可移动区域。

- 盖上电源插座并固定所有电线;
- 将危险物品(例如清洁用品、药品、剪刀)放置在高处并将其锁起;
- 遮盖锋利的边缘,保留开放区域和通过房间的通道,移除小地毯,并确保置物架不能被拉动。这些措施对于正在学习如何走路的儿童尤为重要,特别是对于有运动障碍的儿童来说。

| 满足儿童的生理需求 |

一个好的家庭环境和教室环境,要能够满足儿童的生理需求。

- 将玩具放在低架子上便于存取;
- 指定玩具的特定区域(儿童需要知道玩具放在什么位置);
- 使用适合儿童尺寸的家具。当坐在桌子旁边时,儿童的双脚应当平放在地板上或有踏脚凳

支撑；
- 确保将辅助器具（例如步行辅助器、站立架、轮椅）放置在儿童能够轻松获得的游戏区域中心。

不同类型的游戏区域

在家中，使用不同区域进行不同类型的娱乐活动，可能意味着在一栋房屋中使用不同的房间，或在一间或两间房间中划分不同的区域。一间教室应该被划分为几个不同的区域。不同类型的游戏包括安静/阅读、活动、艺术、操作、戏剧游戏/变装和音乐。

安静/阅读区

当儿童感到压力或者不知所措的时候，有一个安静的区域可以去是很重要的。在家里，这可能是儿童卧室的一个角落。在教室里，通常可以与书籍/阅读区结合，这往往是一个放有柔软的枕头和懒人沙发的、安静舒适的地方。热爱书籍是热爱阅读的基石之一。虽然你可能希望保护你为儿童提供的书籍，但他/她应该可以自由地接触一些感兴趣的图片和一些不易损坏的布书或者硬纸书等。

活动区

虽然活动区域一般在室外/游乐场，但室内也应该设有一个活动区域，这在天气恶劣时显得尤为重要。根据空间决定使用什么物品，但要在有可能的情况下为儿童提供以下物品：充满空气或水的水床垫、带滑梯的小型攀爬设施、海洋球池、蹦床、垫子/床垫或者布制玩具隧道。

艺术区

为儿童提供各种艺术创作的材料，包括颜料、马克笔、橡皮泥、手指画、粉笔、拼贴画材料、胶水和各种各样的纸。除了课程项目中包含的结构化教学外，还应鼓励儿童以非结构化的、开放性的方式去探索使用这些材料。学习使用这些艺术材料的过程比结果更重要（Kohl, 2002）。应避免对儿童的作品做出判断性描述，相反，应当给予具体的观察或反馈。例如，最好说"我喜欢你在这里使用红色"，而不是说"这是一幅很棒的画"。

鼓励儿童对艺术材料进行触觉探索，同时注意仍在吮吸物品阶段的儿童。如果儿童还处于这一阶段，可以尝试使用食物进行艺术活动，例如布丁或生奶油。使用此类材料进行小组艺术活动是促进社交互动的绝佳方式。

操作区

提供各种可操作的玩具，鼓励儿童同时使用他们的手和眼睛。其中一些玩具涉及封闭式的游戏，而另外一些则涉及更开放、富有想象力和社交性质的游戏。这样的教学区域通常会包括以下物品：

- 不同类型和尺寸的积木
- 一系列游戏拼图，从每件都有对应的孔的拼图到简单的连锁拼图

- 蘑菇钉和插板
- 形状分类器
- 动物玩具和人偶
- 汽车模型

戏剧游戏/变装区

当儿童达到幼儿发育阶段并开始用道具模仿成人的动作时，提供各种材料以促进儿童想象力与社交能力的发展是很重要的。在家里，这个区域可能会有一些简单的物品，例如儿童餐具、从厨房借来的一些炊具、动物毛绒玩具、玩具电话，还有一些旧衣服、旧帽子和旧鞋子。一些围巾也可以用来制作各种服装。许多教室里还会有儿童使用的炉灶、冰箱、娃娃床，以及各种各样的餐具、炊具和玩具食品。

音乐区

简单的拨浪鼓、摇铃和会响的球将有助于婴儿接触到不同的声音和韵律。对于年龄稍大的幼儿，还可以使用木琴、玩具钢琴和鼓。收音机或者 CD 播放器里的一些歌曲，可以使儿童得到音乐熏陶并且调整心情，轻柔安静的音乐可以让儿童安静地玩耍或休息，风格活泼的音乐可用在活动时帮助儿童释放被压抑的能量。

| 提供适当的刺激 |

儿童需要有各种各样的景象和声音来刺激他们，但是在一个混乱嘈杂、不可预测的环境中，他们并不能有效地学习。限制可用玩具的数量可能是一个好主意，这样他们就不会分心。如果家或教室里有很多玩具，请每隔几周更换一次。限制背景噪声也非常重要，家庭和教室都需要保持一定程度的安静和秩序。如果家里有电视，可以教儿童调整音量，不仅是电视的音量，学习调整其他物品的音量也很重要。在教室里，响亮和持续的噪声也是有害的。应强调控制内部声音/噪声和外部声音/噪声的重要性。通常情况下，以安静且坚定的声音说话，比大喊大叫更能有效地维持教室的秩序。

然而，重要的是，要认识到不同的儿童对于刺激的需求也不同。有些儿童性格随和且适应能力强，但有些儿童可能高度敏感或容易兴奋，有些儿童则可能反应相对迟钝。对于刺激的需求通常在婴儿时期很明显。环境的改善对于儿童有效地学习是非常必要的。

- 如果儿童性格随和且适应能力强：提供有趣和有刺激性的环境。这类儿童很容易就能够适应环境和计划表发生的微小变化。
- 如果儿童高度敏感或容易兴奋：设置可以放松的环境，使用中性色，保持低照明，间接、自然的采光最佳。避免视觉混乱，例如杂乱的壁纸或墙上挂着很多图片。制订活动时间表，降低噪声水平，播放安静而有节奏的音乐，慢节奏的鼓声可以使儿童放松，你的声音要保持柔和，动作要缓慢而温柔，使用柔软的、天然材质的服装和床上用品。在他/她有时间在一个有着更少刺激的环境中培养出应对技能之前，他/她无法在一个包括10—15名儿童的小组当中学习。

- 如果儿童反应相对迟钝：提供刺激性更强的环境，使用明亮和对比鲜明的颜色，播放节奏轻快和其他不同风格的音乐。在与儿童互动时，动作和声音要更生动。让儿童适当参加适合其年龄的体育运动，经常更换玩具。

提供满足儿童需求的环境是促进儿童最佳发展的有力工具，它是其他一切的基础。无论你是父母还是教师，创造一个让儿童感到舒适和安全的环境，并提供多样化和适当的学习机会，可以为儿童的成长和发展奠定重要的基础。

通过音乐和运动来丰富环境

早期的音乐体验有助于节奏和语速的发展，还能为认知、语言技能、社交互动、注意力、专注力以及运动协调能力的发展打好基础。音乐是一种强大的工具，可以将我们与自己还有其他人联系起来。分享早期的歌曲和韵律为儿童提供了可共享的文化遗产，不幸的是，这种遗产正在随着社会中音乐体验的快餐化而逐渐消失（Campbell, 2002），许多年轻的父母并不知道这些简单的歌曲和儿歌，因此也无法教给儿童。有特殊需要的儿童有时会表现出对音乐的强烈兴趣，有时可以通过使用音乐和唱歌的方式来鼓励胆小的儿童参加更具挑战性的活动。熟悉的歌曲（传统的或改编的）可建立新的习惯并使转换期变得轻松。在本书接下来的部分中，你将找到如何将不同类型的音乐融入儿童日常活动中的具体方法。

韵律

婴儿对韵律的体验始于子宫内听到母亲的心跳。这种持续而有规律的心跳易于使婴儿感到平静，并有助于组织婴儿的动作和行为。出生后，婴儿经常靠近父母的胸部可以感受到心跳的位置。对于年龄稍大的儿童，通常可以使用节奏稳定的鼓声这种类似的方式，来帮助儿童平静下来并组织他/她的行为。以稳定的鼓点演奏印第安音乐，可以帮助儿童从活跃的游戏状态过渡到休息状态。

唱歌

唱歌是与婴幼儿建立联系的绝佳方式。你唱歌时婴儿通常会变得安静且专注，可能还会开始根据韵律晃动他们/她们的胳膊或腿。轻柔的歌曲通常可以让烦躁的婴儿安静下来，例如摇篮曲。随着婴儿年龄的增长，他们/她们会开始跟着一起唱，起初可能是没有歌词的曲调，但逐渐地他们/她们将开始填充歌词。重复性的歌曲很自然地为婴幼儿提供了唱歌的机会，例如 *Old MacDonald（Had a Farm）*。先把你知道的歌曲唱给儿童听，但是也要利用现有的儿童歌曲书籍，这样你就可以为儿童提供更丰富的音乐体验。最后，一定要自己创作歌曲。大多数儿童会对简单的自创歌曲着迷，这些歌曲可以伴随日常活动，如清洁、穿衣或刷牙。

| 吟唱 |

简单的颂歌或韵律为儿童提供了语言的节奏，尤其是韵律。它们也适合那些不太喜欢唱歌的成年人。例如，*Hickory，Dickory，Dock*；*Simple Simon*；*Baa，Baa，Black Sheep*；*This Little Piggy* 或 *Jack and Jill* 等歌曲。

| 音乐唱片 |

唱片音乐可以为儿童提供丰富多样的接触音乐的机会。幼儿时期的音乐体验可以培养儿童未来对音乐的理解，就像我们接触到的语言培养我们对语音的理解一样（Campbell，2002）。因此，让儿童接触各种各样的音乐，包括来自不同文化背景的音乐，是非常重要的。找一些高质量的音乐唱片，包括那些可能不是专门为儿童录制的音乐。众多儿童音乐的一个最佳来源是"Music for Little People（001-800-346-4445）"。

| 手部动作 |

从幼儿最喜爱的歌曲（例如 Pat-a-cake 和 The Itsy Bitsy Spider 等）开始，简单的手部动作能帮助幼儿学习模仿技巧，获得节奏感和时间感。一开始，你应该辅助儿童学会每一个动作，再逐渐撤销肢体辅助。这类活动常常会受到幼儿的欢迎，许多幼儿希望能够一次又一次地重复这些活动。

| 打击乐器 |

收集和（或）制作各种各样的打击乐器（例如鼓、木棍、手鼓、振动器、铃铛、沙锤等）。自制的鼓可能是盒子或者是锅和一个木勺。一个振动器可能是装进一些米、盖子盖严的胶卷盒。确保乐器是安全坚固的，漆面无毒，边缘光滑。给儿童演示如何使用乐器来发出各种声音，然后让儿童探索乐器，也可以让儿童模仿你："你可以弹得快一点吗？"或者"可以弹得慢一点吗？""你可以用力一点吗？"或者"可以轻柔一点吗？"使用乐器来使歌曲中的声音变得生动（例如，摇晃沙锤模仿下雨的声音）。在唱歌或听音乐时，演示如何使乐器与音乐协调一致。儿童可能要到2岁以后才开始学会用乐器保持节奏。

| 运动 |

儿童先天就会对音乐作出反应，即使是婴儿也会自发地随着节奏摇摆。在给婴儿唱歌的时候，让他们躺在你的臂弯里，然后轻轻摇晃。在你唱快歌或者其他富有动感的歌曲时，可以把他们放到膝盖上轻轻上下晃。年龄较大的儿童，在播放音乐或者敲鼓的时候就可以在整个房间里进行活动了。音乐要能够使整个身体动起来，例如"If You're Happy and You Know It, Clap Your Hands（如果感到快乐你就拍拍手）"，这些能让双臂伸展、双手触地、转一转身体的歌曲。还可以利用歌曲来认识身体部位，例如头部、肩部、膝盖和脚趾。

参加音乐和运动的小组课程，是儿童接触各种音乐，在社交情境当中体验音乐并与其他人一起分享音乐体验的好机会。音乐和运动的小组课程还可以扩充家长的音乐曲目，让他们与自己的孩子分享。如果你需要这方面的帮助，可以找你所在地区的教师，联系幼儿音乐和运动协会（001-360-568-5635）。

利用环境促进早期读写能力

文本丰富（text-rich）的环境以及成人定期通过文字或图片与儿童分享书籍，是发展儿童早期读写能力的最重要的两个因素。文本丰富是指纸质资料丰富（如报纸、书籍、杂志），使儿童能接触到印刷字体，并有机会观察成年人阅读的内容，无论是报纸、食谱、制作玩具的说明还是电脑显示器上的印刷字体。

家庭环境中的早期读写能力

给儿童读书应该作为家里的日常活动进行，可以先从色彩鲜艳、质地舒服的婴儿图画书开始，再逐渐转向适合2—3岁儿童的故事书或押韵书。鼓励父母在为儿童读书时使用"lap method（儿童坐在父母怀里阅读）"的阅读方式。为了效率最大化，父母和照料者应该专注于培养儿童发现阅读的乐趣，而不是单纯地教儿童阅读。父母和照料者要能用有趣的方式解释书上图片和文字的含义，引出基于故事的问题，并将故事与儿童生活中实际的经历联系起来。喜欢的书籍可以多次阅读，并且应该阅读新书。制作关于儿童一天的相册书也很有趣，用照片描绘儿童的日常活动（例如起床、吃饭、上学、洗澡等），熟悉的活动和人的照片也更能吸引儿童。

鼓励父母和照料者模拟和谈论与读写相关的场景。例如，可以向儿童展示如何按照食谱来烹饪，如何阅读报纸，如何辨别喜欢的商标或如何看路标。

如果儿童父母的读写能力不好，父母与儿童的关系就有可能在儿童的教育过程中变得疏远（Lewis，1992），所以请尽你所能让父母参与其中，向父母指出，他们可以通过一些基础活动（例如帮儿童拿着书、移动书和为他翻页）来为儿童的读写能力做出贡献。通过编写一个带图片的故事，父母可以帮助儿童专注于细节，并了解故事情节的发展。没有文字的书籍例如"Carl the Dog"系列，可用于教授所有的基本概念。应该传递给儿童的最重要的信息是：阅读是愉悦的。如果父母想要提高自身的读写能力，可以鼓励他或她寻求当地的读写协会或者社区学院的帮助，进行免费学习。

非英语国家的儿童和家庭

如果父母来自非英语国家，强烈建议他们使用母语给儿童读书。如有必要，还可以帮助他们翻译该国的书籍。也鼓励他们将儿童的注意力吸引到环保食品（如麦片盒和罐头食品）的文字和标识上。让他们知道，最重要的是，让儿童将阅读当作一项重要而愉悦的活动。

托儿所或幼儿园里早期读写能力的活动

提供文本丰富的环境，包括图片、海报、家具和门上的标签。当你为游戏设置主题时，要纳入可用于读写的材料和其他一些小道具。例如，在厨房区域可以使用纸和记号笔，用于制作购物清单和简单烹饪书；在积木和拼图区域可以使用字母块和字母拼图。和儿童一起玩，帮助他们组织游戏并进行读写活动的示范。在游戏时间和午餐期间，让儿童谈论他们的活动和感受，除特定教育目的外，应尽量不让儿童看电视。

每天给儿童读书，交替使用新书和他们喜爱的旧书。为儿童读书时，鼓励他们运用视觉进行观察，并预测接下来将发生什么。对于低龄儿童，可以读故事情节重复出现的书籍，如 *Are You My Mother*？或者 *Brown Bear*，*Brown Bear*，培养儿童的注意力、记忆力和推理能力。

保留房间的一角，用于让儿童安静地阅读书籍，为了营造轻松的氛围，可以放置靠垫和小沙发。请记住，许多儿童也喜欢配有录音带的书籍。

如果你的上课对象包括非英语国家的儿童或以英语为第二语言的儿童，请在课堂上应用该国的语言和文字，这样做有以下几个用途：它为此类儿童将语言转换到英语提供了一个过渡，让他们也能学习到自己国家的语言；还可以让这些儿童的父母知道他们在课堂上是受欢迎的。除此之外，也能够让英语国家的儿童认识到其他语言的存在。为了让儿童接触另一门语言，你可以同时用英语和其他语言标记环境里面的同一种物品，唱 / 听其他语言的歌，或者提供非英语国家儿童熟悉的食物，最好有该国语言的包装或标签。

| 改编早期读写材料以适应有特殊需要的儿童 |

你需要付出更多的努力，来帮助那些不能轻松地参与早期读写能力活动的儿童获得能力。言语治疗师、职业及物理治疗师和视觉专家可以帮助你编制读写用的材料，选择合适的媒体工具并制定相应的策略。这些专家可以为儿童提供由手势或图片组成的、与阅读相关的可替代交流系统，年龄较大的学龄前儿童可以使用计算机系统，治疗师还可以协助选择识字软件和书籍录像带。虽然每个儿童都是独一无二的，但以下想法可以帮助你迈出第一步。

适用于运动障碍儿童

可以在每页的右上角嵌入一小块带有粘合剂的挡风雨条，让儿童翻页更容易。你还可以将书里的页面剪下来并将其插入用三环活页夹固定的塑料套页里。

将魔术贴（带有塑料刷毛的一侧）放在书本封面的外面，这样可以将书固定在地毯上。轻质橡胶书架衬垫非常有助于将书籍固定在平面上。

确保儿童能够自己拿到书籍和书写用的材料。如果儿童会在地板上走动，请将材料放在矮架子上。提供合适的书写和绘画材料，例如圆头蜡笔或者粗记号笔通常很有帮助。为了确保有运动障碍的儿童能够参与集体游戏和活动，包括培养早期读写能力的活动，给予身体辅助是非常有必要的。

适用于视力障碍儿童

大多数有视力障碍的儿童，视力都有一定程度的问题。可提供色调明亮的材料，以鼓励有视力障碍的儿童使用其残余视力。对儿童进行测验，看看他 / 她最易感知到哪种颜色。视觉专家可以提供灯箱来为阅读材料照明。还可提供具有触觉功能的书籍，并教儿童在讲故事时用手指触摸书页。

适用于听力障碍儿童

关于沟通的策略，请咨询儿童的父母和言语—语言治疗师。使用手语和图片系统会有所帮助。学会使用儿童能理解的手语，并在可行的情况下教导课堂上的其他儿童使用手语。家长和

（或）教师可以制作将文本与手语标识相结合的书籍。你可以轻易地使用手语制作一个成人阅读故事的录像。

| 总结 |

第二章和第三章指导如何通过与儿童的互动，以及如何通过提供适当的环境或优化环境来促进儿童的学习和发展。在此基础上，我们就可以继续探讨如何评估儿童，并使用 CCITSN 制订适当的干预计划。

| 参考文献 |

Campbell, D. (2002). *The Mozart effect for children*. New York: HarperCollins.

Gardner, H. (1993). *Frames of mind: The theory of multiple intelligences*. New York: Basic Books.

Kohl, M. (2002). *First art: Art experiences for toddlers and twos*. Beltsville, MD: Gryphon House.

Lewis, A. (1992). *Helping young urban parents educate themselves and their children*. New York: ERIC Clearinghouse on Urban Education. (ERIC Document Reproduction Service No. ED355314)

Madaule, P. (1994). *When listening comes alive: A guide to effective learning and communication*. Norval, Ontario, Canada: Moulin Publishing.

第四章
使用卡罗来纳课程

　　CCITSN 是一个系统的课程，可以直接将技能评估与活动联系起来，以促进儿童学习那些尚未掌握的技能。它包括一个可以进行多重评估的评估记录表（Assesment Log），可以跟踪儿童一段时间内的能力发展情况；还包括一个阶段性评估报告（Development Progress Chart），可以在视觉上直观展示儿童在不同领域的发展。课程项目还会描述必需的教具和流程，来促进评估记录表中所列出的各项技能的提高。每个项目还列出了判断儿童是否充分掌握了技能并且可以学习更高级技能的标准。

| 评估 |

　　首先，在制订任何干预计划之前，都要仔细评估儿童的能力发展水平。为此，本课程列出的 24 个序列已被纳入评估记录表（可在本章后面找到），并为评估留有一些打分的空间。各种格式的评估记录表以及阶段性评估报告可从保罗·布鲁克斯出版有限公司（Paul H. Brookes Publishing Co.）获得。热线电话为：001-800-638-3775（美国和加拿大）或 001-410-337-9580（全球热线）。网址为：http://www.brookespublishing.com/ccupdates。课程序列的相应数字，与顺序跟重要性无关。每个序列都代表了一个重要的发展领域。因此，重要的是，对每个儿童进行的所有序列评估都应适合其发育水平（一些序列直到儿童发育水平达到 6—9 个月后才适用，而另一些序列在儿童出生时就适用，但不适用于 1 岁之后）。同样重要的是，要对儿童家庭养育子女的文化习俗保持敏感，并尊重他们对某些事情的信仰（例如，一些文化背景下，家长会强烈反对儿童参与镜面游戏）。

　　评估过程分为四个步骤，从一段时间的非正式观察开始，到最后完成一个以视觉形式呈现、包含课程中 24 个序列的儿童技能图表为止。评估的目的是确定儿童已掌握的技能以及接下来哪些技能应该作为他或她的发展目标。

　　请注意：虽然完成的图表为了解儿童每个项目的发展水平提供了基础，**但至关重要的是，本课程的使用者需要认识到，本课程评估不是标准化的评估工具**（例如与《贝利婴幼儿发展量表》不同），并且本课程是基于标准化评估工具和婴幼儿发展的文献信息来估算儿童的年龄水平。

| 第 1 步：准备 |

　　在开始评估之前，你应该完全熟悉评估记录表，能够识别每个项目中包含的各种技能，并且通常要了解每个序列项目中相对较难的点。大多数项目都是不需要多加说明的，但是如果你不清楚应该如何评估某一特定技能，请转到与其相关的课程项目，以获得解释说明。

请注意，在评估记录表和阶段性评估报告中，项目描述的右侧有四列空白。这是为了在四个不同的时间点（例如，儿童第一次进入干预计划时以及 4 个月、8 个月和 12 个月后）记录该儿童的能力发展水平。在每列的顶部输入当前评估的日期。

收集评估所需的教具（参见表 4.1）。评估不需要使用一整套的特定教具，所有需要的物品都是普通的儿童玩具或日常物品，通常在儿童的家里或照护环境中都能比较方便地获得（注意：切勿让儿童无人看管，也不要留下任何会造成窒息危险的小物品）。有些人觉得随时携带一盒玩具进行评估更方便，但是使用儿童 / 照料者熟悉的材料通常更适合。使用熟悉的材料进行评估，

表 4.1　CCITSN 所需的材料

以下是在使用 CCITSN 评估时发现的有用的材料，在项目目标不变的前提下，可以随时修改材料以适应儿童的障碍或其家庭的风俗习惯。

不同材质的玩具	球（3 英寸和 8 英寸）
钟声、摇铃和其他可发出声音的玩具	简单的泡沫软垫板和带有圆形、正方形和三角形形状的盒子
各种颜色鲜艳的小玩具，包括一些可以产生有趣的视觉效果或儿童很小的动作就能发生声音的玩具（如响球、智立方、软的挤压玩具）	几个不同直径的木钉
	带包装纸的口香糖或糖果
	小食品（如谷物圈）
手帕大小的几块布	波普珠子
勺子、叉子、刀、杯子、瓶子、碗、吸管，还有儿童常吃的食物	用于穿线的大小珠子
	带盖子的小罐子
镜子	杂志、图画书和简单的故事书，硬纸书
蜡笔	一个或多个系绳子的推拉玩具或其他物品
大小钉板和钉子	可水洗的马克笔、蜡笔和纸
手指画、布丁或生奶油	几个小的发条玩具、陀螺或其他必须以某种方式操作才能产生效果的玩具
橡皮泥或纸黏土	
各种容器，有些盖子上有孔	玩具锤、打桩台或可以用锤子把球打进去的盒子
选择一些日常用品（如牙刷、梳子、纸巾、鞋、球）	
	适合 2 至 3 岁的儿童使用的木制镶嵌式拼图
家务中心的常见物品（如扫帚、簸箕、抹布、钱包、帽子、玩具、炊具）	简单的 4 到 5 块相互连接的拼图
	木琴与木槌
娃娃、娃娃家具、毛绒动物、玩具车和玩具卡车	带有大纽扣和纽扣孔的布带或衣服
各种尺寸和颜色的积木，包括一些 1 英寸的方块	剪刀和可以被剪成各种形状的彩纸
一个套圈（可以套在锥形柱上的大小不等的圈）	

能帮助照料者更好地理解评估结果，以及更容易将干预活动融入儿童的典型日常生活中。

| 第2步：观察 |

请选择一个儿童和照料者都可以舒适地一起玩耍的地方，并且可以避免其他儿童或电话铃声的干扰，等等。评估通常可以在地板上进行。请照料者采用典型的方式和儿童熟悉的玩具或物品（或自己组装的材料）来和儿童玩耍。在这段时间内，你可以确定儿童和照料者喜欢一起做的活动以及照料者如何引起儿童的注意和反应，还可以确定儿童的一般发育状态。你会发现这个短暂的非正式观察期（15—20分钟）将提供足够的信息来对序列中的许多项目进行评分，而无需进一步评估（尤其是涉及沟通和运动的项目）。在这段时间里，你还可以与儿童及其照料者建立舒适的关系。

评估记录表评分的惯例是：儿童掌握的技能记加号（+），与之前表现不一致或新出现的技能记加号/减号（+/-），用减号（-）表示儿童无法做到的技能。对严重运动障碍的儿童进行评估时，如果儿童是通过身体辅助来完成任务的，在（+）或（+/-）旁边添加（A）。例如，稳定肩部以便儿童可以更好地控制他或她的手臂和手，来进行认知和视觉运动的活动。（A）也可以放在阶段性评估报告中，如第4步中所述。

| 第3步：直接评估 |

要完成评估，需要照料者尝试与儿童进行特定的活动，或是你自己亲自与儿童进行相应的活动。当儿童表现出尚未掌握某一项技能时，请解释你试图评估的技能，并询问照料者是否曾见过该儿童在其他情况下展现出该技能。如果照料者表示儿童之前展现过该技能，那么你和照料者必须共同决定该技能是否相对较新而没有得到泛化（即新形成的技能），或者是否已经充分掌握并可以开始序列中的下一个任务。有一些技能，特别是在自我—社交序列中的技能，你可能很少有机会观察到，因为它们在家庭环境中才最自然和最具功能性。对于这些，有必要完全依靠照料者的报告。

每个课程序列中的项目按其预期的发展顺序列出。也就是说，项目a中描述的技能通常在项目b之前学习，项目b中的技能在c之前学习，依此类推。在理想情况下，如果观察到儿童已经掌握了序列中的项目c而没掌握项目d，则可以假设儿童也掌握了项目a和b，但还没有掌握项目e和f。儿童通常会同时练习几个相关的技能，然而对于哪个技能将首先出现，几乎没有一致性的说法。此外，特定的障碍可能会对序列中的各种技能产生不同的影响，从而破坏通常的技能掌握模式。因此，重要的是，要在每个序列中评估足够数量的项目，以确定哪些技能应成为干预的重点。一般来说，我们需要持续实施项目，直到儿童通过一个年龄阶段（例如3—6个月）的所有项目并且不符合另一个年龄段的标准（一个年龄跨度的结束和另一个年龄跨度的开始，由延伸到评估记录表中项目左侧列的一条横线表示，标记跨度结束的年龄水平在这条横线的上方）。

第一次使用CCITSN进行评估时，看起来既令人困惑又耗时。然而，通过一些练习，你应该会发现，评估通常能在60—90分钟内完成。尽管有许多项目需要评分，但完成一个序列可能只需要几分钟，因为项目彼此密切相关并且可能需要相同的材料。你还会发现，被用于评估一个序列中的技能的活动，通常也会涉及另一个序列中的技能，你可以在轮到该序列时对其进行评分。例如，你可能正在评估儿童配对颜色的能力（序列 6-II 中的项目 6-IIb），并发现他或她不仅能配对颜色，而且还能在命名时辨别它们（序列 10 中的项目 10s）。如有必要，可根据儿童的状态和时间限制，分两次或两次以上进行评估，这是完全可以接受的。

第 4 步：完成阶段性评估报告

可以在评估记录表的前面找到阶段性评估报告。评估记录表中的每个项目都由阶段性评估报告的表格方块表示。使用荧光笔或其他彩色书写工具，填充标有（+）的项目方块。在标记为（+/-）的项目方块内画一条对角线，并涂满一半颜色。标有（-）的那些方块应留空。如果所有的项目都通过了，就在年龄跨度之前的方块里涂色（参见第 34 页的案例研究）。

此图表会以图画的形式呈现儿童的相对优势和劣势。随后的评估可以使用另一种颜色标记图表，以显示随着时间的推移儿童取得的进步。

选择教学/干预目标

为 IFSP 选择要达成的目标，应该是干预者和儿童照料者协作的过程。在课程评估中必须将照料者的目标与愿望呈现在接下来要学习的技能里。以下内容概述了从课程评估中选择教学目标以纳入 IFSP 的最有效的程序：

1. 在评估记录表中，列出每个主要发展领域（自我—社交、认知、沟通、精细运动、粗大运动）需要学习的下一个技能。根据儿童的发展水平，将提供 16—22 个项目的列表。
2. 与儿童的父母或其他照料者会面。邀请他们分享他们的关注重点以及他们为儿童设置的长期和短期目标。向照料者展示阶段性评估报告和下一个技能列表，按照图表所示来讨论儿童的优势和劣势，以及照料者的目标如何与下一个技能列表相关联。
3. 告诉照料者和老师如何通过日常护理活动来转入下一技能的发展，例如喂食、梳理头发、给儿童洗澡等，确定一个或多个可以轻松融入这些活动的技能目标。
4. 与照料者一起，从每个主要领域中选择几个接下来要学习的技能，这些技能将成为下一个干预期的重点，并且会成为儿童的干预目标（intervention objectives）。
5. 设定重新评估儿童的大致日期，目的是从刚刚完成的干预中所遗漏的序列里选择目标。

积极应对目标上的重要差异

在某些情况下，干预者会觉得很沮丧，因为家庭的干预目标可能与干预者认为恰当的干预目标截然不同。例如，干预者可能很清楚，2 个月大患有严重脑瘫的儿童，在未来既难以通过呼吸控制也难以通过口腔运动控制来发展言语作为主要交流方式。专业人员可能觉得应该让儿童尽快学习扩大替代性沟通系统（AAC）。然而，儿童的家庭可能会反对用其他任何不属于语言的方式进行沟通干预。在这种情况下，必须保证照料者和干预者之间的合作关系不会因此受到干扰。干预者应该努力探索各种方法来帮助家庭解决他们的主要问题（例如获得言语治疗），同时在照料者准备好的时候（以及有可能的情况下）去探索其他选择。与此同时，在干预过程中可能会发现许多有助于转换到 AAC 系统的技能，可以作为其他干预目标的一部分，护理人员会完全同意这些目标（例如，帮助儿童发展准确的触摸、指向或眼睛注视反应，这将使他或她能够完成配对任务以提高认知技能，但同样也可以在以后用于学习使用 AAC 系统）。

制订教学/干预计划

将清单中的项目转变为干预计划，基本上有两个步骤：第 1 步，回顾相关的课程项目；第 2 步，将几个课程项目合并为一个活动或一系列相关活动。

第 1 步：回顾相关的课程项目

课程中的项目与评估记录表中的项目相对应，根据序列和项目编号来识别（例如，序列 14：对话技能，项目 14a）。确定与你选择的目标一致的课程项目，每个课程项目都有四个部分：

- 教具：列出的大多数材料是家中常见的玩具，或者可以用简单廉价的材料制成。对于许多项目，特别是沟通领域的项目，不需要特殊材料。在这种情况下，材料被描述为"不需要"。

- 流程：本节通常会描述一项活动，可以让你评估儿童是否能够执行被评估的技能。这项活动也是以一对一的方式教授技能的第一步。它可能包括两项或多项用于教授技能的活动，并描述以何种方式促进和强化儿童的学习效果。

- 每日常规和功能活动：这部分旨在（1）确保干预在一天中自然地进行，而不是单独留出特定的时间来进行。（2）尽可能让儿童学习的技能得到最大限度的泛化，也就是儿童能够在各种环境下呈现技能。在某些情况下，这意味着当儿童在独自玩耍时，为他/她提供特定的材料，或建议照料者在其他成人活动中利用这些活动来娱乐儿童。这部分还包括将那些包含儿童学习目标的游戏或其他活动融入儿童可能会喜欢的小团体练习中去。

- 标准：最后一节描述了技能掌握的标准。这些通常以一般术语来表示，例如：频繁地、连续几天等等，而不是精确的术语（例如，4 次尝试中的 3 次），因为很少有程序能够保存这种数据。在最后的分析中，干预者必须自行判断某项技能是否已被充分掌握，以便儿童继续学习该序列中的下一项技能。充分掌握应该指技能泛化（即该行为应该在不同的场合不同的情况下被观察到）。

如第一章所述，本版课程的各个项目中不包括对视力、听力或运动发育障碍儿童的调适建议。相反，调适建议放在每个序列的开头。这种变化是为了回应这样一个事实，即障碍的种类组合是难以穷尽的，并且在设计修改以适合特定儿童时，应充分发挥专业人员的创造力。

第2步：将几个课程项目合并为一个活动或一系列相关活动

一个课程项目可以涵盖本册中的一个页面，以尝试定义技能并提供各种教学建议。然而，我们的目的不是孤立地处理每个项目。儿童的发展方式具有整体性，他们学习认知、语言和自理技能，同时参与运动活动和运动技能，因为他们遵循自己的认知欲望，探索并试验物质世界。因此，儿童的课程项目（干预目标）应该嵌入两个或多个领域的活动，从而为儿童设置挑战。

回顾目标清单，将课程项目作为指南，并设计4—6项包含两个或更多目标的活动，一个将目标结合到活动中的例子是，通过将想要的玩具放在架子上够不着的地方，来教儿童起身站立（项目22-Ie）。玩具提供了不同的功能，例如吱吱作响的玩具和拖拉玩具（项目7j），堆叠环玩具还可以让儿童取下这些环（项目18q）。这一项活动涉及了三个目标。一般活动中可以包含五六个项目，例如阅读、假装游戏、户外游戏或点心时间。图4.1说明了从评估结果转向干预计划的过程。

评估

在收集以下信息时使用评估记录表：

观察

访问：

父母

老师

一对一的评估

填写阶段性评估报告

↓

选择目标

列出"下一个技能"列表

和父母一起，从每个主要领域中选择几个技能作为学习目标

↓

干预计划

将两个或多个目标合并到若干特定活动中和（或）将3—5个目标分配到常规活动中

（例如，户外游戏、圆圈时间、用餐时间）

特殊调适

图4.1　使用 CCITSN 制订干预计划的程序

进行中的 CCITSN

下面的两个案例研究证明了从评估结果转向干预活动的过程，如本章所述，第一部分包括一个阶段性评估报告，以说明儿童的能力水平，并仅列出被选为学习目标的技能。第二部分省略了图表，但列出了所有作为下一阶段目标的技能。

露西娅

露西娅是一名 11 个月大、患有严重混合性脑瘫的女孩，她大约进行了为期 1 个月的干预计划。她的脖子和躯干都很虚弱，手臂除了不能自主运动外还显示出非常高的肌肉张力，并且在所有仰卧位（背部向下躺着）的状态下，手臂会举起来又放回去，她还有强烈的不对称紧张性颈反射。因此，除非照料者帮她放松和定位，否则她不能将头保持在中线或维持中线凝视。当处于俯卧位（肚子向下）时，她的手臂会紧紧地蜷曲，并且她无法在重力作用下移动。她没有行动能力，也无法坐下，在站立时她可以承受重量。露西娅没有自主进食或独立游戏的技能，她经常需要被抱着和娱乐，无法自我安慰。当给她看书时，她会很仔细地看那些图片。当她看着一头母牛时，她会发出近似于牛叫的声音。当她的父母做看起来傻傻的游戏时，她会笑，并通过吵闹的方式来表示想获得更多娱乐。她无法表明她想做什么，在适当放松、定位和给予肢体辅助时，她会表现出喜欢游戏和进食活动。她的父母非常关心她，母亲表示需要让露西娅学会为自己做一些事情，例如握住一个杯子和在短时间内自娱自乐。

评估结果

如果儿童患有严重的运动障碍，重要的是要区分超出儿童能力范围或超出该年龄段发展预期的项目，以及那些可以通过肢体辅助或正确定位进行的项目。在露西娅的案例中，很明显，她糟糕的运动技能掩盖了良好的认知、语言和社交技能。因此，那些露西娅可以通过物理辅助（定位和关节稳定）执行的项目在阶段性评估报告上用（A）记录（如图 4.2），那些即使有辅助也不能一致地执行的项目被记录为（+/–）。

露西娅在家中接受早期干预治疗。露西娅的父母和早期干预团队的成员进行讨论之后，从潜在项目列表中选择了以下项目，它们反映了沟通、独立游戏和参与进食的优先顺序。

自我—社交

1d. 自己保持平静

1e. 在短时间内能够用玩具娱乐自己

4-Il. 咀嚼时下颌转动 / 左右移动

4-Im. 用手指独立进食

4-In. 拿着杯子喝水

日期: 1. 2004.02.20　　　学生: 露西娅
　　　2. _____　　干预者: Pat W.
　　　3. _____
　　　4. _____

	课程序列	0–3个月	3–6个月	6–9个月	9–12个月	12–15个月
自我／社交	1. 自我管理和责任	a　b　c	d	e	f	l　m
	2. 人际交往能力	a　b　c	d　e	f　g　h	i　j　k	c　j
	3. 自我概念	a	b	f	a　b	n　o
自理	4-I. 自理能力: 进食	a	c　d　e　f　g	Ah　Ai　Aj　k　l	A　m	
	4-II. 自理能力: 穿衣					
	4-III. 自理能力: 梳洗	b		a	b	c
	4-IV. 自理能力: 如厕					r　s
认知	5. 注意力和记忆力: 视觉/空间	a　b　c　d　e　f	g　h　Ai　j	k　Al　Am　An	Ao　Ap　q	a
	6-I. 视觉感知: 积木和拼图	Aa	Ac　Ad　e	Af　Ag　h　i	Ah　Ai　j　k	j
	6-II. 视觉感知: 配对和分类	a	Ad　Ae　f	Aj　Ak　Al	Al　m	n　o
	7. 对物品的功能性使用和象征游戏	a　b　c	d　e　f	g　h　i　Aj　Ak　l	Ap　q	c
	8. 问题解决/推理					
	9. 数字概念			a　b	a　b	e
认知／沟通	10. 概念/词汇: 接受性	a　b　c　d　e	f　g　h　i　j　k	d　Ae　f　l　m　n　o	p　q	k　s　t
	11. 概念/词汇: 表达性		Ab　Ac	f　g	Ae　f　g　h	c　d
	12. 注意力和记忆力: 听觉		Ae	Ad　Ah　Ai　Aj　Ak　Al	Am　n　o	e
沟通	13. 语言理解		Ac　Ad	Ae　Af　Ag　Ah	Ai　Ag	Ah
	14. 对话技能	a　b　c	e　f	l　m　n　o	p　q　Ar	s　t
	15. 语法结构				Aa	Ab　Aa
精细运动	16. 模仿: 仿说	a　b	c　d	e　f　g	h　i　j　k	j　k　l
	17. 模仿: 动作					f　g　h
	18. 抓握与操作	a	b　Ac	Ad　Al　Am　n	Ae　Af	r　s　t
	19. 双边技能	Aa	Ae　f	Ah　Aj　Ak　l	Ai　j	k　l
	20. 工具使用				q	
	21. 视觉—运动功能				Aa	Ab
粗大运动	22-I. 直立: 姿势和移动	a	b	c	d	e
	22-II. 直立: 平衡				e　f　g	h　i
	22-III. 直立: 球类运动					
	22-IV. 直立: 户外运动					
	23. 俯卧 (腹部朝下)	a　b　c	d　e　f　g	h　i　j　k　l	m　n	o　j
	24. 仰卧 (背部朝下)	a　b　c	e　f			p　k

图4.2　CCITSN阶段性评估报告样表

认知

7a. 将手移向嘴巴

8k. 玩各种玩具来产生效果

认知/沟通

11d. 使用两个或多个词语来命名物品或人物

沟通

14k. 通过吸引照料者的注意来提出要求

14s. 使用口语或手语来表达需求

16i. 模仿熟悉的双音节词，有音节变化

精细运动

18i. 用手抓和捞取小的物品（抓和捞取物品后，手指向手掌心靠拢）

18m. 用拇指抵在食指和中指上抓住一个物品

19g. 玩自己的脚或脚趾

粗大运动

22-Ia. 被抱着时，保持头部稳定

22-Ib. 被抱着臀部时，保持躯干稳定

23c. 以俯卧位姿势伸展头部、手臂、躯干和腿部

24d. 仰卧时头部保持在中线位置

干预活动

选择用于初步干预的项目并设计一系列活动，这些活动将由露西娅的父母每天实施。早期干预小组成员每周访问时，将记录露西娅的能力发展情况。随着她逐渐获得技能，活动内容将会扩展并变得更具挑战性。

用餐时间

摇晃和放松露西娅，直到她可以舒适地半斜躺。移动她的腿使其弯曲在腹部上方，逐渐将她的手臂移到她面前并弯曲，将头保持在中线（项目24d）。把一些食物放在勺子上并鼓励她看着，询问她是否想要一些食物，并观察她的反应（项目14s）。将勺子放在她的手之间，并辅助她将勺子放到她的嘴里（项目7a）。询问她是否想要更多，并观察她的肢体语言以确定她的答案（项目14s）。将较硬材质的食物放在她嘴一边，这样她就必须将舌头移到侧面（项目4-Il项）。提供小块干谷物，她可以用拇指来抓握（项目4-Im, 18i和18m）。将一个带盖的杯子放在她的手里并辅助她用杯子

饮水（项目4-In）。偶尔将双脚放在手上玩（项目19g）。帮助她将手指放在嘴里（项目1d）。当这顿饭快吃完时，询问她是否想要更多或者是否已经吃完了。寻找她已经吃完的迹象（项目14s）。

故事时间

摇晃和放松露西娅，直到她可以以半斜躺的姿势躺在你的膝盖上。放松她的双臂，并把它们放在她面前。放两本她最喜欢的书在她的膝盖上，询问她想要阅读哪一本（项目14k）。选择她看向或转向的那本书。当她看图片时，为她命名图片，然后问她"那是什么？"（项目11d）。选择可以用双音节词来描述的图片，例如"婴儿"或"兔子"，并请她说出这些词语（项目16i）。你可以不时地将露西娅转向一个更直立的状态，鼓励她抬起头部和躯干（项目22-Ia和项目22-Ib）。尝试将她置于向前倾斜的位置以鼓励躯干的伸展。

独立游戏

把露西娅放在一个可以向后倾斜并可以为头部和躯干提供稳定支撑的合适的椅子上，并保持双臂向前。将一个托盘放在椅子上，并用魔术贴贴在3个小圆形开关上，连接到以下装置：

1. 一个可以播放最喜欢的歌曲的录音机。
2. 录有露西娅的照料者正在看书的视频监视器磁带（照料者将关注每页20—30秒，指看图片，将它们与露西娅的生活联系起来，然后说："该翻页啦。"）。
3. 一个会说话的娃娃。

提供第4个可录音的开关，录下例如"妈咪，我已经完成了"等类似的消息。

在确保露西娅可以够到并激活所有开关之后，向她展示如何在不同的游戏之间交替（项目8k）。然后，开始短时间离开房间，每次延长15—20分钟（项目1e）。

总结

随着露西娅参与这些活动并开始体验更多的控制和独立性，我们将根据她现在的功能水平给予持续关注和扩展她在用餐、沟通和独立游戏方面的选择。露西娅的父母和早期干预工作人员将为她提供跟其他典型发展的12个月大的儿童一样的各种书籍、音乐和游戏。与此同时，他们将通过评估露西娅在每个序列中未通过的第一个项目的表现，来探索新出现的认知和语言技能。随着这些技能的出现，它们将被整合到新的活动中，因为露西娅可以以典型的速度发展她的非运动技能。对整个课程的重新评估将每3个月进行一次。

德里克

德里克是一名2岁半的幼儿，已被诊断患有自闭症。他有着严重的感觉防御史，并且出生后前18个月里比较容易烦躁和受到干扰。在18个月时，他开始接受职业治疗，他的感觉防御性降低了。德里克变得更能够应对其他干预项目，包括言语和教学项目。德里克每周有3个早上，会在一对一的协助下参加一个有包容性的学前教育计划，他会使用一些词语来命名对象并表达基本的需求和欲望。德里克喜欢看书、听音乐、唱歌，他的独立游戏技能有限，并且不跟其他儿童沟通。他的父母对他学习玩玩具和跟其他儿童玩耍很感兴趣。他们继续致力于提高他的沟通技能和在各种环境中保持舒适的能力。

评估结果

德里克是使用CCITSN进行评估的，并列出了一个他未通过的每个序列的第一个项目的清单。该清单成为项目计划的基础，帮助干预者确定下一步的目标。干预者在与德里克的父母一起审查这份名单时，根据父母的优先顺序和德里克目前的兴趣和准备情况选择了一些技能。星号（*）表示该项目被选为干预目标。随后设计了针对若干技能领域的干预活动。

自我—社交

*1j. 把玩具放在正确的地方

*2l. 自发与成人分享

*3b. 和镜中影像玩

*4–Ip. 用勺子从盘中舀取食物

4–IIc. 脱掉宽松的衣服

*4–IIId. 允许他人帮忙刷牙

4–IVa. 表示需要更换弄脏的纸尿裤或裤子

认知

*5z. 将物品收拾在正确的位置，并当它们不在正确位置的时候，注意到它们

6–Ic. 用积木模仿搭椅子

*7k. 探索不熟悉的物品来确定它们的功能

*8r. 无需成人帮助即可解决简单问题

*10i. 根据要求指出 5 个身体部位

认知/沟通

*11i. 有意识地说"不"

12o. 将物品与其声音配对

沟通

*13j. 在口语或手语要求下，拿回视野范围内的物品

14v. 使用恰当的口语或手语向熟悉的人打招呼

16o. 模仿 3 音节词（或包含 3 个音节的 2 个单词的短语）

精细运动

17i. 模仿涉及一个物品的组合活动或使用一个物品进行两个动作

18z. 旋转前臂打开门把手

*19n. 打开食品包装或其他小物品

*20d. 用锤子把球锤进去

*21d. 模仿画垂直线条

粗大运动

*22-Is. 不需要拉杆，用同样的迈步方式，走上三级台阶

*22-IIf. 一只脚在平衡木上，另一只脚在地板上，在平衡木上走 5 英尺

*22-IIId. 踢球 3 英尺远

*22-IVh. 爬直梯

干预活动

德里克的干预活动在家中、幼儿园以及每周与职业治疗师会面时进行。治疗师向德里克的母亲和他在幼儿园的干预者展示了这些活动，并让他们每周记录他的进步情况。

镜像游戏

让德里克坐在镜子前面。轻轻拍镜子，把他的注意力吸引到镜子上，然后说："看，这是德里克。"把德里克的手带到镜子前（项目 3b）。使用专为在玻璃上书写而准备的马克笔来练习画垂直线（项目 21d）。使用马克笔在镜子上画一张脸。鼓励德里克指出镜子上的面部特征，然后辨别他自己的身体部位（项目 10i）。在看着镜子时试着戴上帽子或眼镜。让德里克去拿到帽子、眼镜、马克笔或纸巾（用于清理镜子，项目 13j）。向德里克示范如何将马克笔放回盒子中，并将帽子和眼镜放回装扮盒（项目 1j 和 5z）。

用餐时间

将德里克的食物放入勺子中。根据需要提供肢体和口头提示，来帮助他用勺子舀食物（项目 4-Ip）。提供一些德里克最喜欢的小点心，放在塑料袋中给他。向德里克示范如何打开袋子取出食物（项目 19n）。问他要一块食物（项目 21）。如果他没有回应，请伸出你的手再次询问。向德里克提供一些你的食物，包括至少一种你知道他不喜欢的食物。如果他不自发地说不要，则提示他拒绝，根据需要进行示范（项目 11i）。吃完后，让他刷牙。如果德里克表示抗拒，可以让他尝试不同类型的牙刷，包括电动牙刷，看看哪个是他能接受的最好的牙刷。因为德里克喜欢唱歌，所以可以给他编一首刷牙的歌，这样可以让他放松并建立起一个常规程序（项目 4-IIId）。可以这

样编，"我们就这样刷牙啊，刷刷刷，刷刷刷。早晨早起这样刷牙"（使用 Here We Go Round the Mulberry Bush 的曲调）。

探索性游戏

收集一些新颖的玩具，例如嵌套桶、旋转陀螺、玩偶箱、敲击玩具（项目20d）、带锁的银行，将玩具放入盒子，并将盒子放在德里克前面。观察他的行为，寻找他探索玩具玩法的行为，或与其中一些玩具玩耍互动的行为（项目7k和8r）。如果他在探索或玩玩具方面没什么进展，可以随意演示如何和一两个玩具适当地玩耍，暂时停止活动并等待德里克模仿。如果需要的话，提供一些肢体提示。

体操或户外活动

职业治疗师用于与德里克一起做活动的治疗室里，有用于促进目标中粗大运动技能的设施（例如平衡木、可以踢的球、直梯、一组台阶）。幼儿园和当地城市公园也都有立体方格铁架等类似的设施。尝试为德里克建立一个路线来让他跟随。例如，在治疗室或游戏室，你可以让德里克爬梯子或走到阁楼上，跳到垫子上，走平衡木（一只脚上，一只脚下），然后踢球（项目22-I，22-II、22-III 和 22-IV）。在学校或公园里，德里克可以爬上一个梯子到一个平台上，跳进沙子里，然后再回到梯子上，再次跳下来，走一个平衡木（或路边），然后踢一个球。一个包含这些活动的图片计划表可能有助于德里克知道接下来要做什么。可以使用魔术贴将这些设施的线条图或实际图片贴到板子上，这样以后就可以随时改变顺序。

总结

这些活动基于德里克当前的目标，被融入他的学校教育、治疗和家庭计划。当德里克参与这些活动时，他的进程受到了监测，并且根据需要扩展和（或）替换活动内容。当他达到目标时，该目标可以被该特定序列中的下一个技能所取代，或者被原始清单上不同序列的"下一个技能"所取代。在某些时候，应该重新进行完整的课程评估，并选择新的目标和开发新的干预活动。根据德里克的进展，可以在3个月、6个月或1年过后进行。

实施干预计划

在确定干预活动后，可以开始实施干预计划。每个活动通常都可以用简短的句子进行描述（如前面的示例一样），以提醒照料者和（或）教师，这些提醒可以写在记录保存表格上（参见下面的评估进度部分和示例），或者简单地写成一个列表或多个列表提供给照料者或教师，此列表与干预程序应该在何处（或何时）进行有关。

评估进展

为了保持连续性，应衡量进度并对程序进行修改，必须详细地记录每个儿童的情况。但是，你需要保留的记录种类，根据儿童的家庭状况，照料者和教师的环境、特点和情况，以及专业人员协助的时间和其他限制条件将有所不同。

一个简单的更新

按最简单的标准，记录将包括上一次评估中记录在评估记录表右侧的项目掌握日期。当进行下一次全面评估时，这些项目不需要重新评估。教师可以根据课堂上的观察结果，每天利用几分钟的时间轻松更新记录。一些入户的干预者则可利用每月一次访问的前15分钟，来评估儿童在当前干预计划中目标的进展情况。他们同样可以通过照料者的报告和直接观察来更新评估记录。与情况复杂的家庭一起工作的其他干预者，可以将评估记录留给儿童的家人，以便他们填写任何已被掌握项目的日期。无论哪种方式，都有持续的记录和信息，表明需要修改儿童的活动。

每周活动记录

在以中心为基础的干预项目和某些以家庭为基础的干预项目中，可以进行更广泛的记录，并能更清晰地描述儿童的能力发展情况。一种方法是制作一个表格，详细说明儿童每周的活动。在这样的表格中，照料者或干预者必须检查儿童是否有机会练习技能，以及他或她是否能够成功。图4.3就是这种表格的一个例子。

姓　　名：Denah　　　　　　　评 估 周：3/14–20
评估地点：家里

场合	目标	观察机会					掌握日期
		M	T	W	Th	F	
幼儿躺着（换纸尿裤，玩游戏）	视觉上跟踪，围绕	-	+	-			
	转头寻找声音	+	+	+			3/16
	在空中蹬腿玩	+	-	+			
躺着或者在支撑下坐着	交替凝视手里的玩具	-	-	-			
	玩手里的玩具	+	+	+			
	双手都放在中线位置的玩具上	+	-	+			
	重复产生效果的行为	+	+	+			3/16
用餐时间和其他社交场合	预测游戏中的事件	-	+/-	+			
	行为不同：家人与陌生人	-	-	-			
	相互微笑	+	-	+			
	笑	-	-	-			
	重复模仿声音	+	+	+			
	在被叫名字时转头	-	-	-			
	发出辅音—元音组合	+	+	+			3/16
用餐时间	用力嚼食物	+/-	+/-	+			
洗澡/穿衣	当臀部被扶住时保持躯干的稳定	-	+	+			

注：+表示顺利完成，+/-表示不一致或正在出现的技能，-表示无法完成的技能

图4.3　IFSP 儿童学习目标的每周记录样本

及时改变目标

当为 IFSP 选择发展目标时，重要的是要认识到这些只是初始目标。CCITSN 的目的是让儿童完成整个序列，而不仅仅是特定的项目。因此，只要掌握了任何项目，干预者就应该继续进行该序列中的下一个项目，而无需等待一个新的 IFSP 被创建出来。

CCITSN 在评估和 IFSP 过程中的作用

1986 年《残疾人教育法修正案》（PL 99-457）的 H 部分和 1997 年《残疾人教育法修正案》（IDEA；PL 105-17）的 C 部分规定，每个有特殊需要的儿童必须要有多学科的评估。虽然 CCITSN 涵盖了多学科评估中通常评估的领域，但它不能取代多学科评估。个别专业人士必须评估该课程范围以外的儿童特性。例如，物理、职业和言语治疗师将需要查看儿童的运动模式、练习、发音和其他不属于发展课程的特征。

同样，CCITSN 不能替代标准化评估工具，也不能用于作为标准化测试分数的资格证明。

IDEA 的 C 部分还要求为每个接受早期干预服务的 3 岁以下儿童开发 IFSP。（B 部分，第 619 节，IFSP 由当地教育机构自行决定是否为 3 至 5 岁的学龄前儿童提供。）IFSP 必须包括对家庭优势和需求的评估，以及对儿童优势和需求的评估。评估儿童的优势和需求以及为儿童设计适当的干预活动，是 CCITSN 对 IFSP 过程的贡献。发展进度图表通过为每个序列中的项目提供大致的年龄水平，来突出优缺点。课程项目标明了可以教授评估中包含技能的方式。

然而，应该注意的是，由于每个序列中项目的年龄水平是基于其他测试和发展文献的粗略近似值。作为标准参照评估，CCITSN 评估的目的不是为每个主要的发展领域提供单一的发展水平评估。这些年龄水平是许多地方计划的要求。虽然我们更倾向于使用者关注系统干预目标而不是发育年龄水平，但我们认识到，为了避免过度测试儿童，一些使用者可能需要从课程评估中估算对应发展领域的年龄水平。

使用阶段性评估报告来评估发展水平

如果你希望在较广的范畴内报告年龄水平，我们建议你执行以下程序：

1. 查看阶段性评估报告的左侧，以确定哪些序列包含在每个广泛的发展领域中：自我—社交、认知、沟通、精细运动和粗大运动。有三个序列同时包含在认知和沟通领域中，因为它们对两者都至关重要。

2. 检查儿童在一个领域里每个序列中的表现。在大多数情况下，你会发现它们聚集在图表中所列出的某一个年龄水平（例如 6—9 个月），这为你提供了该领域发育年龄的最佳估计。

3. 如果你必须只列出一个月而不是一个时间范围，你可以通过查看该儿童已经通过的年龄范围内的项目百分比来估算（例如，6—9 个月范围内的所有项目几乎都通过了，将被估算为 9 个月的水平，通过一半的项目是 8 个月的水平，通过四分之一的项目是 7 个月的水平，通过更少的项目是6个月的水平。）然而，重要的是要认识到这只是一种估算，而不是基于标准化测试的分数。同样重要的是要认识到，尽管标准化测试可以提供更准确的年龄水平（因为它们基于更大且更具代表性的样本），但这些也是估算。年龄分数代表儿童在测试中达到一定分数或通过特定项目的平均年龄样本。24个月的年龄分数并不意味着典型的2岁儿童就会获得那样的分数。相反，它意味着在一组儿童中，有些人可能在18个月时达到了这个分数，而其他人可能在30个月才达到这个分数，但是他们的年龄平均为24个月。对于儿童的发展状态，年龄分数在可靠性（即稳定性）方面会低于标准化分数（例如，智商分数、发育商数），年龄分数可以表明被评估儿童与同龄儿童的比较情况。

4. 如果儿童的技能在一个领域内广泛分散，那么为该领域确定一个年龄水平就是不合理的。相反，请指明范围并提供解释。例如，一个患有自闭症的儿童可能具有接近36个月发展水平的语音模仿技能、24个月水平的词汇表达技能，以及9个月水平左右的会话和语言理解技能。在这种情况下，指定一个年龄水平是不合理的。相反，语言技能应被描述为在9—36个月内广泛分散，具有强大的口语模仿技能，并且是有意义的模仿，且在语言的实际理解和使用方面没有典型的延迟。

将 CCITSN 与 CCPSN 搭配使用

尽管 CCITSN 和 CCPSN 现在有12个月的重叠，但仍然会有儿童拥有的技能过于分散，以至于他们无法完全适应任何一门课程。但是，可以从一个课程顺利地过渡到另一个课程，因为序列具有相同的数字和标签，并且在24到36个月范围内列出的项目在两个课程中是相同的。但是，你需要警惕这样一个事实：分配给这些项目的字母在两个课程中是不同的（例如，CCITSN 中的序列标记为30到36个月龄范围中的r，s，t和u项目，可能和CCPSN的30至36个月龄中标记为a，b，c和d的项目相同）。

与年龄较大的儿童一起使用 CCITSN

虽然 CCITSN 主要是为婴幼儿设计的，但原始的测试领域确实也包括一些患有严重和多重残疾的年龄较大的儿童。想要将 CCITSN 与这些群体一起使用的干预者，需要对所使用的物品和材料进行适当调整。通常，序列是可以被维持的，但最重要的应该是关注如何教授适合个体的行为。例如，教授幼儿配对时，使用积木是合适的。然而，对于青少年或青春期前的儿童，学习使用餐具或不同尺寸的信封来构建一个职业教育前的任务会更有益处。

总结

通过遵循本章提供的指导方针进行一些练习，你将有信心根据你的时间、环境条件以及儿童的状态，在一个、两个或更多课程中准备好观察和评估儿童。需要记住的是，课程评估不是一个标准化测试，它试图了解儿童现在知道什么和能做什么。在评估之后，你将获得儿童接下来需要掌握的技能的列表，以便你与儿童的照料者一起讨论这些技能，并共同决定适当的教学目标。在之后的序列中，课程项目为教学评估记录表中列出的每项技能提供建议。确定这些序列契合你所选的目标。你可以自由地修改建议的活动，以满足个别儿童或教学环境的需要。根据本章中的案例示范（露西娅和德里克），你还应该能够将多个项目中建议的活动组合成一个活动或情境，以便儿童同时学习多个教学目标，这是学习的自然方式。想一想，我们很少独立地学习任何技能。我们在日常生活中学到和做的大部分事情都涉及语言、运动、社交和认知技能的组合。既然你准备好了，那么就开始吧！

参考文献

Bayley，N. (1993). *Bayley Scales of Infant Development* (2nd ed.). San Antonio，TX: Harcourt Brace & Co.

Education of the Handicapped Act Amendments of 1986，PL 99-457，20 U.S.C. §§ 1400 *et seq*.

Individuals with Disabilities Education Act (IDEA) Amendments of 1997，PL 105-17，20U.S.C. §§ 1400 *et seq*.

第二部分
课程序列

第五章
自我—社交

序列 1
自我管理和责任

婴儿依赖他们的照料者来提供安全可靠的环境，并依赖照料者对自己需要的回应，与之建立交互关系。成功满足这些需求，有助于婴儿自我管理能力的发展。在出生后的第一年，婴儿学会完成一些基本的生理活动（例如：唤醒—睡眠周期、饥饿、饱腹感、对外界刺激的阻断）以及让自己保持平静。婴儿早期自我管理能力的发展，为其成功适应外部世界打下了重要基础。自我管理能力还为婴儿在其环境中感到安全、与他人建立关系、发起沟通以及发展有目的和有组织的游戏行为奠定了基础。课程的第一个序列，突出了正在发展自我管理能力的幼儿*所经历的一些重要阶段。而有自我管理困难的幼儿可能在多个方面表现出困难，包括生理过程的中断（例如：睡眠、进食、喂养、对外界刺激的阻断），行为组织、情绪、注意力、感觉处理、社交互动以及发展里程碑的完成等多方面的困难（DeGangi, Sickel, Kaplan, & Weiner, 1997; DeGangi, 2000; Greenspan, 1992; Greenspan & Salmon, 1995）。

幼儿在 18 个月时开始出现自我控制的能力（DeGangi, 2000），因此，允许他们发起和指导自己的活动变得越来越重要。然而，这方面的发展往往被忽视，取而代之的是过分强调以成人为导向的学习。幼儿主动发起活动时常被认为消极且会对干预计划造成影响，而不是主动学习的必要组成部分。

虽然本书没有强调，但应该认识到，学会处理规则是自我指导的一部分。在鼓励独立、好奇心和探索的同时，照料者还应该提供明确的界限，并在幼儿违反这些界限时提供明确的后果。

在此序列中列出的技能被认为是生命最初 3 年内重要的发展里程碑。在这个阶段，幼儿需要学习很多技能，而这些技能是与幼儿的气质类型和经验高度契合的。因此，一些幼儿可能会比预期的更早或更晚表现出某些技能，例如：能忍受不同的环境或在一小群幼儿中轻松自在地玩耍。

---

* 本书课程序列中的"幼儿"泛指 0—36 个月龄的孩子，"婴儿"指 0—12 个月的孩子。——编者注

| 特殊调适 |

有运动障碍的幼儿

该序列中的若干项目需要幼儿具备运动反应能力,以便幼儿在没有照料者的情况下能够主动探索并自发运动。如果幼儿患有运动障碍,就无法作出这些反应,那么重点将放在帮助幼儿轻松地与其主要照料者分开,并在成人决定的活动之间做出选择。例如,可以向幼儿展示两张图片,一张是室内游戏区域的图片,另一张是秋千的图片,然后询问幼儿是想在室内玩耍还是外出荡秋千。幼儿通过指向或查看其中一个图片来选择他的下一个活动。

有视力障碍的幼儿

有视力障碍的幼儿往往更难发展自主和独立的能力。照料者需要注意不要太快地帮助他,以便让他有机会发展自己的策略。在教导幼儿如何帮助自己时,语言线索非常重要。保持环境的一致性,将玩具摆放得整齐有序,并保存在同一个地方,可以让幼儿学会自己找到玩具。另外,家具的位置也应固定,从而让幼儿的活动路径清晰。

有听力障碍的幼儿

与有听力障碍的幼儿交谈时,要确保他们直视我们的眼睛。如果幼儿有严重的听力障碍,我们则需要将手部动作与语音配对呈现给幼儿,这有助于幼儿理解指令。通过给幼儿展示这些活动来让他跟着模仿。

1. 自我管理和责任

a. 当看到或接触到奶瓶或乳房时停止哭泣

b. 可以通过说话、拥抱或摇晃来保持平静

c. 被用襁褓包住时保持平静

d. 自己保持平静

e. 在短时间内用玩具娱乐自己

f. 离开处在同一房间的主要照料者

g. 短时间内离开主要照料者的视线

h. 从玩具箱或架子上获取玩具

i. 单独玩玩具 15 分钟

j. 把玩具放在正确的地方

k. 探索

l. 能忍受被带入各种环境

m. 避开常见的危险

n. 在一小群幼儿中轻松自在地玩耍

o. 知道玩具可以做什么和不能做什么，并适当地使用它们

1a. 当看到或接触到奶瓶或乳房时停止哭泣

○ **教具** 婴儿的奶瓶或母亲的乳房（喂食时间）

○ **流程**

在开始喂食之前，给幼儿充足的时间看瓶子或乳房，观察他在知道自己即将被喂食时是否能保持安静。在开始喂他之前，尝试通过在他的视线中简单地呈现瓶子或乳房来获得他的注意力。

○ **每日常规和功能活动**

确保喂养婴儿的任何人都遵循相同的流程，让他在喝奶之前先看看瓶子。

○ **注意**

这个项目非常重要，因为它有助于幼儿在表达需求（即通过哭泣）、他人响应这种需求以及改变他的沟通方式（即通过不再哭泣）之间建立联系。

○ **标准** 幼儿在看到或触摸瓶子或乳房时，通常会停止哭泣。

1b. 可以通过说话、拥抱或摇晃来保持平静

○ **教具** 无需教具

○ **流程**

当一个幼儿表现出不开心并且哭泣时，首先要试着通过俯身轻轻地和他说话来安抚他。

如果不能只通过说话来安抚他，就柔声说话并轻轻抚摸他。

如果幼儿仍然表现出不开心，就将他抱起来，但要试着将他的手臂放到身体两侧，这样他就不会胡乱拍打。

如果幼儿仍然没有得到安抚，那就抱着他摇一摇。照料者可以尝试不同的位置，从而让幼儿找到对他来说最舒服的位置，例如：在我们的肩膀上，在我们的膝盖上，把他的头靠在我们的肚子或胸部，抱在怀里，等等。

○ **每日常规和功能活动**

当幼儿感到不开心时能够很快被安抚，这是很重要的。这能教会幼儿意识到自己能够获得帮助，且帮助很快就会到来。然而，当他做除哭泣以外的其他事情时，我们也要时常给幼儿关注，避免他认为获得注意的唯一方法就是哭泣。

在"流程"部分中提到的安抚幼儿的步骤，最初为幼儿提供的帮助很少，是为了让他能够自己安抚自己。

○ **标准**　幼儿通常可以在合理的时间段内（例如 5 分钟）被安抚。

1c. 被用襁褓包住时保持平静

○ **教具**　一条小毯子

○ **流程**

当幼儿表现出不开心并哭泣，特别是他看上去感到疲倦或烦躁时，将他舒服地裹在一条小毯子里，包裹着他的整个身体（头部除外）。这个项目的目标是让幼儿在我们的帮助下开始学着让自己平静。

用温柔轻缓的语气简单地与幼儿交谈或唱歌，将他轻轻地抱在怀里，然后将他放在婴儿床或婴儿座椅上。大多数幼儿会在很短的时间内冷静下来并入睡。如果幼儿继续哭，尝试有节奏地拍拍他。

○ **每日常规和功能活动**

襁褓可以每天使用，幼儿通常很快就会习惯被包裹，并且很快就会平静下来。

○ **注意**

虽然襁褓对许多幼儿非常有效，但在进入下一个项目之前，幼儿不需要熟练掌握此项目。许多早期自我管理项目的目标是让成人和幼儿发现什么对幼儿具有特定的效果，并让幼儿学会在成人很少干预的情况下，让自己平静下来。

○ **标准**　待在襁褓中一段时间之后，幼儿逐渐平静并可能在短时间内入睡。

1d. 自己保持平静

○ **教具**　无需教具（除非幼儿发现特定的玩具或舒服的物品）

○ **流程**

当幼儿有些烦躁但不饿时，等几分钟再回应他，让他有机会安抚自己。对大多数婴儿来说，有节奏地吸吮以提供口腔刺激可以让他们感到平静。许多婴儿学会通过将双手放在嘴上，吮吸拳头或手指来安抚自己。部分婴儿则喜欢吮吸奶嘴或毯子来提供口腔刺激，从而安抚自己。

如果幼儿没有自发地试图以这些方式安抚自己，我们可能需要将他的手放到嘴里，或者给他一个奶嘴或毯子。

○ **每日常规和功能活动**

首先，确保为幼儿提供最喜欢的、能够安抚他的物品。其次，若照料者还想探索视觉和（或）听觉信息对幼儿的安抚作用，可以在婴儿床上缓慢移动婴儿床铃或播放柔和的、节奏规律的音乐，以提供幼儿安抚自己所需的信息。

○ **标准** 当幼儿感到烦躁时，他能够至少有一半的时间能在几分钟内安抚自己。

1e. 在短时间内用玩具娱乐自己

○ **教具** 幼儿自己选择的各种玩具或物品

○ **流程**

建立一个区域，里面有一些幼儿感兴趣的玩具或物品。如果有必要，确保他在此区域中感到舒适，并有足够的地方坐着玩耍。照料者先陪幼儿玩一会儿玩具，然后在同一个房间做自己感兴趣的活动（例如：阅读、写笔记）。如果幼儿没有继续玩玩具，照料者需要帮助他转换为另一个玩具。

○ **每日常规和功能活动**

全天为幼儿提供各种玩玩具的机会，确保玩具近在咫尺。寻找幼儿很感兴趣的玩具，在这个年龄段，幼儿通常会对某些玩具表现出特定的偏好。

○ **标准** 幼儿每周独自玩几次（至少5分钟）。

1f. 离开处在同一房间的主要照料者

○ **教具** 幼儿喜欢的各种玩具或物品

○ **流程**

设置房间时，在离主要照料者远一些的区域，安排各种有趣的、吸引人的活动或玩具，并将幼儿安置在游戏区域。

照料者可以参与到他人的谈话中，并让幼儿基本处在独自一人但靠近有趣新玩具或活动的状态。观察幼儿，如果他不参与游戏活动，就让另一个成人或幼儿开始玩玩具和（或）鼓励幼儿加入游戏。

○ **每日常规和功能活动**

在我们工作或放松的房间角落摆放玩具，并鼓励幼儿在那里玩耍。教师也可以在课堂环境中做同样的事情。

○ **标准** 当有吸引力的玩具放在房间一侧并且可以玩时，幼儿会离开主要照料者去玩。

1g. 短时间内离开主要照料者的视线

○ **教具** 幼儿喜欢的各种玩具或物品

○ **流程**

在附近设置一个区域，但又不是我们能够马上抵达的区域（例如：在通往另一个房间的门口，在小隔间里，在房间隔板的另一边），在这个区域放置幼儿感兴趣的东西。成人做自己感兴趣的活动即可（例如：阅读、与某人交谈、烹饪）。

如果幼儿没有参加设置好的、远离我们的活动，请指一指可供他玩耍的物品，或让另一个成人或幼儿在区域附近玩玩具并诱使幼儿加入。务必留意远处的幼儿，以确保他的安全。

○ **每日常规和功能活动**

当幼儿既想要接近照料者，又想要在别的地方玩他最喜欢的玩具时，一定要鼓励幼儿走向新的游戏区域，并强化幼儿在新的游戏区域独立玩耍的行为。

○ **标准** 幼儿短时间内会离开照料者的视线进行玩耍。

1h. 从玩具箱或架子上获取玩具

○ **教具** 各种幼儿能够拿到的、平日放在玩具箱或特制架子上的玩具

○ **流程**

让幼儿意识到玩具总是能够在固定的地方找到（例如：玩具箱、架子）。当他空闲或开始黏着照料者时，引导他到玩具所在的地方，并鼓励他从中选出他想玩的玩具，然后在他选择玩具时离开。

如果幼儿继续向我们寻求互动，鼓励他选择另一个玩具，询问："你不玩这个玩具了吗？现在你想要什么玩具？"一旦幼儿开始独自玩耍，一定要提供口头表扬并保证你在他附近。

○ **每日常规和功能活动**

这个项目最容易作为典型的日常活动的一部分，我们可以在家中或任何照料幼儿的环境中进行，这个项目只需要将玩具拿出来并放回特定的地方。

○ **标准** 幼儿可以从专门用于放置玩具的箱子里或架子上拿取并玩玩具。

1i. 单独玩玩具15分钟

○ **教具** 幼儿自己选择的各种玩具或物品

○ 流程

设置一个区域，里面有一些幼儿感兴趣的玩具或物品，确保他在这个地方感到舒适（例如：如果有必要，这个区域可以设置在幼儿随时可以获得辅助的地方）。让幼儿有机会在这个选定的地方独自玩这些玩具，并确保照料者每隔几分钟检查一次。当他开始玩耍后，我们回到隔壁房间或在他玩耍的房间进行其他活动（例如：阅读、写笔记）。

每隔几分钟，检查幼儿是否在独立玩耍，并使用"玩得真好"的口头表扬方式强化他独立玩耍的行为。避免总是强化幼儿短暂玩一下玩具的行为，以免他在其他时间总是闲坐着。如果发现幼儿处于闲散或紧张状态，引导他进行另一个活动或暂时将他移回照料者身边。

○ 注意

如果在自由游戏中观察到幼儿有自我刺激行为，找一些更具回应性和趣味性的玩具，并在必要时增加成人与幼儿的互动。我们应该在幼儿短时间没有自我刺激行为时给予关注，而不是在自我刺激行为发生时才给予关注。

○ 每日常规和功能活动

全天为幼儿提供各种玩玩具的机会。例如：在家中几个不同的房间里分别放一篮子玩具，这样幼儿就能随时在家玩玩具。或者外出时准备一个装有几个玩具的袋子，这样幼儿就可以在户外玩耍了。

○ 标准　幼儿每周多次独自玩15分钟或更长时间。

1j. 把玩具放在正确的地方

○ 教具　无需教具

○ 流程

每当幼儿的玩具或其他物品不用时，将它们放在家中或集体看护中心的特定位置。当我们想要将物品从特定位置拿走时，让幼儿观察我们的行为，并时常与幼儿谈论物品所处的位置（例如"球放在底架上了"）。

让幼儿帮我们收起用过的物品，观察幼儿放置物品的位置。如果他没有将它们放置在正确的位置，我们可以说一些诸如"哎呀，我认为你把球放错地方了，你能把其他球放到那边的盆里吗？"之类的话。这有助于幼儿将类似的物品放在一起（例如：所有球都放在篮子里，积木放在盒子里，卡车放在架子上）。

○ 每日常规和功能活动

将表示玩具正确放置位置的照片贴在货架和存储区域，可能有助于幼儿把玩具放回正确的地方，这在团体照料环境中尤为重要。也可以在幼儿玩特定玩具的区域附近设置玩具存放处，例如：将书架放在卧室，将纸和蜡笔放在餐桌附近，将玩偶和火车放在游戏室。

○ **注意**

如果看到许多玩具，幼儿可能会被过多的刺激所干扰。由你来组织这项任务会更有帮助（例如"我们可以先收拾所有的积木，我会帮你，让我们看看能找到多少块"）。赞美幼儿帮助你的行为，并当着他的面告诉别人他是一个好帮手。另外，可以播放一首清理歌曲，提醒幼儿该收拾玩具了，从而帮助他更好地整理玩具。

○ **标准** 幼儿将熟悉的玩具放在正确的位置。

1k. 探索

○ **教具** 各种自然环境

○ **流程**

在确保家中环境对幼儿是安全的之后，将他最喜欢的玩具放到他不熟悉的地方并鼓励他去找寻，或者将幼儿特别感兴趣的新玩具或物品放到角落里、桌子下面、无障碍抽屉里，或者其他他通常不会去的地方。

首先，向幼儿展示手中的物品以及物品放置的位置，稍后，将它放在稍微能够看到的地方从而诱使幼儿去探索。也可以在我们购物、拜访朋友、进入新房间或新区域时带着幼儿。如果他可以四处走动，鼓励他去探索新环境。如果有必要，我们可以帮助他探索新环境，但是，需要尽快淡化我们的存在。

○ **注意**

在让幼儿自由探索之前，一定要对潜在的危险保持警惕。

○ **每日常规和功能活动**

幼儿可以在引导下，在公共建筑、购物中心、公园以及很多家庭以外的地方进行探索（可以在任何地方鼓励幼儿探索，但要对潜在的危险源保持警惕。在公共场所，幼儿绝对不能处在我们的视野范围之外，或离开我们几步远）。

○ **标准** 幼儿在家中和外边探索环境。

1l. 能忍受被带入各种环境

○ **教具** 不同的环境（如：游乐场、学前班、餐厅、杂货店、商场）

○ **流程**

计划到各种外部的环境中去，首先从那些幼儿感觉压力不大的地方开始。照料者需注意幼儿对各种设施的反应,目标是让他在各种环境中感到放松和舒适,并顺利过渡到不同的地方。

如果幼儿感到紧张或不知所措,我们要慢慢地开始。先去相对安静的地方,幼儿在这里待的时间不用很长。当他对一个地方感觉很舒适后,我们可以带着他多去几次这个地方,然后再给他加入第二个外部环境。

○ **注意**

幼儿的气质类型以及适应能力多种多样,对于大多数幼儿来说,这个项目不会造成任何问题;然而,对于一小部分幼儿来说,应对新的、不同的环境可能会非常有压力。

○ **每日常规和功能活动**

带幼儿融入符合其发展的日常生活中,将他带到各种室内和室外环境以及熟悉和不熟悉的人群中。体验过各种环境和经历的幼儿,比那些被充分庇护的幼儿更有可能顺利过渡到学校生活。

○ **标准** 当幼儿被带入各种不同的环境时,他仍然感到快乐和放松。

1m. 避开常见的危险
(例如:破碎的玻璃、高处、繁忙的街道、大型动物)

○ **教具** 无需教具

○ **流程**

当我们和幼儿一起做活动时,与他谈论需要注意的事情,例如,当走到靠近马路的地方时说:"我们必须小心看看有没有汽车,看看你的左边和右边,你看到车来了吗?没有?好的,现在我们可以过马路了。"

一定要给出不能做某事的理由(例如,"我不希望你这样做,因为你可能会摔倒并受伤""有些狗是友好的,有些则不是。因为我们不熟悉那只狗,所以我们不会试图抚摸它")。

如果幼儿开始做一些危险的事情,我们需要冷静而坚定地阻止他,并解释为什么他不能这样做。如果幼儿仍然坚持要做,则呈现一个结果(例如:暂停活动)。重要的是要告知幼儿我们希望他对自己负责任,照料者需关注并评价幼儿负责任的行为。

在幼儿有机会做出适当行动之前,我们不要总是阻止他,例如,如果我们(或幼儿)打破玻璃制品,不要立即抱住幼儿以免他碰到玻璃。等一等并看他是否开始靠近碎玻璃。如果幼儿离开或采取其他适当的行动,告诉他:"你这样做就很好,把碎玻璃留在那里,我会清理它,这样你就不会受伤。"

○ **每日常规和功能活动**

在小组环境中,花时间强调安全规则。如果是在学校,我们也可以每周花几分钟快速回顾一下学校的安全规则（例如，"我们在大厅做什么？我们可以跑吗？不，我们走路。我们为什么不跑？因为我们可能会跌倒并受伤"）。

○ **注意**

有些幼儿本质上是高度活跃和冲动的，他们更有可能在不考虑自己安全的情况下做出危险的事情。因此，保证这些幼儿的安全是特别重要的。我们需要冷静并不断地告诉他为什么要遵守规则，并留心观察和强化幼儿遵守规则的行为。

○ **标准** 幼儿大部分时间都能避开常见的危险，也就是说，我们不必每周一次以上地在幼儿处于危险情境时去阻止他并使他避开危险。

1n. 在一小群幼儿中轻松自在地玩耍

○ **教具** 无需教具

○ **流程**

刚开始的阶段，让幼儿和两三个幼儿短时间玩耍。如果他犹豫不决，照料者可以待在他附近或拿一个他非常喜欢的玩具给他。在这个阶段，幼儿不太可能和其他幼儿一起玩，这个阶段的目标是让幼儿适应周围的其他幼儿并能够进行平行（近，但分开）游戏。

○ **注意**

没有兄弟姐妹的幼儿开始和其他幼儿进行平行游戏时，可能会比有兄弟姐妹的幼儿更具挑战性。

○ **每日常规和功能活动**

如果幼儿不在团体照料环境中，父母可以考虑每周参与一个小型游戏小组或母亲们的早间外出活动，或者考虑与有相同年龄子女的朋友交换照料孩子。

○ **标准** 幼儿在几个不同的场合，在一小群幼儿中轻松自在地玩耍至少30分钟。

1o. 知道玩具可以做什么和不能做什么，并适当地使用它们

○ **教具** 各种各样的玩具

○ **流程**

当幼儿得到一个新玩具或在其他幼儿家里玩，当发现和自己家中不同的玩具时，我们可以花些时间向幼儿展示玩具的用途和操作方式，并边展示边描述这个玩具。

一开始幼儿可能很好奇，并尝试其他使用玩具的方法。或者，他可能会因为无法按照预期的

方式使用玩具而尝试用一些不恰当的方式玩玩具。先不要干涉，除非他的操作方式明显不合适或危险（例如扔易碎的东西、试图扯坏玩具）。在这种时候，我们可以说一些诸如"玩具不是用来扔的，它会碎的。你看，它是这样玩的"一类的话，帮助幼儿适当地使用它。

如果玩具不适合幼儿的年龄，则需要将其拿走并用其他玩具吸引他。

○ **每日常规和功能活动**

当我们进行日常活动时，我们可能希望幼儿参与一些简单的任务，并向他展示不同物品的使用方式。这是一个教授实用技能的好机会，例如：用小扫帚扫地、放杂货或者把钱放在存钱罐里。

○ **标准**　幼儿几乎总是知道玩具可以做什么，不能做什么，并适当地使用它们。当然，幼儿可能会尝试新玩具，但要小心，避免他们损坏玩具或做出一些非常不恰当的事情。

| 参考文献 |

DeGangi, G. (2000). *Pediatric disorders of regulation in affect and behavior: A therapist's guide to assessment and treatment*. San Diego: Academic Press.

DeGangi, G., Sickel, R.Z., Kaplan, E.P., & Weiner, A.S. (1997). Mother-infant interactions in infants with disorders of self-regulation. *Physical and Occupational Therapy in Pediatrics*, *17(1)*, 17–39.

Greenspan, S.I. (1992). Reconsidering the diagnosis and treatment of very young children with autistic spectrum or pervasive developmental disorder. *Zero to Three Bulletin*, *13*, 1–9.

Greenspan, S.I., & Salmon, J. (1995). *The challenging child: Understanding, raising, and enjoying five "difficult" types of children*. New York: Perseus Publishing.

序列 2
人际交往能力

人类的学习和发展主要发生在社会背景下，幼儿对照料者的社会反应不仅能提供有关幼儿的想法、感受和学习的信息，而且也肯定了照料者对幼儿投入的时间和精力。当障碍影响到幼儿微笑、笑或其他积极互动的能力时，照料者和同伴可能会较少关注到他，而幼儿反过来可能会进一步减少他进行互动的努力，从而进一步降低获得积极社交经验的可能性。

在制订干预计划时，照料者与幼儿之间的互动必须成为主要关注点。在出生至 12 个月的发育期内，精心安排（orchestrate）双方的互动是有必要的，以使幼儿和照料者的努力都能获得回报。例如：当幼儿患有诸如张力减退的病症时，会对照料者的要求作出异常缓慢的反应。通常在这些情况下，由于幼儿需要很长时间才能作出反应，许多照料者会重复先前要求的内容，因为他们觉得幼儿没有注意到他们做了什么。然而不幸的是，这种重复可能会扰乱幼儿的思维过程。在这种情况下，干预人员应指导照料者慢慢地提出要求，给幼儿一些反应时间（例如：在第二次尝试吸引幼儿注意之前默默地数到 10）。通常，这种简单的节奏变化会让双方都满意。

另一种需要精心安排的情况是难以"阅读"幼儿的反应。也就是说，幼儿的发展障碍使他不能像同龄人那样相互凝视、微笑、笑或打手势，照料者因为没有接收到这些信息，而无法提供必要的反馈来维持令人满意的互动。当幼儿有严重的视力障碍时，帮助照料者学习"阅读"幼儿细微的手部动作以了解其感兴趣和想要参与其中的指示是有必要的。而对于有严重运动损伤的幼儿，可能需要帮助照料者识别幼儿的面部表情（例如鬼脸），即使这些表情看起来可能不像其他幼儿的笑容，但这些表情也具备和微笑相同的功能。

在 12 至 36 个月的发展期内，重点将转移到帮助幼儿发起社交互动，并回应同龄人和更广泛的成人的社交互动。

特殊调适

有运动障碍的幼儿

如果幼儿的动作和运动控制能力非常有限，我们需要敏锐地察觉到他在社交活动中的细微暗示，特别是眼神和微笑。寻求职业和（或）物理治疗师的帮助，帮幼儿找到观察其他幼儿和参加团体活动的最佳位置。

有严重运动障碍的幼儿也许可以操作带有开关的玩具，这样的玩具可以有效地吸引其他幼儿的注意力和兴趣，同时，也让幼儿有机会和同伴分享、轮流玩以及进行其他社交互动。

有视力障碍的幼儿

患有严重视力障碍的幼儿将学会对听觉和触觉刺激作出社交反应。他们对照料者的最早回应可能是细微的手部动作而不是微笑。我们要观察幼儿的这些手部动作以及其他肢体语言，以获得他希望被抱还是获得关注的线索。

患有严重视力障碍的幼儿可能对声音特别敏感，他们对照料者表示认可和反对的音调的细微差别也能够敏感地分辨出来。与其他幼儿相比，与他们交谈时，频繁且有意识地使用不同的音调和音量来沟通更为重要。

患有严重视力障碍的幼儿在学习与其他幼儿互动时需要特殊帮助。他们可能需要身体上的指导才能将东西交给别人或玩简单的游戏。没有视力障碍的同伴可能需要接受指导才能与视力障碍幼儿一起玩耍。

有听力障碍的幼儿

有严重听力障碍的幼儿可能会错过许多社交线索，他可能需要使用触摸来获得关注。因此，我们可以选择涉及大量触觉刺激和运动行为的交互活动。例如：围绕动作押韵进行互动，像是 This Little Piggy 或 Pat-a-cake 游戏；玩轮流游戏，包括拍拍、挠痒或摩擦对方的手或手臂；阅读带有纹理的书籍或翻翻书。另外，在弹力球上进行反弹、摆动等活动，也可以获得良好的社交互动。

2. 人际交往能力

a. 对听觉和触觉刺激微笑

b. 以微笑回应他人的微笑

c. 对熟悉的人微笑

d. 笑

e. 尝试通过发出声音、微笑、进行目光接触或使用肢体语言来吸引注意力

f. 对家庭成员和陌生人有不同的反应

g. 参加简单的游戏

h. 重复引发观察者发出笑声的活动

i. 表现出对其他幼儿的兴趣——试图通过眼睛凝视、微笑和发声来吸引注意力

j. 开始玩游戏

k. 对那些做出意外行为的人微笑或笑

l. 自发地与成人分享

m. 表达爱意

n. 试图取悦他人

o. 和其他幼儿一起玩（交换一些玩具）

p. 与其他幼儿一起玩简单的互动游戏

q. 帮助完成简单的家务

r. 接近同伴或成人以开始游戏

s. 适当回应熟悉的成人的社交行为

t. 试图安慰处于困境中的其他人

u. 通常会短暂且自发地与同伴分享

v. 根据要求提供帮助或预料到他人的需要而提供帮助

w. 与同伴就玩具进行协商（可能会交换玩具）

x. 意识到社会标准

y. 与同伴合作实现目标

z. 表达对某些同伴的喜爱和（或）偏好

aa. 当另一个幼儿受伤或经历不愉快时表示遗憾

bb. 请求许可

2a. 对听觉和触觉刺激微笑
2b. 以微笑回应他人的微笑
2c. 对熟悉的人微笑
2d. 笑

○ **教具** 无需教具

○ **流程**

倾斜幼儿或抱着他，从而让照料者能直接看着他。尝试建立目光接触。与他交谈，并发出各种声音。拍拍或摸摸他，观察他的反应。

当幼儿已经开始具备在接触到听觉和（或）触觉刺激后微笑的能力时，试着看看他，微笑但不要说话或拍他。观察几分钟，如果他不微笑，开始说话并提供触觉刺激。

当幼儿开始微笑以回应我们的微笑时，试着以中性的眼神接近他。如果他还不能识别微笑，就开始说话，同时微笑并提供触觉刺激。

听幼儿的第一次笑声。这些通常是对温和的搔痒或其他触觉刺激的反应。当幼儿开始微笑或笑时，通过语气、拥抱、晃动等的变化，向他表明我们已经注意到并且喜欢他的反应。要时常注意我们正在做的事情，这些事情可能有助于促进幼儿微笑和（或）笑。

○ **每日常规和功能活动**

幼儿的第一次微笑似乎是对内部事件和身体刺激的反应，而不是对社交事件的反应。我们对幼儿的微笑，以及我们在幼儿微笑时作出的回应，构成了社交互动，并为社交微笑奠定了基础。

在所有照料活动中，重要的是提供身体接触（例如：抱、抚摸），与幼儿交谈并经常微笑。尽量保持与幼儿的目光接触（因为即使他被诊断为"皮质盲"，有时候这些幼儿随着年龄的增长也会开始对视觉刺激作出反应）。

在提供任何触觉刺激或抱起幼儿之前，如果发现幼儿在看或听我们或任何其他人，要先仔细观察并朝他微笑。

和幼儿一起玩，发出有趣的声音，也可以挠他、吹他的肚子等等。这些都是典型的照料幼儿的活动以及白天特殊游戏的一部分。

○ **注意**

确保幼儿有少数主要照料者定期与他互动，并不断强化他的社会反应。

○ **标准 2a**　幼儿定期对听觉和（或）触觉刺激微笑。

○ **标准 2b**　幼儿微笑着回应成人对他的微笑（除了问候之外，没有触觉刺激或其他声音）。

○ **标准 2c**　幼儿时常对熟悉人的面孔或声音微笑（无触觉刺激，成人先微笑，或者被抱起），此行为连续数日每天至少发生一次。

○ **标准 2d**　幼儿经常以微笑回应触觉、听觉和（或）社交刺激。

2e. 尝试通过发出声音、微笑、进行目光接触或使用肢体语言来吸引注意力

○ **教具**　无需教具

○ **流程**

试图吸引注意力的行为最容易在自然环境中观察到，特别是在成人彼此互动并且幼儿可能觉得他被忽视的情况下。当幼儿说话、挥手或发声时，幼儿可能会看向成人。当其中一个成人看着幼儿时，幼儿可能会微笑。我们可以尝试通过故意让幼儿的父母或其他照料者与我们交谈并故意忽略幼儿，以此人为地设置情境来评估幼儿的反应。观察幼儿的反应，看他是否使用了某种吸引注意力的方法而不是独自烦恼。

当幼儿确实试图以社交方式吸引注意力时，通过微笑回应他，并在几分钟内给予他全部注意力来强化他的行为。

○ **每日常规和功能活动**

全天回应幼儿的社交提示，但没有必要一直关注他。在进行其他活动时，我们可以通过与他交谈来提供关注。

○ **标准**　幼儿试图通过重复发出声音、微笑、目光注视或动作来吸引他人的注意力。

2f. 对家庭成员和陌生人有不同的反应

○ **教具**　无需教具

○ **流程**

父母或其他照料者通常能够告诉我们幼儿对家庭成员和陌生人的反应是否不同。他们的观察可以归功于评估。如果我们希望直接观察这种行为，需要找一个或多个家庭成员和幼儿不知道的人，在不同时间进入房间，以便观察幼儿的反应。这个技能不能教授，但可以尝试确保幼儿有与此相关的日常经历，这将有助于他获得区分家庭成员和陌生人的能力。

○ **每日常规和功能活动**

在家里，让幼儿出席家庭活动。家庭中的每个人都应该花时间与幼儿面对面接触、握手、抚摸和（或）与他交谈。观察幼儿是否有认出家人的迹象（通常是微笑）。然后，要特别注意幼儿在不熟悉的人来家里或幼儿被不熟悉的陌生人接近时的反应。幼儿分辨出家庭成员和陌生人之间差异的迹象，可以是面部表情（例如对家庭成员微笑和"研究"陌生人）、活动水平（例如兴奋或安静）或其他行为，幼儿往往有自己独特的反应方式。

○ **注意**

如果幼儿处在团体照料环境中，重要的是保持环境的一致性，在这个环境中，有一定数量的幼儿保育员。幼儿可能会学会对访问幼儿园的陌生人作出不同的反应，但他更有可能对团体环境中的照料人以及把自己抱起（或放下）的家庭成员作出不同的反应。

○ **标准**　幼儿对家庭成员和陌生人（或家庭成员和照料者）有不同回应。两个成人所观察到的回应差异应可达成一致。

2g. 参加简单的游戏

○ **教具**　无需教具

○ **流程**

和幼儿一起玩躲猫猫（Peek-a-boo）游戏。也可以尝试玩手指游戏，例如：Here Comes a Little Bug（这里有一只小虫），即假装用手指从幼儿的手臂爬到下巴然后搔痒他；This Little Piggy（这只小猪），即触摸脚趾。

一旦幼儿在游戏期间开始微笑，试着让他更积极地参与。例如，当玩躲猫猫游戏时，等待几秒钟以观察幼儿是否会试图把面前的双手打开，或者往旁边看，期待成人的再次出现。

○ **每日常规和功能活动**

在给幼儿换纸尿裤、穿衣服或其他需要让他参加的事情时，玩简单的游戏是让幼儿开心的最佳方式之一。偶尔停下来，看看幼儿是否会试图让我们继续完成游戏。

○ **标准** 幼儿在社交互动中开心地微笑，并试图通过轮流、预测事件或表明他希望继续玩游戏来参与游戏。

2h. 重复引发观察者发出笑声的活动

○ **教具** 无需教具

○ **流程**

因幼儿所做的事情而发笑是很自然的。笑过后，观察幼儿是否会重复这项活动。如果他再次这样做，将我们的笑声与拍手或其他动作结合起来，以显示我们因幼儿所做的事情而感到快乐。如果幼儿在他人因自己的举动发出笑声时不会自发地重复某项活动，那么试着让幼儿再次重复他刚刚做的事情。

○ **每日常规和功能活动**

在日常活动过程中应该有很多机会，来观察当有人因幼儿的举动发笑时他的反应。

○ **标准** 幼儿经常重复做出引起观察者发出笑声的活动。

2i. 表现出对其他幼儿的兴趣——试图通过眼睛凝视、微笑和发声来吸引注意力

○ **教具** 无需教具

○ **流程**

带幼儿去一个有其他幼儿的地方，观察他的行为是否与独处时不同。例如：幼儿是否专心观察其他幼儿的活动，或者他是否会试图通过发声、眼睛凝视或其他适当的行为来吸引他们的注意力。

○ **每日常规和功能活动**

尽量为幼儿提供足够多的和同伴以及与成人相处的机会。观察幼儿对每个群体作出反应的方式。观察他是否对一个或多个同伴表现出特别的兴趣，他是否试图引起同伴的注意，而不是成人的注意。如果把幼儿带到一群同伴旁边，原本吵闹的他通常会停止吵闹，并且相较于把他带到没有与他直接接触的成人面前，他会花更多的时间安静地观察同伴，而当同伴接近他时，他会表现得更加兴奋（例如：身体动作、发声），等等。

○ **标准** 幼儿通过专注地观察同伴、在同伴面前保持安静、试图引起同伴的注意等方式，表现出对同伴的兴趣。两个成人所观察到的反应应一致。

2j. 开始玩游戏

○ **教具** 无需教具

○ **流程**

与幼儿坐在经常用于玩特定游戏的位置。等一等并观察他是否会尝试开始游戏。例如：如果我们把幼儿抱到膝盖上准备玩 Pat-a-cake 游戏，他是否试图通过握住我们的手并将它们拍在一起来开始游戏。如果他没有发起游戏，则成人发起它，然后停下来看看幼儿是否会尝试让我们继续游戏。

通过对幼儿表现出来的任何吸引我们加入游戏的努力给予快速且稳定的反应，能够增加幼儿发起社交游戏的可能性。即便停下来只玩 30 秒也将使他更有可能在未来发起游戏活动。

○ **每日常规和功能活动**

在日常生活中，注意幼儿开始玩游戏的努力。比如：穿衣服或脱衣服时，幼儿可以展示他的脚（表示他希望玩 This Little Piggy 游戏），或者当我们盘腿坐时幼儿试着站起来（表明他希望骑在我们的脚上）。他可能会把头埋在某物之下，开始偷看或者通过模仿你做过的事来开始一个轮流游戏，然后看着你让你知道现在轮到你了。

○ **标准** 幼儿每天多次要求玩社交游戏。

2k. 对那些做出意外行为的人微笑或笑

○ **教具** 无需教具

○ **流程**

与幼儿一起玩常玩的玩具，让他带领我们玩，然后尝试做一些意想不到或愚蠢的事情并观察他的反应。例如：尝试将一只鞋子放在玩偶的手上，或坐在椅子上将玩具放在他的头上。如果他笑了，就和他一起笑。如果可以，重复刚刚做的看似愚蠢的行为。如果幼儿对你所做的事情感到困惑，就说"我太笨了，看我做了什么呀"，然后大笑。

○ **每日常规和功能活动**

在日常生活中，偶尔在幼儿面前做一些我们通常不会做的事情来让他惊讶。例如：拿着幼儿的瓶子或杯子，但假装自己喝；当播放音乐时，停止正在做的事情并用力跳舞；把帽子戴反，或试着把手套戴到脚上。在幼儿作出反应之前，尽量不要自己先开怀大笑。

一段时间后，尝试不同的愚蠢行为并观察幼儿的反应。

○ **注意**

重要的是不要经常做同样的愚蠢行为，否则它们将因为不再是意料之外的事情而变得不再有趣。

○ **标准** 对于多次做出意外行为的人，幼儿会微笑或笑。

21. 自发地与成人分享

○ **教具** 两种不同的谷物片（例如麦片）、积木或其他玩具

○ **流程**

准备两碗不同种类的谷物片。给幼儿一碗，给自己一碗。品尝一块自己碗里的谷物片，然后说："这个很好吃，你想要一块吗？"给他一块自己的谷物片，然后等一下，看他是否也会给你一块他碗里的谷物片。如果没有，问他是否能给我们一片他的谷物片。如果他说"不"，问他是否还想要吃我们碗里的谷物片。

将类似的流程用到两堆积木或两组其他玩具上。先提议分享你的，然后等待足够长的时间，以便幼儿有机会在没有被要求的情况下分享他的物品。如果幼儿没有分享他的物品，提出要求并伸手去够他的物品。每次幼儿给我们一件物品时一定要说"谢谢"，并向他提供我们的物品作为回报。

○ **每日常规和功能活动**

与许多行为一样，分享最容易通过模仿来学习。它通常始于照料者与幼儿分享食物，然后幼儿模仿我们的行为将食物分享给照料者。当我们吃零食或吃饭时，可以通过定期询问幼儿"你想要一些吗？"来鼓励分享。在与幼儿分享后不久，给他一个饼干（或其他手指大小的食物），然后身体前倾靠近他并询问："可以给我一些吗？"如果他把饼干拿开，我们要尊重他想要自己保留饼干的想法。但是，我们要继续给幼儿展示分享的行为，给他一些我们所拥有的东西，并偶尔请他与我们分享。

○ **标准** 在分享游戏开始后，幼儿在没有提示的情况下自发地分享。

2m. 表达爱意

○ **教具** 无需教具

○ **流程**

以适合其文化的任何方式自由地表达对幼儿的喜爱。例如，对他微笑，轻轻拍打他，偶尔拥抱他，并告诉他你关心他。

把脸贴近幼儿的嘴，然后要求亲吻。如有必要，将嘴唇贴在脸颊上，然后表现得很高兴并再次亲吻幼儿。同样，将幼儿的手臂放在你的脖子上并要求拥抱。如有必要，帮助幼儿拥抱你。用另一个拥抱和（或）一个吻来回应幼儿。

○ **每日常规和功能活动**

全天对幼儿表达爱意，让幼儿知道你喜欢拥抱或亲吻。

○ **注意**

关于表现喜爱的方式和次数，存在家庭和个人差异。实施此项目时应尊重这些差异。目标是帮助幼儿学会以适合家庭偏好的任何形式给予和接受爱意。

○ **标准**　幼儿通过拥抱和亲吻或其他可靠的行为，向熟悉的成人和同伴表达爱意。

2n. 试图取悦他人

○ **教具**　无需教具

○ **流程**

幼儿最强烈的需求之一就是关注。如果幼儿因为好的行为而得到积极的关注（例如表扬、拥抱、微笑），而不是因为不好的行为而获得消极的关注（例如皱眉、喊叫），那么他就会试图取悦别人。因此，鼓励幼儿取悦他人的最佳方法，是将注意力放在他让我们开心的行为和活动上。

注意观察幼儿试图取悦我们或其他人的迹象：

- 从事一个在当天早些时候或前几天得到成人积极回应的活动；
- 在完成任务后，看向成人以期获得肯定；
- 在开始进行不恰当的活动之前，征求成人的同意或反对。

我们需自然且积极地回应幼儿这些提示我们给予关注的迹象。

○ **每日常规和功能活动**

在幼儿的生活环境中，鼓励所有成人关注幼儿的良好行为，而不是关注他们认为不好的行为。也就是说，鼓励成人在看到幼儿表现出恰当行为时给予赞美，并忽略轻微的消极行为。

○ **标准**　幼儿试图通过做他过去所做的行为或寻求成人的认可来取悦他人，我们应该持续培养和塑造他。

2o. 和其他幼儿一起玩（交换一些玩具）

○ **教具**　任何对幼儿有吸引力的玩具

○ **流程**

创造幼儿与一个或多个同伴一起玩的机会，并为每个幼儿提供一套相似但不完全相同的玩具。这可能会引起幼儿对他人玩具的兴趣以及玩具交换。

○ **观察**

- 表现出与独立游戏时不同的行为（例如：注意力持续时间更长或更短、频繁四处观察）；
- 与同伴相处时的积极反应（例如：试图吸引同伴的注意、晃动手中的玩具）；
- 在同伴面前没有其他破坏性的行为（除偶然情况外，不会故意表现出敌意以及抢夺玩具）。

如果幼儿不与其他幼儿一起玩耍或对其他幼儿没有兴趣，我们可以和他坐在一起，然后通过展示玩具的玩法、把玩具递给另一个幼儿等方式，促使他玩玩具以及和同伴互动。

○ **每日常规和功能活动**

为幼儿提供许多与其他幼儿一起玩的机会。让一些年龄较大、能力较强的幼儿与他短暂地玩一会。

○ **注意**

如果出现故意的破坏性行为，应该通过暂时让幼儿从情境中离开几分钟、重新回到游戏情境以及仔细观察破坏性行为是否再次发生的方式来处理。如果行为再次发生，则需要确定行为的功能。例如：这是对另一个幼儿行为的反应吗？如果是这样，尝试评估两个幼儿在相关情境中行为的适当性。还是在任何团体环境中他都会感到不适？如果是这样，尝试将他带到只有一个幼儿的环境中。又或者，他这样做是为了吸引成人的注意？如果是这样，我们可以尝试让他和另一个幼儿一起参与一个合作性的活动，如果在没有成人关注的情况下破坏性行为被维持，则可能需要寻求心理学家的帮助来建立行为管理计划。

○ **标准** 幼儿与其他幼儿一起玩至少 10 分钟，偶尔分享玩具。

2p. 与其他幼儿一起玩简单的互动游戏

○ **教具** 无需教具

○ **流程**

幼儿园里最常见的互动游戏是各种形式的相互追逐，让一个幼儿试着抓住另一个幼儿，如果一个幼儿在地上爬，也鼓励另一个幼儿在地上爬。有些幼儿则特别喜欢绕着可以让他们脱离别人视线几秒钟的一些物品转。在这个基础上，我们可以将幼儿的玩具系在可以绳子上来拉动、让他们并肩走或相互追逐来鼓励幼儿做出不同的选择。

○ 每日常规和功能活动

这个项目的目标是让幼儿互动而不是与其他幼儿一起玩。通常,这开始于幼儿和年长的兄弟姐妹或其他可以模仿或跟随的年龄较大的幼儿一起玩。如果家中没有兄弟姐妹并且幼儿没有参加幼儿看护项目,可在社区中寻找与其他幼儿互动的机会(例如:妈妈们的早间外出活动或其他游戏小组;由各个团体赞助的婴幼儿学步活动或在公园和娱乐场所举办的活动)。

○ 标准　幼儿多次与一个或多个其他幼儿进行互动游戏(包括轮流)。

2q. 帮助完成简单的家务

○ 教具　无需教具

○ 流程

当我们和幼儿一起玩的时候,告诉他是时候收拾玩具了。我们先开始收拾玩具,然后鼓励他也收拾一些。给他一块布,并让他把桌子擦干净。让他帮忙把垃圾扔到垃圾桶。在幼儿帮忙完成简单的家务后,感谢他的帮忙。

○ 每日常规和功能活动

在家中或院子里做日常工作时,试着想一想幼儿可以提供帮助的事情。例如在饭后清理时,让他试着擦拭自己的托盘或桌子,让他清洗一下平底锅,让他把脏衣服丢在篮子里,或者当你在打扫时,也给他一块抹布。

记得要经常感谢幼儿的帮助,赞美他付出的努力而不是工作的效率。随着幼儿技能的提高,他将能够提供越来越多的帮助。

○ 标准　幼儿在不同场合试图帮助你完成几项不同的家务。

2r. 接近同伴或成人以开始游戏

○ 教具　无需教具

○ 流程

注意观察幼儿寻求发起游戏的互动行为(例如:分享带来的玩具、牵着你的手引导你参加游戏活动)。这些是幼儿早期的一些尝试,以此来表明他想要玩什么以及和谁一起玩。强化他的这个行为并询问"你想要玩吗?"或"我们是要玩玩具吗?",然后让他指导我们分配/扮演角色几分钟。

○ 每日常规和功能活动

当幼儿与同伴在一起的情况下,也要注意观察他的行为。如果他没有尝试主动与其他幼儿进行互动，将他带到另一个幼儿面前，并尝试引导他参与到这个幼儿的活动中。我们要谨慎地给幼儿选择游戏伙伴，以便他获得更多的成功体验（选择一个与其他幼儿相处融洽的幼儿，并且他会欢迎其他幼儿参与自己正在玩的游戏）。

○ **注意**

让幼儿在他发起的游戏中起带头作用尤为重要。成人过多的引导会阻碍幼儿的能力和探索意识。即便他不太会玩，他可以通过模仿向会玩的幼儿学习。

○ **标准** 幼儿每天至少接近一个同伴或成人并发起游戏。

2s. 适当回应熟悉的成人的社交行为

○ **教具** 无需教具

○ **流程**

幼儿需要始终与其他成人和幼儿进行适当的问候和互动。在与他交往期间，向幼儿打招呼并使用"请"和"谢谢"。当我们离开时和他说"再见"。如果他没有回应，辅助他说出这些话。

○ **每日常规和功能活动**

让幼儿有机会与朋友和访客互动。辅助他在适当的时候说"你好""再见""请""谢谢"等等（或"击掌"等其他任何在当前文化背景下合适的语言或动作）。但如果他不愿意，不要勉强他说。当他在适当的情境中问候他人时，确保让他知道我们喜欢他这样做。

○ **标准** 大多数情况下，幼儿会对熟悉的成人的社交行为作出适当的反应（例如说"你好"，回应"击掌"，挥手表示再见或说"再见"，说"谢谢"，回答或问问题）。

2t. 试图安慰处于困境中的其他人

○ **教具** 无需教具

○ **流程** 当幼儿感到悲伤时，安慰他。当他人感到痛苦时，用自然的方式宽慰（例如亲吻受伤的地方、拍拍或拥抱正在哭泣的人）。同时，要求幼儿给予类似的关注（例如当你的手指受伤时，让幼儿"亲一下就好了"）。在假装游戏中，让幼儿安慰受伤的娃娃或毛绒玩具。

○ **每日常规和功能活动**

让幼儿看到别人关心周围人的感受和需要的行为，这应该成为幼儿日常生活的一部分。在小组环境中，鼓励幼儿因互相碰撞而跌倒时互相安慰。强化他安慰他人的行为，并表明你很欣赏他对他人表现出的关心。

○ **标准** 幼儿试图在几个不同的场合安慰处于困境中的其他人。

2u. 通常会短暂且自发地与同伴分享

○ **教具** 幼儿喜欢的任何玩具或物品（例如电话、餐具、工具，最好是可以两个人一起使用的物品）

○ **流程**

选择另一个幼儿加入我们和幼儿一起玩的游戏中，观察他们如何一起玩。在玩的过程中，幼儿如果没有自发分享，则建议并鼓励幼儿相互分享。如果有必要，辅助幼儿分享，并在任何一个幼儿分享时表达我们的喜悦。

○ **每日常规和功能活动**

当两个幼儿一起玩时，自发与同伴分享是一种很自然的活动。假装做饭和摆放餐具、搭积木、玩汽车和卡车、给玩偶穿衣服、沙滩或水上活动都有助于分享。

当进行假装做饭、给娃娃穿衣服等游戏时，幼儿可能会把一部分玩具拿给另一个幼儿或把这些玩具放在另一个幼儿附近，无论这个幼儿是否接受，我们都要强化他分享玩具的行为（例如，"分享玩具了，真棒！""[同伴的名字]和你共进午餐了吗？""你让[同伴的名字]帮助你做饭了吗？"）。

当幼儿进行此类分享行为时，特别是在他们把玩具分享给别人，之后又取回来的时候，会频繁使用大量的口语。因此，这提供了一个研究早期沟通技巧的机会。通过建议"[同伴的名字]可能喜欢玩"或引导幼儿分享然后告诉他别人喜欢他分享的东西，可以促进分享行为的发生。当观察到幼儿的分享行为时，一定要及时地予以强化。

○ **标准** 玩耍时，幼儿在没有提示的情况下给同伴物品。

2v. 根据要求提供帮助或预料到他人的需要而提供帮助

○ **教具** 无需教具

○ **流程**

自然地与幼儿一起玩耍。寻找机会要求他为我们找一些东西。

做一些需要帮助的活动。例如：用手拿积木或其他玩具，直到手里东西太多而无法再拿更多的东西为止。观察幼儿是否自发地试图提供帮助。如果没有，请他帮忙。时常赞美幼儿提供帮助的行为。

○ **每日常规和功能活动**

两种最佳的鼓励幼儿乐于助人行为的方式是，证明他对别人的帮助是有用的，以及使用表扬、拥抱等方式肯定幼儿帮助他人的努力。当我们在家中或在团体照料环境中进行日常活动时，寻找让幼儿帮忙的机会（例如为婴儿取纸尿裤或奶瓶，午饭时将餐巾放在桌子上，把书拿给某人读）。

在提出要求之前，注意观察他预料到别人需要的次数（例如在婴儿哭泣时跑去拿奶瓶，当有人试图修理某些东西时跑去找工具，即便这个工具找错了）。当他提供帮助时，让他知道我们是多么感激他的帮助。

○ **标准** 日常生活中，幼儿根据要求提供帮助或预料到他人的需要而提供帮助。

2w. 与同伴就玩具进行协商（可能会交换玩具）

○ **教具** 无需教具

○ **流程**

找另一个幼儿与有特殊需要的幼儿一起玩耍。在他们周围放置各种各样的玩具，但要确保在这些玩具中，只有一个玩具是双方都非常喜欢的（例如一个可以骑的玩具、一对钳子、一套画笔和画架）。当他们玩玩具时，观察他们如何分享以及如何处理他们都想要玩的玩具。辅助他们及时轮流以及使用合适的方式交换玩具。当他们分享或一起玩玩具时，对他们的行为做出评论，让他们知道他们的行为是值得赞赏的。

○ **每日常规和功能活动**

向幼儿展示如何在出现冲突时通过轮流或交换玩具的方式来与同伴协商。强调使用语言来解决问题，而采取不是抓人、打人或其他用身体抢夺玩具的方式。表扬幼儿分享以及共同玩玩具的行为。

○ **标准** 连续数天，幼儿每天数次与同龄人和（或）兄弟姐妹通过协商获得玩具。

2x. 意识到社会标准
（例如：衣服脏了想要换、找人将破损的玩具修好）

○ **教具** 无需教具

○ **流程**

当我们与幼儿一起玩时，注意观察幼儿了解社会标准的迹象。如果没有机会观察到这一点，我们可以故意设置一些情境，例如将一个破损的玩具放到我们正在使用的教具中，把饮料洒在地上，给他一些破碎的或者被损坏的纸制品等等。观察幼儿的反应，如果他表现出苦恼，回应他的苦恼，但要以实事求是的方式对待发生的事件（例如，"我知道你不是故意这样做，让我们解决它"）。

○ **每日常规和功能活动**

幼儿通过观察周围的成人和其他幼儿来学习社会标准。通过与幼儿谈论我们为什么这样做来鼓励幼儿的学习（例如，"那件衣服已经很脏了，去商店之前先换一件""哎呀，你把牛奶洒了，让我们把它清理干净""已经坏了，看看我们能否修好""亲爱的，你撕了丹尼的论文，告诉他你很抱歉"）。

○ **标准**　幼儿表现出对几种不同社会标准的认识，例如对清洁衣物的渴望、修理破损物品的需要、在发生事故时说"对不起"等等。

2y. 与同伴合作实现目标

○ **教具**　无需教具

○ **流程**

寻找一两个同伴与幼儿一起玩耍，成人可以提出大家一起做某事的建议，例如：在椅子上建造火车并假装乘坐火车；建一座建筑，或者用积木建一条马路让汽车在上边行驶。如果一群幼儿正在玩的是搭积木，给每个幼儿一堆积木从而让所有人都更有可能参与到游戏中。如果任何一个幼儿独自在玩他的积木，告诉他建造一个大房子（或者马路）需要用到所有的积木。当幼儿在任务中彼此合作时，赞扬他们。

○ **每日常规和功能活动**

为幼儿提供在家中、学校、托管所或其他环境中与同伴互动的机会。如果他没有自发地加入合作游戏，就另找一个幼儿加入我们和他的游戏中。选择能够促成合作的教具，例如积木或其他筑造类的玩具。根据需要，我们可以在开始的时候尽可能多地参与其中，然后逐渐退出。如果他们发生冲突，鼓励彼此妥协。评论他们如何一起工作以及他们共同完成的事情。

○ **标准**　幼儿多次与一个或多个同伴合作实现目标。

2z. 表达对某些同伴的喜爱和（或）偏爱

○ **教具**　无需教具

○ **流程**

幼儿通过体验来自家人和其他照料者的爱意，来学习如何表达爱意。在符合幼儿所处的文化背景之下，我们可以用任何方式自由表达对幼儿的喜爱。例如对他微笑，轻轻拍打他，偶尔拥抱他，并告诉他你关心他。此外，也可以在幼儿面前表达对他人的喜爱。

○ **每日常规和功能活动**

在小组环境中，使用亲吻、拥抱、轻拍或其他符合文化背景的方式向幼儿展示如何表达爱意。鼓励幼儿互相帮助，并在受伤时互相安慰。利用小组时间，鼓励年龄较大的幼儿谈论人们做的哪些事让他们知道自己是被爱的。

○ **标准** 幼儿表达对某些同伴的喜爱和（或）偏爱应该是常见的情况。尽管时常发生变化，但每次幼儿与同伴在一起时，表达爱意或偏爱的迹象应该可以被识别。

2aa. 当另一个幼儿受伤或经历不愉快时表示遗憾

○ **教具** 无需教具

○ **流程**

培养幼儿在他人遭遇不幸时能够敏感察觉的能力。例如当他受到伤害时帮助他，在他感到沮丧或不快乐时给予同情，帮助他找到问题的解决方案，鼓励他帮助其他家庭成员（例如"强尼的手指受伤了，快来帮忙亲亲它，让它快快好起来"）。

让幼儿用娃娃、小动物或木偶玩假装游戏，内容涉及其中一个角色在受伤时照顾另一个角色。

当幼儿对同伴遭遇的不幸表示同情时，要让他知道你非常欣赏和肯定他的这一行为。

○ **每日常规和功能活动**

在家庭环境中以及其他与同伴在一起的各种环境中观察幼儿。注意他对遇到困难的人是否表示同情。如果幼儿没有自发表示同情，演示这个行为，并辅助他安抚或帮助遇到困难的人。

○ **标准** 当同伴受伤或经历不愉快时，幼儿至少5次对同伴的遭遇表现出遗憾。在这个阶段，幼儿不需要自发尝试帮助同伴，但应该寻求成人的帮助或者在成人的要求下想要帮忙。

2bb. 请求许可
（例如，"我们可以出去吗？""我可以把它转过来吗？"）

○ **教具** 无需教具

○ **流程**

将一组玩具或其他物品在我们和幼儿之间进行分配。然后在上面贴上标签，区分"我们的"和"他的"。几分钟后，询问幼儿是否可以玩（或使用）他的一个物品几分钟，短暂地玩一会儿然后还给他。从我们这一组的物品中找一个特别有趣的并用它做一些事情，如果幼儿伸手去拿但没有提出请求，告诉他："你想要我的这个物品吗？先好好地问问我。"如果有必要，告诉他如何询问："请问我可以用吗？"我们也可以使用零食进行类似的活动，每个人可以练习的内容各不相同。

○ **每日常规和功能活动**

在使用幼儿的个人物品或我们周围其他人的物品时，始终要先征得对方的许可。当幼儿想要进行某个活动并询问以获得许可时，积极回应这些要求。如果要求不能被批准，告诉他为什么不可以，并告诉他可以这样做的恰当时机（例如，"你现在不能出去，外边雨太大了，等雨停了我们再出去"）。

○ **标准** 幼儿在没有提示的情况下多次请求成人或同伴的许可。

序列 3
自我概念

人类的自我意识（自我概念）包括认同感（例如我是谁、我能否胜任、他人如何看待我、我在家庭和社区中处于什么位置）以及对认同感的感受和价值判断。婴儿期是奠定成就感和价值感的关键时期（Turner，1994）。让婴儿感受到来自照料者以及同龄人的重视非常重要，这有助于婴儿肯定自己的价值。当婴儿对自己感觉良好时，他们往往更热衷于尝试具有挑战性的任务，并且通常能够应对失败。

该序列虽然介绍了健康的自我概念的组成部分，但是，只有照料者充满感情和热情地执行活动内容时，课程才会有效。幼儿很容易接受成人的态度和感受，如果成人重视并接受有特殊需要的幼儿，他们的兄弟姐妹和同伴也更有可能用相同的方式对待他们。

注意：重要的是要认识到幼儿健康的自我概念的某些方面可能会给照料者带来一些特殊的挑战，包括：做出不期望的选择、拒绝遵守命令、表现出追求目标的决心、对玩具和其他物品的占有欲，以及与同伴争夺玩具或成人的关注。这些行为会在幼儿 18 到 30 个月的时候出现，我们常常将这个阶段定义为"可怕的 2 岁"。尽管这些行为可能会令人生气，并且可能会在一个发育缓慢的幼儿身上持续更长时间，但它们应该被视为幼儿日益增强的独立意识的重要指标。照料者可以通过制定一致的规则，帮助幼儿将他们日益增长的独立感转化为社会可接受的行为，让幼儿经常有机会在可接受的选项之间做出选择（而不仅仅是告诉他该做什么），并专注于教导幼儿正向行为。在从事的所有活动中，相较于失败的体验和负面反馈，幼儿应该从照料者和同伴那里获得更多成功的体验以及正面的反馈。

| 特殊调适 |

有运动障碍的幼儿

对于患有严重运动障碍的幼儿来说，他们难以从逐渐独立以及和同伴竞争的过程中培养独力感。照料者面临的挑战是找出幼儿能够取得成功的活动。用开关控制的适应性设备（包括通信设备和玩具）可能会有所帮助。也可以寻求幼儿治疗师的指导。

有视力障碍的幼儿

对于有严重视力障碍的幼儿，应省略涉及镜子和照片的项目。这些幼儿将学会以不同的方式识别自己和他人，例如通过声音、嗅觉，或者在某些情况下，通过皮肤和头发的一般轮廓和颜色来识别。这类幼儿除了需要帮他们通过触摸、嗅觉和声音定位识别物体之外，几乎不需要进行其他调适。

有听力障碍的幼儿

对于有严重听力障碍的幼儿,需要咨询通讯专家,了解适当的通讯辅助工具,例如使用手语或沟通设备。

3. 自我概念

a. 被叫名字时能够回应

b. 和镜中影像玩

c. 做出选择

d. 从镜子里认出自己和他人

e. 通过说"不"或其他方式表示拒绝

f. 表达感兴趣、愉悦、惊喜、兴奋、警告和抱怨等情绪(4种或更多)

g. 拒绝他人帮忙就餐的行为

h. 表明物品是"我的"

i. 与同伴竞争玩具

j. 向他人"表演"

k. 索要零食或饮料

l. 显示出选择或继续某项活动的决心/毅力

m. 分辨和命名照片中的自己

n. 对自己的成就感到骄傲

o. 对自己做出积极的评价

p. 知道自己的年龄(说出数字或伸出手指表示)

q. 告诉他人自己的名字

r. 正确回答自己的性别

s. 能够选择哪些事情可以做,哪些事情不可以做(辨认出界限)

t. 对失误或禁止做的行为表示内疚或感到羞愧

3a. 被叫名字时能够回应

○ **教具** 无需教具

○ **流程**

幼儿在玩的时候,叫他的名字。如果他没有回应,就更大声地叫他的名字。如果仍然没有回应，触摸他的肩膀或手臂并叫他的名字以引起他的注意。当他回应他的名字时，微笑并与他交谈。

一旦幼儿在听到自己的名字时能够作出回应，用类似的音量说其他单词，检查他是否只是对自己的名字作出回应，而不是对所有的声音都作出回应。

○ **每日常规和功能活动**

在与幼儿互动时，经常叫出他的名字，在他能够辨别自己的名字之前，互动时最好叫出他的名字和我们的名字，而不是年龄较大的儿童和成人之间常用的代词（例如"大卫是妈妈的大男孩"而不是"你是我的大男孩"）。

当我们想要抱他或进入他的房间之前，叫他的名字。起初，无论我们发出什么声音，他都可能转头看我们。然而，渐渐地，他应该能够对自己的名字作出不同于其他单词或声音的反应。

当幼儿忙于某项活动时，叫他的名字，看看他是否会停下来看我们，即便是短暂停下手中的活动看向我们也可以。

○ **标准**　当幼儿被叫到名字时，他通常能够转向说话的人，或给出一些其他的反应表明自己对自己名字的辨别。

3b. 和镜中影像玩

○ **教具**　不会碎的小镜子、带镜子的玩具，或安装在墙上的镜子

○ **流程**

让幼儿背对着坐在我们的膝盖上，把镜子放在他面前，让他看到自己的脸，而不是我们的脸，然后观察他的反应。起初，他可能倾向于安静地研究镜子中的影像，然后他会开始轻轻地拍打镜子，并且微笑或笑。

○ **每日常规和功能活动**

幼儿非常喜欢镜子，一些婴儿床或组合式玩具盒都装有镜子。如果幼儿有带镜子的婴儿床或组合式玩具盒，随着时间的变化，观察他对镜中影像的反应。或者，当我们带着幼儿经过墙上有一面镜子的房间或其他有镜子的地方时，带着他在镜子前来回移动，这样他就能一会儿看得到自己，一会儿看不到自己，注意观察他的行为，看他是否会对镜中影像时而出现时而消失做出思考。

○ **标准**　在多种情境下，幼儿会和镜中的影像玩耍数分钟，包括拍打、张嘴、微笑、笑或者其他游戏行为。

3c. 做出选择（例如：有更喜欢的玩具、食物）

○ **教具** 玩具或食物，包括幼儿最喜欢的玩具和食物

○ **流程**

在与幼儿一起玩或喂他吃饭时，创造机会让他做出选择。例如拿起 2 个玩具然后问："你想要哪一个？"把他伸手拿（或眼睛盯着看）的玩具给他，给的同时说出玩具的名字。

尝试将看似首选的玩具与各种其他玩具配对，看看幼儿是否有一致的喜好模式。

在给幼儿喂饭时，给他品尝 2 种或 3 种不同的食物。在喂第二口时，观察他是否会在看到某些食物时把头偏向一侧，而看到另一些食物时张嘴。如果没有，拿起他的牛奶和一勺食物，问他想要哪一个。把他伸手拿（或者用眼睛看）的食物给他。

当幼儿似乎已做出选择时，对其进行评论（例如"哦，你想要饼干吗？尝起来好吃吗？""你不喜欢菠菜吗？那我们尝尝桃子"）。

○ **每日常规和功能活动**

全天观察幼儿，了解他喜欢什么和不喜欢什么。他是否会在看到某些食物时将头偏向一侧，而看到另一些食物时则急切地张开嘴巴？他是否有一个特定的玩具、毯子或其他物品，在他睡觉或烦躁时会抱着？当他受伤时，他是否会更倾向于找某一个特定的人，而在想要玩时则会找另一个人？如果我们拿出 2 种食物（例如：一块饼干和一个苹果），他是否会看向这 2 种食物然后伸手拿其中一种？

○ **注意**

辨别并尊重幼儿的偏好，这和"溺爱"他是不一样的。负责任的成人必须决定什么对幼儿有益，以及哪些事情不能做、哪些事情对幼儿有害。然而，照料者应该提供幼儿足够多的机会在可接受的事物和活动中做出选择。

○ **标准** 幼儿经常在玩具、食物和（或）人之间做出选择，表现出明显的偏好。

3d. 从镜子里认出自己和他人

○ **教具** 不会碎的小镜子、带镜子的玩具或安装在墙上的镜子

○ **流程**

让幼儿背对着坐在我们的膝盖上，把镜子放在他面前，让他看到自己的脸，而不是我们的脸，然后观察他的反应。然后倾斜镜子，让幼儿同时可以看到我们以及他自己的脸，再次观察他的反应。起初，他可能倾向于安静地研究镜子中的影像，然后他会开始轻轻地拍打镜中的影像，

并且微笑或笑。然而，这些行为并不能表明幼儿已经具备自我认知的能力。而当幼儿更广泛地在镜子前做出前后移动头部、做鬼脸、吹泡泡等行为时，自我认知就变得显而易见了。当我们出现在镜子中时，如果幼儿抬头看看我们，然后回头看镜子，这表明他可能在镜子里认出了我们和他自己。

○ **每日常规和功能活动**

幼儿非常喜欢镜子，一些婴儿床或组合式玩具盒都装有镜子。如果幼儿有带镜子的婴儿床或组合式玩具盒，随着时间的变化，观察他对镜中影像的反应。

或者，当我们带着幼儿经过墙上有一面镜子的房间或其他有镜子的地方时，带着他在镜子前来回移动，这样他就能一会儿看得到自己，一会儿看不到自己，注意观察他的行为，看他是否会对镜中影像时而出现时而消失做出思考。

○ **标准**　幼儿通过在镜子前做不同的表情或动作，以及在镜子里看到一个人之后，反复查看镜子和这个人，表现出能认出镜中的自己和他人。

3e. 通过说"不"或其他方式表示拒绝

○ **教具**　无需教具

○ **流程**

幼儿学会说"不"是因为其他人对他们说过"不"，通常，成人对幼儿说"不"是为了阻止幼儿做某些事情。当幼儿刚开始学会说"不"，或使用"不"的手语，或摇头表示拒绝时，他可能常常会拒绝去做成人要求他做的事情。但重要的是，要尊重这些拒绝，而不是坚持让他采取行动或做成人要求他做的事情。通过找出幼儿的喜好，让他知道他是一个能够对自己所处的环境进行有效控制的人。

我们可以通过向幼儿提供我们确信他不想要的东西来引发他的拒绝行为，但更有效的方法是，全天观察幼儿在与我们或其他人互动的过程中所做的事情。

○ **每日常规和功能活动**

一天中，虽然我们不能始终满足幼儿拒绝做某事的要求，但重要的是，要尊重那些对幼儿以及周围人无害的要求。如果他试图拒绝做一些对他来说有必要做的事情（例如小睡、吃药、清理鼻子），我们要表达对他的想法的认可，并告诉他我们反对他这样做的原因（告诉他"我很抱歉，我知道你不喜欢这项活动"，然后讲述他必须这样做的原因）。他可能没法真正理解这些话，但他可以从中学会的是：他能够控制某些事物，但有些事物是他控制不了的。

○ **标准**　幼儿通过说"不"、摇头或使用其他方法来拒绝食物或活动。

3f. 表达感兴趣、愉悦、惊喜、兴奋、警告和抱怨等情绪（4种或更多）

○ **教具** 无需教具

○ **流程**

我们无法教幼儿如何去感受，这个项目的目标是让幼儿学会表达自己的感受。为了鼓励这种表达，照料者应该努力了解幼儿的感受，然后对其感受作出适当的反应。对于幼儿来说，重要的是了解自己是可以被接受的人，无论他们有何种感受，他们的感受都是有意义的。帮助幼儿表达感受的方法包括：

从幼儿的行为中寻找表达感受的迹象，然后通过理解幼儿正在体验的感受以及识别出产生这种感受的原因对幼儿的感受作出反应（例如"看到奶奶，你看起来很兴奋，我也很兴奋""我知道你因为强尼拿走了你的卡车很生气，但我不能让你打他"）。

分享我们的感受（例如"我哭了，因为……让我很难过""我很生气，因为……""我很兴奋，因为……"）。

让幼儿注意观察别人的感受以及表达方式。跟幼儿明确说明，所有的感受都是自然的，但我们不能以伤害他人的方式表达负面情绪（例如"我知道他生气，但我们不可以打人，所以他必须暂时出去"）。

当我们给幼儿讲故事时，谈论故事中人物的感受。

○ **每日常规和功能活动**

在各种环境中观察幼儿，以确定他是否会以他人可以识别的方式探索和表达感受。

○ **标准** 幼儿以照料者可以识别的方式表达感受。幼儿必须能够表达前面提到的6种感受中的至少4种。

3g. 拒绝他人帮忙就餐的行为

○ **教具** 日常在进餐时间使用的食物和餐具

○ **流程**

喂幼儿吃饭时，允许他帮忙抓着勺子，并尝试让他自己使用勺子。当他能够咀嚼和吞咽时，提供手指大小的食物。在他能够独立吃一会儿之后，试着喂他并观察他的反应。

○ **每日常规和功能活动**

在吃饭和吃零食的时候，允许幼儿尽可能自己吃。如果他拒绝别人喂，就不必坚持帮他吃饭。如果无法忍受幼儿用勺子把饭菜弄得到处都是，试着把饭菜弄成手指可抓取的大小，让他刚好能够用手拿起来吃。

○ **标准** 幼儿试图独立进食，并拒绝他人帮助。

3h. 表明物品是"我的"

○ **教具** 无需教具

○ **流程**

在开始和幼儿玩耍之前，脱掉我们和他的鞋子。将它们放在一边几分钟，然后指着你的鞋子说："那是谁的鞋子？"如果他没有回答或回答错误，则说："那双鞋是我的，看，它穿到我的脚上了。那双鞋是谁的（指着幼儿的鞋子）？"如果他没有回答，说："那是你的鞋子，是［幼儿的名字］的鞋子。"

针对其他衣物或物品使用相同的流程练习，应该对幼儿明确说明物品的所有权。

○ **每日常规和功能活动**

确保幼儿至少有一些只属于他的物品，并且有一个特定的地方放置他的物品。例如：在家里，幼儿可能有一个房间，或者在和他人共享的房间里有一张床或一个架子。在集体照料中心，他可能有一个"小房间"或指定给他的区域。

当和幼儿进行日常活动时，明确告知幼儿哪些物品是属于某个人的，或哪些物品是家里或学校里的。例如：打扫卫生时可以说"这是你的车，把它放在你的房间"，或者"这是玛丽的外套，应该放到哪里？"

注意观察幼儿是否开始表示某个物体是"我的"，或者通过将物品放到他的所有区域将它们紧紧地抱在怀里来表明所有权。

○ **注意**

大多数幼儿会经历这样一个阶段，即：将他们想要的任何物品都说成是自己的。虽然这种情况可能会变得越来越严重，但这表明幼儿自我重要性的日益增强。要承认幼儿对物品的渴望，但也要帮他明确这个物品真正的所有者。

○ **标准** 幼儿经常通过语言、把物品放入自己的口袋或把物品和自己的其他所有物放到一起的方式，表明物品是"我的"。当他表明物品所有权时，没有必要评价得非常准确。

3i. 与同伴竞争玩具

○ **教具** 各种玩具

○ **流程**

为幼儿和另外一两个同伴安排游戏时间，寻找他正在与其他幼儿竞争玩具的迹象，这些迹象可能包括：跟另一个幼儿要玩具、从另一个幼儿那里抢玩具、看到另一个幼儿放下玩具后马上拿走它、在其他人到达之前快速跑到一个可以骑的玩具那里、把一堆玩具放在自己面前不让别人玩或其他类似行为。此时，我们可能需要进行干预以防止幼儿因玩具打架，并强化幼儿轮流和分享的行为。

如果幼儿没有试图把玩具据为己有，找一个他可能感兴趣的玩具辅助他跟同伴轮流玩这个玩具。

○ **每日常规和功能活动**

在各种环境中观察幼儿与其他幼儿玩耍时，是否会出现争夺玩具的情况。

○ **注意**

竞争玩具是一个健康而典型的幼儿发展阶段。有些幼儿会试着囤积所有可以弄到的玩具。不要因此就担心或惩罚幼儿，而要借此机会开始教他遵守规则、分享和轮流的概念。如果幼儿囤积了很多玩具，我们可以制定一个规则，即一个幼儿最多拥有 2 个玩具，他必须选出他最想要的 2 个。

如果幼儿不知道怎么轮流玩，我们则可以找一个计时器，并制定规则，即每个幼儿可以玩 5 分钟，时间到了就将玩具交给另一个幼儿。

○ **标准** 幼儿经常竞争玩具，确保他可以获得其中一些玩具。

3j. 向他人"表演"

○ **教具** 无需教具

○ **流程**

当我们教幼儿唱歌、背诵童谣、跳舞等技能时，要赞美他，并让他向他人展示自己做得有多好，选择他熟悉的人做"观众"（例如父母、祖父母、兄弟姐妹）。但如果他不愿意"表演"，也不要勉强。我们可以在他正在做某事时顺便叫一些人过来，从而让他表现得更好。他们的赞扬可能会让他下次更舒适自在地"表演"。

○ **每日常规和功能活动**

幼儿喜欢取悦成人并向他们"炫耀"，他们会自发地或在要求下这样做。我们要鼓励幼儿"表演"这些他们喜欢的事情，例如：唱歌、说童谣或做一些逗乐的小伎俩。这通常表明他们正在发展出感到自豪的技能和能力。因此当幼儿"表演"时，一定要表现出兴奋，赞美并为他们的努力喝彩。

○ **标准** 幼儿可以在几个不同的场合，自发地或根据要求为他人"表演"。

3k. 索要零食或饮料

○ **教具**　常被用来做零食的食物和饮料

○ **流程**

在开始与幼儿玩耍之前，将零食（例如：水果、麦片）放在他看得见但拿不到的地方。不要直接给幼儿提供零食，而要等他清楚地表明他想吃零食和（或）饮料后再给他。如果他没有提出要求，则不给他零食。如果他伸出手指或哭，试着让他用口语（或手语）表明要求，必要时，我们可以说出幼儿的要求，让幼儿模仿。

○ **每日常规和功能活动**

全天观察幼儿尝试要求饮料或零食的行为。对于幼儿恰当使用口语或手势提要求的行为要及时回应；对于幼儿使用哭、扯拽衣服或其他不恰当行为提要求的行为则不要作出回应。

○ **标准**　幼儿每天要一次零食或饮料。

3l. 显示出选择或继续某项活动的决心/毅力

○ **教具**　无需教具

○ **流程**

观察幼儿在活动中是否有表现出决心和坚持的迹象，这些迹象的特征是：

- 长时间玩一个玩具，反复进行相同的活动；
- 要求停止玩玩具或活动而去吃饭或睡觉时，出现反抗；
- 坚持自己已经做出的选择并拒绝替代品；
- 遇到困难时会感到沮丧并且放弃任务，但之后又重新反复进行之前的任务，直到熟练掌握为止。

○ **每日常规和功能活动**

全天观察幼儿选择和玩玩具的情况。重点观察在"流程"部分提到的表明幼儿展露出决心和坚持的迹象。如果他因为玩具坏了或者因为无法做某些想做的事而感到沮丧，成人可以根据其需要提供帮助，确保他能够成功。

○ **注意**

虽然显示坚持和决心是幼儿发展过程中的重要特征，但可能会因此与同龄人或照料者产生冲突。重要的是确认幼儿的决心，但同时设定适当的限制（例如"我明白你想继续玩积木，但现在是睡觉时间，你可以早上再玩，你想把它们放回盒子里还是留在这里？"）。为幼儿提供与他决心继续做某事相关的选择，通常会减少幼儿对结束任务的抵触。

一些障碍导致幼儿固执己见，为了选择或继续某一项活动，他拒绝参与其他任何活动，如果是这样，则不应该鼓励。

○ **标准**　在选择或坚持某个活动时，幼儿经常表现出决心和坚持。

3m. 分辨和命名照片中的自己

○ **教具**　幼儿以及幼儿认识的人的照片

○ **流程**

和幼儿一起看相册，照料者指出照片上认识的人并说出名字，询问幼儿是否能找到自己和其他人。再另找一个时间，和幼儿一起安静地看相册，看他是否会自发说出相片中自己和他人的名字。重复这两个步骤，直到他能够自发命名。

○ **每日常规和功能活动**

找一个展示照片的地方（例如架子、冰箱门），放上幼儿自己和多个幼儿一起的照片。当我们经过这些照片时，指出照片中的幼儿，然后等待，看他是否能辨认出照片中的自己。

○ **标准**　幼儿通常能辨认出照片中的自己，并说出或用手语表示出自己的名字。

3n. 对自己的成就感到骄傲

○ **教具**　无需教具

○ **流程**

在幼儿获得成就时表现出兴奋并给予赞美（例如：鼓掌、拥抱或告诉他"你拍了一张漂亮的照片，我们要把它挂在墙上"）。赞美幼儿并在其他幼儿或成人面前"炫耀"他的成果。注意观察幼儿是否会将他取得的成果拿给我们看，以期获得肯定，是否会向别人展示自己的成果，或者是否会反复做和自己所取得成就相关的事情。

○ **每日常规和功能活动**

无论成就大小，鼓励幼儿所处环境中的每个人注意并强化幼儿的成就感。

○ **标准**　幼儿经常为自己所取得的成就感到自豪，他会通过引起他人的注意、反复多次做那些困难但已经获得过成功的事，或者以其他方式展示自己的成就。

3o. 对自己做出积极的评价

○ **教具**　无需教具

○ **流程**

当与幼儿互动时，尽可能详细地评论他做得好的事情以及他为此付出的努力（例如"你真是一个好帮手""我喜欢你这样和大家分享""你穿这件毛衣看起来太帅了""你太聪明了，把这个拼图拼起来了"）。

另外，在幼儿面前向其他幼儿和成人做出关于他的积极正面的评价。

聆听幼儿对自身做出的积极正面的评价（例如"我很大""我跑得快"）。让他知道我们接受并欣赏他这样评价自己（例如微笑、点头、口头同意）。

○ **每日常规和功能活动**

全天时间里，评论幼儿做得好的行为。如果幼儿听到成人对他们做出积极正面的评价，他们也将会以积极正面的思考方式看待自己，并更有可能对自己做出积极的评价。如果一个幼儿行为不端并且需要离开小组一会儿，我们需要专注于幼儿的行为而不是给予消极的评价（例如"我们不可以打架，跟［其他幼儿的名字］道歉，在这里待几分钟直到你准备好了再玩"或者"我们都不喜欢听你尖叫，你必须留在你的房间，直到停止尖叫为止"）。在对幼儿进行训斥之后，尽快寻找幼儿做得好的行为并给予肯定。对他来说，听到更多积极而非否定的评价是很重要的。

○ **标准**　幼儿有时会对自己做出积极的评价。

3p. 知道自己的年龄（说出数字或伸出手指表示）

○ **教具**　无需教具

○ **流程**

问幼儿："你多大了？"如果他不能回答或回答不正确，告诉他他的年龄并帮他伸出和年龄一致的手指数，然后一根一根地帮他数。每隔几天就问同样的问题，直到他可以正确回答。

○ **每日常规和功能活动**

在庆祝幼儿的生日以及家庭成员或朋友的生日时，跟他谈论年龄。虽然幼儿并不理解和生日相关的数字的真正概念，但他会知道年龄是个体的一部分，并且会更愿意回答"你多大了？"这一日常问题。

偶尔问幼儿"多大了"，然后辅助他，以便他正确恰当地回答。当别人问他"你多大了？"时，不要立刻辅助他，先等他自己回答。如果他没有回答，我们则可通过说出或伸出与年龄一致的手指来辅助他回答。

○ **标准** 幼儿通过说出正确的数字或伸出手指表示，回答"你多大了？"的问题。

3q. 告诉他人自己的名字

○ **教具** 木偶或娃娃

○ **流程**

与幼儿玩假装游戏，拿一个木偶、娃娃或毛绒动物玩具靠近他并说："我叫朱厄妮塔，你叫什么？"如果他没有回答，问他"你是不是［其他人的名字］？"。如果他还是没有回答，就说："你肯定是［幼儿的名字］"。然后拿另一个木偶、娃娃或毛绒动物玩具重复刚才的游戏，直到他说出它的名字。

○ **每日常规和功能活动**

经常叫幼儿的名字，当有人问他名字时，辅助他回答（例如，"告诉刘女士你的名字""告诉她你的名字是比利"）。

如果幼儿在一个小组中，我们可以在圆圈时间把"混乱先生"介绍给大家。"混乱先生"可以是一个木偶、娃娃或毛绒玩具，他总是接收到错误的信息并且需要把信息改正。例如："混乱先生"对玛丽说："哦，我记得你。你是拉汉德拉。"此时，所有的幼儿都可能会笑，然后我们可以对着目标幼儿说："你不是拉汉德拉，那么，你是谁？"然后他把"混乱先生"说的错误名字和错误信息改正。这个游戏可以让大家倾听并思考他们所听到的内容。

○ **标准** 当幼儿被问到"你叫什么名字？""你是谁？"或其他类似问题时，在没有成人提示的情况下，幼儿有时能够说出他的名字。

3r. 正确回答自己的性别

○ **教具** 几个娃娃，一些打扮成男孩，一些打扮成女孩

○ **流程**

与幼儿一起玩，给每个娃娃分配角色（例如：爸爸、妈妈、男孩、女孩）。照料者发出指令，要求幼儿拿着男孩娃娃或女孩娃娃做某事（例如"让男孩坐在椅子上"）。然后让他也给我们发指令。玩几分钟之后，问他："你是男孩还是女孩？"如果他没有回答，继续问："你是女孩吗？"不管他的答案如何，接着问："你是男孩吗？"

○ **每日常规和功能活动**

赞美幼儿或与幼儿谈论他自己时，经常使用男孩或女孩等词汇（例如，"你是一个大女孩""你今天真是个漂亮女孩""你是妈妈的聪明女儿"）。另外，对家庭成员或团体照料环境中的其他幼儿也做出类似的表达。偶尔开玩笑地问他："你是女孩吗？""我是女孩吗？""爸爸是女孩吗？"并注意纠正幼儿的错误。

如果刚好有多个幼儿在场，我们可以要求女孩做一项活动而男孩做另一项活动，以此来了解幼儿对于自己性别的认同情况。

○ **标准** 至少在2天的时间里，幼儿能够正确回答"你是男孩吗？"和"你是女孩吗？"的问题。

3s. 能够选择哪些事情可以做，哪些事情不可以做（辨认出界限）

○ **教具** 各种各样的拼图（难度由简到难），其他难易度各异的玩具/任务

○ **流程**

告诉幼儿今天是"拼图日"，然后给他一个拼图，这个拼图我们确定对他来说很容易。拼好后，赞美他，然后给他另一个更难的拼图。完成后，继续增加拼图任务的难度，并观察幼儿的反应。观察他是否会因为任务变得难以掌握而失去兴趣，是否会请求帮助。当拼图难度远远超出他的能力范围时，他是否会拒绝尝试。

○ **每日常规和功能活动**

在日常活动中，观察幼儿在遇到新的具有挑战性的活动时的反应。他是否最初感到兴奋，但在发现太难后则放弃，然后去做另一项活动。他是否会请求帮助。在某一天，他是否会忽略这个比较难的任务然后去做他以前取得过成功的更熟悉的活动。

○ **注意**

此项目的目标是让幼儿认识到他的局限性，有些任务在没有帮助的情况下确实难以完成。拥有良好自我概念的幼儿，会选择略有挑战但最终可以胜任的活动。他会避免做那些以他目前的技能水平难以完成的任务，或者会寻求他人的帮助。

○ **标准** 在遇到特别困难的任务时，幼儿有时能够意识到任务太难所以避免去做，或者找人帮忙完成。

3t. 对失误或禁止做的行为表示内疚或感到羞愧

○ **教具** 无需教具

○ **流程**

这个项目的目标不是教幼儿如何表达内疚或羞愧，因为这些情绪会在幼儿因为做某事而遭到照料者的拒绝和惩罚时，自然地产生。该项目的目标是，帮助照料者在幼儿表露出体验到这些情绪并有适当反应的迹象时有所警惕。内疚和羞愧是幼儿良心发展的重要指标，也就是说，他开始理解照料者所禁止的行为标准。

无论幼儿的残疾程度如何，照料者都应该为他制定简单但一致的规则。普遍可接受的规则包括：禁止故意破坏物品、浪费材料（例如将所有卫生纸从卷上拉下来、挤出所有牙膏）以及伤害其他人或损坏他们的财物。幼儿可能会明白，违反规则会导致不喜欢或不想要的结果（例如暂停活动几分钟）。因此，一旦幼儿了解到自己做的事情可能会受到批评或惩罚时，他就会试图"隐藏证据"，例如清理现场，去其他地方，希望他人不会将问题与自己联系到一起。所有这些行为都表明幼儿正在经历内疚或羞愧。

当这些事件发生时，照料者必须冷静地作出反应，承认幼儿做了他本不该做的事情，并提供适当的处置，例如完成清理、道歉、暂停活动几分钟，等等。然而，关键是要关注幼儿所做的行为以及行为的自然后果（例如"你打破了吉姆的卡车，你必须跟他道歉并跟我一起试着修好它"），而不是归咎于幼儿是恶意为之或将其概括为幼儿的行为特征（例如不要说"你太顽皮了"或"你太卑鄙了"）。经常听到这样的负面形容词，可能会使幼儿把它们内化为自己形象的一部分，并导致幼儿进一步做出不可接受的行为。

○ **每日常规和功能活动**

鼓励每个照料者对幼儿应该遵守的规则保持一致的态度，并在他违反规则时提供一致的结果。无论幼儿的残障程度如何，我们都应强调期待幼儿做出适当行为的重要性。

○ **标准** 幼儿通过掩盖自己制造的混乱，将弄坏的东西带到照料者面前并看起来很伤心，被发现做禁止的活动时佯装无辜，或其他类似的行为来表现自己的内疚或羞愧。

| 参考文献 |

Turner, P. (1994). *Child development and early education*. Boston: Allyn & Bacon.

序列 4-1
自理能力：进食

鼓励有残疾或无残疾的幼儿在自我照顾的活动中尽可能独立是非常重要的。随着幼儿进入幼儿园和学校环境，他们应该尽可能多地独立完成和自理相关的技能。此外，独立自理的技能有助于幼儿自我意识的建立，同时也是幼儿从依赖父母到与父母分离这个过程的一部分。这个序列的项目，旨在建立适当的喂养模式，并在之后发展出独立饮食的能力。刚开始给幼儿喂食时，状况是非常混乱的，可以给幼儿使用大的围兜，并在幼儿吃饭的高脚椅下面放一个大塑料垫，这将很有帮助。

患有发育障碍的幼儿可能表现出各种喂养困难，需要职业治疗师或言语—语言治疗师的干预，这些困难可能包括：

1. 口腔—运动控制能力不佳，导致咀嚼和吞咽难以相互协作；
2. 过度流口水；
3. 口腔防御导致幼儿拒绝食用多种口感的食物；
4. 手和胳膊的控制能力不佳，导致餐具使用不佳。

特殊调适

有运动障碍的幼儿

帮助有身体残疾的幼儿建立进食能力时，需要经常向了解口腔—运动问题的人（例如：沟通障碍专家、物理治疗师、职业治疗师）寻求咨询和帮助。在幼儿 1 岁这个阶段，专业人员可能会为幼儿提供最好的发展喂食/进食能力的方案。我们不应该在幼儿躺着或者头部向后仰的时候给他喂食，而应使用小碗或带有涂层的碗以及质感坚硬的塑料勺，这有助于幼儿建立咬合反射的能力。

在发展幼儿独立进食的技能时，可能需要使用自适应设备来促进技能的形成。职业治疗师应该能够提供如何为每个幼儿调整餐具的建议，以适应其自身需要。

有视力障碍的幼儿

鼓励有视力障碍的幼儿用手指探索食物和餐具。色彩鲜艳的食物和充足的照明可以帮助有功能性视力障碍的幼儿进食。将食物始终放在幼儿面前的托盘上或桌上的某个位置（例如始终将杯子放在同一个地方），并鼓励幼儿也这样做。

有听力障碍的幼儿

在帮助有听力障碍的幼儿发展饮食技能时，几乎不需要任何调适。但务必在需要时，将语言与进食期间用到的物品进行配对。

4-I. 自理能力：进食

a. 顺利吮吸乳头

b. 很少出现"觅食反射"

c. 进食时很少咬住勺子

d. 很少作呕（只发生在适当的时候）

e. 咀嚼食物（上下咀嚼）

f. 有目的地移动舌头

g. 用嘴唇把食物从勺子上抿下来

h. 自己拿奶瓶（不包括母乳喂养的婴儿）

i. 在辅助下从成人拿着的杯子里喝水

j. 食用幼儿食品或捣碎的食物不会干呕

k. 会用牙齿清理下嘴唇

l. 咀嚼时下颌转动/左右移动

m. 用手指独立进食

n. 拿着杯子喝水

o. 把勺子放入嘴里并吃掉食物

p. 用勺子从盘中舀取食物

q. 咀嚼能力良好

r. 不再使用奶瓶喝奶或母乳

s. 独立进食时不会撒（在几乎没有辅助的情况下）

t. 用吸管喝东西

u. 将勺子和杯子作为独立进食的主要餐具

v. 区分可食用和不可食用的物品

w. 开始使用叉子

x. 用一只手握住小玻璃杯喝东西

y. 在没有辅助的情况下独立取水（打开和关闭水龙头）

z. 将液体从一个容器倒入另一个容器

4-Ia. 顺利吮吸乳头

○ **教具**　喂食用的婴儿奶瓶或母亲的乳房

○ **流程**

在喂食开始之前，通过让幼儿看到妈妈的乳房或婴儿奶瓶，来吸引他的注意。帮助他调整到一个舒服的位置和角度再吮吸。对幼儿进行密切的观察，特别是年龄非常小的孩子，要确保他能够很好地找到妈妈的乳头或奶嘴。

注意：幼儿仰卧时不要给他用奶瓶喝奶，尤其是在幼儿运动功能受限的时候不要这样喂食。不仅仅是因为这样会增加窒息的可能性，同时，如果幼儿的口腔运动功能发育不健全，液体可能会流入耳道并造成感染。幼儿通常应该能够在出生几天后顺利吮吸和吞咽。

吮吸困难往往是神经问题的早期迹象，这常常意味着幼儿需要专业的帮助。如果幼儿存在进食问题，则需安排物理治疗师、职业治疗师、言语治疗师或儿科医生进行检查。

○ **每日常规和功能活动**

如果婴儿有吮吸困难，哺乳教练可能会有所帮助。如果婴儿吸入母乳缓慢，他可能需要补充额外的母乳。如果婴儿用奶瓶进食，则需要尝试不同类型的奶嘴，以便找到最适合其使用的奶嘴。

○ **标准**　幼儿能够用妈妈的乳房或奶瓶进食液体而不会呛到、退缩或紧张。

4-Ib. 很少出现"觅食反射"

○ **教具**　无需教具

○ **流程**

轻轻抚摸幼儿的脸颊，看他是否会转头仿佛是在寻找，并吮吸我们的手指，这个动作被称为"觅食反射"。"觅食反射"在婴儿出生时即存在，3—4个月时开始消失。这一反射行为的消失似乎是受到婴儿总是把手放到嘴里这一活动的抑制。所以如果幼儿把手放到嘴里，无需做进一步的干预。我们也可以用手指触摸幼儿的嘴巴周边，先用力按压，然后再轻轻地按，每天反复几次。"觅食反射"更容易发生在幼儿感到饥饿时，而较少发生在其睡觉或感到不安时。评估应在幼儿警觉时和两次喂奶之间进行。

○ **注意**

有些幼儿在背部没有依靠或变得烦躁时，不能忍受被他人触摸嘴巴周边。如果是这种情况，照料者应该寻求物理治疗师、职业治疗师或言语治疗师的建议。

○ **每日常规和功能活动**

鼓励幼儿把手放到嘴里，特别是当他有频繁的觅食反射时。尝试将幼儿放在几个不同的位置，观察哪个位置会增加幼儿把手放到嘴里这一活动的频率（通常侧躺时最易增加）。然后，照料者用身体引导幼儿把手放到嘴里，并在他的手上放一种美味的食物来辅助他张嘴。

○ **标准** 幼儿不会因为脸颊被触摸而自动转过头来。

4-Ic. 进食时很少咬住勺子

○ **教具** 婴儿食品、小勺子

○ **流程**

将少量婴儿食品放在勺子上，然后把勺子放在幼儿的舌头上，触碰幼儿的下牙龈。等待并观察幼儿是否会咬紧下颌，这就是"咬合反射"。

一个典型发育的幼儿能够在咬紧下颌后立即张开嘴。如果无法这样做，表明神经系统可能存在问题，需要寻找治疗师进行咨询和（或）干预。

当幼儿开始吃固体食物时，咬合反射通常会消退。如果咬合反射太强而无法消失，可以使用以下方式：

- 喂食之前，用手指摩擦幼儿的牙龈；
- 用更小的勺子；
- 食用能够促进咀嚼的食物。

○ **注意**

如果幼儿的咬合反射强烈，切勿将手指放入其口中。如果幼儿咬住某物时过于用力且很难放松，先等待几秒钟，看幼儿能否放松并将咬住的物品松开。如果幼儿咬住某物后难以松开，用手指按压他下巴后侧的肌肉。但不要直接将勺子从他嘴里拉出来，因为这样可能会继续增强咬合反射并可能导致嘴巴受伤。

○ **每日常规和功能活动**

喂食时，要时刻注意幼儿强烈的咬合反射。另外，抱着幼儿的同时可以在指尖上放少量食物，用手指摩擦他的牙龈，这样他就能够吃到少量想吃的食物（例如果酱、苹果汁）。

○ **标准** 幼儿不会咬住勺子或把勺子紧紧地含在嘴里。

4-Id. 很少作呕（只发生在适当的时候）

○ **教具** 婴儿食品、小勺子

○ **流程**

逐渐引入不同口味和质感的婴儿食品。如果幼儿出现过作呕的情况，可以先选择质地非常顺滑的食物。当幼儿能够食用这些食物后，逐渐加入更有质感的食物。将少量婴儿谷物添加到泥状的食物中，会增加食物的质感，并促使幼儿逐步接受更有质感的食物。

可以减少作呕的一种技术是"舌头行走"（即用小勺的尖端紧紧地按压舌头，从舌头的前部移动到舌头的中部）。操作时务必让幼儿身体尽可能保持直立，喂食时为其头部提供良好的支撑。

○ **注意**

如果幼儿出生 6 个月后经常作呕，或者在出生后的前 6 个月里，从未因为食物放入口腔后部而作呕，请咨询治疗师。

○ **每日常规和功能活动**

吃饭应该是一个愉快的习惯。为幼儿提供多种食物，并不断变换着提供质感细腻的食物或质感复杂的食物。

○ **标准** 在食用加入谷物的婴儿食品后，没有作呕。

4-Ie. 咀嚼食物（上下咀嚼）

○ **教具** 泥状婴儿食品、婴儿谷物、小勺子

○ **流程**

将食物放到幼儿嘴里，观察他的反应。如果幼儿用舌头将其推出，尝试将下一勺食物放在他的嘴边。幼儿用舌头将食物从嘴里推出首先可能是条件反射，并不一定是在拒绝提供的食物。

注意观察幼儿在上下移动下颌的同时是否能用舌头将食物在嘴里弄碎。如果没有这么做，我们可以轻轻碰触他的下颌，辅助咀嚼。

○ **注意**

如果幼儿在 6 个月大之后仍然坚持将食物从口中推出或者没有形成咀嚼模式，请咨询治疗师。

○ **每日常规和功能活动**

每天至少 2 次给幼儿提供泥状食物。让幼儿尝试不同的食物，以便他接触质地略有不同的食物。我们可以使用婴儿食品研磨机来制作软质食物。

○ **标准** 幼儿用嘴巴上下咀嚼食物。

4-If. 有目的地移动舌头

○ **教具** 常规食物、黏性食物（例如：燕麦片）、小勺子

○ **流程**

在幼儿吃东西时注意观察，看他是否会移动舌头，触碰口腔侧面和上颌的食物，或者在咀嚼食物或发声时往后移动舌头。如果不容易看到舌头移动，尝试将少量黏性食物（如燕麦片或果酱）放在幼儿的上颌、上颌前部以及脸颊和牙龈之间，观察幼儿是否会用舌头舔这些食物。如果发现幼儿在进行此项活动时有困难，则在每次喂食时让其进行几分钟的练习，将他特别喜欢的食物放在其上颌前部，以便他移动舌头取到食物。

○ **注意**

花生酱通常被用于促进舌头移动的练习，但必须非常谨慎地使用。因为它不易溶解，所以存在吸入气管的危险。

○ **每日常规和功能活动**

给幼儿吃略黏稠的食物，以便他进行更多的舌头运动。避免将食物放在幼儿舌头的中间。相反，尝试将其放在口腔的侧面或上颌。

○ **标准** 幼儿将舌头移到口腔侧面和上颌。

4-Ig. 用嘴唇把食物从勺子上抿下来

○ **教具** 幼儿日常吃的食物、小勺子

○ **流程**

将一勺食物放在幼儿的嘴里，勺子只接触其下嘴唇，不要碰到上嘴唇。注意幼儿能否使用上嘴唇将食物从勺子上抿下来。如有必要，将勺子向上移动一点，以帮助幼儿得到食物。

如果幼儿没有动嘴唇，尝试用勺子交替碰触他的上嘴唇和下嘴唇，等待唇部闭合。使用这种方法喂幼儿吃他最喜欢的黏性食物（例如：水果、布丁）。如果仍然不行，尝试用手指触摸幼儿的嘴唇上方，把他的上嘴唇轻轻按压向勺子。

○ **注意**

如果幼儿有强烈的咬合反射，勺子碰触其牙齿时，咬合反射可能会被引发。如果这是一个问题，使用一个非常小的勺子，将勺子牢牢地压在舌头前部，避免碰到牙齿。要特别注意让幼儿尽可能放松。

○ **每日常规和功能活动**

每天的喂食时间，提供了练习用勺子吃饭的机会。用勺子吃饭还能鼓励幼儿积极参与进食过程，让幼儿自己从勺子上取得食物，而不是直接给他。

○ **标准** 幼儿用嘴唇把勺子上的食物取下来。

4-Ih. 自己拿奶瓶（不包括母乳喂养的婴儿）

○ **教具** 奶瓶（如果幼儿无法握住普通大小的奶瓶，则使用早产儿用的奶瓶或适合婴儿手部大小的奶瓶）

○ **流程**

照料者握住奶瓶，把奶嘴放入幼儿口中。一旦幼儿开始舒服地吮吸奶瓶，轻轻地将他的手放在奶瓶上。一段时间之后，幼儿将能够更牢固地抓住奶瓶。

将奶瓶放在离幼儿嘴巴几英寸远的地方，然后等着看他是否会伸手去拿。等幼儿伸手拿东西的能力提高了，逐渐松开我们握住奶瓶的手。偶尔检查一下，看奶瓶有没有掉下来。

○ **注意**

不要让幼儿躺在床上拿着奶瓶喝奶。让他先喝奶，然后再去睡觉。在床上喝奶会增加幼儿中耳感染和蛀牙的风险。

○ **每日常规和功能活动**

当幼儿迈出独立进食的第一步时，我们和幼儿都会很开心。幼儿握着奶瓶喝奶时，务必定期检查他是否需要我们帮忙捡起掉落的奶瓶。

○ **标准** 幼儿在喝奶时独自握着奶瓶。

4-Ii. 在辅助下从成人拿着的杯子里喝水

○ **教具** 喜欢的饮品（避免加糖的饮料），几种杯子和小果汁杯，底部加厚的塑料杯，为防止碰到幼儿的鼻子而一侧被切平的塑料杯

○ **流程**

先从少量液体开始，将杯子放在幼儿的嘴上并稍微倾斜，等待幼儿通过闭上嘴并含住杯缘来配合我们。将杯子放在离幼儿嘴大约1英寸的地方，等待他靠近杯子。

使用较黏稠的液体（例如：牛奶、牛奶和谷物的混合物）来教幼儿开始用杯子喝东西比较好，这类液体对于幼儿来说更容易处理。

○ **注意**

带有杯嘴的封闭杯子对教授幼儿通过控制头部和嘴唇来喝水不是很有帮助。

○ **每日常规和功能活动**

把用杯子喝东西的活动融入幼儿的零食和用餐时间。小纸杯有时是有用的,因为它可以配合幼儿嘴的形状,咬合反射强烈的幼儿则需要使用坚固的塑料杯。

○ **标准** 幼儿倾向于使用杯子喝东西,没有撒出很多液体或被呛到。

4-Ij. 食用幼儿食品或捣碎的食物不会作呕

○ **教具** 顺滑的食物和有质感的食品(例如婴幼儿食品、全麦饼干、特殊婴儿饼干)

○ **流程**

提供各种质感的儿童食品。尝试在每餐提供至少 2 种甚至 3 种不同黏稠度的食物。幼儿在 6—7 个月大的时候,应该能够接受各种不同质感的食品而不会作呕。如果他拒绝吃有质感的食物或作呕,则逐渐增加其食物的质感(例如在幼儿食品中添加少量婴儿谷物或小麦胚芽,可以在进食之前进行调整)。

○ **注意**

如果呕吐反射仍然很强,以至于 9 个月大还不能吃儿童食品,可寻求专业人员的帮助。

○ **每日常规和功能活动**

给幼儿喂食时,每天变换不同的食物,这样他就可以接受各种口味和质地的食物。幼儿在饥饿时更容易接受新食物,因此在用餐开始时提供新食物是有帮助的。在进食前不要让幼儿喝太多果汁或牛奶。

○ **标准** 幼儿每顿饭都会吃幼儿食品或捣碎的食物而不作呕。

4-Ik. 用牙齿清理下嘴唇

○ **教具** 通常的半固体食品(例如婴儿食品,捣碎和做熟的常规食物)

○ **流程**

在幼儿吃饭以及食物粘到下嘴唇时,观察他自发进行"嘴唇清理"的轻微动作是否出现。不要在幼儿还没吃一口饭时,就习惯性地帮他擦拭嘴巴。如果幼儿没有用牙齿清理下嘴唇上的食物,在他的嘴唇上放一些喜欢的黏性食物,这样他就必须用牙齿取回它们才能尝到味道。用勺子轻轻碰触下嘴唇可能会对此行为的建立有所帮助。

○ **注意**

如果幼儿的口腔运动能力有问题，导致他用牙齿清洁下嘴唇非常困难，不要过于坚持让他长时间做这个动作。尝试一两次即可，这样吃饭对他而言就仍然是一项愉快的活动。

○ **每日常规和功能活动**

喂幼儿吃饭时，不要经常帮他擦嘴，以便给他自己用牙齿清洁嘴唇的机会。

○ **标准**　幼儿在用餐时，会自发且定期地用牙齿清洁下嘴唇。

4–Il. 咀嚼时下颌转动 / 左右移动

○ **教具**　各种口感的食品（例如初级婴儿食品、捣碎的餐桌食物、婴儿香肠和肉类、米饭、捣碎的意大利面）

○ **流程**

观察幼儿食用不同口感的食物时的反应以及类似成人的咀嚼动作（例如：下颌转动 / 下颌左右移动）。通常，有质感的食物在幼儿口腔中造成的刺激足以触发这些动作，因此不需要进一步干预。但如果没有发生这种动作，尝试将一些幼儿最喜欢的食物放在其嘴里的一侧。

○ **每日常规和功能活动**

继续增加幼儿食用的食物的口感和质地，从可以用叉子捣碎的软食开始，在幼儿的饮食中加入更多的其他食物。

○ **标准**　当食用有质感食物时，幼儿会自发且持续地转动下颌咀嚼。

4–Im. 用手指独立进食

○ **教具**　各种食物，例如燕麦片、布丁、谷物粒、面包棍或薄脆饼干

○ **流程**

在幼儿的手指上放诸如燕麦片、玉米糖浆一类的黏性食物，让幼儿尝试把手指上的食物舔掉，以此促进他产生独立进食的想法。

提供一碗布丁，以便幼儿将手指放入其中并舔掉手上沾的食物。然后，提供幼儿易于用手抓握、不需要松开手指就能吃到的食物（例如面包棒、饼干）。当幼儿掌握这些食物的食用方法后，再逐渐增加一些小块的、需要松开手才能放到嘴里的食物（例如谷物片）。与进食相关的所有其他项目一样，新技能的养成需要逐步进行。

○ **每日常规和功能活动**

起初，幼儿用手指吃东西可能会非常脏乱，准备一个大围嘴或专用的衣服可减少脏乱。照料者可以通过将手指放在食物中（例如布丁）然后拿起食物吃掉，给幼儿做示范。

○ **标准** 在没有帮助的情况下，幼儿会用手指拿取小块或少量食物并吃掉。

4–In. 拿着杯子喝水

○ **教具** 易拿的塑料杯子

○ **流程**

在幼儿喝水的时候，在其杯中倒大约三分之一的液体。如果他不能用手拿着杯子并将杯子拿到嘴边喝水，照料者可以帮幼儿把双手放在杯子上并扶着他将杯子放到嘴边。之后，逐渐减少辅助。

○ **注意**

市场上有许多不同类型的杯子，尝试看看幼儿最容易使用的是哪种类型的杯子（例如带有一个或两个手柄的杯子、带有大手柄或小手柄的杯子等）。

○ **每日常规和功能活动**

用餐时给幼儿提供充足的机会，用杯子喝水。在餐桌上喝水时，尝试给幼儿使用没有盖子的杯子。在一天中的其他时间喝水时，使用吸管插到杯底的鸭嘴杯，这样幼儿就可以避免在喝水时头往后仰了。

○ **标准** 幼儿在没有帮助的情况下拿水杯喝东西。

4–Io. 把勺子放入嘴里并吃掉食物

○ **教具** 小勺子、碗、各种易于舀取的食物

○ **流程**

在幼儿面前放一个装有食物的碗，用勺子舀取食物，并帮助幼儿握住勺子。告诉他"把你的食物吃掉"。如果他无法成功地将勺子放到嘴里，试着用手轻轻抬起他的肘部。如果需要更多帮助，站或坐到幼儿身后，把我们的手臂放在他的手臂下面，并轻轻地将手放在他的手腕上。通过这种方式，可以为幼儿提供额外的支持和手腕引导。

刚开始时，帮助幼儿将食物放入口中。之后，只帮他把勺子放到距离嘴巴几英寸的地方，然后让他自己吃到食物。当幼儿可以自己完成这项技能后，逐渐淡化辅助。

○ **每日常规和功能活动**

许多幼儿在喂食时都试图拿勺子。我们可以拿一个勺子,然后也给他一把勺子。无论起初吃得多么脏乱,也要鼓励幼儿独立进食。刚开始时,和幼儿一起用勺子舀食物或帮他舀食物,然后让他自己将盛有食物的勺子放到嘴里。刚开始的阶段,不要坚持每顿饭都让幼儿自己吃,以免他觉得太累。鼓励他自己吃喜欢的食物或容易粘在勺子上的食物。

○ **标准** 在没有辅助的情况下,幼儿把勺子放入嘴里并吃掉上面的食物,可以先帮他将食物放到勺子上。

4-Ip. 用勺子从盘中舀取食物

○ **教具** 小勺子、盘子、各种易于舀取的食物

○ **流程**

在幼儿面前放一碗食物,让幼儿抓住勺子,并鼓励他自己吃。如果幼儿将勺子放在嘴里但没有成功地将食物舀到勺子上,告诉他如何舀食物。如有必要,肢体辅助幼儿舀取食物,但要尽快减少辅助。

确保幼儿有足够的时间和机会练习用勺子舀。开始,先从给幼儿一些容易粘在勺子上的食物(例如布丁、土豆泥、捣碎的香蕉)练习。

○ **每日常规和功能活动**

每天给幼儿至少两次机会独立进食。给他留的进食时间应宽裕一些,因为幼儿一开始的进食效率比较低。首先,最好将一个塑料垫放在幼儿桌子下方的地板上,这样更容易清理。其次,建议使用带有吸盘以及一侧比较高、更容易舀取食物的碗,这种碗通常可以在出售婴儿器具的地方找到。另外,手柄又大又短的勺子以及小号的碗也会有助于幼儿成功地舀取食物。

○ **标准** 幼儿在没有帮助的情况下,能用勺子从盘子里舀出食物。

4-Iq. 咀嚼能力良好

○ **教具** 各种食物

○ **流程**

让幼儿有机会吃各种各样的食物,特别是体积小、口感差异大、黏稠度各异的食物。

一旦幼儿开始咀嚼,尝试让他使用后牙吃各种固体食物,以促进他的咀嚼能力变成熟。例如尝试长条硬奶酪、半干胡萝卜等食物。如果有必要,照料者握住食物的一端,让幼儿咀嚼另一

端。将食物放在幼儿口中的不同位置，以刺激幼儿组合运用下颌垂直、水平和旋转的动作。如果幼儿没有抗拒，在每餐中重复此活动。

○ **每日常规和功能活动**

每天给幼儿提供至少需要咀嚼两下的食物，每天不断变换提供的食物。此时，幼儿通常已经可以吃很多常见的餐桌食物，因此，幼儿可以逐步停止食用为他专门准备的婴幼儿食品。

○ **标准** 幼儿可以咀嚼多种常见食物。

4–Ir. 不再使用奶瓶喝奶或母乳

○ **教具** 奶瓶或杯子

○ **流程**

随着幼儿学会使用杯子喝东西（项目 4–In），我们要逐渐减少幼儿奶瓶中的奶量，缩短喂奶时间。把抱着幼儿用奶瓶喝奶或者母乳的时间替换成其他拥抱行为。

○ **注意**

各国幼儿断奶的年龄差异很大。在美国，尽管有个别差异，但许多医生建议幼儿在 12 个月或 12 个月之后断奶。在某些文化背景下，幼儿直到足够大才断奶。

○ **每日常规和功能活动**

一些家长发现，先在一天中的某些时间段限制幼儿用奶瓶喝奶或母乳，是有帮助的。过去常用的做法是让幼儿只在晚上用奶瓶喝奶或母乳，同时，让幼儿在白天吃零食和饭菜时，用杯子喝东西。在这一点上，晚上用奶瓶喝奶或母乳主要提供安抚作用而非营养支持。当幼儿在晚上喝奶时，伴随其他舒适的活动，例如摇晃、阅读或唱歌，然后在继续这些舒适活动的同时，减少母乳喂养或用奶瓶喝奶的活动。

○ **标准** 幼儿不再用奶瓶喝奶或母乳。

4–Is. 独立进食时不会撒（在几乎没有辅助的情况下）

○ **教具** 小勺子、盘子、各种易于舀取的食物

○ **流程**

将食物放入碗或盘中，并将勺子放入碗中或放在餐桌上，鼓励幼儿独立进食。如果幼儿已经掌握项目 4–Ip，通过练习，他通常会掌握得更加熟练。虽然由照料者喂食通常要快得多，但让幼儿有时间自己进食会逐渐增强他的能力感。

○ **每日常规和功能活动**

让幼儿每餐独立进食。如果他累了，或者有些食物吃起来特别困难，根据需要提供帮助。幼儿在气质类型上的差异，对于建立其独立进食的能力起着重要作用。有些幼儿强烈主张自己的独立性，不想让他人帮忙喂饭；有些幼儿则很喜欢被照料者喂食，因此必须鼓励他们更加独立。

○ **标准**　幼儿能用勺子独立进食，且食物没有撒。

4-It. 用吸管喝东西

○ **教具**　吸管、装有液体的杯子（例如果汁盒）

○ **流程**

向幼儿示范如何用吸管喝东西。然后，嘴里不放吸管，向幼儿示范吮吸的动作。做的时候，发出一点点吸气声。在幼儿面前拿起一个杯子和一根吸管，把吸管末端放在他的嘴里并鼓励他吮吸。果汁盒特别方便用来教幼儿用吸管喝东西，因为我们可以通过挤压果汁盒，把液体挤到吸管顶部，让幼儿更容易在练习的初期获得成功。幼儿早期使用的鸭嘴杯内部有一根吸管直通杯底，这种杯子也能够帮助幼儿更容易地掌握用吸管喝东西的技能。

使用吸管能够让幼儿嘴唇闭合得更好，并可以对幼儿起到镇静调节的作用。对于有严重运动障碍的幼儿来说，这是一项很有价值的技能，因为他们可能无法拿起水杯喝水。

○ **每日常规和功能活动**

经常给幼儿练习使用吸管的机会。在进餐时间以及其他时间，当幼儿想喝东西时就让他使用吸管。一旦幼儿能够成功使用吸管，过去喝东西时撒得到处都是的情况就会减少了。

○ **标准**　幼儿可以独立使用吸管饮水。

4-Iu. 将勺子和杯子作为独立进食的主要餐具

○ **教具**　适合幼儿的小勺子、碟子、杯子

○ **流程**

将食物放在幼儿盘子上然后给他，在盘子旁边放一把勺子以及一杯牛奶、水或果汁。鼓励幼儿像我们一样吃他面前的饭菜。如果幼儿失去进食的兴趣或开始玩，提示他恰当的进餐行为，但不要直接喂他，继续让他独立吃饭。

○ **每日常规和功能活动**

为幼儿准备容易独立吃的食物，在幼儿盘中放少量食物。另外，使用适合幼儿尺寸的勺子和

杯子，可能有助于幼儿提高独立进食的能力。

○ **标准** 幼儿独立进食，吃完一顿饭。

4-Iv. 区分可食用和不可食用的物品

○ **教具** 可食用物品（即食物）、不可食用物品（即非食物）

○ **流程**

观察幼儿在游戏时间内是否会咀嚼不可食用的物品。如果他这样做，拿走这些物品并向他提供其他可以玩的物品。

为幼儿提供两个相似的物品（即一个可食用，一个不可食用）。当幼儿吃可食用物品并玩不可食用的物品时，赞美他的行为。如果他仍坚持将不可食用的物品放入嘴中，做出不高兴的样子并口头告诉他将物品吐出来。如有必要，移走不可食用的物品。

○ **每日常规和功能活动**

观察幼儿独自玩耍时的行为，要求幼儿在必要时从嘴里取出不可食用的物品。有些幼儿对口腔刺激有很高的需求，我们可能需要找出一两个可以让幼儿咀嚼的特定物品（例如咀嚼棒）。如果咬或咀嚼玩具的行为持续到2岁，应及时向职业治疗师寻求咨询。

○ **标准** 幼儿可以区分熟悉的可食用和不可食用物品，并且不会试图吃不可食用的物品。

4-Iw. 开始使用叉子

○ **教具** 叉子、盘子、容易插的食物（例如切碎的薄煎饼、炒鸡蛋、炖菜）

○ **流程**

将食物放在盘中，在幼儿面前放一把叉子，然后告诉他如何用叉子插起食物并放入口中，随后要求他用叉子吃饭。如果他没有拿起叉子，把叉子放到他的手中（如果幼儿已经表现出惯用手，把叉子放到惯用手中；否则，将其放在任意一只手中）。在这个年龄段，大多数幼儿会前臂旋转向前（即掌心向下）抓住叉子。照料者可以根据需要给幼儿提供肢体辅助，帮助他插起食物并放入嘴中，肢体辅助要尽快淡化。

○ **每日常规和功能活动**

实践很重要，一旦幼儿能够成功使用叉子，就让他连续多餐自己独立进食。确保给幼儿提供使用叉子容易固定的食物。

○ **标准** 幼儿会用叉子吃一些食物。

4-Ix. 用一只手握住小玻璃杯喝东西

○ **教具** 小玻璃杯或杯子、幼儿喜欢的饮品

○ **流程**

杯子中装三分之一的饮品，在幼儿可能口渴时（例如用餐或零食时间），将杯子放在幼儿面前，鼓励他拿起来喝。如果有必要，将杯子放在幼儿的手中并帮他将杯子移到嘴边。通常，幼儿会在学会将杯子重新放回桌面之前，先学会拿起杯子并将它放在嘴里。因此，当幼儿将杯子从嘴里移走时，可能需要我们抓住他的手，帮他将杯子放回到桌上。将这个动作和口语指令配对（例如"将杯子放在桌子上"），然后，在继续使用口语指令的同时，淡化肢体辅助。

○ **每日常规和功能活动**

进餐时间通常是练习独立喝东西的最佳时机。在家中或幼儿园进餐时，将所有液体都装在没有盖子的小杯子中练习。而在家庭或幼儿园以外的地方，通常一般可以使用带盖子和吸管的杯子进行练习。

○ **标准** 幼儿用一只手握着小杯子喝东西。

4-Iy. 在没有辅助的情况下独立取水（打开和关闭水龙头）

○ **教具** 幼儿可使用的水池（例如带有坚固梯凳、符合幼儿尺寸或标准的水池），小杯子

○ **流程**

告诉幼儿如何打开控制冷水的水龙头并往杯中加满水，然后关掉水龙头。让幼儿每天练习这项活动，在他需要时提供必要的帮助。打开水龙头有困难的幼儿可能需要进行精细动作的练习。在允许幼儿独立取水之前，应停用控制热水的水龙头或降低水温，以避免意外烫伤。当幼儿能够成功取水后，逐渐淡化我们可能一直在使用的任何语言或肢体辅助。

○ **每日常规和功能活动**

让幼儿用适当的方式自己取水，在水池前面放置一个小凳子以便他独立取水，这也会有帮助。

○ **标准** 幼儿独自打开和关闭水龙头取水。

4-Iz. 将液体从一个容器倒入另一个容器

○ **教具** 一小罐液体、杯子

○ **流程**

在幼儿面前放一个装有液体的小水罐和一个杯子，向他展示如何将液体倒入杯中。通常，幼儿需要用一只手握住水罐，用另一只手支撑水罐下面才能倒水。首先，只在水罐中放入与杯子容量大小相符的液体。之后不断增加，使幼儿学会在杯子装满之前停止倒水。年龄较大的幼儿则可以一只手拿着小水罐，一只手握住杯子来倒水。

○ **每日常规和功能活动**

让幼儿在用餐和吃点心时，给自己倒水或饮品，或者让幼儿把装在一个罐子里的沙子或豆子倒入另一个罐子，以此练习倾倒的技巧。

○ **标准** 幼儿将液体从一个容器倒入另一个容器中。

序列 4-II

自理能力：穿衣

这一序列提出的穿衣和脱衣活动，旨在促进幼儿发展尽可能多的独立性。虽然照料者帮幼儿穿衣和脱衣看起来更容易，而且也更快，但我们脑中时刻要谨记这样的想法：让幼儿尽可能多地自己穿衣和脱衣。同时，给幼儿定期练习这一技能的机会。另外，穿衣和脱衣技能需要一定程度的运动能力，而精细运动和粗大运动技能的发展，可能有助于为学习穿衣所需的技能打好基础。

| **特殊调适** |

有运动障碍的幼儿

如果幼儿患有运动障碍，在穿衣时往往会肢体僵硬，我们可能需要在幼儿完成穿衣活动之前，和他一起进行放松活动。

在为有运动障碍的幼儿选择服装类型时要有创意。对于有严重运动障碍的幼儿，我们可能需要对衣物进行一些调整（例如使用魔术贴封口而不是纽扣或按扣）。而宽松的衣物可以促进幼儿独立穿衣的能力的提高，特别是对于肌张力增高或运动范围受限的幼儿，因为宽松的衣物通常更容易穿。

患有严重运动障碍的幼儿，可能总是存在极大的局限性，他可能在穿衣过程中仅仅能够做到配合的程度。在帮幼儿穿衣时，与他谈论正在发生的事情是非常重要的，对衣物的颜色、幼儿穿某件衣物有多好看等做出评论。这样，虽然幼儿没有自己动手穿衣物，但也可以在认知层面上参与到穿衣任务中。

有视力障碍的幼儿

给有视力障碍的幼儿穿衣时，一定要谈论正在做的所有事情，并温柔对待。因为在没有预期的情况下，将一些东西拉到幼儿头上或者拉动他的胳膊会令他感到恐惧。

有听力障碍的幼儿

有听力障碍的幼儿在培养穿衣技能时很少需要调适。确保在有需要时，将描述穿衣的语言与穿衣活动相结合。

4-II. 自理能力：穿衣

a. 配合穿衣和脱衣

b. 脱掉已被成人脱掉一部分的衬衫

c. 脱掉宽松的衣物

d. 脱衣时解开鞋带或帽子带

e. 拉开有大拉环的衣物拉链

f. 戴帽子

g. 脱下简单的衣物

h. 脱鞋

i. 脱下外套

j. 穿上简单的衣物

k. 独立穿上所有衣物，但不包括带扣件的衣物

l. 解开衣物扣件

4–IIa. 配合穿衣和脱衣
（例如：从袖子里伸出胳膊、伸出脚穿鞋）

○ **教具**　宽松且易于穿脱的衣物

○ **流程**

给幼儿穿衣的同时，在触摸到幼儿身体各部位时进行命名。鼓励幼儿移动指定的身体部位（例如胳膊、腿）。

将幼儿的胳膊或腿部分放入衣物或从衣物中拿出，并鼓励他在穿衣或脱衣期间协助我们（例如"把你的腿伸到这里""把胳膊伸出来"）。在给幼儿穿套头衬衫时，可以和他玩躲猫猫，然后鼓励并帮助他脱下衬衫。

○ **每日常规和功能活动**

如果穿衬衫时非常粗鲁或者穿衣过程很匆忙，幼儿可能会厌恶穿衣。与幼儿谈论正在做的事情，留出足够多的时间，并在幼儿穿衣时提供帮助，让穿衣这件事更好玩一些。

○ **标准**　幼儿在穿衣和脱衣时进行配合。

4–IIb. 脱掉已被成人脱掉一部分的衬衫

○ **教具**　衬衫、内衣

○ 流程

学习脱衣物的第一步是学会拉掉已经脱了一部分的衣物（例如已拉到头顶的衬衫、已拉到脚中间的袜子）。帮助幼儿抓住部分脱掉的衬衫并将其拉下。当他成功时，逐渐减少帮助。

○ 每日常规和功能活动

针对这项内容做游戏。在幼儿的头上拉衬衫时玩躲猫猫，鼓励并帮他完成脱衬衫的最后一步。每当给幼儿穿衣或脱衣（例如穿脱夹克、戴帽子、穿脱睡衣）时，给他机会并提供帮助。

○ 标准　幼儿能够脱掉已被成人部分脱掉的衬衫。

4-IIc. 脱掉宽松的衣物
（例如：袜子、手套、帽子、鞋子）

○ 教具　袜子、手套、帽子、鞋子

○ 流程

通过脱衣时和幼儿谈论脱衣的过程并鼓励他参与其中，让幼儿注意到我们正在做的事情。

我们先给幼儿脱掉部分衣服，然后让他自己完成（例如把鞋从脚上脱掉一半，然后让幼儿自己脱掉剩下的部分）。协助幼儿完成整个过程，逐渐淡化辅助。使用不同的衣物练习。

○ 每日常规和功能活动

针对这项内容做游戏，在幼儿戴帽子时玩躲猫猫，鼓励他自己把帽子脱掉。每当给幼儿穿衣或脱衣（例如戴帽子摘帽子、穿脱袜子、穿戴手套、穿脱睡衣）时，找机会给他提供帮助。

○ 标准　幼儿在没有帮助的情况下，脱掉宽松的衣物。

4-IId. 脱衣时解开鞋带或帽子带

○ 教具　有鞋带的鞋子、有带子的帽子、镜子

○ 流程

给幼儿脱衣时，描述正在做的事情。当解开幼儿的鞋带时，和他说"现在，让我们解开你的鞋带，然后脱掉它们"，诸如此类的话，让幼儿观察我们如何解开他的鞋带。

幼儿观察我们解开鞋带之后，把我们的手放在他的手上，然后轻轻引导他拉动鞋带的末端以解开它们。

还可以用有系带的帽子进行以上同样的过程。幼儿可以从镜中看到全过程，这将有助于他自己解开帽子上的带子。

○ **每日常规和功能活动**

将这项内容作为幼儿每日脱衣活动的常规部分，鼓励他尽可能独立完成，可以用语言告诉他解开鞋子。用简单的蝴蝶结包裹礼物，以便幼儿拉动带子末端并解开它，这可以作为假装游戏的一部分。

○ **标准** 脱衣时，幼儿解开他的鞋带或帽子带。

4–IIe. 拉开有大拉环的衣物拉链

○ **教具** 如果幼儿的衣物上有小拉链拉环，换成大的钥匙扣的拉环，以便抓握。

○ **流程**

向幼儿示范如何解开外套或裤子。拉上幼儿衣物上的拉链，然后再让他拉开。如果幼儿无法抓住拉链上的拉环，帮他把拉环放在手中。如果幼儿无法一直握住拉链上的拉环，则需要对拉环进行适当调整（例如换成钥匙扣）。如果幼儿能够握住拉链拉环，但不会拉动，那么则可通过帮他开始做拉拉链这个动作来协助他。根据幼儿的需要，尽可能提供肢体辅助，并尽快淡化辅助。另外，我们可能需要握住幼儿大衣的底部，从而让幼儿顺利拉开拉链。

○ **每日常规和功能活动**

一个穿着拉链衣物的娃娃可能有助于幼儿练习拉拉链技巧。如果幼儿衣物上的拉环难以抓住，可以将钥匙扣的圈作为拉环或系在拉环上。

○ **标准** 幼儿拉开自己的衣物拉链。

4–IIf. 戴帽子

○ **教具** 容易戴和脱的帽子

○ **流程**

给幼儿一顶帽子。照料者说"戴帽子"的同时，示范如何戴帽子。然后给幼儿戴上帽子，再将其取下，并告诉他："这次你自己来戴。"

给幼儿提供一盒帽子，让幼儿从中选择自己想戴的帽子；提供一面镜子，以便幼儿看到自己戴的帽子。

○ **每日常规和功能活动**

玩穿衣打扮的游戏是幼儿会感兴趣的活动，鼓励幼儿将戴帽子作为穿衣打扮游戏的一部分，提供不同种类和形状的帽子。

○ **标准** 幼儿在没有帮助的情况下戴上帽子。

4–IIg. 脱下简单的衣物
（例如：打开的衬衫或夹克、弹力裤）

○ **教具** 宽松的衬衫、夹克和腰部有弹力的裤子

○ **流程**

当衬衫已经打开时，让幼儿将其脱下。向他示范如何用一只手将衬衫从另一只胳膊上拉下。在开始做这个动作之前，通过说"脱掉你的衬衫"以及碰触恰当的位置，提醒幼儿应该如何做。

肢体辅助幼儿脱裤子。钩住他的拇指放到裤腰边缘，让他将裤子脱到膝盖处，然后坐在地板或小板凳上脱掉裤子。

如果幼儿脱衣有困难，鼓励并提供肢体辅助，以帮助他开始这个过程。

○ **每日常规和功能活动**

穿衣和脱衣会发生在一天中几个自然的时间段。鼓励幼儿尽可能独立完成，并赞美他独立完成的行为。

○ **标准** 幼儿在没有帮助的情况下，脱去简单的衣物（例如：衬衫、夹克、弹力裤）。

4–IIh. 脱鞋

○ **教具** 易于脱掉的鞋子

○ **流程**

最好在比较自然的时间段（例如午睡前），告诉幼儿如何脱鞋。如果幼儿脱鞋有困难，将其中一只鞋从他的脚跟上脱下，并要求他自己把鞋完全脱下来。用另一只鞋重复这个过程。根据需要，辅助幼儿脱鞋，然后逐渐淡化辅助。脱鞋有困难的幼儿可以先从宽松的鞋子开始学起，如拖鞋、软帮鞋。

○ **每日常规和功能活动**

穿鞋时，提供各种鞋子和靴子。大号的鞋能够让幼儿更轻松地练习脱鞋。

○ **标准** 幼儿能够独立脱鞋。

4-IIi. 脱下外套

○ **教具**　幼儿常穿的外套（应该适合幼儿的身形或稍大一些）

○ **流程**

最好在自然的时间段（例如进入教室时）要求幼儿脱掉外套。如果幼儿还无法解开纽扣或按扣等，帮他解开。如果幼儿脱外套有困难，将外套略微从他的肩膀上脱下，然后让他自己完成剩余部分。如果这样仍然有困难，帮他先把一只胳膊从外套中拿出来，然后再让他完成剩余部分。逐渐淡化辅助。

○ **每日常规和功能活动**

在教室里，提供标有幼儿照片和名字的挂衣钩。鼓励每个幼儿脱掉外套并将其挂在自己的挂衣钩上。

○ **标准**　幼儿独立脱掉外套。

4-IIj. 穿上简单的衣物
（例如：裤子、鞋子、袜子）

○ **教具**　有弹力腰带的裤子、短筒袜、容易穿脱的鞋子

○ **流程**

在幼儿面前放一件衣物，并要求他穿戴好。如果他不知道如何穿戴，坐到他身后并通过肢体辅助教他穿。在帮助幼儿的时候，给出简单的语言描述（例如"先把一条腿放进去……现在是另一条腿……现在把你的裤子拉起来"）。我们可以通过辅助幼儿完成一部分，然后让他完成剩余部分的方式来教他（例如先卷起袜子，再将袜子套在幼儿脚趾上，最后让他自己拉上袜子）。逐渐淡化辅助。

○ **每日常规和功能活动**

幼儿喜欢穿戴成人服装以及简单的穿衣打扮，给幼儿提供各种鞋子、衬衫、裙子、围巾和帽子。

○ **标准**　幼儿独立穿简单的衣物（例如：裤子、鞋子、袜子）。

4-IIk. 独立穿上所有衣物，但不包括带扣件的衣物

○ **教具**　简单宽松的衣物（例如：衬衫、连衣裙、毛衣）

○ 流程

在幼儿面前放一件衣物，要求他穿上。如果幼儿不知道如何穿，坐在他身后并通过肢体辅助教他。在帮他穿衣物时提供简单的语言描述（例如"首先将衬衫放在头上……将一只胳膊放在一个袖子里……现在将另一只胳膊放在另一个袖子里"）。让幼儿尽可能多地参与穿衣过程，并逐渐淡化辅助（例如：幼儿能够将一件衬衫放到头上，但可能需要他人帮助才能把胳膊放进袖子里）。

○ 每日常规和功能活动

为幼儿提供宽松的装扮服装，以便在假装游戏中穿。创造机会让他练习穿这些衣物。

○ **标准**　幼儿独立穿上所有衣物（例如衬衫、连衣裙、毛衣）。

4-III. 解开衣物扣件（例如：大纽扣、按扣、鞋带）

○ **教具**　穿着衣服的娃娃、带有大号且容易控制的纽扣的穿衣板、衣物

○ 流程

给幼儿展示穿着衣服的娃娃或穿衣板。告诉他如何解开纽扣。如果他不知道如何做，慢慢示范两到三次，然后提供肢体辅助。幼儿应该能够用一只手在扣眼附近握住衣料并轻轻地拉动衣服，然后用另一只手握住纽扣并把纽扣从扣眼里拉出来。在幼儿学习解开所穿的衣物之前，通常先在纽扣板上练习这项活动会更容易，在那里可以更容易看到纽扣。可以用其他类型的衣服扣件重复此过程。

○ 每日常规和功能活动

使用非常简单的衣物玩穿衣打扮游戏，衣物上有能够容易控制的衣物扣件。在这个年龄段，幼儿的目标是解开衣物扣件并独立脱掉衣物。在下一年，重点将是独立扣紧衣物扣件。

在纽扣板下边隐藏着惊喜图片，可以让一群幼儿一起使用，这样他们就可以分享自己的发现。

○ **标准**　幼儿独立解开衣物扣件（例如大纽扣、按扣、鞋带）。

序列 4-III
自理能力：梳洗

虽然非常年幼的幼儿只能依赖照料者才能进行个人清洁活动（即梳洗），但要让幼儿形成高质量的生活习惯，打好基础是很重要的。清洁活动不仅对幼儿的身体健康有重要意义（例如：学习如何完整地洗手和刷牙，有助于减少疾病），同样有助于提高幼儿被社会接纳的程度。也就是说，对于有特殊需要或没有特殊需要的幼儿来说，看起来干净整洁，会更容易进入一个社会环境并被接纳。最后，良好的清洁能力也可以提高幼儿的成就感和自尊。

特殊调适

有运动障碍的幼儿

如果幼儿的运动障碍导致他需要依赖他人进行梳洗和保持个人卫生，那么照料者在清洁活动的过程中与幼儿谈论他们正在做的事情是非常重要的。运动受限的幼儿不应该产生"别人在为我做某事"的感觉，而应该意识到，是为了某个特定的结果，有人正在与他一起进行一项重要的活动。对于有运动障碍的幼儿，职业治疗师或物理治疗师可以提供咨询，为其参与梳洗活动提供最佳的配置。

有视力障碍的幼儿

与有视力障碍的幼儿谈论正在做的事情。把物品始终放置在同一个位置（例如水池上设置一个特定的地方用于放肥皂和牙膏），并将浴室玩具放在同一个容器中，该容器始终放在同一个地方且在幼儿可触及的范围内。

有听力障碍的幼儿

有听力障碍的幼儿在培养清洁技能时很少需要调适。确保在有需要时，将描述清洁活动的语言与清洁活动相结合。大多数幼儿将通过日常练习来学习这些技能。

4-III. 自理能力：梳洗

a. 喜欢在水里玩

b. 不流口水

c. 配合洗手和擦手

d. 允许他人帮忙刷牙

e. 允许擦鼻子

f. 自己洗手

g. 如果被给予纸巾，能自己擦鼻子

h. 擦干手

i. 在帮助下刷牙

j. 自己用毛巾清洗自己

4-IIIa. 喜欢在水里玩

○ **教具** 塑料洗碗盆或任何类似的可以容纳 2—3 英寸水的容器；幼儿可以在水中玩的物品

○ **流程**

在盆中倒上水，给幼儿两三个可以在水中玩的物品（例如一个小杯子、一个可以捏成各种形状的海绵、漂浮的玩具）。鼓励幼儿玩它们并将手伸入水中。轻轻朝幼儿泼水。

○ **每日常规和功能活动**

鼓励幼儿洗澡时玩各种可以漂浮的玩具。如果幼儿坐在浴缸中难以保持平衡，尝试将塑料洗衣篮放在浴缸中，然后将幼儿放在篮子里。

○ **标准** 当面前放着一盆水时，幼儿会玩盆里的水。

4-IIIb. 不流口水

○ **教具** 无需教具

○ **流程**

观察幼儿一整天，由于幼儿应该已经知道如何协调吞咽和闭紧嘴巴的动作来处理自己的唾液，应该很少被观察到流口水。持续流口水可能是其他发展困难的表现，可能需要转诊给医生或治疗师。

○ **每日常规和功能活动**

如果幼儿流口水，尽量保持其下巴干燥，以便幼儿始终从触觉上知道干燥的感觉。幼儿流口水时，最好将他下巴和嘴上的口水用手绢拍干而不是擦掉。幼儿长牙时常常会流口水。

○ **标准** 幼儿在一天中很少流口水。

4–IIIc. 配合洗手和擦手

○ **教具**　肥皂和水，可以让幼儿站在上面并舒服地将手伸进水池的物品

○ **流程**

为幼儿创造洗手的机会，例如：吃饭和吃零食之前，从户外玩耍回来时，以及一天中的其他时间。照料者将手放入水池或水盆，然后在幼儿身边洗手。同时，鼓励幼儿把手放在水中一起洗。对于正在学习洗手的幼儿来说，液体或泡沫肥皂可能比肥皂块更容易使用。

○ **每日常规和功能活动**

如果幼儿不愿意洗手，先尝试让他从事一些会弄脏手的活动（例如手指画）。然后，告诉他是时候洗掉手上的颜料了，并告诉他水是如何把手洗干净的。编一首有关日常生活的歌曲有时很有帮助，这可以让幼儿知道是时候做某项活动了以及预料到要怎么做。也可以把我们说的话用熟悉的旋律唱出来（例如，"我们就是这样洗手、洗手、洗手的，我们就是这样在吃午饭之前洗手"，此处歌曲旋律为 Here We Go Round the Mulberry Bush）。

让幼儿帮助打开水龙头，并用毛巾把手擦干。

○ **标准**　幼儿不会拒绝参与洗手和擦手。

4–IIId. 允许他人帮忙刷牙

○ **教具**　牙刷，一个可以舒适地站在水池和镜子前的位置

○ **流程**

把幼儿带到镜子前，告诉他是时候刷牙了。给幼儿看牙刷以及演示如何将牙膏挤在牙刷上。告诉幼儿张开嘴，然后给他刷牙（如果幼儿没有张开嘴，试着用手轻轻地打开他的嘴，然后给他刷牙）。尽量让幼儿体验刷牙的愉快。如果幼儿非常抗拒触碰口腔内部或口腔周围，咨询职业治疗师。

○ **注意**

开始时一定要使用柔软的儿童牙刷和儿童牙膏。在使用真的牙刷刷牙之前，我们甚至可能需要在手指上放一点牙膏并用它给幼儿"刷"牙。使用专为幼儿设计的令他们喜欢的牙膏。

○ **每日常规和功能活动**

鼓励幼儿练习给一个最喜欢的娃娃或填充动物的牙齿刷牙。一个嘴巴张开且有牙齿的木偶可以很好地帮助幼儿学习刷牙。创作一首刷牙的歌。

○ **标准**　每天至少一次，幼儿允许他人给自己刷牙。

4-IIIe. 允许擦鼻子

○ **教具** 柔软的纸巾

○ **流程**

当幼儿流鼻涕时（或任何其他适合的时间），告诉他是时候擦鼻子了。将纸巾放到他的鼻子上，并快速且稳定地擦拭。我们常常看见一些幼儿抗拒做这件事，有效的做法是用我们的手臂搂着幼儿的肩膀，让他的头靠在我们的肘部，以此保持稳定，然后给他擦鼻子。定期用毛巾给幼儿洗脸可以帮助他接受用纸巾擦拭鼻子的动作。

○ **每日常规和功能活动**

如果需要经常给幼儿擦鼻子，可以考虑使用含有乳液的纸巾。鼓励幼儿给娃娃、填充动物、照料者等擦鼻子。

○ **标准** 幼儿允许成人给自己擦鼻子，较少抵抗。

4-IIIf. 自己洗手

○ **教具** 肥皂和水

○ **流程**

先为幼儿示范洗手的过程（例如弄湿手、擦肥皂、冲手），然后让幼儿洗手。根据需要提供语言辅助。只有在幼儿抗拒洗手或洗手有困难时才能提供肢体辅助。逐渐淡化辅助。在提供肢体辅助时，最好站在幼儿身后，然后逐渐淡化辅助。对于正在学习洗手的幼儿来说，液体肥皂可能比肥皂块更容易使用。

○ **每日常规和功能活动**

安排可以让幼儿把手弄脏的活动，这样更容易创造机会让幼儿洗手。玩手指画、沙子或其他脏乱的物品，可以让幼儿把手弄得很脏，从而有机会要求幼儿洗手。

清洗娃娃、娃娃的衣服或塑料餐具等，也能够创造机会让幼儿练习洗手。

○ **标准** 幼儿独立洗手。

4-IIIg. 如果被给予纸巾，能自己擦鼻子

○ **教具** 柔软的纸巾

○ **流程**

当幼儿流鼻涕或打喷嚏时,告诉他擦鼻子,然后递给他纸巾。如果幼儿没有试着擦鼻子,帮助他这样做。下回擦鼻子时,逐渐减少辅助。还可以向幼儿示范如何轻轻地擤鼻子,鼓励幼儿模仿。

○ **每日常规和功能活动**

如果需要经常给幼儿擦鼻子,可以考虑使用含有乳液的柔软纸巾。鼓励幼儿给娃娃、填充动物、照料者擦鼻子。

○ **标准** 当被给予纸巾或要求擦鼻子时,幼儿会自己擦鼻子。

4-IIIh. 擦干手

○ **教具** 水、毛巾

○ **流程**

递给幼儿一条毛巾,并要求他把手擦干。向幼儿示范如何用毛巾擦拭手心和手背。刚开始时,让幼儿使用诸如餐碟毛巾或洗脸巾这种小而轻的毛巾,这样擦手就比较容易。此外,向幼儿示范如何使用悬挂着的毛巾的一部分擦手。根据需要给幼儿提供肢体辅助,然后逐渐淡化辅助。

○ **每日常规和功能活动**

将洗手和擦手纳入日常活动中,可以安排在餐前和餐后、玩完容易脏乱的游戏后,以及如厕后。

○ **标准** 幼儿独立把手擦干。

4-IIIi. 在帮助下刷牙

○ **教具** 牙刷、一个可以舒适地站在水池和镜子前的位置

○ **流程**

把幼儿带到镜子前,告诉他是时候刷牙了。给幼儿展示牙刷以及如何将牙膏挤在牙刷上。把牙刷交给幼儿,并要求他自己刷牙。与此同时,我们也一起刷牙可能会很有帮助。根据需要提供肢体辅助。在这个阶段,幼儿只要能够把牙刷与他的牙齿接触即可。然后,成人帮幼儿完成刷牙的过程,以确保所有牙齿都被充分刷干净。

○ **每日常规和功能活动**

建立每餐后刷牙的日常习惯。鼓励幼儿练习给一个最喜欢的娃娃或填充动物刷牙。一个嘴巴张开且有牙齿的木偶可以很好地帮助幼儿练习刷牙。

○ **标准**　大部分时间，幼儿能够独立握住牙刷并至少刷到几颗牙齿。

4-IIIj. 自己用毛巾清洗自己

○ **教具**　两条毛巾（或布偶毛巾）、肥皂、水

○ **流程**

洗澡时，给幼儿一条毛巾，同时照料者使用另一条毛巾。向幼儿示范如何在毛巾上擦肥皂，然后用毛巾擦洗身体。根据需要提供肢体辅助。鼓励幼儿用右手握住毛巾清洗左胳膊，然后换过来用左手拿毛巾清洗右胳膊。使用布偶毛巾可能更容易，也更有吸引力。这个项目旨在教幼儿如何清洗自己。但是，成人仍需要做后续工作，即将幼儿清洗干净。

○ **每日常规和功能活动**

为幼儿提供一小块布或海绵，洗餐具或擦桌子。鼓励幼儿用毛巾给娃娃洗澡。

○ **标准**　洗澡时间，幼儿拿着毛巾试着给自己洗澡。

序列 4-IV

自理能力：如厕

开始如厕训练的具体时间因人而异。有些幼儿已经接受了 2 年的全面培训，有些幼儿直到 3 岁至 3 岁半还未开始如厕训练。而男孩当其身体条件成熟到可以进行如厕训练时，通常比女孩年龄大一些。而有些幼儿，在整个学龄前阶段都可能会持续尿床。

患有发育障碍的幼儿接受如厕训练的时间往往会被推迟。对于年龄较大但仍然在用纸尿裤的幼儿，发展心理学家制订的如厕能力训练计划可以提供有效的帮助。值得注意的是，在某些情况下，如脊柱裂，由于幼儿缺乏肠道和膀胱的感觉和控制，如厕训练可能不适合作为学习目标。

特殊调适

有运动障碍的幼儿

有运动障碍的幼儿可能需要自适应如厕设备，职业治疗师或物理治疗师可以帮助确定哪些适应性的如厕设备是有用的。

有视力障碍的幼儿

低视力幼儿可能很少需要适应性措施来学习如厕技能，但低视力的年幼男孩可能需要额外的指导来学习以站立的方式尿进小便池。而对于视力功能保留极少或完全丧失视力的幼儿来说，让他对如厕需要有感觉并进行讨论是很重要的。务必告诉他卫生间不是玩水的地方。

有听力障碍的幼儿

对于有听力障碍的幼儿来说，建立一种表示"需要去卫生间"的沟通方式非常重要。根据幼儿的发育程度、运动能力和听力，建立的沟通方式可以通过使用正式的手语、手势或口语来实现。每个与幼儿一起工作的人，都需要了解幼儿如何表达其如厕的需求。

4-IV. 自理能力：如厕

a. 表示需要更换弄脏的纸尿裤或裤子

b. 配合换纸尿裤

c. 白天维持纸尿裤 2—3 小时干燥

d. 被放在马桶上时会小便

e. 被放在马桶上时会排便

f. 常常表达上厕所的需要（很少发生排便问题）

g. 独立上厕所，不包括排便后进行清洁

4-IVa. 表示需要更换弄脏的纸尿裤或裤子

○ **教具** 布或纸尿裤

○ **流程**

在幼儿 1 岁之后的一段时间，当纸尿裤脏了时，他通常会开始发出清晰的信号。注意观察这些迹象（例如发出声音、用手指、步距宽阔地行走）并询问："你裤子脏了吗？你想换纸尿裤吗？"然后检查幼儿的纸尿裤是否弄脏了。如果是，在换纸尿裤的整个过程中，与幼儿谈论正在做的事情，谈论正在脱下脏纸尿裤和脏衣服，再穿上干净的纸尿裤。

○ **注意**

如果反复检查后发现幼儿的裤子没有湿或弄脏，照料者要仔细查看我们所回应过的口头或行为线索。我们可能需要努力帮助幼儿提供更清晰的如厕信号，或者在判断幼儿提供的线索时更加敏锐。

○ **每日常规和功能活动**

每个与幼儿一起工作的人都应该遵循相似的程序。这个项目的目标是提高幼儿更换纸尿裤的意识。不要让幼儿的裤子长时间处于潮湿或脏乱的状态，这一点非常重要。我们希望幼儿将干燥、干净的裤子与舒适联系到一起，而潮湿、脏乱的裤子则与需要更换纸尿裤联系起来。

○ **标准** 幼儿明确表示需要换纸尿裤或裤子，可以通过口语或非口语的方式表达。

4-IVb. 配合换纸尿裤

○ **教具** 布或纸尿裤

○ **流程**

当需要更换幼儿的纸尿裤时，告诉幼儿他的纸尿裤又湿又脏，他需要一块干净的纸尿裤。幼儿可以通过拿新纸尿裤给我们，走到更衣台以及在有凳子的情况下爬上更衣台等方式，积极参与换纸尿裤的过程。给幼儿更换纸尿裤时，他需要安静地躺好。根据需要提供语言辅助或分散幼儿的注意力。

○ **每日常规和功能活动**

当幼儿动来动去想要离开时，要求幼儿配合更换纸尿裤则非常具有挑战性。因此，换纸尿裤时，给幼儿提供他最喜欢的玩具或书可能会有帮助。而对于非常抗拒躺卧姿势的幼儿，替代方法是在幼儿站立的时候更换纸尿裤，这要求幼儿在纸尿裤更换期间保持稳定站立。

○ **标准** 幼儿积极配合准备更换纸尿裤，在更换期间保持相对安静。

4-IVc. 白天维持纸尿裤 2—3 小时干燥

○ **教具** 布或纸尿裤

○ **流程**

这不是一项可以教授的技能，而是表明幼儿可以开始如厕训练的生理准备情况。每隔 2—3 小时检查一次幼儿的纸尿裤，以确定他多长时间会把纸尿裤弄湿。清楚地知道他何时小便，特别是如果有可预测幼儿小便的时间表，将有助于开始如厕训练。

○ **每日常规和功能活动**

每隔 2—3 小时检查一次幼儿的纸尿裤，确定是否尿湿。同时，这也可以确保幼儿大部分时间都处于干燥状态，而不会将舒服的感觉和尿湿联系到一起（见 4-IVa）。

○ **标准** 幼儿在白天保持纸尿裤 2—3 小时的干燥状态。

4-IVd. 被放在马桶上时会小便

○ **教具** 幼儿马桶或幼儿坐便器

○ **流程**

当幼儿的纸尿裤每次可以维持 2—3 小时的干燥状态时，通常表明他已经准备好，可以开始进行如厕训练了。在一天中的固定时间，将幼儿放在幼儿坐便器或幼儿马桶上，并告诉他，是时候去卫生间了（可以使用任何在家或其他场合惯常使用的词汇）。为幼儿提供合适尺寸的坐便器很重要，这样他的双脚可以舒适地放在地板上。有些幼儿则在使用常规大小的马桶时，通过使用调节椅来进行适应。如果我们在幼儿面前放一个踏凳，就可以帮助他上厕所，并让他坐上马桶时感到安全稳定。当幼儿成功如厕时给予积极的强化。除了上厕所的自然时间外，注意观察幼儿可能需要去卫生间的身体或语言提示也很重要。在这些时间带他去卫生间，幼儿由此可以开始将身体信号与使用卫生间的需要联系起来。鼓励幼儿告诉我们何时需要去卫生间。男孩和女孩通常都会先学坐着小便。

○ **每日常规和功能活动**

使用可以弄湿的玩偶向幼儿示范如何在卫生间小便是非常有帮助的。对于一个刚开始如厕训练的幼儿来说，其他使用卫生间的幼儿的示范作用对如厕训练也是有帮助的。
- **标准** 幼儿被放在马桶上时会小便。

4-IVe. 被放在马桶上时会排便

- **教具** 幼儿马桶或幼儿坐便器
- **流程**

当能够预测幼儿一天中的排便时间时，幼儿通常已经准备好开始排便训练了。这通常会发生在饭后一个小时。此外，大多数幼儿在准备排便时会有肢体语言或面部表情上的提示。当我们看到幼儿需要排便的迹象或已经到幼儿通常排便的时间时，将他放在马桶上排便。幼儿完成排便需要花费一些时间，当他坐在马桶上时，给他阅读一些书籍可能会有所帮助。

- **每日常规和功能活动**

对于不愿意使用卫生间的幼儿，我们发现使用各种资源（例如 *Everyone Poops*, Taro Gomi）可能很有用。另外，可以将脏纸尿裤上的东西丢弃在幼儿面前的便盆中，并告诉幼儿这是它们所属的地方。

- **标准** 幼儿在马桶上时会排便。

4-IVf. 常常表达上厕所的需要（很少发生排便问题）

- **教具** 幼儿马桶或幼儿坐便器
- **流程**

这个项目是项目 4-IVd 和 4-IVe 的延伸，幼儿表现出需要去卫生间的意识增强。在一天中定期检查并询问："你需要去卫生间吗？"注意观察幼儿的非语言线索并给予反馈，例如"看起来你需要去卫生间"。然后带幼儿去卫生间，当他成功如厕时，给予积极的强化。对于抗拒进行如厕训练的幼儿，心理学家可以帮忙制订如厕训练计划。

- **每日常规和功能活动**

确保每个与幼儿一起工作的人都知道幼儿正在进行如厕训练，并对幼儿可能需要去卫生间的口语和非口语线索保持敏感。确保幼儿可以随时使用卫生间。如果是在旅行期间，随身携带幼儿坐便器通常会很有帮助。

- **标准** 幼儿常常表示需要上厕所，并很少发生排便问题。

4-IVg. 独立上厕所，不包括排便后进行清洁

○ **教具** 幼儿马桶或幼儿坐便器、易于脱掉的裤子

○ **流程**

幼儿在如厕方面取得一定成功后，让他穿上训练裤和易于拉下的外裤。当幼儿不着急上厕所时，鼓励他自己拉下裤子。如厕后，递给他几片卫生纸，让他试着自己擦屁股。通常，幼儿在排便后需要成人帮忙擦屁股，这种情况会持续一段时间。擦完后，鼓励幼儿自己拉起裤子并洗手。逐渐淡化给予的任何肢体辅助。当幼儿表现出一些独立性时，鼓励他独自去卫生间，并让他在需要清洁时要求成人进来帮忙。

○ **每日常规和功能活动**

继续警惕幼儿可能需要去卫生间的口语和非口语线索。幼儿有时会过于专注游戏并忽视自己的身体信号。确保幼儿可以随时独立使用卫生间。在小组环境中，幼儿通过观察已经能够独立去卫生间的幼儿的行为，通常可以提高自己独立上卫生间的能力。

○ **标准** 除了排便后清洁之外，幼儿能自己使用卫生间。

第六章 认　知

序列 5
注意力和记忆力：视觉/空间

这个序列的重点是培养幼儿注意视觉刺激、记忆这些刺激并在这些记忆的基础上采取行动的能力。在 12 个月的水平上，此序列主要包括视觉跟踪和与即时记忆相关的项目。在达到 12 个月的水平之后，会有一系列针对注意力、记忆力和运动游戏以及长期记忆的项目。

特殊调适

有运动障碍的幼儿

对于有严重运动障碍的幼儿，必须修改此序列中的许多项目。如果幼儿无法触及和抓住物品，可能有必要完全依靠眼睛注视来确定他或她是否知道当你把物品藏起来后物品的位置、物品位于房间内的位置、物品应该被放在哪里。（参见本书末尾的附录 D，了解使用物品操作板设置简单的注视系统的建议。）

如果幼儿在快步走或走路时无法携带物品，你可能需要减少要求幼儿取回物品的次数，或者在幼儿移动能力良好但无法携带物品的情况下，提供一件特殊设备来让他运送物品。在对这些项目进行修改时，要始终与幼儿的物理和职业治疗师密切合作。

有视力障碍的幼儿

对于有视力障碍的幼儿，最主要的调整是使用大的特别是彩色的或者明亮的物品和图片，在光线良好的环境下进行（除非任务是检查幼儿是否在视觉追踪一种光线）。向幼儿的眼科医生或者视力方面的专家征询意见，对于选择最合适的玩具和图片是很有帮助的。

在某些情况下，为幼儿选择那些不仅在视觉上让他感兴趣，而且会产生一些声音以促使幼儿去寻找的物品，是很有帮助的。随着幼儿在视觉上变得更加专注，可以引入一些没有声音的物品。

如果幼儿有明显的视力障碍，他很难知道物品的位置，特别是他在指令下移动时。重要的是要从小教会幼儿通过将他的手放在地板、桌子或其他表面上来搜索物品。保持物理环境的一致性尤为重要，以便幼儿在相同的位置找到目标物。强调触觉信息，以帮助幼儿识别位置，例如，将砂纸粘贴到容器上代表积木，将柔软的织物粘贴到容器上代表填充动物玩具，等等。让容器具有截然不同的尺寸和形状也是很有帮助的。

注意：即使幼儿被描述为皮质盲并且没有作出反应，也应该施行这个序列中的早期视觉跟踪项目。在许多情况下，幼儿的神经系统尚未成熟到可以注意到景象的程度。给予一些时间和刺激之后，注意力可能会得到改善。该课程项目的早期顾问表示："除非双眼被移除，否则不要认为幼儿看不见。"另外请注意，一些有视力障碍的幼儿不会将视线固定在中线，而是固定在身体一侧或其他位置。

有听力障碍的幼儿

除了需要使用手势和手语（如果幼儿正在被教授使用手语）来与幼儿沟通他要做什么之外，对于有听力障碍的幼儿，很少需要对这一序列中的项目进行调整。

5. 注意力和记忆力：视觉 / 空间

a. 视觉固定至少 3 秒钟
b. 水平地视觉追踪物品（从一侧到另一侧）
c. 垂直地视觉追踪物品（从头部到腹部）
d. 以圆圈方向视觉追踪物品
e. 凝视物品或人消失的地方
f. 对日常照料中经常发生的事件表现出预期
g. 从脸上扯下布
h. 从照料者的脸上扯下布
i. 找出部分隐藏在覆盖物下面的物品
j. 在两三次尝试后，预测熟悉的游戏（如儿歌）中经常会发生的事件
k. 在第一次尝试时就能预测在熟悉的游戏中经常会发生的事件
l. 找出完全隐藏在覆盖物下的玩具
m. 变化玩具的位置，寻找 2 个覆盖物下面的玩具
n. 找到隐藏在 3 个叠加覆盖物下面的玩具
o. 在看到玩具被藏在 2 个位置，最后藏在第 3 个覆盖物下面后，能够找到该玩具
p. 在一对容器交换位置后，在其中一个下面（或里面）找到玩具
q. 记住物品在几分钟前被放下的位置
r. 坐在照料者的腿上时，注意绘本书至少 5 分钟，轻拍图片或以其他方式表示感兴趣
s. 对熟悉的游戏中的变化作出反应以及当物品消失或未以通常方式运作时作出反应
t. 能够在没有看到的情况下，在 2 个覆盖物中找到物品
u. 能够在没有看到的情况下，在 3 个覆盖物中找到物品（系统地寻找）

v. 识别熟悉的玩具、人（包括家庭成员和平常的照料者）和地点

w. 识别自己和其他人的衣服、玩具以及个人物品

x. 从通常放物品的位置拿取自己的玩具

y. 按照要求（手语或者口语）去通常放物品的位置拿取家用（或教学用）物品

z. 将物品放到正确的位置，并当它们不在正确位置的时候，注意到它们

aa. 独立地唱出诗歌或歌曲的一部分

bb. 指出藏有玩具的手（当玩具放在一只手里和当玩具在视线外被转移到另一只手里时）

cc. 识别几本书的封面并命名它们

dd. 识别熟悉的标志（如餐厅招牌、交通信号灯、停车标志、食物标签）

ee. 辨认（指向）物品或图片，先短暂地呈现，再以 3 个一组的形式呈现

ff. 辨认（指向）物品或图片，先短暂地呈现，再以 4 个一组的形式呈现

gg. 短暂地呈现 2 个物品 /2 张图片并藏起其中一个，然后命名被藏起来的物品 / 图片

hh. 记得偶然的信息（例如"你在动物园看到了什么？"）

5a. 视觉固定至少 3 秒钟

○ **教具** 各种有趣的物品（例如银球、红色绒球、红色的闪光灯、小棋盘、画有牛眼睛的卡片）

○ **流程**

将物体放在离幼儿眼睛 6—10 英寸处，轻轻摆动以吸引幼儿的注意力。用不同的物品重复动作。

○ **注意**

某些有障碍的婴儿有时很难看到东西。通常，这样的婴儿对非常明亮和有光泽的东西反应最好，例如能反射光线的大的装饰品。有些婴儿只会在昏暗的房间里对明亮的光线有反应。用试验来找出哪些物体以及什么样的房间光线强度能得到最佳反应。

○ **每日常规和功能活动**

将你计划使用的玩具放在更衣桌旁边，并在每次更换幼儿纸尿裤时进行此活动。

○ **标准** 幼儿在几天的时间内每天看一个物品达到至少 3 秒钟。

5b. 水平地视觉追踪物品（从一侧到另一侧）
5c. 垂直地视觉追踪物品（从头部到腹部）
5d. 以圆圈方向视觉追踪物品

○ **教具** 幼儿喜欢的各种玩具

○ **流程**

在距离幼儿脸部大约 12 英寸的中线处呈现物品。当幼儿看着它时，将其缓慢地移动到一侧，然后移到另一侧（例如，向任一侧移动 5—8 英寸）。使用其他物品执行此操作 3 到 4 次。与幼儿交谈时等待 1—2 分钟。然后选择幼儿反应最佳的物品，放在他眼睛中线的地方吸引其注意力，并垂直地移动对象（到幼儿胸部的位置，然后回到他前额高度的位置）。重复几次，当幼儿开始水平和垂直地追踪物品时，试着让他追踪一个绕圈的物品。当幼儿看一个处于中线位置的物品时，将物品缓慢地移动到一侧，然后将物品绕圈移动，这个圈要比幼儿的脸大一点。

如果幼儿根本没有视觉追踪，请尝试以下的建议，直到他开始追视：

- 改变物品与幼儿眼睛的距离；
- 使用带有声音的物品；
- 改变房间的照明和物品的亮度。

○ **每日常规和功能活动**

确定适合实践视觉追踪的一个或多个日常护理活动（例如换纸尿裤，餐前或餐后的游戏时间）。将教具放置在教学的地方附近，这样每次幼儿在那里时都很容易想起要进行视觉追踪练习。

○ **标准 5b**

幼儿在几天内的不同时间里，能从视觉的一侧到另一侧跟踪至少 3 个不同的物品。

○ **标准 5c**

幼儿在几天内的不同时间里能来回追踪 3 个不同的物品，从胸部中线位置至额头的中线位置。

○ **标准 5d**

幼儿在几天内的不同时间里能以圆圈方向跟踪至少 3 个不同的物品。

5e. 凝视物品或人消失的地方

○ **教具** 幼儿以前表现出偏好的各种明亮有光泽的物品

○ **流程**

将物品放在幼儿面前的中线位置，然后慢慢向左移动，然后向右移动。让物品从幼儿右边的视野中消失不见。当它消失不见时，和幼儿讨论它（例如"球在哪里？它在哪里？"）。

等待 5 秒钟，让物品重新出现在同一个地方，同时讨论它的再次出现（例如"它在这儿呢！"）。当幼儿盯着物品或物品消失的地方时，请将它拿近一点让幼儿看。帮助幼儿触摸物品，发出声响或以其他方式玩玩它。

重复相同的步骤，将物品放在幼儿的另一侧。当你继续此活动时，随机变化物品消失的位置。尽可能让这项活动变得有趣。在一些尝试中，用自己代替物品，改为一种躲猫猫游戏。

○ **每日常规和功能活动**

在你停下来注意幼儿的任何时候，这项活动都很容易进行。只做一两次，然后继续做其他事情。如果周围有其他幼儿，请教他们和幼儿一起玩躲猫猫游戏。

○ **标准**　幼儿凝视物品或人消失的位置 3 秒钟或更长时间。这应该在几天内每天发生几次。

5f. 对日常照料中经常发生的事件表现出预期

○ **教具**　不需要

○ **流程**

"教授"这个项目最重要的方法是为幼儿提供一个一致的环境。提供的大部分护理人员和护理环境应该是尽量保持不变的。应该在换纸尿裤、吃饭、洗澡、睡觉时间等方面建立常规。在常规建立起来后，开始观察幼儿是否会预期另一部分常规活动发生的迹象。例如，当幼儿感到饥饿时，听到准备食物的声音时他是否会停止哭泣？或者，在听到洗澡水被抽走时，他是否感到兴奋？

○ **每日常规和功能活动**

询问照顾幼儿的其他人是否注意到幼儿有任何迹象表明对经常发生事件的预期。

○ **标准**　幼儿表现出对日常护理中两个或多个经常发生的事件的预期。应该在几个不同的场合里被观察到，并且至少应该有两个不同的人达成一致看法，即幼儿的行为是在表示期待。

5g. 从脸上扯下布
5h. 从照料者的脸上扯下布

○ **教具**　软布、毛巾或围巾

○ **流程**

当幼儿看着你的时候，把一块布放在他的脸上（不要遮住嘴巴）来玩躲猫猫，说："[幼儿的名字]在哪里？"暂停，让幼儿有机会自己扯下布料。如果他没有扯下脸上的布料，并说"躲猫猫（或幼儿群体中常用的任何词语）"，继续进行多次尝试。做出任何暗示他去移除布料的动作，协助他的动作。当幼儿能够独立做到时，减少你的辅助。

一旦幼儿从自己的脸上扯下一块布时，就开始用布遮住你的脸，确保遮挡物在幼儿容易接触的地方。说："[你的名字]在哪儿？"如果幼儿没有把布扯下来，你应该把它扯下来然后说："躲猫猫。"如果他似乎试图把它扯掉但没有做到，请帮助他，随着他逐渐能自己完成时，请减少辅助。

○ **每日常规和功能活动**

躲猫猫游戏通常是孩子最喜欢的活动之一，是在购物、排队等候、坐在医生办公室时让他忙碌起来的好方法。

○ **注意**

有些幼儿害怕将布盖在脸上。你可能需要改为将布料放在面部或身体的某一部分上，或者使用相对透明的布料让幼儿仍能看到周围环境。

○ **标准 5g**

幼儿在躲猫猫游戏中完全拿开盖在脸上的布料。这应该在不同的几天里每天都进行数次。

○ **标准 5h**

幼儿在躲猫猫游戏中完全拿开一块盖在成人脸上的布，在不同的几天里每天都进行数次。

5i. 找出部分隐藏在覆盖物下面的物品

○ **教具** 各种玩具或物品，包括幼儿喜爱的玩具（例如汽车钥匙、小橡皮娃娃、颜色鲜艳的珠子、小型汽车）；各种覆盖物（如布料、靠垫、围巾、盒子、杯子）

○ **流程**

向幼儿展示一个物品，当他伸手去拿物品时，用覆盖物盖住一半以上的物体。如果幼儿移除了覆盖物，请注意他仅仅是在玩覆盖物还是在寻找物品。

如果幼儿在物品被部分覆盖后似乎对物品失去了兴趣，请说："[物品]在哪里？哦，在这里！"你遮盖和揭开覆盖物好几次。然后，再次盖住部分物品并等待幼儿的反应。如果仍然没有反应，请尝试使用另一个物品，可能是他最喜欢的玩具或一块饼干。

一旦幼儿可以揭开部分隐藏的物体，通过完全盖住物品来改变游戏（遵循相同的步骤）。

如果幼儿没有移除覆盖物但是试图这样做，请协助他完成任务。当他能够更好地自己完成任务时，逐渐减少辅助。

○ **每日常规和功能活动**

观察幼儿在自我指导的活动中，从覆盖物下找到物品的次数（例如，当他自己寻找物品时，如果有东西盖在上面，他能够找出下面的物品）。

○ **注意**

尝试更换隐藏物品的类型和使用的覆盖物。有些幼儿只会寻找食物、制造声响的物品或者是喜欢的玩具。同样，有些覆盖物比其他覆盖物更容易移除。然而重要的是，尝试增加幼儿将要寻找的各种物品以及覆盖物的种类。

有时，幼儿会通过移除覆盖物来玩覆盖物，对隐藏的物品没有兴趣。同样，有些幼儿学会从玩具上揭下布料以获得成年人的赞美，而不是获得物品。仔细观察幼儿的行为，不要换到下一个项目，直到清楚他正在记住并寻找覆盖物下的物品，而不是玩覆盖物或揭下覆盖物以获得成人称赞。

○ **标准** 幼儿在不同的几天里，每天多次寻找部分隐藏在覆盖物下的玩具。

5j. 在两三次尝试后，预测熟悉的游戏（如儿歌）中经常会发生的事件
5k. 在第一次尝试时就能预测在熟悉的游戏中经常会发生的事件

○ **教具** 不需要

○ **流程**

与幼儿一起玩游戏，这些游戏涉及带有韵律的动作，或仅仅是根据重复的单词做动作，例如 This Little Piggy 或 Pat-a-cake。当幼儿习惯于游戏并享受游戏时，请在说出关键点之前等几秒钟，然后观察幼儿。例如，他有没有说"wee，wee"，或者触摸最后一只小猪的脚趾，或者当你说"把它放在烤箱里"时表现出一些迹象，表明他正在期待他的手臂被抬起。

请注意，只有在你重复几次游戏后或第一次在特定日期玩熟悉的游戏时，幼儿才会出现这种预期。

○ **每日常规和功能活动**

每天与幼儿玩几次游戏。例如，在给他洗澡或打扮时，你可以用脚趾玩 This Little Piggy 的游戏，或者玩 Here Comes a Little Bug 的游戏（当你说"这里有一个小虫子时"，你的手指伸向他的手臂，说"它来抓你啦"然后轻轻地搔孩子痒）。大多数书店都有一系列带有幼儿韵律游戏的书籍。请参阅本书末尾的建议阅读列表。使用这些或尝试你选择的其他游戏。

○ **注意**

幼儿通常喜欢带有触摸或搔痒动作的游戏，并且很容易观察到他们为搔痒或触摸做好准备时

的期待。但是，有些幼儿不喜欢触摸或搔痒。在这些情况下，你可以玩其他依赖有趣的声音效果的游戏。

○ **标准 5j**

幼儿按顺序玩一个（或多个）游戏两三次后，表现出对游戏的预期。这应该在几天的时间内多次观察到。

○ **标准 5k**

在几天里，幼儿在第一次玩一个（或多个）熟悉的游戏时表现出对游戏的预期（即，幼儿记住了在前一天或之前的一段时间内玩过它）。

▰ ▰ ▰

5l. 找出完全隐藏在覆盖物下的玩具
5m. 变化玩具的位置，寻找 2 个覆盖物下面的玩具
5n. 找到隐藏在 3 个叠加覆盖物下面的玩具
5o. 在看到玩具被藏在 2 个位置，最后藏在第 3 个覆盖物下面后，能够找到该玩具

○ **教具**　各种有趣的玩具，各种覆盖物（例如布、嵌套杯、盒子）

○ **流程**

继续执行第 5i 项（找出部分隐藏在覆盖物下面的物品）。当幼儿能找出一个完全隐藏的玩具时，拿出距离第一个覆盖物几英寸远的第二个覆盖物。当幼儿注视时，拿起玩具并将其藏在第二个相似的覆盖物下面。

如果幼儿去看之前找到玩具的地方，说："哎呀，它在哪里？"鼓励幼儿揭开另一个覆盖物。如果幼儿不这样做，就直接向他展示玩具的位置。

重复此过程。不要简单地将玩具交替放在不同的覆盖物下，而是随机改变玩具隐藏的位置。

一旦幼儿成功地找到藏在两个覆盖物下的物体后，引入第三个覆盖物。当你确定他正在注视时，将物品放在三个覆盖物中的一个下面，并让幼儿找到它。重复这一过程，随机将物品放在任意覆盖物下面。

在幼儿成功从三个覆盖物中的一个下面找出藏着的物品后，尝试同时将玩具藏在全部的三个覆盖物之下。例如，取出玩具并将其放在杯子下面，然后在杯子上放一个盒子，最后在盒子上方放一条围巾。如果你选择使用三块布而不是其他种类的覆盖物，请务必用手指固定底部的两块布，这样幼儿就不能一次性移走所有布料。这个游戏的目的是让幼儿保留他对玩具的记忆和兴趣，以及得到玩具的动机，因为他需要独立移除三个覆盖物才能拿到玩具。

当三个覆盖物都呈现时，将玩具藏在一个覆盖物下面，将覆盖物移开并让幼儿看到玩具，然后将玩具放在第二个覆盖物下面，将覆盖物移开然后放在第三个覆盖物下面。让幼儿寻找玩具。

如果他找不到，向他展示玩具的位置并让他再尝试一次。

○ **注意**

如果使用围巾或布料，请务必将它们折叠起来，这样就看不到玩具的形状了。

○ **每日常规和功能活动**

在一天中观察幼儿寻找物品。当玩具掉落或滚动后，他是否立即会去玩/拿起其他的玩具/物品？他是否表现出坚持不懈地寻找掉落和看不见的东西？帮助幼儿集中注意力，说："它在哪里？它去了哪里？"

○ **标准 5l**

幼儿多次在不同的情境下发现一个完全隐藏的玩具。

○ **标准 5m**

当呈现 2 个覆盖物时，幼儿会在几天内始终在正确的覆盖物下找到玩具（连续 3 到 4 次正确的尝试）。

○ **标准 5n**

幼儿将藏在 3 个覆盖物下的玩具取回，在几天内独立移开覆盖物 2 到 3 次。

○ **标准 5o**

在几个不同的场合，幼儿在看到玩具被藏在其中 2 个覆盖物下面并取出，最后移到第 3 个里面后，能够从第 3 个覆盖物下面找到玩具。

5p. 在一对容器交换位置后，在其中一个下面（或里面）找到玩具

○ **教具** 玩具或其他有趣的物品，几对相同的容器（例如，杯子、盒子、不透明的食物储存容器）

○ **流程**

将一对容器放在幼儿面前。将幼儿的注意力吸引到玩具或其他物体上，并将其放在其中一个容器下（如果容器有盖子，则放在容器内）。然后，交换容器的位置。让幼儿寻找物品。如果他选择了不正确的容器，请告诉他去看另一个容器下面。重复这一过程，随机地将物品放入左侧或右侧容器中。

如果幼儿总是伸出双手去揭开两个容器，请使用带盖子的容器，这样幼儿就需要用两只手来打开玩具。

○ **每日常规和功能活动**

这种隐藏游戏的主要功能是作为一种短时间的娱乐方式，同时帮助培养幼儿的注意力和记忆力。它可以使用厨房内的厨具或者玩具和特殊容器来作为教具。

○ **标准** 幼儿经过连续三次的尝试，能在交换位置的容器下面发现隐藏的物品。

5q. 记住物品在几分钟前被放下的位置

○ **教具** 一些有趣的玩具

○ **流程**

给幼儿一个可以玩的物品。当他把它弄掉或放下它时，叫他的名字或以其他方式分散他的注意力，使他把头转离物品的位置。观察他的动作。他是否转过身来寻找物品掉落（或放下它）的位置然后拾起它？他似乎忘记玩具了吗？他是否在短时间内拿起玩具并操作它，好像这是他以前从未见过的东西？

如果幼儿不去寻找掉落的玩具，请说："[玩具]在哪里？"如果他不看，请指向玩具，捡起它，再把它递给幼儿。

○ **每日常规和功能活动**

在一天中，观察幼儿在把玩具放下并离开一会儿后，或者将玩具掉落到视线范围之外后他会怎么做。他去寻找玩具了吗？如果他再次拿起玩具，他是因为玩具再次进入他的视线范围所以捡起他，还他会转向正确的位置并拾起玩具，好像期望会在那里找到玩具一样？

○ **标准** 在几种情境下，物品在几分钟前被放在一个地方，幼儿通过有意地去寻找物品或者回答关于物品位置的问题，来表现出记得这个物品的位置。

5r. 坐在照料者的腿上时，注意绘本书至少5分钟，轻拍图片或以其他方式来表示感兴趣

○ **教具** 简单的图画书，里面有鼓励幼儿触摸的材质，可以翻起来展示的立体画，或促进幼儿去与书互动的其他特征。

○ **流程**

把幼儿抱在膝盖上，给他看一本书，然后说一说你所看到的。如果他不自发地拍图片，请将他的手放在图片上并描述图片。让他来掌控这本书。尽量让他参与5分钟或更长时间。

○ **每日常规和功能活动**

每天尝试给幼儿读几分钟书。在这个水平上，幼儿对故事不会有很深入的理解，主要是享受有趣的图片和与照料者的亲密互动。如果照料者用动画的语音说话并且使声音配合图片的内容（例如，火车来了说"choo-choo"，母牛是"哞哞"，狮子是"嗷嗷"），就可以吸引幼儿的注意力。

对于有立体页的书籍，在翻动的时候可以表现出惊讶，这样会增强孩子的好奇心。

○ **标准** 在几天里，幼儿看图画书至少 5 分钟，拍打图片或用其他方式表现出对图画书的兴趣。

5s. 对熟悉的游戏中的变化作出反应以及当物品消失或未以通常方式运作时作出反应

○ **教具** 不需要

○ **流程**

一旦幼儿表现出对游戏或家庭日常事件的预测，就要故意做错事来检测他的理解。例如，不要给幼儿他的奶瓶，而是开始喂毛绒玩具或假装自己喝。或者，你可以试着和幼儿用手指而不是脚趾来玩 This Little Piggy 的游戏。

与幼儿一起玩简单的游戏，考察他对通常情况的理解。以下是一些例子：

1. 在手里放一个小玩具并将其展示给幼儿。将你的手放在身后，将玩具从一只手中移到另一只手中。把手伸出来，仍然握着拳头，让他打开每个拳头来寻找玩具。这样做几次，有时将玩具放在同一只手中，有时则换到另一只手中。然后将玩具放在口袋里、垫子下或其他视线范围之外的地方。观察当玩具不在任何一只手中时幼儿的行为。

2. 给幼儿一两个小玩具并将它们放入容器中。摇摇它们，然后让幼儿把它们拿出来。这样做几次。然后在摇动时从容器中取出玩具（不要让幼儿看到你在做什么）。给他一个空着的容器，观察他会做什么。

3. 使用带有开关的发条玩具进行游戏，一直向幼儿展示已经被你打开的玩具。然后上发条，把没有打开开关的玩具给幼儿。

观察幼儿的反应。笑、疑惑的表情，试图纠正你正在做的事情，或者大惊小怪，可能代表幼儿明白某些事情是错误的。适当地回应幼儿的行为。例如，如果你自己改变了一个流程，嘲笑一下自己，然后按照幼儿期望的那样去做。

○ **每日常规和功能活动**

流程部分描述的活动是你在空闲时间（例如，当你在等待某人或排队时）与幼儿玩耍的好方法，它也可以在幼儿变得烦躁不安时分散他的注意。

○ **标准** 幼儿对熟悉的游戏或流程的变化作出反应，对物品的消失作出反应，和（或）对停止运作的物品作出反应。这些情况应发生在几天里的 2 种或 3 种不同情况下。

5t. 能够在没有看到的情况下，在 2 个覆盖物中找到物品
5u. 能够在没有看到的情况下，在 3 个覆盖物中找到物品（系统地寻找）

○ **教具** 各种各样的覆盖物，各种小到可以藏在你的手里或小盒子里的小玩具/物品

○ **流程**

在桌子上放两个覆盖物。向幼儿展示一个小玩具。用手把玩具盖住，然后将手放在幼儿左边的覆盖物下面。依然把玩具藏在手里，从覆盖物里取出你的手，然后将手放在另一个覆盖物下面并将玩具留在那里。

如果幼儿不寻找玩具，向他演示在每一个覆盖物下面寻找，并说："[玩具]去哪儿了？在这里！"重复以上的程序，改变你藏玩具的地方。

当幼儿能够在有两个覆盖物的情况下找到其中一个下面的玩具后，引入第三个覆盖物，并按照相同的程序执行。变换在覆盖物下放玩具的顺序。例如，在一次尝试中，从左到右；在另一次尝试中，从右到左；在下一次，将玩具放在右边的覆盖物下面，然后放在左边的覆盖物下方，然后将其放在中间的覆盖物下面。

○ **注意**

幼儿看不到你藏玩具，就无法知道它在哪里。这个项目的目的不是让幼儿每次都猜对玩具的位置，而是要让他认识到如果玩具不在其中一个覆盖物下面，它就在另一个下面。通过笑着说"我那是逗你玩儿呢"，让错误成为游戏的一部分。

当存在三个覆盖物时，重要的是幼儿能自己寻找玩具。幼儿揭开覆盖物的顺序并不重要，但每个覆盖物在寻找玩具时应该只被揭开一次。通过这种方式，他不仅要保持对玩具的关注，还必须记住他曾找过的地方。

和幼儿轮流玩，让他把玩具藏起来，你来寻找。建立一个系统的搜索模式，并说："它不在那里，我只是看看那儿，也许就在这里。"

○ **每日常规和功能活动**

当你想让幼儿开心的时候，和幼儿一起玩各种藏东西的游戏。例如，在一只手里放玩具或者饼干，将双手放在背后，然后将它们伸出来。让幼儿打开他认为物品所在的那只手。下一次，将玩具从一只手转移到另一只手中或放在口袋里，看看幼儿如何搜索它。

○ **标准 5t** 至少在三个不同的场合，幼儿在第一个覆盖物下面没有找到物品时，会去第二个覆盖物下面寻找。这应该是在没有成人辅助或鼓励的情况下完成。

○ **标准 5u** 幼儿在至少三种不同的情况下，在三个覆盖物下面系统地寻找物品（揭开每个覆盖物不超过一次）。

5v. 识别熟悉的玩具、人（包括家庭成员和平常的照料者）和地点

○ **教具** 不需要

○ **流程**

在几天里（或治疗期间）使用一套同样的玩具与幼儿互动。选择他喜欢的一个或两个玩具，并将它们放进一堆玩具中。当你坐下来和幼儿玩耍时，让他看看你带来的玩具。注意他是否有迹象能识别出你和他以前玩过的玩具。例如，他可以在探索其他玩具之前立即挑选出这些玩过的玩具玩，或者在拾取其中一个玩具时会开心地大笑。

○ **每日常规和功能活动**

帮助幼儿学会识别熟悉事物的最佳方法是提供一致且可预测的环境。例如，如果幼儿一次只玩几个玩具，或者主要提供照顾的人数相对较少，那么幼儿将会更有效地学习。当有一些新的玩具或者人被引入，或者与一些熟悉的人或者玩具重新相遇的时候，请仔细观察幼儿。注意幼儿能识别人、玩具或地点的迹象。表示识别的迹象可能包括微笑、说出名字、伸手去够一个人或者去一个房间里某个放着特别的玩具的地方，等等。

如果幼儿没有表现出识别熟悉的人或事物的迹象，则努力增强他对环境中的人、地点和物品的注意力。购物时，指向并命名与家里相似的东西。指向并命名你带幼儿所去的地方（例如快餐店，杂货店）。与幼儿一起探索户外活动，谈论你所看到的东西，把东西交给幼儿，帮助他看、感觉、闻并听它们。收起孩子每天玩的玩具。几天后再把它拿出来，并且旁边还放着一两件其他的物品或玩具。观察幼儿的反应。

○ **标准** 幼儿表现出对熟悉的玩具、人和地点的识别。幼儿必须表现出对至少5种不同玩具、人和（或）地点的识别能力，并且不止有一个成年人观察到这些识别能力的迹象。

5w. 识别自己和其他人的衣服、玩具以及个人物品

○ **教具** 不需要

○ **流程**

从幼儿的家中或保育中心收集一些物品，其中一些物品属于幼儿，一些物品属于另外两三个人（例如兄弟姐妹、父母、其他孩子）。告诉幼儿你要将他所有的东西都放在一堆，这些（属于另一个人的）放在另一堆。拿起每个物体然后问："这是你的吗？"或"这是谁的？"如果他没有找到所有者，告诉他这些物品属于谁，并把它放在相应的那一堆里。

其他时间，你可以让幼儿独立地探索这些物品，看看他是否能自发地说出这些玩具是属于谁的。

○ **每日常规和功能活动**

在一天中，重点是确定幼儿所处环境中物品的所有者是谁。重要的是，幼儿要知道某些物品属于家庭或护理团体中的每一个人，而其他物品是属于特定的人。为幼儿穿衣时，谈谈他的衣服。在谈论个人物品的所有权时，你可以教他其他许多基本概念。例如："它们是爸爸的鞋子。看看它们多大啊，再看看你的小鞋子。"或者："苏西的外套是蓝色的，拉汉德拉的是绿色的，你有一件红色的外套。"

通过问问题或提供指示，定期检查幼儿对所有权的理解（例如"请给我爸爸的帽子""把它带到莎拉的房间""你的外套在哪里？"）。通过委婉地暗示幼儿犯了错误来纠正错误，例如："哦！那不是你的外套。那是德里克的外套。你的外套就在那里（指一指）。请把它拿给我。"

你也可以通过"逗弄"幼儿来检验他的知识（例如，你自己穿上他的外套，把你的鞋子给他穿上，把其他有明确所有者的物品混在一起），注意幼儿的反应。如果幼儿没有用笑或做某事来表明他知道这是错的，就说："哎呀，我做了什么？我把约翰尼的外套穿在你身上。让我们把它还给约翰尼。你能帮我找到你的外套吗？"让它成为一个玩笑和有趣的交换游戏。

○ **标准** 幼儿可以认出自己和他人的衣服、玩具和个人物品。也就是说，幼儿应该能够认出至少 8 种不同物品的所有者，其中仅有一半是属于他自己的。

5x. 从通常放物品的位置拿取自己的玩具
5y. 按照要求（手语或者口语）去通常放物品的位置拿取家用（或教学用）物品
5z. 将物品放到正确的位置，并当它们不在正确位置的时候，注意到它们

○ **教具** 不需要

○ **流程**

在熟悉的环境中与幼儿一起玩。让他把他的玩具给你玩。如果他不这样做，带他到玩具所在的地方，帮助他找到它，并把它带回你们一起玩的地方。当他正确地遵照指示行动时，一定要感谢并赞美他。

还要求幼儿为你拿一些熟悉的物品（例如扫帚、簸箕、"清洁海绵"、汽车的盒子）。如果他没有做，请带他去，并辅助他把它带到你们一起玩的地方。

当你们一起完成了活动后，告诉幼儿是时候清理了。观察他在清理时放置玩具或其他物品的位置。如果他把一个物品放在不正确的地方，将其移走，告诉他它不属于那里，并且告诉他它应该被放在哪里，然后把物品还给他，以便他把它放回正确的位置。

始终感谢并赞扬幼儿正确遵循这些指示以及他在犯错后去遵循指示的行为。

○ **每日常规和功能活动**

将幼儿的玩具始终存放在同样位置，并让幼儿协助清理它们。观察幼儿，看看他是否会有意地从

玩具通常放置的位置拿取特定的玩具。例如，幼儿可能正在玩火车头，然后回到他的房间去拿火车车厢，与火车头连接在一起，或者他可能找到了一个积木块，然后去拿取一盒积木，放在一起玩。

整天都让幼儿参与你的活动，特别要鼓励幼儿帮助你完成各种各样的任务，在他够得着的范围内让他帮你拿取物品。如果幼儿没有拿回你要求的物品或表现出很疑惑，请再次提出请求，说出物品的确切位置。如果幼儿仍然没有拿回该物品，请带他一起去找该物品。说一说它的位置，然后让幼儿将其拿到任务地点。当幼儿能够回应你的要求时，表现出开心并对他表示赞赏是很重要的。更重要的是，当幼儿找不到你要求的物品时，你不要变得严厉或消极。通过给孩子额外的指示或与他一起找到物品，然后让他自己带到任务地点，你将促使他获得成就感，并愿意再尝试一次。

同样，让幼儿将物品放回它们所属的位置。根据需要提供辅助，并称赞孩子是你的好帮手。

○ **标准 5x**

幼儿可以自己或根据要求从通常放东西的地点拿取自己的玩具。需要看到三个或更多的玩具，并且应该注意，确定幼儿是想要一个特定的玩具并且知道它在哪里，而不仅仅是任意挑选在手边的东西。

○ **标准 5y**

幼儿在要求（手势或语言）下，每天能从通常放物品的地方拿取家用（或教室）的物品。

○ **标准 5z**

幼儿将物品放在正确的位置。其中应包括大部分属于他的物品以及五六件不属于他的物品。幼儿应该在没有成人辅助的情况下将物品收拾好，但不一定没有成人的要求。

5aa. 独立地唱出诗歌或歌曲的一部分

○ **教具** 不需要

○ **流程**

经常给幼儿读带有动作的诗歌或唱带有动作的歌曲（例如 *The Itsy Bitsy Spider, The Wheels on the Bus, Little Jack Honer, Two Little Blackbirds*）。当幼儿能很好地模仿你的行为之后，在你做歌曲中的动作之前，稍微等一下，看看幼儿在没有示范的情况下是否能做出动作。

○ **每日常规和功能活动**

在你开车的时候，等待医生叫号或做其他事情的时候，可以给孩子唱歌或者念诗，这是一种让幼儿感到快乐的方式。唱歌也是团体护理计划的重要组成部分，幼儿会像学习成人一样互相学习。

○ **标准** 幼儿独立地唱出两首以上的诗歌或歌曲的一部分。成人可以说出或唱出所有歌词，但是幼儿必须在适当的时间做出一个与歌曲里唱的动作相关的近似动作，而不需要成人同时提供示范。

5 bb. 指出藏有玩具的手
（当玩具放在一只手里和当玩具在视线外被转移到另一只手里时）

○ **教具** 几个可以被完全握在手里的小玩具

○ **流程**

给幼儿看一个放在你手中的小玩具。迅速把双手背在身后。然后把手伸出来，让玩具握在相同的手里，然后问："哪只手里有［玩具］？"幼儿指一指后，张开手掌，这样他就可以看出自己是否正确了。如果他不正确，打开另一只手，让他看到玩具。重复这个活动。变换握住玩具的手，这样幼儿就不能一直在同一只手里找到玩具了。

当幼儿经常指向正确的手时，从背后将玩具从一只手转移到另一只手。看看幼儿是否会指向另一只手。如果他没有这样做，向他展示玩具，并重复之前的行为。

让幼儿来藏玩具。请偶尔犯犯错，这样幼儿就可以得到戏弄你的乐趣。

○ **每日常规和功能活动**

当你们俩在商店或类似的环境中排队等候时，玩这个游戏来让幼儿感到快乐。教年龄大的幼儿和幼儿一起玩。

在小组环境中，鼓励多名幼儿一起玩这个游戏。

○ **标准** 幼儿通常会选择那只隐藏玩具的手（当玩具在那里时），当成人将玩具从幼儿的视线外移到另一只手时，他可以找到玩具。

5cc. 识别几本书的封面并命名它们

○ **教具** 9本或10本有着大幅彩色图片的质地结实的故事书

○ **流程**

收集四五本书，包括你经常读给幼儿的书和一些新书。先让他看一看，然后选择他想要你读的那本书。听他说出一些表示熟悉这本书的话（不一定是书的标题，也可以是与内容相关的东西）。如果他看完书后没有自发地命名书籍，请让他找特定的一本书（例如"Where's the book about spot"）。如果他没有找到这本书，请展示给他。

○ **每日常规和功能活动**

每天花时间与幼儿一起看书。让幼儿在两三本书中做出选择，让你读给他听。如果幼儿能坐下不动，请按书阅读；如果他太活跃而不能长时间安坐，请将故事缩短，并使其与图片保持一致。为了维持他的兴趣，请用较活泼的方式阅读。给不同的角色配上不同的声音，或者给不同的动物配音。

把书放在低架子上，以便幼儿可以自己探索书本。观察幼儿的行为，例如开始去找一本特定的书来让你读给他听，引导他说出一些可以识别书籍的话。

○ **标准** 幼儿能寻找书籍，找到喜爱书籍的封面并命名它。他应该能够识别并命名至少 3 本不同的书籍。

5dd. 识别熟悉的标志（如餐厅招牌、交通信号灯、停车标志、食物标签）

○ **教具** 有图片的杂志，图片上有幼儿熟悉的标志，以及食物或果汁容器的标签或部分标签（不是带有内容图片的标签，而是带有文字或标识的标签）。根据孩子的经验，可使用麦圈包装盒或其他麦片盒的上半部分（谷物的名称和盒子的颜色更明显，但不包括一碗谷物的图片）；Kool-Aid 套餐；还有各种果汁、薯条或饼干包装的标签。

○ **流程**

与幼儿一起浏览杂志并且在看见一个有熟悉标志的广告时，询问幼儿"那是什么"。

收集一组幼儿应该熟悉的标签。将它们粘贴到笔记本中，并与他一起翻阅。问每个标签都是什么。如果他不知道，告诉他。当看下次再翻阅这本书时，看他是否会记得。

○ **每日常规和功能活动**

在为幼儿准备零食或一顿饭的时候，请告诉他你正在使用的包装的标签。同样，当你与幼儿一起购物时，向他展示你从货架上取下的东西并告诉他们这些东西的名字。

在一起坐车时，请指出你们经常光顾的商店或快餐店的招牌和停车标志。

观察并聆听当幼儿指向其中一个食物标签或物品标志时，是否会说一些话表示他认识这些标志，无论是说出品牌名称，还是说出他认为与该名称相关联的东西。例如，当幼儿看到拱门时，会因为说出"麦当劳"而得到称赞，但如果他说出"薯条"也会得到称赞。

○ **标准** 幼儿识别并说出 5 种不同的熟悉的标志。

5ee. 辨认（指向）物品或图片，先短暂地呈现，再以 3 个一组的形式呈现
5ff. 辨认（指向）物品或图片，先短暂地呈现，再以 4 个一组的形式呈现

○ **教具** 8—10 对相同的图片（例如，从杂志中剪下的图片、动物卡片、来自记忆游戏的卡片），8—10 对相同的物品。

○ **流程**

与幼儿一起玩游戏，在幼儿面前放置 3 个物品或 3 张图片，然后用一个盒子、一张纸或一块

布盖住它们。然后向幼儿展示一个物体／一张图片，该物品／图片与他面前的 3 个物品／3 张图片中的一个相匹配。拿走此物品／图片，取下他面前 3 个物品／3 张照片的覆盖物，然后问："我们刚刚看到的那个在哪里？"如果幼儿做出了错误的选择，请再次向他展示物品／图片。如果幼儿指向了一个和它很像的物品／图片，再次隐藏它，并让幼儿指出刚刚展示的那个。然后尝试使用一组不同的物品／图片。如果幼儿愿意，可以让他偶尔扮演"老师"的角色。

在刚开始时，可以选择 3 种彼此差异很大的物品／图片（例如，汽车、马和勺子）。然后转为选择相似或相同类别的物品或图片（例如刀、叉和勺子，马、狗和猫），逐渐使任务变得更加困难。

当幼儿在选择 3 个物品／3 张图片的练习中表现良好时，请按照相同的步骤开始使用 4 个物品／4 张图片。

这个游戏也可以由两名幼儿结对玩，让幼儿轮流负责展示要记住的物品／图片和找到物品／图片。

○ **每日常规和功能活动**

每天都要寻找机会，鼓励幼儿记住他所见过的东西（例如"街对面的动物是什么，猫还是狗？"）。或者，如果你带着孩子开车或外出散步，先指出停车标志。当另一个停车标志进入视野时，问幼儿是否可以找到一个像他之前看到的那样的停车标志。

○ **标准 5ee**

幼儿在至少 5 次连续尝试（每次尝试不同物品／图片）中，能从 3 个一组的物品／图片里找出被短暂展示过的物品／图片。

○ **标准 5ff**

幼儿在至少 5 次连续尝试（每次尝试不同物品／图片）中，能从 4 个一组的物品／图片里找出被短暂展示过的物品／图片。

5gg. 短暂地呈现 2 个物品／2 张图片并藏起其中一个，然后命名被藏起来的物品／图片

○ **教具** 一些有趣的物品和图片

○ **流程**

玩一个游戏，短暂地向幼儿展示两个他熟悉的物品或图片，然后将一个物品／一张图片藏在背后、盒子下面或其他在幼儿视线范围外的地方，让另一个留在幼儿的视线范围内，问他"我藏了什么？"

如果他回答不正确，请拿出物品／图片并告诉他："这就是我藏的东西。它是……"然后用另外 2 个物品／2 张图片再试一次。也让幼儿当藏东西的人，让你来说出藏的是什么东西。

这个游戏也可以由一组幼儿轮流藏物品／图片来完成。

○ **每日常规和功能活动**

在一天里寻找机会来考察幼儿对于物品的短时记忆。例如，如果你在购物时遇到一些熟人，请在一分钟过后问幼儿，他刚刚看到了谁。

○ **标准** 让幼儿短暂地看到 2 个物品 /2 张图片，并藏起其中一个后，命名被藏起来的物品 / 图片。他应该能够在几个不同的场合做到，并且很少犯错误。

5hh. 记得偶然的信息（例如"你在动物园看到了什么？"）

○ **教具** 不需要

○ **流程**

与幼儿谈论他正在做什么，或者他曾看到或做过什么，并且总对他说的话保持兴趣。带他去户外散步，并指出沿途看到的东西。回来以后，请他来告诉别人，他看到了什么或发生了什么。当他有困难的时候给予辅助。

○ **每日常规和功能活动**

当幼儿与家长或照料者一起去做某件事时，另一位家长或照料者应该在幼儿回来时询问"你看到了什么？"或"发生了什么事？"。如果幼儿无法回想起他所看到的内容，那么与幼儿在一起的成人应该提出一些引导性的问题（例如"你看到一辆消防车吗？"）。

在小组环境中，为幼儿策划一次短途的实地考察旅行，或邀请其他人向他们展示一些有趣的东西。之后，让幼儿谈谈经历，看看他们能回忆起什么。从非常概括性的问题开始，例如"我们在消防局看到了什么？"，然后提出更具体的问题，以帮助幼儿回忆起更多的经历。

○ **标准** 在至少 3 个场景里，当被问及关于最近发生的概括性问题时，幼儿能回忆并讲述两个或两个以上的物品、事件或经历。

序列 6-1
视觉感知：积木和拼图

这些活动要求幼儿理解和组织有关形状和空间的信息。在学习形状和空间方面的知识时，让幼儿在日常生活中学习如何移动自己的身体去通过空间和绕过障碍物（如家具）是很有帮助的。幼儿通过操作物品和学习如何将物品相互关联可以进一步完善这些知识，并深化形状和空间的概念。培养这些技能，可以为以后发展学业技能奠定基础。数学，特别是几何学，依赖于对形状和空间的良好理解——各个部分可以组合在一起形成整体，不同的形状之间具有不同的关系。阅读和写作需要理解空间是从上到下和从左到右进行组织的。甚至在幼儿学会命名这些概念之前，他们就能学会将书正面朝上放置，并将书页从正面翻到背面。重要的是，经典的幼儿玩具如积木和拼图，应随时供幼儿使用。他们既需要结构化的经验（例如，搭建和组装物品的方式方法），又需要非结构化的探索，他们将在这些探索中提升对空间的掌控能力。可以为他们提供各种拼图和搭建材料，例如，大的纸板箱可用来假装成房屋、火车等。

| 特殊调适 |

有明显运动和视力障碍的幼儿，由于其体验空间的机会有限（例如在物体的下方、上方和周围攀爬），因此可能更难以理解空间的概念。一定要设法帮助这些幼儿实际体验空间，为培养更好的空间感奠定基础。

有运动障碍的幼儿

一些具有严重运动障碍的幼儿无法将形状块放入形状嵌板或形状分类玩具中。带有大把手的形状块，对于有运动障碍的幼儿来说可能更容易操作，或者这些幼儿可以通过目光注视来指出形状块应放入的位置。将形状嵌板或形状分类玩具的开口排成一行，对于他们完成这个序列是有很有帮助的。

带魔术贴的积木可能会对手部和（或）手臂动作控制不良的幼儿有所帮助。此外，可以让幼儿尝试各种尺寸和重量的积木，看看哪些最适合他。

有视力障碍的幼儿

帮助有视力障碍的幼儿感受各种物体。描述物品的形状、大小和材质。使用材质让幼儿感兴趣的物品。对于积木的设计，可黏合在一起的积木可能会有所帮助。

这个序列中的活动非常强调视觉信息，不太适合有严重视力障碍的幼儿，虽然可以通过提供触觉线索来调整活动内容，但是有视力障碍的幼儿很可能年龄较大时才能完成。

有听力障碍的幼儿

对于有听力障碍的幼儿，这些项目不需要调整，因为这些项目依赖于视觉而不是听觉。如有必要，请务必将口头指令和动作示范相结合。

6-I. 视觉感知：积木和拼图

a. 将大圆形放进形状嵌板里

b. 将大正方形放进形状嵌板里

c. 用积木模仿搭一把椅子

d. 当圆形和正方形同时呈现时，将它们放进形状嵌板里

e. 将大三角形放进形状嵌板里

f. 当圆形、三角形、正方形同时呈现时，将它们放进形状嵌板里

g. 完成简单的拼图

h. 将形状块正确地放进形状分类玩具里

i. 将圆形、三角形、正方形放进翻转的形状嵌板里

j. 模仿搭积木火车

k. 将两片式的拼图拼在一起

l. 模仿用积木搭房子

m. 模仿用积木搭桥

n. 将四五块相互关联的拼图块拼在一起

6-Ia. 将大圆形放进形状嵌板里

○ **教具**　大的圆形形状块，带有一个大圆形切口的嵌板

○ **流程**

向幼儿出示嵌板和圆形形状块。让幼儿将形状块放入对应的洞中。如果幼儿做得正确，请称赞他。如果幼儿有困难，向他演示如何放形状块，然后让他试试。必要时，用身体辅助他将形状块放入切口。鼓励幼儿用手指摸圆形形状块和嵌板上的切口。逐渐减少你的辅助。

○ **注意**

如果形状嵌板有多种形状切口可以使用，请只呈现圆形切口，其他形状切口可以在刚开始时用胶条封住，以避免产生混淆。

○ **每日常规和功能活动**

可以在容器的塑料盖上切割圆孔来制作简单的形状盒。让幼儿从圆孔中放进圆球。

○ **标准** 幼儿在几个不同的场合将大圆形放在形状嵌板对应的切口中。反复试错是可以接受的。

6-Ib. 将大正方形放进形状嵌板里

○ **教具** 大的方形形状块，带有一个大正方形切口的嵌板

○ **流程**

向幼儿出示嵌板和大正方形。让幼儿将形状块放入对应的切口中。如果幼儿做得正确，请称赞他。如果幼儿有困难，向他演示如何放形状块，然后让他试试。必要时，身体辅助他将形状块放入切口中。鼓励幼儿用手指触摸正方形形状块和嵌板上的切口。逐渐减少你的辅助。

○ **每日常规和功能活动**

可以在容器的塑料盖上切割正方形来制作简单的形状盒。让幼儿从方孔中放入方形积木。

○ **标准** 幼儿在几个不同的场合将大正方形放在形状嵌板对应的切口中。反复试错是可以接受的。

6-Ic. 用积木模仿搭一把椅子

○ **教具** 6个相同大小的积木（约1英寸），一个小玩偶

○ **流程**

将积木放在幼儿面前。告诉幼儿你打算用积木做一把椅子，取2块积木并堆叠在一起，然后将第3块积木放在堆好的积木前面。告诉幼儿如何使小娃娃坐在椅子上。让幼儿自己为娃娃搭一把椅子。如有必要，多次展示该过程并亲自辅助幼儿。

○ **每日常规和功能活动**

为幼儿准备好积木。搭建其他的积木样式（例如塔、桥），以保持幼儿玩积木的兴趣。该项目的目标是促进运动技能、模仿能力和手眼协调能力的发展。

○ **标准** 孩子在几个不同的场合下，能搭建出一把由3块积木组成的椅子。

6-Id. 当圆形和正方形同时呈现时，将它们放进形状嵌板里

○ **教具**　圆形和方形的形状块，带圆孔和方形孔的嵌板

○ **流程**

向幼儿展示一个有圆形孔和方形孔的嵌板，移除形状块（或让幼儿来做），鼓励幼儿感受形状块和切口的形状，让他把形状块放在切口里。

如果幼儿完成任务有困难，请演示如何操作，然后将形状块放在正确的切口附近，让幼儿再次尝试该任务。如有必要，在身体上引导幼儿的手，将形状块放置在正确的切口中。

○ **每日常规和功能活动**

在低架子上放置一个简单的形状盒子，这样幼儿就可以经常拿它来玩。

○ **标准**　幼儿在几个不同的场合里能将圆形和方形放进嵌板中。反复试错是可以接受的。

6-Ie. 将大三角形放进形状嵌板里

○ **教具**　三角形的形状块，带有一个三角形切口的嵌板

○ **流程**

向幼儿展示一个三角形已经放到相应位置的嵌板，移除形状块（或让幼儿去做），鼓励幼儿感受形状块和切口的形状，告诉他把形状块放在切口里。

如果幼儿完成任务有困难，请示范如何操作，然后将形状块放在正确的切口附近，让幼儿再次尝试该任务。如有必要，在身体上引导幼儿的手，将形状块放置在正确的切口中。

○ **每日常规和功能活动**

在低架子上放置一个简单的形状盒子，这样幼儿就可以经常拿它来玩。

○ **标准**　幼儿在几种不同的场合将三角形放置在嵌板中。反复试错是可以接受的。

6-If. 当圆形、三角形、正方形同时呈现时，将它们放进形状嵌板里

○ **教具**　圆形、方形和三角形的形状块，带有圆形、方形和三角形切口的嵌板

○ **流程**

向幼儿展示一个上面放好了圆形、方形和三角形的嵌板。一次取出一个形状块，然后将它放在相匹配的切口正下方。让幼儿将形状块放回嵌板中。

如果幼儿完成任务有困难，请示范如何操作，然后将形状块放在正确的切口附近，让他再次尝试该任务。必要时，身体引导幼儿的手将物体放置在正确的切口中。逐渐减少你的辅助，夸奖幼儿在没有帮助的情况下放形状块所做出的努力。

在幼儿成功放好形状块后，再将形状块顺序打乱放在他面前，然后让他再把它们放进去。

○ **每日常规和功能活动**

在低架子上放一个简单的形状盒子，这样幼儿就可以轻易地拿到它。具有声音效果的形状分类玩具有助于那些对这类游戏没兴趣的幼儿产生更大的动力。

○ **标准** 幼儿在几种不同的场合正确地将圆形、方形和三角形形状块放进嵌板里。反复试错是可以接受的。

6-Ig. 完成简单的拼图

○ **教具** 大而简单的拼图（有四五个独立的拼图块）

○ **流程**

将完成的拼图放在幼儿面前，把幼儿的注意力吸引到拼图的图片上。当幼儿看的时候，打散拼图，让幼儿把拼图重新拼好。如果幼儿完成任务有困难，请将所有拼图块摆放好，只空出一块，辅助幼儿放入最后一块。当幼儿能够正确放置一块时，空出两块，依此类推。根据需要提供身体提示。需要时，也可以提醒幼儿转动或旋转拼图块。

当幼儿学会完成整个拼图时，换成另一个拼图。当幼儿能成功地完成四五块的拼图后，逐渐换用更复杂的拼图。

○ **注意**

拼图要有各种各样的尺寸，从简单的到困难的。刚开始时，使用有幼儿熟悉的物品图片的拼图和易于操作的拼图块。拼图下有一张匹配的图片，可以为刚开始拼图的幼儿提供有价值的视觉提示。

○ **每日常规和功能活动**

把拼图放在幼儿自己可以轻松拿到的位置。为幼儿提供各种简单的拼图是很重要的，所以一定要不断变换你为幼儿提供的拼图。一旦幼儿掌握了一个拼图，它就不再具有学习的挑战性。在某些社区公共图书馆可能会有幼儿可以玩的拼图。

○ **标准** 幼儿能完成2个不同的简单拼图。反复试错是可以接受的。

6-Ih. 将形状块正确地放进形状分类玩具里

○ **教具**　具有至少 6 种不同形状的形状分类玩具（形状盒或球）

○ **流程**

给幼儿提供形状分类玩具和与之匹配的形状块，让他把形状块放在正确的孔里。如果幼儿完成任务有困难，请示范如何放置形状块，然后让幼儿再次尝试。

如有必要，先用手拿着形状分类玩具来辅助幼儿，这样大多数孔都会被手覆盖，或者把纸张粘在几个孔上。逐渐让幼儿认识更多的形状，并空出更多的孔。

○ **注意**

在可能的情况下，幼儿进行自我纠正是很重要的。在这个阶段，许多幼儿是通过反复试验而不是通过良好的形状区辨能力来完成任务。要在幼儿感到沮丧时提供帮助。

○ **每日常规和功能活动**

将形状分类玩具存放在幼儿可以自己玩的地方。提供两三种不同风格的形状分类玩具，以促进技能的泛化。

○ **标准**　幼儿在几种不同的场合将五六种不同形状块放进形状分类玩具中。反复试错是可以接受的。

6-Ii. 将圆形、三角形、正方形放进翻转的形状嵌板里

○ **教具**　圆形、方形和三角形的形状块，有圆形、方形和三角形切口的形状嵌板

○ **流程**

给幼儿提供一个上面已经放有各种形状块的形状嵌板。每次取出一个形状块，然后将它放在相匹配的切口正下方。将形状嵌板旋转 180 度，并将其放在幼儿的前方（即形状块的上方）。让幼儿将形状块放回形状嵌板中。如果幼儿做不到这一点，请为他示范。鼓励幼儿仔细观察。使用适当的单词来命名。例如，当幼儿拿起圆形时，说："你有一个圆形。把它放在圆形（圆的）孔中。圆孔在哪里？"

○ **每日常规和功能活动**

在低架子上放一个简单的形状盒或拼图，这样幼儿就可以轻松地拿它来玩。

○ **标准**　当把形状板翻转后，幼儿能将圆的、方形的和三角形的形状块放进正确的切口中。反复试错是可以接受的。

6-Ij. 模仿搭积木火车

○ **教具**　10块1英寸的积木

○ **流程**

将10块积木放在幼儿面前的桌子上。告诉幼儿你打算用积木搭一辆小火车。将4块积木对齐，排成一条直线，将第五块积木放在第一块积木的上面。沿着桌子推动你刚刚用积木搭建的小火车，同时发出火车声。然后让幼儿使用其余的积木来搭一个一样的火车。把你的火车放在幼儿的视线范围内，但不要让他触碰到。多次示范这个活动，并在必要时给予幼儿肢体辅助。

○ **每日常规和功能活动**

在游戏时间里，帮助幼儿用大的木制积木或纸板积木来搭建火车以及其他车辆。通过制作和讨论不同大小和长度的火车来强化语言和空间概念。

○ **标准**　幼儿在几个不同的场合能模仿搭一辆火车。

6-Ik. 将两片式的拼图拼在一起

○ **教具**　粘在纸板上的简单图片（一些从对角剪成两半，其他的垂直剪开）

○ **流程**

通过在方形纸板上粘贴清晰、简单的图片来制作几个拼图，每个大约6英寸×6英寸长，然后将纸板垂直或对角地剪成两半（让幼儿帮助你选择并粘贴图片。如果纸板很薄，幼儿可以自己剪开拼图）。将其中一套拼图放在幼儿面前，然后将它们正确地拼在一起。然后，将图片分开，将其中一部分旋转，再让幼儿把拼图拼好。鼓励他专注于要完成的拼图（即"你能修好汽车吗？试着把它重新组合起来"）。

如果幼儿完成任务有困难，向他演示该如何将拼图拼在一起，然后把拼图拆开，让他再做一次。如果他不成功，请尝试将一半拼图拼好，然后让他完成剩下的拼图。如果有需要，可以提供肢体辅助。

○ **每日常规和功能活动**

为幼儿创造定期玩这些拼图的机会。你可以找一些专为幼儿设计的简单的两片式或三片式的拼图，在商店可以买到。

○ **标准**　幼儿能够正确地组合2个不同的两片式拼图。反复试错是可以接受的。

6-Il. 模仿用积木搭房子

○ **教具**　10块1英寸的积木

○ **流程**

将10块积木放在幼儿面前的桌子上，告诉幼儿你打算用积木建造一座建筑物，水平地排好4块积木，并在第二块的顶部放上第五块积木。然后让幼儿用剩下的积木来搭建一个一样的建筑物。让你的建筑物在幼儿的视线范围内，但他够不着。多次示范这个活动并在必要时提供肢体辅助。

○ **每日常规和功能活动**

鼓励幼儿使用各种形状和大小的积木来搭建包括水平和垂直部分的建筑物。

○ **标准**　幼儿能模仿用积木搭一个建筑物。

6-Im. 模仿用积木搭桥

○ **教具**　一些1英寸的积木

○ **流程**

将积木放在幼儿面前的桌子上，告诉幼儿你要用积木搭一座桥。将2块积木放在桌子上，2块之间留有一小段空间。将第3块放在2块积木的顶部，形成一座桥。把铅笔从桥下穿过，引导幼儿注意到下面的空隙，然后让幼儿搭一座一样的桥梁。让你搭的桥在幼儿的视线范围内，但无法触碰。提醒幼儿汽车要能够从桥下穿过，所以他应该在底部2个积木之间留一段空间。多次示范这个活动，并在必要时为幼儿提供肢体辅助。

○ **每日常规和功能活动**

帮助幼儿用大块积木搭建一个由道路和桥组成的网络，让小车玩具能在桥上、桥下和道路上穿梭。

○ **标准**　幼儿模仿搭一座由3块积木组成的桥。

6-In. 将四五块相互关联的拼图块拼在一起

○ **教具**　有着四五块相互关联的拼图块的拼图

○ **流程**

给幼儿一个拼好的拼图。鼓励他观察上面的图片，告诉你那是什么。让幼儿取出上面的拼图块，然后把拼图重新拼好。如果他有困难，可以先拼好一些拼图块，然后让他放最后一两块。如果需要，提醒幼儿转动或旋转拼图块，以便放进去。当幼儿掌握了一个拼图后，让他尝试拼另一个拼图。在转向更复杂的拼图之前，幼儿能成功完成四片式和五片式的拼图。

○ **每日常规和功能活动**

把拼图放在幼儿自己可以轻松拿到的位置。为幼儿提供各种简单的拼图是很重要的，一定要不断变换你为幼儿提供的拼图。一旦幼儿掌握了一个拼图，它就不再具有学习的挑战性。在某些社区公共图书馆可能会有幼儿可以玩的拼图。

○ **标准** 幼儿可以将几个不同的有四到五块相互关联的拼图块的拼图拼好。反复试错是可以接受的。

序列 6-II
视觉感知：配对和分类

在幼儿知道正方形是正方形，圆形是圆形，或者"A"是"A"之前，他们必须能够区分正方形和圆形，以及"A"和"B"，等等。此外，他们必须形成"方形""圆形"和字母"A"的概念，这样大小、颜色或其他特性就不会干扰他们对特定形状的理解。早期玩形状嵌板和简单拼图的经验，可以帮助幼儿发展这些辨别能力和概念技能。最初，幼儿以纯粹的反复试错的方式完成形状嵌板的任务。逐渐地，他们开始注意到积木的形状和孔的形状之间的关系并且能更高效地完成嵌板任务。这些经验为根据视觉特征进行配对、分类和得出结论的能力奠定了基础。本序列之所以与序列 6-I（视觉感知：积木和拼图）分开，是因为本序列中的任务较少依赖运动技能，并且在本质上更依赖于认知技能。

视觉感知序列分为两类，因为有些幼儿在需要大量运动的视觉感知的任务上进步快，而有些在需要少量运动的视觉感知任务上进步快。记录这种差异是非常重要的，因为它可能表明需要特定的干预（例如针对运动计划问题的职业治疗）或需要对幼儿的课程进行修改。

| 特殊调适 |

有运动障碍的幼儿

与完成拼图或积木任务相比，有轻度或中度运动障碍的幼儿通常更容易完成配对和分类任务。对于分类任务，可以通过附加一个大把手来调整材料，让幼儿更容易拾取，或者可以将盒子固定到桌子的边缘，这样幼儿就可以简单地将物品推入盒子而不必拿起物品。

患有严重运动障碍的幼儿可能需要通过明显的指向反应或目光注视来表示哪个图片或物体是正确的配对物，或者在分类任务中表示图片/物体应该被放在哪里。

有视力障碍的幼儿

许多有视力障碍的幼儿除了需要有更明亮的颜色和（或）与背景形成鲜明对比的材料外，无需对项目进行任何改动。然而，患有严重视力障碍的幼儿可能需要学习运用与此序列中包含的特征不同的特征进行匹配和分类。可以通过感受物品来教他们按大小和形状进行分类。他们不太可能按颜色分类，按材质分类会更合适。

有听力障碍的幼儿

对于有听力障碍的幼儿，不需要对这些项目进行调整，因为这些项目都是以视觉为基础的。必要时，请务必将言语指令和动作示范结合起来。

6-II. 视觉感知：配对和分类

a. 按尺寸分类（大和小）
b. 三原色配对
c. 按形状分类
d. 按 2 种特征进行分类

6-IIa. 按尺寸分类（大和小）

○ **教具**　一些相似的但大小明显不同的玩具（例如大型和小型汽车、大型和小型动物）

○ **流程**

当你谈论或向幼儿展示物品时，经常说"大"和"小"。有时候，一起收拾一些玩具时，告诉幼儿你想要他把玩具分成两堆——一堆是大玩具，一堆是小玩具。分别在两个位置放上一个示例。如果这里有一个中等大小的玩具，它可能是一个大号的物品，因为它比最小的玩具大得多；但它也可能是一个小号的物品，因为它比最大的物品小。让幼儿自己决定中号玩具应该放在哪里。

○ **每日常规和功能活动**

当清理或分拣衣物时，请根据尺寸分拣，让幼儿帮忙（例如"爸爸的大袜子放这里，你的小袜子就放那里"）。

○ **标准**　提供范例，让幼儿对大小物品进行分类。

6-IIb. 三原色配对

○ **教具**　三原色的物品或容器

○ **流程**

给幼儿一个红色的容器，里面装满红色的物品（如积木）；一个蓝色的容器，里面装有蓝色的物品。将容器里面的物品倾倒出来并混合。一次一个，将它们放回对应颜色的容器中，每次都要说出颜色名称并将物品放在容器前面，以向幼儿示范如何配对。然后将一个物品拿给幼儿，并观察他会放在哪里。

或者，准备两堆不同颜色的物品（例如一堆蓝色物品和一堆黄色物品）。然后，你拿起另一个物品，按颜色区分，将其放在对应颜色的物品堆中。如果幼儿刚开始能将物品放在正确的堆中，后来出现了错误，就说："哎呀，它会去那里吗？"并帮助幼儿纠正错误。但是，如果幼儿开始随机地将物品放入容器中，先允许他这样做，然后将物品都倒出来，再次示范正确的流程。如果幼儿仍然不按颜色匹配物品，请等到另一天再尝试其他两种原色或黑白色。

当幼儿一次就能轻松地分类两种颜色的物品时，增加第三种颜色。可减少每种颜色的物品数量，以避免让幼儿对太多的物品进行分类。

○ **注意**

色盲的幼儿可能只能匹配黑色和白色或深色和黄色。如果你发现幼儿经过练习能完成这些组合而不是其他任何组合，请继续命名颜色，但不要继续重复此活动。可将幼儿转介给眼科专家。

○ **每日常规和功能活动**

全天与幼儿谈论不同的颜色或物品。指出他穿的是什么颜色。在环境中找到与他所穿衣服的颜色相同的物品，并指出它们是相同的颜色。穿衣服时，向他展示一件特定颜色的衣服，然后让他找一件颜色相同的衬衫。将袜子分成相同颜色的一堆。

○ **标准**　幼儿能多次匹配三原色。

6-IIc. 按形状分类

○ **教具**　几组相同的圆形、方形和三角形（它们的大小和颜色应相同），可以使用这些形状的纸片

○ **流程**

在幼儿面前放一个圆形和一个正方形，再使用第二组形状，向他展示如何配对相同的形状，将形状直接放在配对物的上面。在放的时候说出形状的名称，例如，"这是一个圆形。它就像你的圆形一样，所以我要把它放在上面。"如果你有多个相同形状的物品用来配对，能够帮助幼儿更好地理解这个概念。当幼儿成功配对两个形状时，请尝试第三个。

○ **每日常规和功能活动**

假装你和幼儿一起做饭，把所有的圆形（饼干）都放在一个盘子上，所有的方块（吐司）都放在另一个盘子上，依此类推。

○ **标准**　提供范例，幼儿在几个场合能对3种基本形状进行分类。

6-IId. 按2种特征进行分类

○ **教具**　几组具有2种不同尺寸和3种不同原色的圆形，可以使用圆形纸片

○ **流程**

在幼儿面前放一大一小、颜色不同的两个圆形。用第二组形状块，向他示范如何配对大小和颜色，将形状块直接放在配对物的上面。在考虑放置位置时说出物品的特征。例如，"这是一个大的蓝色圆圈"。在与它不匹配的每个形状块旁边停留一下，并说出它不属于那里的原因（例如"这是一个圆形，但它是一个小圆形，所以它不匹配"）。在示范配对每个形状块后，将形状块一次一个地交给幼儿，然后让他来配对。根据需要提供身体辅助和口头提示。

○ **每日常规和功能活动**

鼓励幼儿以两个特征作为准则来对其他物品进行分类，帮助他按大小和颜色对汽车或毛绒动物进行分类。让幼儿帮忙洗衣服，将所有蓝色大毛巾放一堆，将所有蓝色小毛巾放另一堆。

○ **标准**　提供范例，幼儿在几个不同的场合按2种特征对物品进行分类。

序列 7
对物品的功能性使用和象征游戏

学习以恰当的和社会认可的方式使用物品，可以为解决问题、角色扮演和其他形式的象征游戏的许多方面奠定基础。在8—12个月的发育期内，幼儿从主要基于形状对物品进行分类，发展为基于物品的功能进行分类，这是认知发展的重要一步（Madde, Oates, & Cohen, 1993）。通常，幼儿会花费大量时间操作物品，以了解其属性和潜在用途。

这个序列中的项目，旨在帮助幼儿发展适当的与物品互动的方式，在他们的障碍所造成的任何限制范围内建设性地玩，并从对物品功能的简单理解，转变为一个物品可以代表另一个物品的假想游戏。

虽然对于有运动、视力或听力障碍的幼儿，下面列出了调整的建议，但对于患有多种和（或）严重残疾的幼儿来说，无疑需要进一步的调整。例如，对于一些严重残疾的幼儿，唯一可用的教学模式可能是简单地反复展示恰当的物品使用方式，然后通过突然转变为不恰当的使用方式并观察他们是否有快乐、惊讶或沮丧的迹象，来确定掌握的情况。特别重要的是，要记下教授和评估这些幼儿所做的努力，因为"阅读"这些幼儿的信号很困难。然而，他们的理解能力往往被低估了，良好的记录可能是其能力的最佳证据。

| 特殊调适 |

有运动障碍的幼儿

与有运动障碍的幼儿一起工作时，请务必咨询物理或职业治疗师，以帮助确定幼儿动作的最佳姿势，以便他能最好地使用他的手，并根据幼儿的运动能力选择能够产生效果的玩具。对于患有严重运动障碍的幼儿，可能需要更多准备（例如，放松练习）和（或）身体辅助来与物品互动。

如果幼儿的运动障碍太严重以至于无法拿起玩具进行不同的活动，那么可以尝试通过示范来教授幼儿物品的功能。例如，捏3个能发出响声的玩具，然后尝试去捏一个玩具摇铃，对它没有发出吱吱声表示惊讶，并说："我还能对它做什么？我想我能摇动它。"当你和幼儿一起玩时，谈论玩具的特点，不管你是否认为幼儿能理解。当你错误地使用玩具时，寻找幼儿惊喜或愉悦的迹象——这会让你知道幼儿理解如何正确地使用。

有视力障碍的幼儿

为有视力障碍的幼儿选择在颜色、亮度、形状和（或）质感方面具有高对比度的玩具。此外，选择当幼儿正确使用时会产生不同声响的玩具（例如摇动时叮铃响的铃铛，推动时叮当响的汽车，滚动时鸣响的球）。闭上眼睛并自己探索玩具，可以帮助你为视障幼儿确定最合适的玩具。

让有严重视力障碍的幼儿感知物品并体验物品的功能，可以帮助他们"看见"。例如，帮助幼儿用他的一只手找到桌上的碗，用另一只手找到勺子。谈论物品（它们是什么）及其功能（例如"我们需要将勺子放入碗中，以便取出食物"）。引导孩子用手拿着勺子放进碗里，并帮助孩子进食。之后，给幼儿一个空碗和一把勺子，帮助他找到这两个物品并观察幼儿会做什么。

虽然这样做需要花费更多时间，但请务必将这个活动纳入孩子的日常活动中。谈谈你正在做什么，并在必要时手把手辅助孩子亲自体验。

有听力障碍的幼儿

为了让有听力障碍的幼儿听到有声响的玩具，请确保玩具声音足够响亮。当用它们进行不同的活动时，寻找能制造不同视觉效果的玩具（例如婴儿床、组合式玩具盒）。如果有听力障碍的孩子正在同时学习手语和口语，请在与他们玩假装游戏时，尝试用玩偶、木偶或动物做出简单的手语（例如，当你说"这只熊很饿"时，把熊掌移到嘴边）。

7. 对物品的功能性使用和象征游戏

a. 将手移向嘴巴

b. 用嘴巴探索物品

c. 玩（如摇晃、敲）手中的玩具

d. 对一个物品能够展示出 4 个或以上不同的游戏方式

e. 在一组相似的玩具中，对不同的玩具有不同的反应

f. 恰当地使用具有明显不同特性的玩具

g. 按照功能关系组合两个物品

h. 摆对教具的方向

i. 通过看、拍、指向或翻来使用书本（可能被用作一个连接）

j. 自发地玩各种物品和展示它们的功能

k. 探索不熟悉的物品来确定它们的功能

l. 在支持下自发地参与成人的活动

m. 参与成人的角色扮演

n. 假装物品是其他的东西

o. 与娃娃或动物交谈和（或）使它们彼此互动

p. 在想象游戏中扮演不同的角色

q. 在游戏中展现更加复杂的事件

r. 在游戏中为不同的人使用不同的声音

7a. 将手移向嘴巴

○ **教具** 幼儿喜欢吃的黏性食品（如牛奶、米糊）

○ **流程**

注意从手到嘴的动作。动作可能已经自发地发生，如果它没有发生或很少发生（例如每天三四次），在幼儿的手背上（例如，食指下方的指关节，以及其他幼儿容易吸到食物的地名）放一些甜的或好吃的东西。轻轻抓住幼儿的肘部，将幼儿的手移到嘴边，直到幼儿有机会去品尝手背上的食物。以温柔的语气与幼儿交谈。

松开幼儿的肘部，将更多的甜味食品放在他手上，然后观察。如果幼儿没有将手伸到嘴边，请多次重复上述步骤，尽可能给予最少的辅助。

○ **每日常规和功能活动**

全天观察幼儿从手到嘴的运动。如果幼儿的肌肉太紧绷，试着让他放松，帮助他把手伸到嘴边。在一天中多次帮助他。

○ **注意**

一旦建立了从手到嘴的动作，就应该引入玩具并鼓励他尝试其他活动。从手到嘴的活动是身体意识和探索的重要组成部分，但如果不进行更高级的行为调整，可能会成为有障碍幼儿的强烈的自我刺激行为。

有些幼儿会出现咬合反射，并咬紧任何接触牙齿的东西。如果幼儿表现出这种行为，请不要做这个项目。向语言病理学家、物理治疗师或职业治疗师寻求对这个项目的帮助。

在喂食之前或当幼儿变得烦躁并且你抱着他时，做这项活动可能会有所帮助。舔手通常是幼儿自我安慰的源泉。

○ **标准** 幼儿经常自发地将手移到嘴边。

7b. 用嘴巴探索物品

○ **教具** 适合握住和放进嘴里的各种小物件（例如磨牙玩具、摇铃，这些物体的质地、温度和味道可能会有所不同，以增加幼儿咬住它的可能性）

○ **流程**

将玩具放在幼儿的手中并观察。如果幼儿在一定的时间内没有将其放进嘴里，请轻轻抓住幼儿的肘部并引导他的手向他的嘴移动。

如果幼儿拒绝一种玩具，请尝试其他不同的玩具。当你试图帮助幼儿用嘴探索物品时，用温柔的声音对他说话。

如果幼儿放下玩具并把手伸进嘴里，请尝试使用其他玩具来观察是不是更适合幼儿抓握。或者通过身体辅助，将手放在幼儿的手上并引导他把玩具放进嘴里。

○ **每日常规和功能活动**

每当你将幼儿抱在膝盖上时，将物品放在他的手中，如果他没有自发地把物品放进嘴里，请帮助他这样做。

○ **注意**

嘴通常是婴儿探索物体属性的首选方式，使用口腔也有助于幼儿发展口腔运动技能。然而，有障碍的幼儿可能会在这个发展水平上"陷入困境"。一旦幼儿能够轻松地吮吸玩具，请务必继续按此顺序继续下一个项目。

仔细观察幼儿。一些异常的行为可能需要专家（例如职业或物理治疗师）的帮助。例如以下情况，你可能需要咨询专家：

- 幼儿将物品放到嘴边，但是当物品靠近他的脸时，手突然缩回，他通常会扔掉物品；
- 当幼儿转头去看物品的时候，扔掉物品并伸展手臂远离身体。

○ **标准** 当有物品放在幼儿的手中时，他会用嘴探索大多数物品。

7c. 玩（如摇晃、敲）手中的玩具

○ **教具** 各种能在摇动或落下时产生声音或视觉效果的小玩具

○ **流程**

在幼儿面前握住拨浪鼓或铃铛并摇动。如果幼儿没有自发地拿起它们，请将它们放在他手中。

如果幼儿没有试图摇动玩具，请将你的手放在他的手上，帮助他摇动玩具，然后松开幼儿的手。如果他仍然没有试图摇动玩具，可以通过控制他的肘部摇晃手臂来辅助他。照这样使用其他的玩具。

另外，尝试敲击桌子或其他放在桌面上的物品以产生声响。如有必要，身体辅助幼儿敲击物体。

○ **每日常规和功能活动**

整天（例如当幼儿躺在婴儿床上，坐在地板上或坐在秋千、椅子上时）多次给幼儿摇铃或者拨浪鼓。如果他没有自发地摇动物品，身体辅助他去做这件事。

○ **标准** 幼儿能自发地摇晃或敲打几种不同的玩具。

7d. 对一个物品能够展示出 4 个或以上不同的游戏方式

○ **教具** 各种小型玩具，用来强化特殊行为（例如轻拍时吱吱作响的玩具，可以摇晃或挥动的摇铃，材质适合摩擦的玩具，撞击时发出声响的硬玩具，击中表面时没有声响的软玩具，在推动时滚动的球或有轮子的玩具）

○ **流程**

每次给幼儿呈现一个玩具，并观察他对每个玩具做了些什么。如果幼儿拿玩具仅进行一次或两次活动（例如仅仅是咬和晃动），则展示另一种玩法，并且身体辅助幼儿去玩这个玩具（例如挥动、轻拍、敲、推动）。

○ **每日常规和功能活动**

将各种玩具放在你照顾幼儿的房子或房间的不同位置。当他换纸尿裤的时候，吃饭后舒服地安静坐着的时候，或者当他躺在地板上或婴儿围栏里的时候，给他玩具玩。观察他对不同类型玩具的反应。向他展示他可以用玩具做的不同事情。如果他不自发地做出这些行为，请在身体上辅助他。

○ **标准** 幼儿在一天中自发地用玩具进行 4 种不同的活动（例如咬、摇晃、敲打、拍打、摩擦、故意推、投掷、扔下）。

7e. 在一组相似的玩具中，对不同的玩具有不同的反应

○ **教具** 一些玩具和安全的家居用品（如塑料或金属盖）

○ **流程**

选择一组三个或四个相似的物品（例如积木）和一个不同的物品（例如球）。将物品交给幼儿，观察他玩 2—3 分钟。当幼儿玩不同的玩具时，请观察他动作的变化。例如，幼儿可能总是从摇动玩具开始探索。当积木和球没有发出声响时，他可能去尝试其他动作，如敲打。当球击中桌子而没有发出声响时，他可能会尝试其他动作，或者只是花更多时间试验或感受不同的玩具。

如果幼儿没有对玩具的差异作出反应，你可以给他示范用玩具都能做些什么，并与幼儿谈论它们。

○ **每日常规和功能活动**

在准备餐食的时候，可以在厨房里放一盒不同的盖子来让幼儿玩，这是观察幼儿探索物品差异的一种简单方法。金属盖子、塑料罐盖和塑料食品容器的盖子外观、触觉都不同，并且在掉落时会发出不同的声音。

○ **标准** 当成人展示玩具或幼儿独立探索物品时，幼儿对几组物品中的不同物品有不同的反应。

7f. 恰当地使用具有明显不同特性的玩具

○ **教具** 一些通常会引起不同反应的玩具（例如可以拍打或挤压的吱吱作响的玩具，可以滚动的球，各种形状和材质的玩具，可以摇动的摇铃和铃铛，可以推动的汽车，可以看的镜子）

○ **流程**

每次向幼儿展示一个玩具，只要他对玩具感兴趣就让他玩。尝试按顺序以最大的差异来呈现玩具（例如，展示挤压的玩具之后，展示一面小镜子或者汽车）。注意幼儿对每个玩具都做些什么。

如果幼儿在更换玩具时没有改变玩法，请先示范适当的玩法，再将玩具交给他如果他不能模仿，请提供适当的身体辅助。

○ **每日常规和功能活动**

确保在幼儿的触及范围或探索范围内有各种有趣的玩具。在你没有直接与幼儿互动的时候，观察他的游戏方式，看看他是否对特征明显不同的玩具做了不同的动作。

○ **注意**

尽管提供各种各样的玩具很重要，但在幼儿玩耍的任何一个区域都不应该有太多玩具。将幼儿周围的玩具数量限制在一次不超过5个。玩具太多往往会让幼儿分心，使他难以注意到其中任何一个。

○ **标准** 幼儿能用最熟悉的玩具进行适当的活动（或者，如果他有严重的运动障碍，他可以表明自己对如何正确玩玩具的理解）。

7g. 按照功能关系组合两个物品

○ **教具** 一些幼儿熟悉的、具有功能关系的物品（例如勺子和碗，叉子和盘子，积木和用来放积木的容器，"钉板"和锤子，木钉和"甜甜圈积木"）

○ **流程**

向幼儿展示两个具有某种功能关系的物品。观察幼儿，如果他没有以某种功能性的方式自发地组合物品，那就演示给他看。如有必要，请使用身体辅助。对其他的物品也尝试以相同的程序进行。

○ **每日常规和功能活动**

在房间周围或在游戏区放几个盒子，盒子里放有功能相关的物品。当你在进行自己的日常活动时，将它们交给幼儿进行探索。请注意幼儿是否将物品以他们所理解的功能进行组合。

○ **标准** 幼儿自发地适当地组合几组物品，组合应该包含不同类别的物品。例如，如果幼儿只是将许多不同类别的物品放入不同的容器中，这仍然只是组合对象的一个例子。幼儿必须展示出一种或两种涉及到类别功能组合的方式。

7h. 摆对教具的方向
（如，将杯子杯口朝上放置，将汽车轮子朝下放置）

○ **教具** 各种容器、小汽车和其他需要以特定方向放置的玩具，以便幼儿以通常的方式使用

○ **流程**

在幼儿面前放几辆小车和两三个杯子。有一个杯子和一个小车放置在正确的方向，将其他小车和杯子倒置或侧放，观察幼儿的行为。如果他没有摆对方向，指向一个并说"那不对，它需要这样"（摆成正确的方向）；指向另一个并说"那个也不对。你可以改正它吗？"用另一组玩具重复这个过程。

○ **每日常规和功能活动**

大多数幼儿只需观察物品的使用方式即可学到物品正确的放置方向。例如，照料者将杯子直立地放在桌子上，然后倒入牛奶。然而，一些有障碍的幼儿可能不太关注这些事，去强调这些事情很重要，是为了让这些幼儿学习物品的方向与其功能之间的关系，为了强调这一点，将杯子或玻璃杯倒置在桌子上，假装要将液体倒入，停下来说："哎呀，这样是不行的。让我们把它翻过来。"把它翻过来然后倒入牛奶。或者，展示倒置的容器（例如罐子、杯子）以及一些积木。如果幼儿没有将容器翻过来，将积木放入其中，请帮他这样做并把积木放进去。

○ **标准** 在几天里，幼儿在没有成人帮助的情况下能正确地摆放至少2个不同的物品。

7i. 通过看、拍、指向或翻来使用书本（可能被用作一个连接）

○ **教具** 硬纸图画书

○ **流程**

将幼儿抱在膝盖上并给他读书（即，将书放在他面前，谈论你所看到的内容，指向图片，翻页，等等）。抬起页面的一角，鼓励幼儿来翻它。

让幼儿拿着书，看看他用它做什么。他是否会做任何通常使用书的动作，他是否能往回翻一页（或者翻到封面）和往前翻（连续动作），轻拍书，指向书，或者在看书时发出声音。经常重复此活动。

○ **每日常规和功能活动**

每天应该花一些时间抱着幼儿，和他一起看书。布书或有立体图画的书籍特别适合幼儿，因为撕不开。

○ **注意**

幼儿经常倒着看书。你只有在想给幼儿读书的时候，才能把书直立起来，否则不要纠正他。在这个发展阶段，对于幼儿来说，图片是正面朝上还是颠倒过来，都是无关紧要的。

○ **标准** 幼儿拿着一本书，轻拍它，指向它，将它作为一个连接来操控，发出声音，或做另一个与看书密切相关的活动。这种行为应该发生在不同的几天里。

7j. 自发地玩各种物品和展示它们的功能
7k. 探索不熟悉的物品来确定它们的功能

○ **教具** 一些功能不同的物品（例如梳子、毛巾、吱吱作响的玩具、杯子、勺子、玩偶、口哨、可以拉的玩具）

○ **流程**

向幼儿呈现三到四个熟悉的物品，并观察他对每个物品所做的事情。如果幼儿没有将该物体用于正确的用途，就对他说"我们还能用它做什么？"然后向幼儿示范适当的使用方法，并鼓励幼儿模仿。例如，如果他用梳子敲桌子，请向他演示如何梳自己的和娃娃的头发。

向幼儿展示一个新的物品，并观察他会做什么，他是否会探索用物品来做不同的事情。例如，如果物品连着一个绳子，他可能会拉它，操作可以移动的部分，或者将他的手移到上面去感受它，然后他决定采取一些"有效"的行动并重复。他是否会将物品交给你，表明他希望你告诉他这个物品如何运作的？如果是，向他演示物品的功能。

○ **每日常规和功能活动**

全天观察幼儿玩玩具，注意他是否根据功能玩玩具。还要注意他如何探索新的玩具，比如他在探索环境时看到的新玩具或家居用品（电视遥控器是探索中的幼儿容易去捡起来的物品之一）。

○ **标准7j** 幼儿自发地玩各种物品，展现它们的功能。

○ **标准7k** 在几个不同的场合，当出现一个不熟悉的物品时，幼儿会尝试去确认它的功能或者寻求示范。

71. 在支持下自发地参与成人的活动
7m. 参与成人的角色扮演

○ **教具** 通常放在家中或在教室中"假扮游戏"区域的物品（例如适合幼儿使用的扫帚、拖把、成人的帽子、镜子、防尘布、游戏屋、玩偶、玩具动物、游戏电话、旧钱包）

○ **流程**

在物品中选出五六个成人演示过的物品，将它们随机放置在你将与幼儿互动的小区域周围。当他探索物品时，与他交谈，并观察他对它们做了什么。他会像之前看到的成人那样使用道具吗？如果没有，请向他示范如何使用每一个物品。稍后使用不同的道具尝试相同的练习。

当幼儿玩道具时，试着让他参与一些假扮游戏。例如，玩具电话响起，接听电话，然后说："这是［幼儿知道的某人的名字］。他想跟你说话。"把电话交给幼儿，然后观察他做了什么。他是否能接过听筒表现得像要进行对话一样？如果你已经放置了一些玩具餐具，建议他给你做一顿"晚餐"。观察他是否能做出两步或三步的例行程序，例如拿一个盘子，假装舀上一些东西，并把它递给你。

○ **每日常规和功能活动**

当你开始日常活动时，请谈谈你正在做的事情，并让幼儿有机会尝试。例如，如果你正在扫地，请谈谈怎样扫除污垢，向幼儿示范一堆一堆的垃圾，并讨论如何清理。给幼儿一把小扫帚，这样他就可以和你一起"扫除"了。或者，如果你正在使用锤子制作东西，给幼儿一把小锤子或木槌和一块木头，这样他就可以假装在锤东西。或者，让幼儿帮助你清理溢出物，方法是当你在使用一块抹布的时候，交给他另一块。

让幼儿玩安全的材料或那些材料的玩具复制品（例如工具、锅、平底锅、餐具、玩具电话）。如果他没有自发地使用这些物品进行假扮游戏，进行示范，并将材料交给他，让他来模仿你，以此鼓励他进行活动（例如，假装从瓶子里倒一些东西到一个平底锅中，用玩具锤子敲一下木头，用电话交谈）。

观察幼儿的自发游戏。虽然你没有要求，但是当有什么东西从容器中溢出时，幼儿是否会尝试清理？他是否会从储藏室中取出扫帚并试图清扫？他是否会拥抱娃娃或毛绒玩具？如果这些活动很少或从未发生过，请选择一个物品，并向幼儿示范怎么玩，提供肢体帮助。观察该活动在当天晚些时候或未来几天内是否再次发生。其他物品也重复此流程。

○ **标准 7l** 幼儿自发地用道具进行几次成人的活动。也就是说，幼儿在没有看到成人做同样活动的情况下自发地进行活动。应能在不同的时间里观察到该活动发生。

○ **标准 7m** 在几种情境下，幼儿参与更高级的成人角色扮演，例如通过电话交谈（即交替扮演听和说的角色，说"再见"），假装给几个人布置餐桌，或者尝试通过用螺丝刀拧螺丝来试图修理某些东西。

7n. 假装物品是其他的东西

○ **教具** 玩具餐具、积木、珠子、橡皮泥、沙盒或沙盘

○ **流程**

为幼儿提供那些可以促进他进行假装游戏的教具。为幼儿示范假装游戏，例如，帮助幼儿用橡皮泥制作汉堡包、热狗或饼干，然后假装吃它们。在幼儿的手中放一块橡皮泥，告诉他这是一块饼干，请幼儿把它带到熊先生那里。因为熊先生饿了，拿积木围一个圆圈，将它命名为栅栏，并将一些玩具动物放入其中。

逐渐减少你的建议，并注意幼儿如何开始他的假装游戏，由他来主导游戏。

○ **每日常规和功能活动**

回应幼儿全天参与假装游戏的尝试。如果他给你一块橡皮泥饼，假装吃它。如果他把双腿放在扫帚上或长柄拉推玩具上并开始跑，问他是否在骑马。

○ **标准** 在不同的情境下，幼儿在没有成人的建议下假装一个物品是其他东西。

7o. 与娃娃或动物交谈和（或）使它们彼此互动

○ **教具** 各种激发想象游戏的玩具（例如玩偶、娃娃床、瓶子、小碟子、小汽车、卡车、玩具动物、木偶、娃娃服装）

○ **流程**

在每只手上放一个木偶，让木偶互相交谈（或者让两只毛绒动物"站"起来，给他们设计一个简短的对话，例如"你好，熊先生，你想吃什么晚餐？""我想要一些冰激凌""好的，让我给你一些"）。然后，给幼儿一个木偶或动物，并试着让他和你在一起玩的时候给玩具配音。

尝试给幼儿两只动物或木偶。观察他是否会让两者互动以及与你拥有的动物互动。

○ **每日常规和功能活动**

经常和孩子一起玩假装游戏。拥抱和亲吻婴儿娃娃或玩具动物，乘坐汽车或卡车，为它们配音，等等。鼓励幼儿参与（例如"可怜的熊饿了，你可以给它喂一些晚餐吗？""哦，亲爱的，熊跌倒了，它在哭呢，呜呜"）。

当你有时间投入到游戏中时，假装游戏是与幼儿玩耍的好方法，但是当你忙着做其他事情时，这也是让幼儿自己娱乐的好方法。你可以鼓励幼儿在旅途中带上娃娃或动物，并说"带上一个很孤单，他需要一些陪伴"等等。

观察幼儿自发进行想象游戏，在游戏中他与动物或玩偶交谈，或者让动物或玩偶互相交流。

○ **注意**

有些成人对玩娃娃的小男孩感到不舒服。如果正在与你合作的家庭是这样，鼓励孩子家人在假装游戏中使用填充动物或男性角色的人物。想象游戏通常从模仿成人的行为开始，也包括他们与幼儿互动和彼此互动的方式。

○ **标准**　在几种情境中，幼儿自发地参与富有想象力的游戏，在此期间他与玩具动物或玩偶交谈，或者让动物/玩偶互相交流（动物互相打斗也是常见的幼儿幻想游戏）。

7p. 在想象游戏中扮演不同的角色
7q. 在游戏中展现更加复杂的事件

○ **教具**　玩偶、填充动物、货车或其他有轮子的玩具、空食品盒、玩具餐具，铅笔和纸、一些旧的鞋子和帽子或其他幼儿玩的物品

○ **流程**

与幼儿一起玩，示范不同的角色。例如，你假装是一个婴儿，让幼儿喂你或以其他方式照顾你。你也可以建议幼儿假装另一个不同的角色（例如，"让我们假装你是妈妈，然后你去上班。你需要什么？"）。

如果幼儿邀请你加入，通过为幼儿示范来促进更复杂的想象游戏（例如，如果幼儿过来并且说他正在购物，你则扮演店主的角色）。偶尔提出建议，而不是为幼儿实际构建游戏（例如"这只熊伤了腿，它需要医生"或"我看到你拿了购物车，你今天要去购物吗？"）。

○ **每日常规和功能活动**

当幼儿试图让你参与时，参与他的假装游戏。当其他幼儿在场时，鼓励他们一起用装扮服装和玩具玩假装游戏。如果幼儿没有自发地扮演角色，那就提出一些建议（"谁想当妈妈？谁想当爸爸？"）。

○ **标准 7p**　幼儿扮演至少 3 个不同的角色。可以是自发的，也可以是响应其他人的建议，

但是幼儿必须通过使用不同的道具或不同的行为，来表明他对每个角色的理解。（例如，学婴儿吮吸奶瓶或者哭泣，学爸爸带上帽子，学医生使用听诊器）。

○ **标准 7q**　在至少三种情况下，幼儿自发地表现出想象游戏中的复杂事件（例如扮演角色并遵循一系列活动。例如先假装烹饪然后用餐；使用四轮车作为购物车，假装买食物，把食物带回家，然后把它放起来；如果小货车坏了，假装一个积木是一种工具，修理火车，然后让它再次运行）。

7r. 在游戏中为不同的人使用不同的声音

○ **教具**　玩偶、木偶、填充动物或其他促进角色扮演的玩具

○ **流程**

当你与幼儿进行假装游戏时，请为你假装的每个角色配上不同的声音。例如，当你假装是一个宝宝时，使用高音调的声音和"儿语"，当你假装是爸爸时，使用低音调的声音，如果你学狮子说话，请大声咆哮。

听一听幼儿在扮演不同的角色时，有没有在变换声音。

○ **每日常规和功能活动**

当你给幼儿读书时，请给不同的人物配上不同的声音。当幼儿熟悉故事后，让他看着图片讲给你听。听听幼儿是否也会为不同的角色配上不同的声音。

观察幼儿在自发游戏和看书时，是否会给不同的角色配上不同的声音？

○ **标准**　在不同的情境中，幼儿多次改变他的声音来表现木偶、玩偶或故事中的角色。

| 参考文献 |

Madde, K.L., Oates, L.M., & Cohen, L.B. (1993). Developmental changes in infants' attention to function and form function correlations. *Cognitive Development*, 8, 189–209.

序列 8
问题解决 / 推理

婴儿被恰当地称为"婴儿床中的科学家"（Gopnik，Meltzoff，& Kuhl，1999）。婴儿天生就渴望了解、体验和掌控每天遇到的问题。他们通过自己的行动积累解决具体问题的经验，为以后形成对于自身和社会事件的语言假设以及推理能力奠定基础。此外，成功解决问题的经验对于培养能力感和保持学习动机也至关重要（Hauser-Cram & Shonkoff，1995）。

这个序列的目的是帮助幼儿了解他们的世界，对世界产生好奇，观察他们对周围环境的影响，并且随着语言的出现，能够与成人讨论自己的理解和结论。另一个目标是帮助幼儿在理解周围世界的过程中培养自信和愉悦。

探索和操作环境困难的幼儿可能需要额外的帮助和练习，不仅要让他们找到问题的解决方案，还要保持他们解决问题的动力。每当幼儿掌握解决问题的方法时，对掌控感的渴望就会得到强化，然后他就会有信心去解决下一个困难的任务。重要的是，成人应给予足够的帮助，以避免幼儿反复经历失败；然而，同样重要的是，成人不能过快地帮助幼儿解决问题，这会影响幼儿对于经验的掌握。

| 特殊调适 |

有运动障碍的幼儿

在可能的范围内，调整教具以适应运动障碍幼儿的能力。例如，如果在绳子的一头上系上一个圆环、线轴或任何幼儿可以抓握的物品，那么幼儿可能更容易拾取绳子。你应该咨询幼儿的物理和（或）职业治疗师，以获取如何最大限度地提高幼儿与环境的相互作用的建议。

当有运动障碍的幼儿遇到问题时，试着想一想幼儿用他的特定能力去解决问题的方法，而不是试图教幼儿以传统的方式解决问题。你应该为幼儿示范解决问题的方法。

在为严重运动障碍的幼儿设计任务时要有创造力，这样任务才能具有挑战性但不会超出幼儿的运动能力范围。对于患有严重运动障碍的幼儿，至关重要的是，寻找任何可以使他自愿参与的行为。然后，这些行为既可用于向成人发出信号、寻求帮助，也可用于激活玩具或其他物品（如有必要，可使用电子开关）。

我们发现，幼儿第一次认识到他控制着正在发生的事情时，通常会表现得很愉快，这证明了为了让幼儿达到这一点所做的一切努力都是必要的。此外，这也会成为幼儿学会使用沟通板和其他设备的基础。

将患有运动障碍的幼儿介绍给会解决问题的其他幼儿。谈谈其他幼儿在做什么。鼓励其他幼儿将玩具放在患有运动障碍的幼儿面前，并向他展示玩具的操作方式。

有视力障碍的幼儿

为有视力障碍的幼儿选择教具，让这些幼儿充分运用残余的视力、触觉和运动能力，但我们也会提供足够的声音或其他效果以保持他们的兴趣。

可能有必要教导有视力障碍的幼儿用手来探索物品并使用他们剩余的视力。同样，你应该帮助幼儿学习使用触觉信息来识别障碍（例如门、家具，他们在寻找玩具或从一个地方移动到另一个地方时遇到的其他物品）以及跨过它们的方法。根据需要提供手把手地帮助和语言反馈。有视力障碍的幼儿比起视力好的幼儿可能更多地需要依赖关于空间物品位置的语言提示。

帮助有视力障碍的幼儿在家里或者团体照料的环境中学会解决问题，可提供一些具有很好功能性的活动去替代此序列中包含的某些项目，例如项目 8j、8m、8n 和 8o。所有这些项目都需要视觉空间技能，并且对于有严重视力障碍的幼儿不具备功能性。学习使用听觉和触觉线索来解决空间问题更具有功能性，例如定位和越过楼梯和门，坐到家具上或玩游乐设备以及打开容器。

有听力障碍的幼儿

对于有听力障碍的幼儿，选择的玩具要有视觉上的趣味性和能够制造出很大的声音，此外不需要进行任何调整。

8. 问题解决 / 推理

a. 将注意力（即视觉注视、身体定向）从一个物品转移到另一个物品

b. 寻找或触摸在视线范围内接触到身体的物品

c. 重复产生有趣结果的活动

d. 把玩具拿在手里玩

e. 坚持努力获得一个物品或创造效果

f. 重复动作，引起别人的有趣反应

g. 在视线范围内寻找或向掉落时产生声响的物品伸手

h. 寻找或伸手朝向远离视线的物品

i. 看向或者朝一个物品掉落、滚动或反弹到新位置的方向移动

j. 克服障碍获取玩具

k. 玩各种玩具来产生效果

l. 当玩具停止工作或尝试用其他方式来使玩具工作时，增加玩玩具的常规活动率

m. 当玩具从容器顶部的孔中掉进去后，能从容器中取出玩具

n. 从障碍物后面拿到物品

o. 拉动绳子，从障碍物后面获取物品
p. 围绕一个障碍物移动自己以获得物品
q. 利用成人来解决问题
r. 无需成人帮助即可解决简单问题
s. 按照要求从另一个房间经常放物品的位置拿回熟悉的物品
t. 将物品放在正确的位置
u. 使用工具解决问题（例如用棍子够东西、用凳子垫高）
v. 独立玩需要按按钮、拉线和（或）操作开关以获得效果的玩具
w. 在玩的时候体验原因和结果
x. 独立地嵌套 4 个容器，或堆叠尺寸渐进的套环或积木
y. 没有产生预期效果时，评论某些东西不起作用
z. 独立地探索物品以确定其功能和（或）向其他人展示它们的运作方式
aa. 正确回答至少一个"为什么这样做"的问题（例如"为什么我们要打伞？"）

8a. 将注意力（即视觉注视、身体定向）从一个物品转移到另一个物品

○ **教具** 各种颜色鲜艳、形状和材质不同的玩具，包括一些能产生声响的玩具

○ **流程**

在幼儿的眼睛水平的位置展示一个玩具，将其保持在距离他的脸部大约 10—14 英寸的位置，并在中线左侧或右侧 6—8 英寸处。当幼儿的注意力集中在物品上时，在另一侧的相同位置呈现第二个物品。交替摇动或扭动两个物品 20 秒。

观察幼儿是否会将注意力从一个物品转移到另一个物品（通过前后移动眼睛或左右移动头部）来表示。

当幼儿未能将注意力在两个物品中转换时，在每次尝试之后执行以下一项或多项活动，直到得到回应为止：

- 交替移动物品进入视觉的中线位置并靠近幼儿，以吸引他的注意力，然后将它们移回原位，并尝试一个接一个地吸引他们的注意力；
- 在幼儿的任意一侧展示一件物品，当你在展示另一个的时候，移走之前的那个。

○ **注意**

经常更换玩具以保持幼儿的兴趣。记下幼儿喜欢的玩具，用这些玩具作为教学的首选。

○ **每日常规和功能活动**

在更换纸尿裤期间，或在我们经常与幼儿一起玩的时间里来尝试这个活动。有时将几个小玩具放在口袋里是很有帮助的，这样我们就可以随时准备好玩游戏了。

○ **标准** 当物品交替摆动时，幼儿将注意力（即视觉注视、身体定向）从一个物品转移到另一个物品，然后再回到第一个物体。

8b. 寻找或触摸在视线范围内接触到身体的物品

○ **教具** 一些各种尺寸、形状和材质的玩具，包括一些能产生声响的玩具

○ **流程**

观察幼儿在看哪里，并用他视线范围内的一个玩具触碰他的身体。注意幼儿是否看着玩具。谈论玩具，摆动它，并将其放在幼儿的手中（或者如果幼儿伸手，可以让幼儿拿起它）。

在幼儿的直接视线范围之外，但是可以轻松看到的区域（例如在手、在腿上），用一个玩具碰幼儿的身体。观察幼儿是否在看。再次谈论玩具，摆动它，或将它放在幼儿的手中。

当幼儿未能将注意力在两个物品中转换时，在每次尝试之后，执行以下一项或多项活动，直到得到回应为止：

- 选择其他物品并触碰幼儿。
- 用物品轻轻摩擦幼儿的皮肤，或当你用玩具触碰他时，施加稍大的压力。
- 吸引幼儿注意与眼睛齐平的物品。然后将物品慢慢地移动到可以触碰幼儿的地方，试图让他注视。再次用玩具触碰他。
- 以肢体辅助的方式引导幼儿的手去碰物品。

○ **注意**

确保幼儿在受到刺激的区域具有触觉敏感性。避免同时对此项目进行多次尝试。如果一个幼儿连续几次被触摸同一个地方，他可能会习惯（即停止注意刺激）。

此外，避免在已知幼儿具有触觉防御性的区域（即触摸时缩回或哭泣）轻触或摩擦。对于一个有触觉防御的幼儿，如果他能看到接触他的物品会有帮助。此外，与轻压相比，大的压力不太可能产生负面反应。

○ **每日常规和功能活动**

每次在换幼儿的纸尿裤或有其他机会尝试与幼儿玩几分钟的时候，请尝试这个项目一次或两次。

○ **标准**　在3种以上的情境下，幼儿在容易看见的情况下，寻找或伸手朝向触碰他的物品。

8c. 重复产生有趣结果的活动

○ **教具**　各种"反应性"玩具（例如婴儿床铃，铃铛，由非常软的橡胶制成的吱吱作响的玩具）

○ **流程**

为幼儿提供各种玩具，以回应幼儿非常简单的动作。放好它们，以便幼儿拿到。

如果幼儿没有重复那些可以产生声响或图像的活动，则用一条色彩鲜艳的缎带将铃铛绑在他的手腕或脚踝上15分钟，一天3次或更多次。在此期间仔细观察幼儿，以确定他是否为了让铃铛响而动得更多。为确保效果，请记录在安装铃铛之前，幼儿3分钟内移动手腕或脚踝的次数，并将该数字与铃铛系上后3分钟内移动的次数进行比较（在系上铃铛3分钟后再记录次数，以让幼儿发现运动可以产生声音）。

如果幼儿在第一分钟内没有自发地晃动有铃铛的肢体部分，请多次通过身体辅助来帮他运动，然后再次观察幼儿是否会自发运动。

另一种方法是将绳子的一端连接到幼儿的手腕或脚踝上，将绳子的另一端连接到婴儿床上的婴儿床铃或其他容易看到的玩具上，以便幼儿的肢体移动导致玩具移动。系上绳子不超过10—15分钟。观察当绳子连接到玩具和没有连上玩具时，幼儿哪一种情况下移动得更多。如果你将绳子和幼儿肢体系在一起时，请务必有人看管。

○ **每日常规和功能活动**

当你进行自己的日常活动时，请确保幼儿有回应式的玩具可以玩。当幼儿有各种各样的玩具可以看到、听到和感觉到时，他们通常会长时间保持满足。回应式的玩具通常会比无回应的玩具更能让幼儿保持兴趣。

○ **标准**　幼儿重复一个活动3次或更多次，以产生让其感兴趣的结果。

8d. 把玩具拿在手里玩

○ **教具**　各种小玩具，幼儿可以轻松拿住玩具并在操作时产生不同的效果（例如不同的声音或动作）

○ **流程**

将幼儿放在任何可以最大限度地使用双手的位置，同时保持他对双手的视觉注意力（例如在婴儿座椅中斜坐）。将玩具放在幼儿的手中并观察。如果他放下玩具，我们就捡起它，摇动它或以其他方式注意它，然后再把玩具交给幼儿。

如果幼儿拿起玩具不超过几秒钟，请尝试将手放在他身上并帮助他操作玩具，松开双手后再观察。

○ **每日常规和功能活动**

我们应该全天给幼儿提供玩具（例如，在纸尿裤更换期间，他在婴儿车或婴儿座椅中时）。

○ **标准**　幼儿玩放在他手中的玩具几分钟。

8e. 坚持努力获得一个物品或创造效果

（例如，操作一个组合式玩具盒或婴儿床铃以产生声响和（或）有趣的图像）

○ **教具**　各种有趣的玩具或家居用品

○ **流程**

将物品放在幼儿能够到的范围内，再观察他的反应。如果他哭泣或立即失去兴趣，可以弹一弹玩具或做其他事情，让玩具具有吸引力，并将其放置在离他更近的地方。让幼儿持续玩玩具一段时间。逐渐将物品移动得离他越来越远，以增加拿到玩具必须付出的努力或必须花费的时间。

有时，将玩具从绳子上取下来，以便在幼儿试图获得它时移走它，这将有助于幼儿玩玩具的行为更持久。

○ **每日常规和功能活动**

当幼儿想要一个不在他眼前的物品时观察他会做什么。这些行为在幼儿一天中的任何时候都会经常出现。如果他看起来正试图独立地获得物品，请不要立即将物品交给幼儿。为了避免挫折感，我们可以稍微地让物品靠近他一些，或者以一些其他侵入性最小的方式帮助幼儿获得所需的物品，而不是直接拿给他。

○ **标准**　幼儿一直坚持努力地获得他想要的物品，这应该在几种不同的情况下发生。

8f. 重复动作，引起别人的有趣反应

○ **教具**　不需要

○ **流程**

当幼儿做鬼脸、拍手或做任何想要做的动作时，立即通过笑、欢呼或模仿的方式来回应他。

如果幼儿不重复他自己的动作，请这样说："太棒了！让我们再做一次。"如果可以进行肢体辅助，请辅助幼儿再做一次动作。

○ **每日常规和功能活动**

全天都要寻找机会，积极回应幼儿所做的动作，观察他是否会重复这个动作。

○ **注意**

有些幼儿在最初会被我们的反应吓到，并且变得非常沉默，甚至不会再重复动作。如果发生这种情况，对幼儿行为的反应应更加柔和，但要明确地表示你喜欢他做的动作。

○ **标准** 在几种情境下，幼儿会重复那些引起其他人有趣反应的动作。

8g. 在视线范围内寻找或向掉落时产生声响的物品伸手

○ **教具** 勺子、铃铛、拨浪鼓或其他物品，幼儿在用它们敲击地板或周围其他物品的表面时会产生声响的东西

○ **流程**

将物品放在与幼儿眼睛齐平的位置，确保幼儿的注意力集中在它上面。将物品从幼儿视线范围内向下扔，确保它产生足够大的声响，让幼儿在物品撞到地板（或其他物品表面）时听到声音，并且确保物品掉落时不会碰到幼儿。

观察幼儿是否在视觉上进行搜索或正确地转向物品掉落发出声响的地方。如果幼儿看不到或够不着，请尝试用以下一种或两种方法给予辅助：

- 再次向幼儿呈现物品，将其撞在桌面（或靠近其他物品表面）上，然后将其扔掉。之后，将它撞在地板（或更低的物品表面）上，以尝试吸引幼儿的注意力。把物品放回桌子上，再敲打它，然后扔掉它。

- 让物品保持在视线水平位置，让它发出声响以吸引幼儿的注意力，将其慢慢向下移动到地板（或幼儿腰部以下的其他表面）上，并再次让它发出声响。如果有必要，提供肢体辅助让幼儿伸手去抓取物品，并允许他玩这个物品。经过两到三次尝试后，再次尝试放下物品。如果有必要，再次提供肢体辅助，让幼儿接近物品，然后将物品交给他，并允许他玩这个物品。

○ **每日常规和功能活动**

当幼儿正准备进行其他活动（例如吃饭、玩耍）时，这是一项很好的活动。大多数幼儿喜欢寻找掉落的物品，最终学会自己扔和找，来自娱自乐。注意幼儿在发现物品掉落后，是否会去寻找和向它们伸手。

○ **标准** 幼儿经常在视线范围内寻找或向掉落时产生声响的物品伸手。

8h. 寻找或伸手朝向远离视线的物品

○ **教具**　动物填充玩具或其他软玩具，落在地板上时声音最小

○ **流程**

将物品保持在视线水平位置，确保幼儿的注意力集中在物品上。然后，从他的视线中移走它。仔细观察幼儿是否寻找或把手伸向掉落的物品。改变所使用的物品和它们落下的位置（例如，远离视野中线但在幼儿视野里容易看到）。

如果幼儿没有寻找或把手伸向掉落的物品，请将物品保持在视线水平正中，然后将其垂直地移出幼儿的视线。缓慢地移动物品，以便幼儿在视觉上追踪它。

○ **每日常规和功能活动**

当幼儿坐下并且成人或年龄较大的幼儿可以放下物品观察幼儿的反应时（例如，在饭前或饭后，幼儿坐在婴儿椅上并且玩具放在托盘上），可以进行这项活动。但是，提供的尝试机会不要超过 5 到 6 次，否则幼儿将会失去兴趣。

○ **标准**　幼儿经常寻找或用手伸向远离视线的物品。

8i. 看向或者朝一个物品掉落、滚动或反弹到新位置的方向移动

○ **教具**　各种结合了视觉和听觉刺激的有趣的玩具，当它们掉落时，会从幼儿身上弹跳和（或）滚动（例如吱吱作响的玩具、里面有铃铛的球）

○ **流程**

将玩具放在视线水平位置，并确保幼儿正在关注它。将物品扔在幼儿的视野内以及允许其弹跳和（或）翻滚的区域，确保物品移动不超出视线范围。

如果幼儿没有环顾四周寻找物品，请将他的注意力集中在物品所在的位置，然后说一些物品已滚动或反弹的话语来提示。然后再尝试一个不同的物品，也许是一个较大的物品和（或）在滚动或反弹时能产生声响的物品。

○ **注意**

在进行此项目时使用的语言要强调位置的概念，例如"哦，它去了哪里？""它在椅子旁边吗？"或"也许它在椅子下面"。

○ **每日常规和功能活动**

注意在一天中当物品意外掉落时幼儿会做什么。如果幼儿没有四处寻找物品，请使用这种情境进行简短的训练（即，向幼儿展示物品所在的位置，然后再尝试使其掉落）。

○ **标准**　对于已掉落并滚动或反弹的物品，幼儿能朝着正确的方向看或移动。如果幼儿在物品掉落之前关注到物品，情况也应该是一致的。

■■■
8j. 克服障碍获取玩具
（例如，移除覆盖物，推开挡在路上的障碍物，在一件家具下面寻找）

○ **教具**　任何幼儿喜欢的玩具，各种容器

○ **流程**

安排一个情境：幼儿可以看到或听到有趣的玩具，但必须克服一些简单的障碍才能得到它。例如，将玩具放在塑料容器中或透明盒子后面，好让幼儿必须倾倒容器，取下松动的盖子，将障碍物推到一旁，或做一些其他活动才能拿到玩具。

如果幼儿没有自发地克服障碍，请向他示范如何完成和（或）实际指导他完成整个过程，尽快减少我们的辅助。一旦幼儿掌握了一种克服障碍的方法，就尝试其他的，让这个过程成为一个游戏！

○ **每日常规和功能活动**

在日常生活中，我们和我们想要的东西之间有障碍是很常见的事。观察幼儿如何应对这种情况。如果幼儿没有试图自己克服障碍，要么寻求帮助，要么只是放弃，通过鼓励他，向他示范任务如何完成和（或）让他的任务变得更容易，以此来提供辅助。不要代替幼儿去解决问题，而要帮助他在我们的指导下解决问题。

○ **标准**　幼儿克服了拿到玩具或其他所需物品的障碍。这个过程应该在不同类型障碍物的情况下重复几次。

■■■
8k. 玩各种玩具来产生效果

○ **教具**　组合式玩具盒或其他回应式的玩具（即在推、拉、戳、挤或摇动时有特殊效果的玩具）

○ **流程**

向幼儿展示一个玩具，该玩具可以回应不同的动作（例如，组合式玩具盒），或两到三个玩具，每个玩具都能产生不同的声音或视觉效果。向幼儿展示如何用玩具产生其中一种效果，然后让幼儿独立探索玩具。

如果幼儿没有模仿你所做的事情来获得效果，再次示范，并用身体辅助他的手按下按钮、拉

动杠杆，等等。

经过多次尝试后，向幼儿展示如何使用同一个玩具或通过其他玩具获得另一种效果。如果他不自发地去做，那么再次身体辅助他来创造效果。

之后，给幼儿两个玩具（或组合式玩具盒）并观察他的行为，他会尝试通过不同的动作来获得不同的效果吗？

○ **注意**

要对幼儿的运动能力保持敏感。选择的玩具所需的动作他能够做。在幼儿的能力和性格允许的范围内，努力改变运动和活动方式。

○ **每日常规和功能活动**

在一天中，观察幼儿玩各种反应性的玩具。幼儿是否以产生视觉或声音效果的方式去操作玩具？他是否研究过新的玩具或物品以确定它们能做什么？当幼儿尝试用玩具进行这些不同的活动时，对他的成就表现出兴趣和兴奋。模仿幼儿对玩具或物品所做的行为。

○ **标准**　幼儿玩几种不同的玩具（或组合式玩具盒的不同部分）来产生有趣的效果。患有严重运动障碍的幼儿可以通过操作开关使两个或更多玩具产生效果来通过该项目。

81. 当玩具停止工作或尝试用其他方式来使玩具工作时，增加玩玩具的常规活动率

○ **教具**　有活动部件的玩具，推动或拉动时可以移动的玩具，其他有趣的玩具

○ **流程**

这个项目的目的是观察当幼儿在玩具脱离他预期的方式或停止工作时会发生什么。我们可以从幼儿最喜欢的玩具中取出电池，或者尝试将两个部件拼接在移动类的玩具上。如果玩具没有按照预期工作，幼儿可能会尝试更频繁或更强势地让玩具进行常规活动，或者检查玩具，摇动它，尝试玩具的另一种使用方式等等。如果幼儿没有试图让玩具启动，或者只是哭并把玩具放在一边，请和他说说发生的事情，并尝试修理玩具。尝试向幼儿解释并证明，如果一个物品不工作了，他可以尝试用它来做其他的事情。

尝试安排一些情境，在这些情境中，我们可以对幼儿通常与物品玩耍的方式造成干扰，看看他是否会尝试纠正。例如，如果幼儿喜欢在桌子上敲打玩具发出声响，请在桌子上放一条毛巾或其他吸音罩，这样玩具就不会发出与之前相同的声音。看看幼儿会做什么。

○ **每日常规和功能活动**

最好在全天发生的自然事件中促进这种问题的解决。当幼儿尝试做某事时，鼓励和赞美他的坚持不懈。

○ **标准**　当玩具停止工作时，幼儿通过增加他平时玩玩具的活动率，或者尝试另一项活动来

使玩具工作。这个表现应该能在许多情况下通过使用不同的玩具或物品观察到。

8m. 当玩具从容器顶部的孔中掉进去后，能从容器中取出玩具

○ **教具** 各种小玩具，小玩具可以从孔中穿过的有孔的容器（例如玩具箱、形状盒、圆形燕麦盒等，顶部有一个或多个孔）。这些孔洞应该足够大，以容纳被放进去的玩具。当把玩具从孔中放进容器之后，应该很难看到它

○ **流程**

从容器顶部的空洞放入一个或多个玩具，说："糟糕，它去哪里了？"等待幼儿拿起盒子，取下盒盖，或做一些其他适当的操作来找回玩具，表明他了解玩具的位置以及如何将其取回。

如果幼儿没有尝试取回玩具，请向他示范如何拿到该玩具。如有必要，在幼儿试图拿起玩具时，提供肢体辅助。

○ **注意**

尽管形状盒子适合教授此活动，但它们可能会让一些幼儿感到沮丧。如果难以通过孔洞将玩具放入容器，请更换容器。选择合适的盒子来制作带孔容器可能会有所帮助，并且从只有一个孔的容器开始，这样幼儿就不必掌握如何区辨形状或大小也能找回掉落到容器中的物品。

○ **每日常规和功能活动**

确定房屋或教室周围使用的容器（例如带有盖子的垃圾桶），以展示此项目中教授的原则（即，当我们放开手时，物品会掉落，即使我们再也看不到它，它依然存在，并且可以拿回它）。例如，让幼儿在装满废纸的罐子里放一些容易识别的重物。物品应该沉到罐子底部并且看不到。问，"[物品]在那里吗？"然后将罐子里的东西都倒在报纸上，找到指定物品。将此作为一个机会，让幼儿接触到诸如下面、重、轻、外面、里面等单词。

○ **标准** 在几种情境下，幼儿拿回从顶部的洞中掉落到容器里的玩具。或者，如果幼儿无法取出玩具，他能示意它们的位置。即使在成人询问它们所处的位置之前，他都还没有取回玩具（即，幼儿可能具有空间概念但没有动机去拿那些特定的玩具，直到被成人问到），也可以认为幼儿完成了这个项目。

8n. 从障碍物后面拿到物品

○ **教具** 幼儿日常环境中常见的各种障碍物（例如，部分打开的门、软垫扶手椅、纸板箱、盒盖），各种玩具，包括一些幼儿最爱的东西

○ **流程**

展示一个幼儿喜欢的玩具,并确保他正在关注它。

当幼儿正在看的时候,将玩具隐藏在障碍物的后面,足够靠近幼儿以便他可以够到后面。如果他没有伸手够障碍物的后面(或移动障碍物)来得到玩具,向他示范如何做到这一点。

让此活动成为一个游戏。在我们玩的时候笑着说话,发表评论,如"这里有只兔子""哎呀,兔子跑哪儿去了?""兔子在哪里?""我找到兔子了"和"你能找到兔子吗?"

○ **每日常规和功能活动**

全天寻找机会加入幼儿的游戏,并试试用他身边的玩具做这个项目。使用家具、杂志、窗帘或其他任何方便的东西作为障碍物。教具的种类越多,幼儿就越能泛化这个概念,例如,他可以从身后找到藏着的物品。

○ **标准** 幼儿从各种不同的障碍物后面拿回几个不同的物品。幼儿在第一次尝试没有练习过的玩具或障碍物时,应该知道怎么做。

80. 拉动绳子,从障碍物后面获取物品

○ **教具** 幼儿日常环境中常见的各种障碍(例如部分打开的门、软垫扶手椅、纸板箱、盒盖),各种带有绳子的玩具(例如长尾毛绒动物、可拉动的玩具)

○ **流程**

向幼儿展示一个玩具,确保他正在注意并对其感兴趣。将玩具放在幼儿可触及的范围稍外的位置,并示范拉动绳子以获得它。将玩具放在幼儿手边,再将绳子放在触手可及的地方。等一下,看幼儿是否会拉动绳子来拿玩具。如果他没有,请用身体辅助他拉绳子,然后让他玩玩具。接下来,当幼儿正在观看时,将玩具放在障碍物的后面(例如门或一件家具后面,打开的盒子下面或里面),让绳子靠近幼儿。看他是否能拉绳子来取得玩具。如果幼儿不拉绳子,我们帮他拉过来,让他玩几分钟玩具。在这个过程中,与幼儿谈论正在发生的事情(例如"它去了哪里?""它在门后面吗?""你能得到它吗?")。

○ **每日常规和功能活动**

当幼儿正在玩可拉动的玩具或其他可以用于此项目的玩具时,请停下来与他一起玩几分钟,使用杂志、盒盖或附近的家具作为障碍物。大多数幼儿喜欢隐藏游戏并且会作出很好的反应,即使它让正在进行的活动中断了几分钟。

○ **标准** 幼儿通过拉绳子从障碍物的后面(内部或下面)拿回一个物品。这应该发生在几个不同的物品和几个不同的障碍物所构成的情境中。当一组新的玩具和障碍物被引入,幼儿在第一次尝试时应该知道该怎么做。

8p. 围绕一个障碍物移动自己以获得物品

○ **教具** 环境中常见的各种障碍（例如家具、门、砖、盒子），各种有趣的玩具

○ **流程**

当幼儿正在看你时，将一个他喜欢的玩具放在一个障碍物的后面，幼儿必须四处走动才能到达玩具所在的地方（例如将玩具放在椅子后面，将玩具放到门后面）。如果幼儿没有绕过障碍物去拿玩具，我们先绕过障碍物并且叫他，然后说"玩具在这里"。如有必要，将玩具放在幼儿的视野中并摇动，吸引他的注意力，然后将其放回障碍物的后面。

○ **每日常规和功能活动**

全天观察，看看如果玩具在障碍物后面（或下面），幼儿会怎么做。

○ **标准** 幼儿绕着障碍物移动并检索物品，至少两次，每次都换不同的障碍物。包括在一件家具下寻找或绕过它以获得玩具或其他物品。

8q. 利用成人来解决问题

○ **教具** 可以在一段时间内产生有趣的视觉效果和（或）声音然后停止的玩具（例如发条玩具、形状盒玩具、玩具收银机、惊奇箱）

○ **流程**

选择需要幼儿用新的和（或）中等难度的动作反应来玩的玩具。向幼儿示范如何用玩具获得所需的效果。例如，上紧一辆玩具车的发条，放它下去跑。当效果停止时，观察幼儿的反应。他如果失去兴趣，尝试一个新玩具，或者再次尝试第一个玩具，请对发生的事情表现得更加兴奋。

如果幼儿拿起玩具尝试但不成功，或者如果他哭了，请伸出手对他说："你想要一些帮助吗？"确保幼儿看着你如何使玩具工作，当视觉声响效果再次停止时，观察他的反应。

如果幼儿没有试图模仿你为了让玩具动起来而做的事情，那就把双手放在他的手上，然后示范如何做。当效果停止时，鼓励幼儿自己尝试。如果幼儿不成功，请再次提供帮助并协助他完成。提供尽可能多的帮助，但不要超过幼儿成功所需的帮助。

○ **每日常规和功能活动**

幼儿经常全天都会寻求帮助。不要仅仅替幼儿完成任务。要示范如何做，并鼓励幼儿自己尝试。如果他不成功，就提供身体辅助，但不超过必要的限度。帮助幼儿明白自己已经完成了这项任务，应该为这个事实感到自豪。

○ **标准** 在几种情境下，幼儿请求成人帮助来让玩具动起来（例如，请求可以是将玩具交给

成人，或在玩具和成人之间来回看，表示自己想让成人帮忙做些什么）。

8r. 无需成人帮助即可解决简单问题

○ **教具** 各种玩具、各种容器

○ **流程**

收集一盒对于幼儿来说是新的玩具或教具，然后给他制造一些问题。仔细选择教具以适应幼儿的感官和运动能力发展水平。和幼儿玩一会儿，给他演示有些玩具是怎么玩的，但不要让他过分关注你的行为。然后，观察幼儿如何自己玩耍，自然地回应他试图让我们加入游戏的行为。鼓励幼儿自己解决问题，但要尽可能多地提供帮助以避免他过度受挫。注意幼儿自己解决简单问题所付出的努力（例如打开抽屉拿东西，打开各种盖子从容器中取出物品，在简单的拼图盒上找到一个开口）。

○ **每日常规和功能活动**

观察幼儿对环境中典型困难的反应。基于当前的发展水平，打开抽屉、壁橱、工具箱等对于幼儿来说应当是轻松愉快的。在保证环境安全的同时，让幼儿做一些探索，我们可以借此观察他解决问题的技巧。

○ **标准** 幼儿独立地解决几个简单的问题，例如打开不熟悉的容器来获取物品，发现制作新玩具的方法，找到方法获得他无法拿到的玩具，等等。

8s. 按照要求从另一个房间经常放物品的位置拿回熟悉的物品
8t. 将物品放在正确的位置

○ **教具** 玩具和家庭或学校用品，放置在货架上或幼儿可以触及的其他区域

○ **流程**

让幼儿从幼儿书架上或教室里拿一些玩具，和幼儿一起玩这些玩具。然后告诉幼儿是时候清理了，把玩具一次一个地交给幼儿，告诉他把它们收拾好。如果他没有把它们放回正确的地方，告诉他正确的地方在哪里，并帮助他把它放在那里。

○ **每日常规和功能活动**

不使用时，将幼儿的玩具和其他物品始终放在家中或教室的特定位置。

让幼儿观察我们把物品拿走放好，以便他知道它们的正确位置。此外，让幼儿捡起物品并将其收拾好。当你清理时，与幼儿谈论物品的位置（例如"球在底架上""帮我想一想，我们把娃娃放在哪里？"）。

当幼儿能够按照要求给我们带来他能看到的东西时，也就是说，他清楚理解口头指示，如"给我［物品］"，开始让他从另一个房间拿来玩具或物品。如果物品位于预期或平常的位置，请不要告诉幼儿该物品在哪里。

如果幼儿无法找到物品，请与他一起去找，指出并标记物品的位置。制造一个机会，在当天晚些时候向幼儿要求拿来相同的物品，以加强幼儿的记忆。

○ **标准 8s** 在不同的几天里，幼儿根据要求从平常放置的位置拿回熟悉的物品。向幼儿提出要求时，不应该让他看到该物品。

○ **标准 8t** 幼儿将熟悉的物品放在正确的位置。幼儿应该能够将所有熟悉的玩具放在正确的位置（或者，如果他的运动障碍太严重，他应该能够指出物品的正确位置）。

8u. 使用工具解决问题（例如用棍子够东西、用凳子垫高）

○ **教具** 小榫钉、扫帚、尾端带环的绳子、小木头凳子、椅子、各种玩具（此项目所需的一切物品都应能在典型的家庭或团体护理环境中提供。）

○ **流程**

为幼儿制造空间问题，并为他提供各种工具来解决这个问题。例如，让幼儿玩一组包含一个或多个木钉的积木时，给幼儿示范如何使用木钉将玩具拉向自己。几分钟后，"意外地"将一块积木或其他玩具推出幼儿能触及的范围（例如，放到椅子上或其他固定的家具下），然后说："哎呀，我没法拿到积木。我们怎么才能拿到它呢？"

此外，在几次使用小木椅子以取得某些触不可及的东西后，将一些东西放在幼儿的触及范围之外并问："你认为你怎样才可以拿到它？"

如果幼儿对这些问题感到挫折，提出建议并提供肢体辅助，以便他能够解决问题。注意不要代替幼儿解决问题，而是鼓励他独立解决问题，或者给一点知识提示或建议。例如，如果幼儿试图够到距离太远的地方，请将扫帚或其他物品放在幼儿身边并说："你觉得使用它会有帮助吗？"

○ **每日常规和功能活动**

当空间问题在一天的日常生活中自然发生时，观察幼儿的反应。给幼儿提示或提出可能有助于他解决问题的建议。此外，为日常事件建立解决问题的方法。例如，当我们携带太多物品并掉了一个时，将其中一些物品先放入购物袋中。或者，当你无法够到顶层架子的东西时，将椅子拉过来爬上去拿到它。当我们进行这些活动时，请向幼儿描述我们在做什么。

○ **标准** 幼儿自发地（即，没有任何身体或言语提示）使用工具来解决一个或多个空间问题。有严重身体障碍的幼儿可以通过使用开关使某物从一个地方移动到另一个地方而得到赞扬。

8v. 独立玩需要按按钮、拉线和（或）操作开关以获得效果的玩具

○ **教具**　各种有不同的按钮、拉线和开关的玩具，操作时会产生不同的效果（例如，组合式玩具盒，See'n Say，其他能发出音乐的拉动玩具，音乐盒，惊奇箱等）。只要确定幼儿能够独立进行让玩具产生效果所需的运动或活动

○ **流程**

当我们向幼儿介绍一个新的回应式玩具时，向他示范它是如何工作的。如果他不模仿你的行为，请手把手地教他怎么操作。当幼儿对一个玩具失去兴趣时，引入另一个可以用不同方式来操作的玩具。给幼儿示范如何使玩具工作，并帮助他独立玩玩具。当幼儿独立玩耍时，观察幼儿是否自发地试图让玩具工作。

○ **每日常规和功能活动**

将玩具放在房子里的不同地方或房间里的不同位置，这样它们就不会引起幼儿的注意，因此他就会持续地在一段合理的时间范围内玩一个玩具。观察幼儿第一次注意到可以操作创造效果的玩具时所做的事情。

观察幼儿是否对电视或其他电子设备上的按钮感兴趣。幼儿对这些按钮的兴趣表明了他对事物如何运作具有好奇心，最好不要因为这种好奇心而惩罚幼儿。我们可能需要将遥控器放在他够不着的地方，并暂时用纸板盖住可触及的按钮，直到你教会幼儿哪个按钮是"他的"按钮，哪些按钮是"我们的"按钮。

○ **标准**　幼儿玩几种需要按按钮、拉线或者其他操作来获得效果的玩具。

8w. 在玩的时候体验原因和结果

○ **教具**　空的包装盒或卫生纸芯、小玩具、漏斗、罐头盖

○ **流程**

搜集一些常见的家居用品，例如上面列出的那些。和幼儿坐在一起，向他演示一些我们可能会对这些物品做的事情。例如，我们可以将一个玩具车放在一个卫生纸芯中，以一定的角度放置，观察玩具车从另一端滚出，我们可以将液体倒入漏斗并观察它如何流入玻璃杯，或者我们可以旋转一个罐盖。在幼儿面前演示完，然后让他自己探索和玩弄这些物品。观察他是否会模仿你做过的事或尝试对过程进行改变。

○ **每日常规和功能活动**

让幼儿明白我们对一切东西的运作方式（例如，给幼儿洗澡的时候，向他展示重的玩具如何

沉入浴缸底部以及轻的玩具是怎么浮起来的；向他展示汽车和卡车如何在水平的表面上保持静止，但在平面晃动时向下方滚动）感兴趣。提供许多自由游戏的物品（例如积木、汽车、卫生纸芯、不同尺寸的容器等），引导他们自己去进行实验。

在幼儿独自玩耍或与其他幼儿一起玩耍时观察幼儿。观察那些表明他正在体验你与他分享的创意或他独立进行体验的活动。

在小组环境中，让幼儿在外出时收集岩石、棍棒或树叶，将它们一个接一个地放入一桶水中，看看浮在水面上的有哪些东西。此外，让每个幼儿带来一些东西，向他人展示它是如何运作的——鼓励父母提供一些结实牢固的家居用品，以便幼儿可以试验它们的用法（例如，一个老式的打蛋器，蘸上一点肥皂水后可以制造出泡泡）。

○ **标准**　幼儿在几种不同的情境下试验一些教具或物品，显然是在试图了解它们的工作方式。

8x. 独立地嵌套4个容器，或堆叠尺寸渐进的套环或积木

○ **教具**　嵌套杯（6个或更多），一组渐进尺寸的积木、套环（中心柱应为锥形而不是圆柱形，这样只能按顺序将它们套上去，否则无法将所有的环套上去）

○ **流程**

向幼儿展示一套嵌套杯，将它们分开，然后向幼儿示范如何将它们套在一起。再将它们分开并交给幼儿，看看他是否可以将它们套在一起。除非他开始表现出遭受挫折的迹象，否则不要提供帮助。取出任何放置不正确的杯子，并指向它应该正确套进的杯子。在此时尽可能多地帮助他完成任务。如果幼儿愿意，让他继续玩杯子，但不要坚持。在演示如何完成任务时，使用表示尺寸的单词来强调你正在做的事情，并帮助幼儿掌握这些概念（例如"那个杯子太大，不适合那里"；"把小的那个放在最后"）。

用与套杯相同的方式，向幼儿演示套环如何完全套在杆子上。

将最大的积木放在最下面，最小的积木堆在最上面。推倒它们，并鼓励幼儿堆起来。除非他请求帮助或感到挫折，否则不要纠正他的做法。除非这些积木堆到一半掉下来，否则他可能没有注意过它们是从大到小堆放的。但是，我们可以通过用积木搭一座塔来鼓励他注意积木的不同尺寸，并询问他是否可以堆一个像这样的塔，提供口头提示（例如"找到最大的一个积木，并把它放在底部"）。

确保幼儿在感兴趣时自己探索这些教具。许多幼儿难以抗拒这些堆叠和嵌套玩具的挑战和吸引，并且当他们最终自己掌握玩法时会非常高兴。

○ **每日常规和功能活动**

在日常环境中寻找机会，帮助幼儿注意物品的相对大小。例如，当你要把杂物放好时，要展

示你把小罐放在大罐上面的动作。下一次展示时，我们应该问幼儿"你应该先放下两个罐子中的哪一个"。

当幼儿试图将东西放入太小的容器中时，提供一个更大的容器，或者示范一个容器如何放进另一个容器。

○ **标准**　幼儿在没有帮助的情况下，嵌套或堆叠至少4个尺寸渐变的物品。

8y. 没有产生预期效果时，评论某些东西不起作用

○ **教具**　用电池供电的玩具或其他可拆卸但很容易固定的玩具（例如带有可以卡入和取下的轮子的卡车）

○ **流程**

向幼儿示范一些熟悉但已经无法操控的玩具（例如，从电池供电的玩具中取走电池），然后观察当幼儿尝试玩玩具但玩具不能以预期的方式运作时，幼儿的行为是怎样的。他会将这个状况描述为"坏了"还是"不工作"了？他会要你修理吗？

○ **每日常规和功能活动**

在一天中，幼儿会有很多机会知道某些东西不能正常工作并需要修复。当玩具的电池耗尽时，幼儿可能会更使劲地按按钮或做其他无用功以使玩具工作。警惕这些情况并谈论它们（例如"这样行不通，我想知道为什么，也许它需要新电池，让我们看看是否有帮助"）。

当任何东西不工作时，幼儿应该对照顾者或教师发表评论，例如"它已经坏了"或"它不工作了，我们可以做些什么来解决这个问题？"如果问题无法解决或需要超出照护者所能提供的帮助，那么沟通也是很重要的（例如"让我们等妈妈来，看看她是否可以修复它""我想我们必须打电话给管道工，这样他才能解决它""我认为我们不能解决它""让我们把它放下然后玩别的东西"）。

○ **标准**　在几种情景下，当玩具或其他东西不工作时，幼儿会发表评论并试图修理它，或寻求帮助。

8z. 独立地探索物品以确定其功能和（或）向其他人展示它们的运作方式

○ **教具**　一些新颖的玩具或其他物品

○ **流程**

给幼儿一些新颖的玩具或其他物品，让他自己探索。如果他请求帮助，建议他尝试不同的方

式，或者问他认为物品可能怎么用。尽量避免示范如何操作物品以免影响幼儿之后的独立探索。但是，不要让幼儿感到挫折。为他提供足够的帮助，使他有成就感。

当幼儿确实了解一个物品的某些效果后，对此进行评论，并让他告诉我们他是如何做到的。

○ **每日常规和功能活动**

全天观察幼儿对玩具或其他物品所做的行为。他是否立即将它们带到某人那里询问如何处理，或者他是否开始体验它们会发生什么效果？如果他立即寻求帮助或示范，不要告诉他；如果他没有寻求帮助或示范，可以提出建议，鼓励他自己进行更有效的探索。

偶尔向幼儿展示一些不危险的家庭用品（例如老式打蛋器、火鸡捣蛋器、捣碎器、马铃薯捣碎器、手电筒），看看他用它做什么。还可以为幼儿提供机会玩橡皮泥或其他鼓励探索的美术教具。

鼓励幼儿向其他人（幼儿或成人）展示玩具或其他物品是怎样运作的。

○ **注意**

通常，好奇的幼儿会尝试探索和使用可能对他们有危险的物品。重要的是避免惩罚幼儿进行探索的行为本身，同时也要教给他环境中的某些物品是危险和不能碰的。

○ **标准** 在几种情境下，幼儿独立地探索物品以确定其功能和（或）向其他人展示它们的运作方式。

8aa. 正确回答至少一个"为什么这样做"的问题（例如，"为什么我们要打伞？"）

○ **教具** 不需要

○ **流程**

当我们与幼儿互动时，问他一些"为什么"的问题，比如"我们为什么要穿鞋子？""为什么我们有炉子？""为什么我们有眼睛？"如果他没有回答，请告诉他答案，然后再问这个问题，而后转到另一个问题。几天后，问同样的问题，看看幼儿是否还记得，也可尝试问新的问题。如果问题在某种程度上与幼儿正在玩的某些物品或正在发生的事相关（例如，如果是下雨天，请问"为什么我们打伞？"），这可能会有帮助。

○ **每日常规和功能活动**

谈谈为什么我们在日常生活中会做不同的事情。给幼儿提供很多理由（例如"我需要穿上靴子以保持双脚干爽""那里又冷又湿"）。当幼儿开始问"为什么"时，给他提供一个回答。偶尔我们自己提出问题，然后自己回答，以便给幼儿示范适当的反应（例如"我们为什么要喝牛奶？因为我们想变得强壮"）。然后，逐渐开始问幼儿"为什么"和"为什么这样"的问题。

对家庭或课堂安全规则的讨论，为练习"为什么"和"为什么这样做"的问题提供了一个很好的机会。

在给一名幼儿或一群幼儿讲故事时，请停下来问"为什么"，例如"为什么这样做"或"为什么以前这样做"等问题。

○ 注意

在提出这类问题时，请不要关注幼儿的动机。也就是说，不要问幼儿"你为什么要打你的妹妹？"或"你为什么要在墙上涂色？"等。这个年龄的幼儿对于他们自己的动机了解甚少。这个项目之所以提出问题，目的是鼓励幼儿增进对周围世界的理解。

○ 标准　幼儿正确地回答了几个"为什么"或"为什么这样"的问题。

| 参考文献 |

Gopnik, A., Meltzoff, A.N., & Kuhl, P.K. (1999). *The scientist in the crib: Minds, brains and how children learn*. New York: William Morrow & Co.

Hauser-Cram, P., & Shonkoff, J.P. (1995). Mastery motivation: Implications for intervention. In R.H. MacTurk & G.A. Morgan (Eds.), *Advances in applied developmental psychology: Vol. 12. Mastery motivation: Origins, conceptualization, and applications* (pp. 257–272). Norwood, NJ: Ablex Publishing.

序列 9
数字概念

幼儿对于数字的理解能力始于幼儿时期，当幼儿对物体有了具体经验，并且听到其他人使用诸如"更多""更少""只有一个"等词语时。然而很多时候，为了给幼儿上学做准备，我们的重点是计算而不是理解数量。因此，幼儿可以数到 20，在他知道数字名称与数量的关系之前，即"一个"与"两个"在数量上是不同的。当然，幼儿需要在数物品之前先学会按顺序数数，但是对于幼儿来说更重要的是，得学会用手指从一个物体移动到下一个物体（一对一的对应关系）而不是简单地说出数字。对于幼儿来说，发展与数量相关的其他概念也很重要（例如，"更多""少""很多""少量"）。虽然成人认为这些概念是理所当然能被理解的，但是幼儿必须通过具体的经验和与成人的对话来学习。

这个序列很短，因为大多数幼儿直到 2 岁左右才开始掌握数字和数量的概念。然而，这种掌握的基础始于幼儿操作物体并发展出对某些尺寸概念的理解（例如"大""小""微小"，参见序列 10），以及听人们彼此交流以及和幼儿交流时使用数量和数字（例如"他有很多玩具""只要一个，谢谢"）。

| 特殊调适 |

有运动障碍的幼儿

运动障碍会导致幼儿无法用语言和肢体去碰触物品，因此可能没有办法完成序列中的一些项目。有运动障碍的幼儿可以通过眼神注视来学习并展示对数字概念的掌握，但他们的进步可能会比较慢。积极操控教具将在很大程度上有助于幼儿对数量概念的掌握。

有视力障碍的幼儿

视力障碍幼儿可能需要调整教具，教具需要更大，与背景形成更明显的对比，或者具有不同的颜色。

对于患有严重视力障碍的幼儿来说，要发展数量感是非常困难的，因为人们的第一个数字概念通常非常具有视觉冲击力。当有严重视力障碍的幼儿在计数时说出一个数字，而不是指向或触摸物体，那我们有必要教导他将物体从一个地方移动到另一个地方。

有听力障碍的幼儿

使用手语来教那些用手语来补充（或替换）语言的幼儿。

9. 数字概念

a. 将"更多"理解为现有数量的增加

b. 选择"只要一个"

c. 当被要求数物品时，以正确的顺序指向并背出至少 3 个数字

d. 当有一个或两个物品时，正确回答"有多少"的问题

e. 给 / 选择 2 个和 3 个物品

f. 遵守包含"所有""没有"和"没有任何"的指令

9a. 将"更多"理解为现有数量的增加

○ **教具** 一组积木或其他小物品

○ **流程**

给自己和幼儿每个人一小组积木（3 到 4 个）。在附近放置一盒积木，告诉幼儿我们要设法建造一所大房子。开始堆积木，并鼓励幼儿将积木堆叠在我们堆放的积木上面。当两个人都用完积木时，说"我认为我们需要更多的积木。请给我一些吧"。如果幼儿没有去拿积木，请指着盒子说："它们在那里，给我们拿更多的积木吧。"如果他仍然没有去拿到积木，我们需要帮助他们拿到，然后说："这里有更多的积木，让我们建造更大的房子吧。"尝试使用其他物品来进行类似的活动。

○ **每日常规和功能活动**

当幼儿正在吃饭或吃零食时，请在给他额外的量之前，询问他是否需要更多。当我们分发游戏教具时也使用术语"更多"（例如"这里有更多的积木"或"让我给你更多的蜡笔"）。

通过让幼儿给我们更多的东西，例如"谢谢你给我一些你的饼干，我可以再要一些吗？"或"我需要更多的积木来搭建这个塔"，来检验幼儿对于"更多"的用法的理解。

注意当幼儿想要更多时，幼儿是否能说出或用手语表示"更多"。

○ **标准** 在几种情境下，幼儿适当地说或用手语表示"更多"和（或）遵循指示以提供更多物品。

9b. 选择"只要一个"

○ **教具** 五六件玩具（如小型汽车、积木、动物、其他玩具），一个盒子或其他容器

○ **流程**

给幼儿一组物品进行探索和玩耍。几分钟后说:"你可以只留下一个[玩具]吗?"或发出其他指示,例如,只是将一个物品放在盒子里或只给妈妈一个。在要求物品的时候,伸出我们的手,并在幼儿放上一个物品后继续伸出手几秒钟,以确保他理解"只有一个"的意思,并且不会继续在我们的手上放东西。

○ **每日常规和功能活动**

通过每次大声数数(例如,当拿来餐具并摆在桌子上的时候,拿手套或袜子给幼儿穿上的时候),将幼儿的注意力集中在数字上。在我们数数的时候,举起手指,例如举起两根手指说"我需要两只袜子"。然后计算袜子,一只(举起一根手指),两只(举起第二根手指)。最多数5个数字,因为这些数字将首先变得有意义。当幼儿专注于数字后,开始给出只涉及一个数字的指令(例如"你只能拥有一块饼";"给我一把勺子")。总是通过计数来纠正错误(例如"哎呀,你拿给了我三块饼干。看,一,二,三。我说我只要一块。这是一块饼干")。

玩手指游戏或唱涉及计数和用手指表示数量的歌曲。

在一个小组里,在"只拿一个"的指令下互相传剪刀、橡皮泥等。始终通过逐个计算物品来纠正错误。

○ **标准** 幼儿在几种情境下,正确地选择"只拿一个"。

9c. 当被要求数物品时,以正确的顺序指向并背出至少3个数字

○ **教具** 一组有五六个物品的几组物品

○ **流程**

在幼儿面前连续放置五个物品。务必在物品之间留出至少1英寸的距离。说"让我们数一下这些[物品]。一、二、三、四、五,现在轮到你了,一……"每次说出一个数字就要触摸一个物体。鼓励幼儿在模仿我们计数时指向物体。尽可能辅助幼儿让他说出数字。

幼儿在没有辅助时能够独立数两三个数字后,便可以开始让幼儿独立数数,如果他没有开始,便可以给提示:"一……",看他是否会继续。

许多幼儿将学习正确的数字序列,但在继续说"二、三、四"之前总是会先等待成人说出"一"。不要试图纠正幼儿,而是自己恰当地示范数数。

○ **注意**

如果将物品摆放成一行而不是其他样子时,对幼儿而言更容易数数。不要指望幼儿在学习数数时按顺序触摸物品。表现出很高兴看到他正在触摸它们,并继续示范如何按顺序触摸它们。

○ **每日常规和功能活动**

在全天有机会时数各种物品（10个或更少）。在数数时用手指一指。鼓励幼儿在计算时指出物品并向我们说出数字。

○ **标准** 在3个不同的场合，当幼儿被要求数一组物品（例如二、三、四，四、五、六）时，幼儿能正确地说出任意3个数字的序列。成人在刚开始时可以示范数数。

9d. 当有一个或两个物品时，正确回答"有多少"的问题

○ **教具** 各种有趣的物品或玩具

○ **流程**

将一个物品放在幼儿面前并问："有多少［物品］？"如果他没有回答，请说"这里有一个［物品］，是多少？"

当幼儿可稳定地识别一个物品时，开始放置2个，并询问"有几个？"纠正幼儿出现的错误。

○ **每日常规和功能活动**

在一天中经常询问幼儿关于数字的问题（例如"我们有多少饼干？""看看这只熊，他有几只眼睛？"）。如果幼儿没有正确回答，则一边数数一边指着物品（例如"一，二，他有两只眼睛"）。然后，转到另一个类似的问题（例如"现在，妈妈有多少只眼睛？"）。

在零食时间以及其他活动时间询问有关数字的问题。如果有一群幼儿，请确保每个幼儿都有机会在另一个幼儿为他或她回答问题之前作出回应。让小组中的幼儿一起数数以检查答案（例如"让我们看看约翰是否正确，让我们数一下饼干，一、二、三……"）。

○ **标准** 幼儿正确回答3个或更多涉及"一个"的问题并正确回答3个或更多涉及"两个"的问题。

9e. 给 / 选择2个和3个物品

○ **教具** 一盒积木

○ **流程**

给幼儿一盒积木，告诉他我们要做点什么，请他递给我们2块积木。如果他给我们一些其他数量的积木，我们就一边数一边指向物品，说："那不是2个，它是［数量］块积木。这才是2块积木。"开始建造一座塔，然后再要2块积木，继续搭建并再要2块积木，直到幼儿稳定地选

择 2 块积木给我们。遵循相同的程序要求 3 块积木。

○ **每日常规和功能活动**

把它变成日常生活的一部分，例如布置桌子（"请给我两把叉子"），提供零食（"我们可以带 3 块饼干"）和清理玩具（"你捡起 3 个玩具，我也会捡起 3 个玩具"）。

在小组环境中，让幼儿轮流分发蜡笔或其他物品（例如"给每个人 2 张纸""给每个人 3 块饼干"）。

○ **标准** 幼儿至少在 5 种情境下，正确选择 2 个和 3 个物品。

9f. 遵守包含"所有""没有"和"没有任何"的指令

○ **教具** 积木等小玩具

○ **流程**

将一组玩具放在幼儿面前，并给出"所有""没有"和"没有任何"的指令。

例如，"把所有的积木放在盒子里""拿起汽车直到桌子上没有任何东西""其中一个盒子里面有一些积木，一个没有。给我没有积木的盒子"。如果幼儿出错，请再次说出单词或短语纠正他。

○ **每日常规和功能活动**

当在谈论我们正在和幼儿做什么时，请使用"所有""没有"和"没有任何"这些词语（例如"让我们收集所有的玩具。哎呀，我们错过了一个。让我们把它们都拿来。现在我们做得很好。这里没有任何玩具了"）。全天寻找机会要求幼儿取出（或拿起或给我们）一组里所有的物品（例如"把所有的勺子放在洗碗机里"）。此外，寻找机会说"我没有任何东西，你看，那里什么都没有"。另外，当我们读故事或童谣时，要注意找机会说这样的话（例如 Old Mother Hubbard："and then the poor dog had none"）。

在课堂上，使用"所有""没有"和"没有任何"这些词语来描述日常活动（例如"我希望这里的所有女孩和那里的所有男孩""货架上没有任何积木了。请将所有积木放在货架上"）。此外，寻找包含这些词语的故事。把手指放在图片上表明"所有"包括每个人。明确指出，当物品全部消失时，就会出现"没有"。向个别幼儿发出指示，包括给我们所有的蜡笔并将所有玩具放在架子上。

○ **标准** 幼儿在几个不同的情境正确地遵循涉及"所有""没有"和"没有任何"的指示。

第七章
认知/沟通

序列 10

概念/词汇：接受性

在出生至 3 岁之间，幼儿的发展会从简单的辨别到命名，再到辨别相对抽象的物品特征（如颜色、大小、形状）。这个序列关注的是幼儿越来越有能力将他们对世界的看法与他们所听到的词语连接在一起。例如，一个年幼的幼儿最初可能会把所有四脚动物都命名为"狗"，但随着幼儿经验的增加，他将识别如何区分狗与其他动物，并将开始正确命名猫、狗、牛等等。之后，幼儿将学习更多具包容性的类别（例如动物）和更独特的类别（例如小狗）。同时，幼儿可能会学会将特定物品视为柔软的，逐渐将其他物品归入柔软的类别，然后才开始发展出柔软度是一个相对的概念（即，虽然两个物品都是柔软的，但一个比另一个更软）。这种概念的完善和扩展将持续一生。

这个序列涉及幼儿对语言命名的理解。然而，在学习命名之前，幼儿必须能够做出某些区辨。作为一般规则，幼儿对于抽象特征先学会配对然后学会分类，在学会分类后学会选择，在学会选择后学会命名。例如，幼儿可以先将相同颜色的光盘与图片进行匹配，然后可以根据颜色将积木分成单独的几堆，然后他可以从一堆不同颜色的积木中选择红色的积木。最后，幼儿可能能够配对、分类和选择，但仍然无法命名积木的颜色。有些幼儿几乎同时经历了这四个步骤，其他人则会慢慢地从一个步骤发展到下一个。在尝试教授这些特征的命名之前，有必要知道幼儿是否能够基于抽象特征来区分物品，所以这个序列中的几个项目可以与序列 6——视觉感知中的配对和分类任务交叉进行。

| **特殊调适** |

有运动障碍的幼儿

咨询幼儿的物理和（或）职业治疗师，以确定最佳位置和合适的设备，来让幼儿指向或选择图片/物品。如有必要，使用眼神注视或是/否的回应来确定幼儿正在选择的物品。同样地，在进行分类项目时，可以通过让幼儿通过指向、眼睛凝视或是/否来回答物品应被放在哪里。请参阅本书末尾的附录 D，其中有可用于分类项目的物品操作板的说明以及增加眼神注视回应可靠性的一些建议。

有视力障碍的幼儿

帮助有严重视力障碍的幼儿仔细感受物品，以便他了解大小、形状和其他特征。当幼儿探索物品时，谈论这些特征。选择一些能突出强调你希望幼儿能够注意的特征的物品。根据视力障碍的影响程度，某些幼儿可能无法区分颜色。如果幼儿能够根据大小和形状（通过触觉提示）进行配对和分类，但无法配对或分类颜色，他将无法命名颜色。但是，继续使用颜色名称是很重要的。随着幼儿长大，他会知道草是绿色的，天空是蓝色的，即使他不会像有视力的人那样对这些词语有相同的心理构建。

有听力障碍的幼儿

听力障碍幼儿所需的调整，很大程度上取决于每个幼儿的父母和治疗师认可的沟通计划的类型。有些幼儿会参加口语课程。自然的手势可以与语言一起使用，但是不鼓励使用手语。有些幼儿能够使用综合沟通法（total communication），即讲话时辅助以美国手语或其他手语系统。一些有严重听力障碍且只能通过手语进行交流的幼儿，家长可能希望手语成为幼儿的主要交流方式。与父母和幼儿的治疗师讨论这些问题很重要，以确定哪种手语和手势适合幼儿的教育计划。

如果幼儿正在使用包括手语的沟通系统，如果幼儿遵循了相应手语的回应，则可以认为他对该序列中所有项目都已掌握。

注意：一些治疗师建议为没有听力障碍但难以掌握语言的幼儿教授手语。对于这些幼儿来说，用语言和手语的组合给出回应也是可以接受的。

10. 概念 / 词汇：接受性

a. 根据要求指向 3 个物品或人

b. 根据要求展示鞋子、衣服或其他物品

c. 根据要求指向常见的物品

d. 根据要求指向 3 张动物或物品的图片

e. 根据要求指向 3 个身体部位

f. 在给出范例时，将物品 / 图片简单分类（例如狗、猫、房屋、椅子）

g. 根据指导来表明理解"你""我""你的"和"我的"

h. 根据要求指向 15 张动物或物品的照片

i. 根据要求指向 5 个身体部位

j. 当在 2 个物品 /2 张图片之间进行选择时，选择"大的"和"小的"

k. 在一类物品里选出两三个例子（例如动物、玩具、食品）

l. 指向或展示以下 3 种或更多身体部位：舌头、下巴、颈部、肩膀、膝盖、肘部、脚踝

m. 选择包含动作的图片（例如吃饭）

n. 遵循指令，包括"里面""外面""上面"和"下面"

o. 当拿出样本并被要求找到"另一个"时，选择类似的物品/图片

p. 选择"相同"或"像这样"的物品/图片

q. 在一组 3 个物品/图片中选择"最大"和"最小"

r. 选择物品/图片来表明了解至少 2 个相对概念或对比概念（例如"软/硬""重/轻""粗糙/光滑""胖/瘦""厚/薄""矮/高""小/大""短/长""凹凸/平滑"）

s. 根据要求指向 5 种或更多颜色的物品

t. 选择物品和图片，以显示哪个是正方形，哪个是圆形

u. 按用途选择物品（例如"给我可以喝的东西"）

v. 理解部分—整体的关系（例如，指向狗的尾巴）

10a. 根据要求指向 3 个物品或人

○ **教具**　一组熟悉的物品或玩具

○ **流程**

将 3 个物品放在幼儿面前，说"给我看［物品］"或"摸一摸［物品］"。如果他没有按照我们的要求进行操作，请触摸该物品并说出它的名字。然后，将幼儿的手放在上面并再次命名。以同样的方式询问其他物品。

如果父母、兄弟姐妹或其他熟悉的人在附近，请问幼儿："［某人］在哪里？"如果幼儿没有指向或直视那个人，请指向那个人。

○ **每日常规和功能活动**

全天观察是什么物品或人吸引了幼儿的注意力。命名幼儿感兴趣的任何东西（例如"爸爸来了""好狗狗，拍拍狗狗""球，滚一滚球"）。

通过将物品交给幼儿或在命名的时候指向它们，将幼儿的注意力吸引到感兴趣的物品上。如果我们把着幼儿，让他触摸物品，然后稍微后退一点，这样他的手臂仍然伸向物品，但你在谈论并用手指向它时，不会触摸到它。如果幼儿没有开始模仿我们的指向动作，请按照我们指出的方向举起他的手臂，问他："看到［物品］了吗？"

开始问幼儿："［人］在哪里？"或："［物品］在哪里？"从你为他多次命名的事物开始。如果幼儿没有指出或以其他方式表示物品，我们指一指并说："就在那里，就在那里，看［物品］。"在这种情况下，如果需要，请使用肢体辅助。

○ **标准**　在几个不同的情境中，幼儿指向 3 个物品或人。大多数幼儿会用整只手或一根手指去指。幼儿触摸或拿起被命名的物品也是可以接受的。如果需要，幼儿可以使用眼睛注视而不是用手指出。

10b. 根据要求展示鞋子、衣服或其他物品

○ **教具** 不需要

○ **流程**

问幼儿："你的鞋子在哪里？"如果他没有回复，请摸摸他的鞋子并说："它们在这里，这些是你的鞋子。"摸摸它们（或者看它们；如果幼儿无法触及它们，请将它们举起来），然后按照相同的程序询问和要求展示另外两件衣服。最后，依次重复询问每一个物品，并在必要时提供辅助。

○ **每日常规和功能活动**

当我们给幼儿穿衣时，谈论他的衣物，命名每件衣物，并注意衣物与它们所覆盖的身体部位之间的关系。例如："给我你的脚，首先我们穿上袜子，然后套上鞋子。"让幼儿给你不同的衣物。

当幼儿得到一些新衣服时，请他把它们展示给另一个人。如果他不会这样做，你可以帮他。

○ **标准** 幼儿展示他的鞋子、其他衣服或某些物品，来回应展示或者触摸该物品的要求。

10c. 根据要求指向常见的物品

○ **教具** 在一般的家庭或集体护理环境中常见的物品（例如杯子、勺子、叉子、球、玩具卡车或汽车、梳子、书）

○ **流程**

在幼儿面前放置三四个物品。伸出我们的手，然后说："请给我［物品］。"如果他什么都不做或给我们错误的物品，就说："我要［物品］，请把它给我。"如果有必要，请在身体上提供辅助，好让他交给你。重复其他的物品。

将指令更改为"展示［物品］""触摸［物品］"和"指向［物品］"，以教幼儿识别对待物品的不同方式。必要时提供辅助。

○ **每日常规和功能活动**

继续执行第10a项——定期命名幼儿感兴趣的物品；向他展示其他物品，命名它们并谈论它们；问幼儿他最喜欢的玩具之一在哪里；问他其他的事情。

○ **注意**

大多数幼儿没有系统的扫视技能，可能只是因为他们不能在周围的其他东西中看到特定的物品并指向它。重点是让幼儿识别触手可及或直接放在他面前的物品。

○ **标准** 幼儿根据要求指向最常见的物品（至少10个）。可以通过任何明确的回应来确认，包括触摸、指向、给予和眼睛注视。

10d. 根据要求指向 3 张动物或物品的图片

○ **教具** 书籍、杂志

○ **流程**

在幼儿面前放三四张照片。说"给我看［动物／物品］""摸［动物／物品］""［动物／物品］在哪里？"或"指向［动物／物品］"。如果他什么都不做或者指向了错误的图片，说，"这是［动物／物品］，摸摸它"。如有必要，请身体辅助幼儿指出。重复其他图片。改变指令，以便幼儿知道"在哪里""告诉我""触摸"和"指向"是类似的指令。

○ **每日常规和功能活动**

每天至少花 5—10 分钟给幼儿读书，使用带有彩色动物和普通物品的书籍。在幼儿可以安坐的时间内讲尽量多的故事。不要约束一个活泼的幼儿，但要尽可能快速地从一个图片翻到另一个图片，并尽可能多地用动画式的语言说话，来保持他的注意力集中。指着图片并命名它们。如有必要，请在命名图片时帮助幼儿指向或触摸图片。

一旦幼儿开始指着你已阅读过几次的书中的图片，请尝试向他展示其他书籍或杂志，看看他是否会指出不那么熟悉的图片。

当我们和幼儿一起在车里、杂货店里或其他环境中时，能够在标签、食品纸盒等物品上看到图片的情况下，请指出并命名我们看了什么。让幼儿找到我们命名的物品。

○ **标准** 幼儿指向至少 3 张动物或物品的图片。

10e. 根据要求指向 3 个身体部位

○ **教具** 不需要

○ **流程**

面对幼儿，问他："我的鼻子在哪里？"摸摸鼻子，如果他没有自发这样做，请帮助他。然后问："你的鼻子在哪里？"重复眼睛、耳朵、头发、嘴巴、手、脚、胃，等等。拿出一个洋娃娃或毛绒动物，并要求幼儿找到它的指定身体部位。

○ **每日常规和功能活动**

当我们为幼儿穿衣或洗澡时，请触摸并谈论他的头发、手、脚、肚子、鼻子、眼睛、耳朵和其他身体部位。另外，在帮助他穿衣服的时候给一些指示，并使用身体部位的名称（例如"举起双手""让我擦你的鼻子"）。

当幼儿正在玩填充动物或玩偶时，请让他找到眼睛、耳朵、脚等等。谈论动物之间的差异

(例如，狗的大耳朵和小鼠的小耳朵），或玩偶与动物之间的差异。

当我们与幼儿一起看书时，请指出动物或人的各个部位，让幼儿也指出它们。

在团体中，唱一些包含指向身体部位（或以其他方式表明身体知识）的歌曲，例如"当你快乐并且你知道它时，拍拍你的手（跺你的脚，摇头，触摸你的鼻子，等等）"。

○ **标准**　幼儿指向或以其他方式指出 3 个身体部位。幼儿应该能够自发地做到这一点（即不是花了一段时间来教他）。

10f. 在给出范例时，将物品/图片简单分类（例如狗、猫、房屋、椅子）

○ **教具**　几个容器，各种玩具和物品（同一类别的物品中应包括不同的类型和大小——例如，狗应包括不同品种；珠子应包括方形、圆形、椭圆形，大的和小的）

○ **流程**

给幼儿两三个容器、一组混合的玩具或其他物品。选择他可以轻松分类并放进所提供的容器中的物品。例如，给幼儿 3 个容器和各种各样的玩具狗、小积木和木珠（每种 3—5 个）。向他示范如何对物品进行分类，在每个容器中放置一个物品并命名它。让幼儿将剩下的物品分类到容器中。

○ **每日常规和功能活动**

在清理活动中寻求幼儿的帮助，通常涉及将玩具分类到不同的容器中。

放一组物品以便在电话附近分类。当你正在通过电话交谈或忙于其他一些事情时，请将物品交给幼儿进行分类（经常更换，以便幼儿保持兴趣）。

○ **标准**　当给出一个范例时，幼儿会在几个不同的情境下将物品/图片分成简单的类别。

10g. 根据指导来表明理解"你""我""你的"和"我的"

○ **教具**　各种小玩具和玩偶，或填充动物

○ **流程**

划分一组玩具，将一些玩具放在我们面前，一些放在玩偶面前，一些玩具放在幼儿面前。给出指示，诸如："我将给你一个我的［物品］，然后我会给她（玩偶）一个。请给我一个你的［物品］，现在，给她一个。""拿一个我的［物品］，把它给她。""拿起她的一个［物品］，把它交给我。"如果幼儿出错，请纠正他。如有必要，可通过手把手的辅助作出正确的响应。

○ **每日常规和功能活动**

平时与幼儿交谈时，经常使用代词。在谈论别人时，他可能仍然只使用名称，但我们应该使

用名称和代词的组合，以便他学会将名称和代词联系起来。例如，说"把它交给我"（而不是"把它给妈妈"），"请把你的鞋放在衣柜里""这是谁的帽子？这是你的帽子。我可以戴吗？好的，你可以戴上它"。

当我们向幼儿发出指令时，寻找机会强调这些代词，以便你可以确定他是否理解这些代词。

○ **标准** 幼儿遵循一个或多个指令，表明对"你""我""你的"和"我的"的理解，而不需要成人指出或说出该人的姓名。请注意，大多数幼儿在能够正确使用代词之前，可以遵循涉及代词的指令。

10h. 根据要求指向 15 张动物或物品的照片

○ **教具** 书籍、杂志、图片卡

○ **流程 / 每日常规和功能活动**

参见第 10d 项的说明。

○ **标准** 几种情境下，幼儿指向或指出至少 15 张动物或物品的图片。

10i. 根据要求指向 5 个身体部位

○ **教具** 不需要

○ **流程 / 每日常规和功能活动**

参见第 10e 项的说明。

○ **标准** 在几种情境下，幼儿指出或以其他方式确认至少 5 个身体部位。

10j. 当在 2 个物品 /2 张图片之间进行选择时，选择"大的"和"小的"

○ **教具** 相似但尺寸明显不同的玩具（例如，火柴盒汽车和 6—8 英寸长的汽车，大型和小型毛绒动物）

○ **流程**

在进行这个项目的时候，同时进行分类"大的"和"小的"的项目（项目 6-IIa）。在幼儿能够根据物品是大是小来进行分类之后，开始向他展示 2 个尺寸差别很大的物品，并要求他给你一个"大的"物品或"小的"物品。继续使用其他物品，逐渐减少大小的差异，以便幼儿知道"大的"和"小的"是相对而言的。

○ **每日常规和功能活动**

当你谈论或向幼儿展示物品时，经常使用术语"大的"和"小的"。全天应该有很多机会让幼儿拿来一些可以描述为"大的"或"小的"东西。或者，我们可以通过谈论大口或小口，将这个与用餐结合，询问幼儿他是否想要一块大饼干或一块小饼干，等等。

○ **标准** 幼儿正确识别大的和小的物品5次及以上。

10k. 在一类物品里选出两三个例子（例如动物、玩具、食品）

○ **教具** 图片、杂志、书籍、小玩具

○ **流程**

和幼儿一起看书或杂志，并说："让我们看看我们在这本书中能找到多少动物。你在这页里看到过任何动物吗？这页呢？"如果有必要，给他举一个例子（例如"这是一匹马，它是一种动物。你能找到另一个动物吗？"）。指向他遗漏的动物，并纠正任何错误。对另一个类别执行相同的过程。

在幼儿面前放置一组玩具（例如，4辆汽车、4辆卡车、4个动物、4件幼儿茶具）。让他找到所有动物并将它们放在一个地方。将动物放回去混合，让幼儿找到所有卡车。继续其他类别。

○ **每日常规和功能活动**

当我们与幼儿交谈时，我们可以在无意识的情况下使用关于类别的词语。幼儿学习的第一类词是玩具，因为我们通常会要求他们拿起玩具或给他们玩具。在看动物图画书时，可以很自然地说："看看所有这些动物！这是一头猪，这是一头牛。"

注意我们和幼儿在一起时使用的词语。如果我们没有引入类别单词或仅引入少数单词，请有意识地加入更多新单词，例如从玩具、衣服、餐具、动物、蔬菜、水果、饮料和甜点开始就很好。通过分类，可以帮助幼儿了解特定类别中的物品。例如，当拿起玩具时，我们可能会在地板上找到一只袜子或其他"不是玩具"的物品。问幼儿："这是玩具吗？"如果幼儿说"是"，说："不，这不是玩具。这是一只袜子，应该放进脏衣服篮子里。"或者，当你打开洗碗机时，告诉幼儿如何将叉子、勺子和刀子放进去。

○ **注意**

对于类别总会有一些混淆，因为有些物品可能属于一个类别也可能属于另一个，具体取决于用法或其他特征。例如，娃娃衣服可以放入玩具类，而不是放在装家庭成员衣服的篮子里。当一个幼儿以一种我们用的方式进行分类时，试着弄清楚他的逻辑，并与幼儿谈论它。

○ **标准** 幼儿理解2个或更多的类别词，包括分类，正确地指导其他人应该如何分类，正确

地使用类别词来描述物品或一组物品，或通过任何其他方式，只要显示出对类别的理解。

10l. 指向或展示以下 3 种或更多种身体部位：舌头、下巴、颈部、肩膀、膝盖、肘部、脚踝

○ **教具**　娃娃、动物、人和动物的图片

○ **流程**

让幼儿向你展示上述每个身体部位。如果他不这样做，就用自己的来展示给他看。然后让他找到他自己的部位。如有必要，请身体辅助他触摸这些部位。

○ **每日常规和功能活动**

与幼儿一起玩游戏，我们可以命名并触摸他身体的某些部位（例如"这里有一个小虫子爬上你的手臂，挠你的下巴"）。当幼儿触摸你的身体部位时，请说出他正在触摸的部位（例如"那是妈妈的脖子"）。如果你伤到了自己或者幼儿伤到了自己，请说出受伤的部位（"哦，亲爱的，你划破了你的膝盖"）。

唱一些涉及触摸身体部位的歌曲，例如，"如果你快乐，你知道它，拍拍你的手（摸你的下巴，跺你的脚，摸你的膝盖，等等）"或"头，肩膀，膝盖和脚趾"（可换成其他部位，例如"舌头、颈部、腹部和脚踝"）。

偶尔让幼儿指着上述身体部位，尝试在我们身上、他自己身上和玩具娃娃身上寻找。

○ **标准**　幼儿指向或展示以下 3 种或更多身体部位：舌头、下巴、颈部、肩部、膝盖、肘部、脚踝。每个部位必须在几次尝试中都正确。

10m. 选择包含动作的图片（例如吃饭）

○ **教具**　书籍、杂志

○ **流程**

和幼儿一起看一本书，然后说："看看这页，谁在睡觉？"（至少应该有一个其他人或动物在同一页上做其他事情）或者说："让我们看看这本书，看看你是否能找到一个正在跑步的人。"指出幼儿忽略之处。经常使用各种书籍重复此活动。

○ **每日常规和功能活动**

经常给幼儿阅读彩色图画书，一边阅读一边谈论图片。一旦幼儿熟悉了这本书，就开始让他告诉你谁在做某些动作，比如吃饭、睡觉或跳跃。

当你坐着看杂志时，鼓励幼儿和你坐在一起。谈论杂志里的广告以及人们在照片里正在做什么。让幼儿指出做各种活动的人或动物。

○ **标准**　幼儿（通过指、触摸、命名）选择人或动物的动作图片。幼儿应该能够识别至少3种不同的动作。

10n. 遵循指令，包括"里面""外面""上面"和"下面"

○ **教具**　一般的家居用品和容器

○ **流程**

在幼儿面前放一些小玩具或积木和一个容器。给出包括"里面""外面""上面"和"下面"在内的说明。例如，告诉幼儿"把车放在盒子里面""把盒子里面的积木拿出来""把球放在椅子上面""把球从椅子上拿下来"。通过示范你要求的动作来纠正他的错误，然后重复指令。如有必要，请通过手把手的辅助来协助幼儿理解。总是对幼儿完成任务表示赞美，即使是在我们的协助下。

○ **每日常规和功能活动**

在给幼儿下指令时，请考虑这些介词。特别强调它们（例如"把积木放在盒子里，书放在架子上""请把书从盒子里取出来""请把你的肘部从桌子上拿下来"）。用这些词来谈论你在做什么，并在与幼儿一起玩游戏时将这些介词包含进去。例如，藏起一些东西，然后说："你能找到［物品］吗？看看抽屉里，看看桌子上面。"

在小组环境中，设置简单的障碍课程，要求幼儿们进入、爬出、爬上各种家具或游戏设备。当他们这样做时，说："嘿，大伙儿，内尔在哪里？他在隧道里。现在他正在出来！"向个别幼儿和小组发出包括这些话的指令，以评估每个幼儿是否掌握了这些概念。

○ **标准**　幼儿遵循指令，理解"里面""外面""上面"和"下面"的指示。幼儿必须在至少2种不同的指令中表现出对每个单词的理解（例如，"把积木放进盒子里""把勺子从桌子上取下来""把书放在书架上""把鞋子从盒子里取出来"）。

10o. 当拿出样本并被要求找到"另一个"时，选择类似的物品/图片
10p. 选择"相同"或"像这样"的物品/图片

○ **教具**　图画书，记忆游戏中的图片卡，在家中、教室、户外或其他地方发现的常见物品

○ **流程**

给幼儿一组8—10个（张）物品（图片），有3个或更多类别，如汽车、卡车、飞机、积木、

勺子等。在每类物品中拿出一个有代表性的物品，出示我们的一个物品然后说："我有一个［物品］，你能找到另一个吗？"如果他没有给你另一个同类物品，请帮助他找到。如果他给你其他的物品，描述它与我们拥有的物品的相似或不同之处，并帮助他找到同类的物品（例如"那个有点像汽车，因为它有轮子，但它是一辆卡车，我需要另一辆"）。

给幼儿另一个物品集合，其中包含你所拥有的物品的复制品。拿起你的一个物品，并告诉他找到一个与你的物品一样或相似的物品。如果他给你一个同类别但不完全相同的物品，告诉他他做得很好，但他需要找到一个完全相同的。帮助他找到它，将两者放在一起，说："看，这些都是一样的，它们是相似的。"再试一次其他物品。

使用图片代替物品重复类似的过程。动物记忆或乐透游戏可以提供合适的图片。不断练习，直到幼儿明白"另一个"不像"一个一样的"或"就像这个"那样具体。

○ **每日常规和功能活动**

幼儿从日常接触中学习相似性和差异性的概念。当帮助幼儿搭积木时，请他找到"另一个"。或者，看着一本书说："这有一只狗，你能找到另一只吗？"如果幼儿的选择不同于你的要求（例如选了一头母牛而不是一只狗），请告诉幼儿这2个物品为什么是相同的（2只都是动物）以及它们哪里不同（例如，他们的大小、形状、发出的声音）。

继续进行更加困难的区辨，要求幼儿找到"一个像这样的"或"与这一个相同的"物品/图片。例如，向幼儿展示4只不同的狗的图片，并要求他找到一只狗，和这4张照片其中一只一样。

○ **标准 10o** 在几种情境下，幼儿在有样本时能按照指示找到"另一个"物品/图片。请记住"另一个"不是特定的"相同"或"像"（另一只狗看起来与我们最初选择的那只狗完全不同）。

○ **标准 10p** 在一些情况下，幼儿在有样本时找到"相同"和"像这样"的物品/图片。

10q. 在一组3个物品/图片中选择"最大"和"最小"

○ **教具** 不同尺寸的各种物品或不同尺寸物品的图片

○ **流程**

拿出3个物品或找到具有3个不同大小的物品的图片，并让幼儿指向最大和最小的物品。如果他犯了错误，请纠正他。尝试另外一组3个物品或图片。

○ **每日常规和功能活动**

使用术语"最大"和"最小"，在我们描述环境中的事物时加入"大的"和"小的"（例如"我要给你最大的饼干，我给自己最小的饼干"）。

当我们阅读书籍或查看书籍中的图片时，请用尺寸术语描述物品，一本特别好用的书是 *The Three Billy Goats Gruff*。

○ 注意

虽然这个项目强调"最大"和"最小",因为"大"和"小"往往是幼儿们使用的第一个尺寸术语,所以引入诸如"大""小""非常小"之类的各种不同的术语是个好主意。

○ **标准** 幼儿在 3 个不同的物品或图片中识别出"最大"和"最小"。

10r. 选择物品 / 图片来表明了解至少 2 个相对概念或对比概念
(例如"软 / 硬""重 / 轻""粗糙 / 光滑""胖 / 瘦""厚 / 薄""矮 / 高""小 / 大""短 / 长""凹凸 / 平滑")

○ **教具** 上述特征不同的各种物品(例如填充动物、积木、枕头、椅子、岩石、羽毛、绳子)和这些特征不同的物品的图片

○ **流程**

对于所教授的每个相对概念,给幼儿呈现 2 个非常不同的物品 / 图片。例如,向幼儿展示一个填充动物和一块岩石,来教授"软 / 硬",用一块岩石和一根羽毛来教授"重 / 轻",用一把尺子和一根短尺来教授"长 / 短",用不同直径的圆柱体来教授"厚 / 薄",用一块砂纸和一段绸缎来教授"粗糙 / 光滑"。鼓励幼儿在谈论它们的特征时适当地感受它们,拿起和探索物品。

在幼儿看起来理解了一组材料之后,尝试另一组对比度不是那么明显的材料。当幼儿能经常性地识别他可以操作的 2 个物品的特征时,试着找到能够解释这些特征的图片(例如砖和枕头的图片),并要求他识别哪些物品是柔软的、坚硬的、重的、轻的,等等。

○ **每日常规和功能活动**

请记住使用文字来描述一整天中见到的物品的特征,并选择有助于强化这些概念的书籍。例如,*Goldilocks and the Three Bears* 的故事提供了一个讨论"硬"和"软"、"热"和"冷"、"大"和"小"的机会。

让幼儿在外面收集材料,或让他们每人从家里带些东西给其他幼儿。选择可以比较不同特征的物品(例如"粗糙 / 光滑"),并鼓励幼儿寻找可以使用相同特征进行比较的其他物品。

将娃娃和(或)填充动物排成一行,并让幼儿挑选一些高的、矮的、胖的或瘦的娃娃,或是粗糙的或光滑的衣服。在零食时间,讨论"热"和"冷"、"温暖"和"凉爽"。

○ **标准** 幼儿在 2 种或更多的情境下,选择物品 / 图片以表明理解至少 2 个相对概念。

10s. 根据要求指向 5 种或更多颜色的物品

○ **教具** 不同颜色的物品

○ **流程**

在幼儿试图去指向我们说出的颜色之前,请确保幼儿能够进行颜色配对(参见项目 6-IIb)。如果幼儿在掌握配对任务后尚未指向正确的颜色,则通过命名我们拿着的物品的颜色,并要求幼儿找到另一个和它颜色一样的物品来进行教学。继续看其他颜色,然后回到第一个颜色并要求幼儿找到一些那种颜色的物品,但不要直接给他看与之相配的物品。

○ **每日常规和功能活动**

经常在家中或教室中发出涉及颜色的指令(例如"请给我红色的水杯")。与一群幼儿一起工作时,要求他们指出衬衫是蓝色的人、缎带是红色的人等等。或者让幼儿们环顾教室,找到一些绿色的东西,然后让每个幼儿说出他或她找到了什么。

○ **标准** 幼儿指向物品以表明对 5 种或更多种颜色的理解(每种颜色应经过多次辨认)。

10t. 选择物品和图片,指出哪个是正方形,哪个是圆形

○ **教具** 各种方形和圆形的物品(例如积木、球、方形和圆形的彩纸),方形和圆形物品的图片

○ **流程**

尝试让幼儿在我们命名形状时指出相应的形状,在此之前,请确保幼儿能够配对和分类形状(参见项目 6-IIc)。如果他在掌握分类和配对后还不能正确指出不同的形状,那么通过向他展示一个圆形物品并要求他找到另一个圆形物品来开始教学。用方形物品重复以上程序。然后在没有示范的情况下向他要求圆形或方形的物品。一旦幼儿能够根据要求给予圆形和方形的物品,向他展示圆形和方形的物品以及圆形和方形的图片,让他指出圆形和方形的物品。如果他无法从实物转换到图片,那就退回去,让他找到"和我的一样的圆形"。

○ **每日常规和功能活动**

将物品描述为方形或圆形(例如在购物、旅行或在户外散步时指出标志)。让幼儿按形状给你物品(例如"这是一个圆盘。你能找到我的圆形盖子吗?""我需要一个方形积木才能进入这座塔,你能找到一个方形积木吗?")。

在教室中,将形状命名的学习纳入清理活动或艺术创作中,例如"将所有圆形积木放在这个盒子里,所有方形积木都放在那个盒子里面"。拿出不同颜色的圆形和方形,并说:"让我们用圆

形来制作一张图。"然后用方形制作另一张图画。

玩一个游戏，你让每个幼儿在教室里找到方形（或圆形）的东西。和无法理解形状概念的幼儿单独玩游戏。

○ **标准** 幼儿从至少包含 2 种形状的一组形状中，选择至少 5 个方形和圆形物品以及至少 5 个此类物品的图片。

10u. 按用途选择物品（例如"给我可以喝的东西"）

○ **教具** 各种功能性物品

○ **流程**

当我们使用物品时谈论它们（例如"今天让我们喝光蓝色杯子里的水""我将用这些剪刀剪纸"）。偶尔在幼儿面前放置三四个物品，并说："给我一个……我们可以……（例如喝、切开、用来洗脸、携带钱等）"

收集一些有趣的物品，并让幼儿告诉我们它们的用途。告诉并示范给幼儿他们不认识的物品的用途，让他使用或假装使用这些物品。在第二天，再次拿出物品，并要求幼儿通过用途来识别它们（例如"告诉我用来钉钉子的是什么""告诉我可以扔的是什么"）。

注意：使用不同的说明是很重要的，这样幼儿可以在被要求"给我看""指一指""给我"和"找到"时完成任务。

○ **每日常规和功能活动**

与幼儿一起购物或阅读时，描述某个物品的功能，让他向我们指出该物品或图片。

○ **标准** 幼儿根据用途，识别 5 个或更多物品。

10v. 理解部分—整体的关系（例如，指向狗的尾巴）

○ **教具** 玩具、图片、普通家用物品

○ **流程**

给幼儿 2 只毛绒动物或 2 只动物的照片，说"给我看［动物］的尾巴""给我看［动物］的鼻子"，依此类推。

给幼儿一辆汽车、一辆卡车和一辆火车（或各种车辆的照片），让他向我们展示火车的车轮、汽车的门或卡车的车窗。

按照类似的步骤使用其他的物品和图片。在幼儿指向正确后夸奖他。纠正错误，并让幼儿再

次拿给你看。

○ **每日常规和功能活动**

当你和幼儿一起阅读故事或进行其他一些常规活动时，请评论物品或图片的不同部分（例如"看看那只松鼠的尾巴""那辆卡车有大轮子""那是猫的爪子，你有手脚，猫有爪子"）。偶尔让幼儿向我们展示物品或图片的一部分。如果他做出错误的选择，请帮助他指出正确的部位。

通过选择2个或多个类似的物品来增加任务的难度，并让幼儿向我们展示其中一个物品的一部分。例如给他一只玩具狗和一只玩具猫（或狗和猫的照片），然后让他指出狗的尾巴。这可以让我们确保幼儿正在关注问题的2个部分（物品本身和物品的特定部分）。

○ **标准** 幼儿在5种或更多情境中，幼儿可以辨认物品或图片的一部分。其中至少在2个情境中能同时选择正确的物品和正确的部分。

序列 11
概念 / 词汇：表达性

人的沟通能力取决于他对其他人所说的话的理解以及将自己的思想和观念转化成文字的能力。这个序列从幼儿发出第一个类似单词的声音开始，结束于幼儿对词语含义的新理解以及意识到应该对新单词保持警惕，以便理解和使用这些新单词。

幼儿在给物体贴上语言标签之前，会先在感知上形成许多概念。例如，在将特定名称与颜色相结合之前，幼儿可以配对颜色，清楚地识别一种颜色与另一种颜色之间的差异。通过主动操控物品和环境中的其他经验，可以辨别其他概念。如果幼儿在按顺序完成序列中的项目时遇到困难，重要的是，要查看他在其他序列中的进度，以确定幼儿是否已经掌握了知觉辨认的基础（序列 6–II 视觉感知：配对和分类）并能理解物品的关系和特性（序列 10 概念 / 词汇：接受性）。

特殊调适

有运动障碍的幼儿

当运动障碍影响到发音时，请仔细聆听并接受比对其他幼儿要求更低的近似音。如果幼儿的单词生成远远落后于他对语言的理解，请咨询语言病理学家以寻求帮助，开发替代或辅助的沟通系统。

有视力障碍的幼儿

对于有严重视力障碍的幼儿，当你发出不同的声音时，请将他们的手放在你的嘴上，以便他们感受到这些声音并听到它们。偶尔帮助幼儿在发出不同的声音时触摸自己的嘴巴。

患有严重视力障碍的幼儿通常会很好地模仿语言，但难以理解单词的含义。通过触摸别人的头发和脸部以及听到别人的声音来感受一个人，可以帮助这些幼儿通过感受和触摸来探索物体。

有听力障碍的幼儿

始终咨询从事治疗听力障碍幼儿的专家，以便制订一致的计划。如果幼儿正在通过全面沟通计划学习说话，你将有必要学习幼儿的治疗师教他的一些手语，并每天与幼儿一起使用。在整个序列中，一致的手语可以被认为是单词。

如果幼儿正在尝试用手语进行交流，请接受近似手语，和你接受单词的近似程度一样，但要示范正确的手语。如果幼儿通过模仿取得的进步不大，你可能需要亲自帮助幼儿做手语。

通过让幼儿触摸你的嘴或喉咙，以及让他们触摸自己的嘴或喉咙，可以帮助有听力障碍的幼儿感受到声音。站在镜子前和（或）用麦克风和扬声器增强幼儿的发声，以便他们听到声音，这也是很有帮助的。

注意：对于没有听力障碍但正在学习手语以便沟通的幼儿，也可以将手语作为单词使用。

11. 概念 / 词汇：表达性

a. 发出重复的辅音—元音组合

b. 使用与语言概念相关的 2 个或更多个手势

c. 使用一个或多个感叹词

d. 使用 2 个或多个单词来命名物品或人物

e. 在适当的情境下说"再见"（或相同意思的话）

f. 使用 7 个或更多单词来命名物品或人物

g. 命名 2 张或更多图片

h. 适当地使用 15 个或更多单词

i. 有意义地说"不"

j. 命名最常见的物品

k. 在碰到或者触摸到物品但没有看到物品时命名它们

l. 命名 6 张或更多常见物品的图片

m. 使用至少 50 个不同的单词

n. 命名 8 个或更多常见物品的简笔画

o. 使用"其他"或"另一个"来表示另一个或者相似的物品

p. 命名大多数图片和熟悉物品的简笔画

q. 仔细听新词语（可能要求重复）

r. 向自己重复新的词语

11a. 发出重复的辅音—元音组合

○ **教具** 不需要

○ **流程**

仔细听幼儿的发音。注意他所发出的任何辅音—元音组合（例如"ba""duh""ma""pa"）。通过将幼儿的频繁发音串联起来（例如"ba，ba，ba，ba"，使用有趣的单调变化模式），来与幼儿交谈。听听幼儿是否重复了一个音节，无论是我们示范的音节还是另一个音节。当他重复一个音节时，微笑并继续和他说话，让他知道你很高兴。

○ **每日常规和功能活动**

进餐时间是刺激发声的特别好的时机。当我们喂幼儿时，发出声音（例如，"Mmmmm, mmmmm, yummy"）。如果幼儿没有发声，我们可以偶尔用勺子或手指轻轻地在幼儿的嘴唇上有节奏地施加压力，同时说"ma, ma, ma"，这样，当压力释放时，更有可能发出声音。

总是尽量让幼儿发出有趣的声音。将它变成一个轮流游戏，并在轮到幼儿时让他感到兴奋。

○ **标准** 幼儿经常发出至少包含 2 个重复的辅音—元音组合的声音。

11b. 使用与语言概念相关的 2 个或更多个手势
（例如"全部吃完了""这么大""更多""再见"）

○ **教具** 不需要

○ **流程**

选择三四个我们计划与幼儿一起使用的手势，以便他将特定情境和（或）口头短语与手势相关联。例如，当我们想去某个地方或有人离开时，我们会说"再见"。如果幼儿不能模仿，肢体辅助他挥手。然后，在你挥手之前轻轻地说"再见"，看看幼儿是否会单独听到口头提示而挥手。

在进餐时，当幼儿吃完食物之后，给他看空容器并说"全部吃完了"，同时选择用于表达该概念的手势。握住他的手，辅助他做出同样的动作，再次说"全部都吃完了"。同样地，做出表示"更多"的手势，当我们问幼儿"你想要更多吗？"时，注意他是否有正在学习手势的迹象，无论是模仿你，还是自发地使用手势。

○ **每日常规和功能活动**

玩与单词概念相关的手势游戏，例如"凯科有多大？这么大！"（当你举起双手时，尽可能高）。看看幼儿是否会模仿，之后，看他在回答"凯科有多大"的问题时是否会举起双手。

○ **注意**

幼儿的第一个手势或姿势通常不是对成人的准确模仿。如果幼儿做出近似的动作，也要给予认可。

○ **标准** 幼儿使用 2 个或多个与言语概念相关的手势/姿势。幼儿应该在适当的情况下或在轮流游戏中轮到他的时候自发地使用这些手势。

11c. 使用一个或多个感叹词

○ **教具**　不需要

○ **流程**

想想我们在自然情景中使用的感叹词（例如"哦！""哎呀！""哇！"）。选择一两个来教幼儿。通常幼儿学习的第一个感叹词是"哦"，无论何时出错（例如你掉落或洒了某些东西）都会说。

故意掉落一些东西然后说"哦"并捡起它，轻轻地拿着它，丢下它，然后再说"哦"。将物品交给幼儿，如果他弄掉了它，我们就说"哦"，然后再次交给他。当他弄掉它时，等着看他是否会说"哦"。如果他没有，就由我们说出来。每次当他或我们扔东西或东西溢出时继续使用感叹词。留意他是否能自发地使用感叹词。

○ **每日常规和功能活动**

全天以自然的方式使用感叹词。尝试在特定事件的表达中保持一致，并倾听幼儿模仿和适当地使用它们。

偶尔使用木偶、玩偶或填充动物与幼儿玩耍。当木偶掉下来时说"哎哟"，创造其他合适的事件，使用"哎呀！"或其他感叹词。像这样操作几次后暂停，以观察幼儿是否会使用感叹词。

○ **标准**　幼儿在几个不同的场合使用至少一个适当的感叹词。

11d. 使用2个或多个单词来命名物品或人物

○ **教具**　各种玩具或物品

○ **流程**

询问幼儿的照料者，他是否能在特定的人或物体面前发出任何一致的声音（或者是手语，如果他正在被教授使用手语）。此外，请照料者告诉我们幼儿的首选玩具。将这些玩具中的一个放在幼儿面前，听听他发出的声音。将玩具命名并交给他。几分钟后，展示另一个玩具，听听幼儿的声音然后给玩具命名。再试一试第一次拿出的玩具。

当父母、兄弟或其他熟悉的人进入房间时，要注意幼儿的发声。听听幼儿是否试图发出接近的单词（例如"爸爸""瓶子""小狗""妈妈"）。通过微笑和重复他所说的话来强化这些尝试。

○ **每日常规和功能活动**

全天与幼儿交谈，命名物品，描述我们在做什么，等等。要特别关注他所关注的物品、人物或事件。教他命名他所注意的东西会更容易，因为它们已获得了幼儿的兴趣和关注。

当幼儿伸出手来表达他想要某些东西，命名这个东西，然后等待一会儿，看看他是否会努力模仿说这个词。

如果幼儿尝试说单词时很慢，请将所需的物体放在他触不可及的地方，直到听到他发出声音为止；在把物品交给幼儿之前，逐渐增加更加近似的发音。但是，不要过度，以免使幼儿产生挫败感。更重要的是让他了解到沟通是有价值的，而不是他说出一个特定的词（并且不要忘记伸手够或指向也是一种交流的形式）。如果在言语生成方面几乎没有取得进展，可能需要尝试综合沟通法（例如使用手势/手语和语音），以便幼儿先学会使用手语，直到语言对他而言变得更容易。

○ **注意**

当幼儿试图学习说话时，不要担心发音的清晰度。如果对于相同的物品或事件使用一致的发音，则可以将发音算作幼儿的"单词"，即使它与单词的标准读音（例如"buh"对于"ball"）完全不同。继续示范正确的发音，但不要求幼儿重复这个词。回应沟通，而不是发音。

○ **标准** 幼儿自发（而不是模仿）使用2个或多个单词，来命名物品或命名人（或者幼儿可以使用沟通板来表示2个物品、事件或人）。

11e. 在适当的情境说"再见"（或相同意思的话）

○ **教具** 不需要

○ **流程**

每次我们离开幼儿时，挥手并说"再见"。如果有必要，请在身体上辅助幼儿挥手，并试图让他模仿你说"再见"。一旦幼儿学会了挥手，他可能会自发地开始说"再见"。如果他不这样做，继续示范这个行为，并偶尔要求他说"再见"。

○ **每日常规和功能活动**

给幼儿一个玩具，和他一起玩玩具，将玩具放在一个盒子里然后说"再见［玩具］"，快速拿出另一个玩具并重复。再来一次，听幼儿模仿你说"再见"。一旦他开始模仿，就等着看他是否会自发地说"再见"（例如，当他离开时，他看到有人挥手时，当他看到一些玩具被拿走时）。

○ **注意**

很多幼儿会等到另一个人走后才说"再见"，他们仍然可以算是会说"再见"了，因为很明显他们理解了这个概念（"再见"的意思是"我们彼此分开"）。

○ **标准** 幼儿在几天里适当的时间（例如当他离开某人或有人离开他时）都会说"再见"（或等同的话）或挥手。

11f. 使用 7 个或更多单词来命名物品或人物

○ **教具** 各种玩具或物品

○ **流程/每日常规和功能活动**

参见第 11d 项的说明。

○ **标准** 幼儿使用 7 个或更多单词来命名物品或人（或者他可以使用沟通板表示 7 个物品、事件或人）。

11g. 命名 2 张或更多图片

○ **教具** 坚固的图画书、杂志

○ **流程**

每天花时间与幼儿一起阅读，让他坐在我们的腿上，以便我们鼓励他触摸图片。首先，选择每页仅有一两个物品的简单图片的书籍，命名物品并谈论它们（例如"看这个球，它是圆形和红色的"）。帮助幼儿指向我们命名的对象，然后开始翻页，等待幼儿命名物品或询问它们是什么。当幼儿指向物体或命名物体时，请始终表现得很开心。

当幼儿熟悉一本书时，不要立即开始阅读。等一下，看看他是否会指出图片并自己命名。如果他没有，就问："那是什么？"如果他没有命名，请帮他命名。

○ **每日常规和功能活动**

在低架子上放一系列简单的图画书，以便幼儿独立地阅读它们。翻页时听他的声音。在阅读杂志时鼓励幼儿和我们坐在一起，指向图片并谈论它们。

○ **标准** 幼儿在几天不同的时间命名 2 张或多张图片（不是模仿）。

11h. 适当地使用 15 个或更多单词

○ **教具** 一盒书和小玩具

○ **流程**

给幼儿一个装有两本书和各种熟悉的小玩具的盒子。和幼儿一起玩。当幼儿在探索物品时，请听幼儿对物品的命名。我们命名这些物品并留意他再次捡起它们时说了什么。另外，留意与玩具没有直接关系的单词。制作一个幼儿使用的不同单词的列表。我们还应该让幼儿的照料者记录幼儿所说的话。

○ 每日常规和功能活动

经常与幼儿交谈，回应幼儿为沟通做出的所有努力。尝试理解他想要说的话，即使这些词语发音不佳。如果一个单词不清楚，告诉幼儿我们认为他在说什么。如果他通过重复之前说过的话来纠正你，再猜一下他的意思。这个过程将提高我们对他的语音模式的理解和他的发音能力，以便理解他所说的内容。

○ 标准　幼儿自发和适当地使用15个或更多单词（或通过沟通的方式表达15个单词）。

11i. 有意义地说"不"

○ 教具　不需要

○ 流程

试着通过从幼儿那里拿走玩具、以其他方式干扰他的游戏，或者向他提出他会拒绝的问题，来让他对我们说"不"。

询问照料者幼儿是否会对他们的问题说"不"，或者当他试图阻止某人做某事时是否会说"不"。如果他不会，请询问幼儿的照料者幼儿使用"不"这个词的情况。鼓励他们在试图阻止幼儿做不可接受的事情、拒绝去接受某些事情时使用它。

○ 每日常规和功能活动

当幼儿从事不适当的活动时，一致地说"不"。如有必要，使用逻辑性的约束操作（例如把幼儿带离这个地方）。

确保幼儿在其他情境中也能听到"不"（例如表示拒绝或否认）。例如，幼儿可能会给我们一些饼干。吃了一些后，说："不要了，我吃太饱了。"或者，如果幼儿表示他想要一些我们无法提供的东西，说"不，你不能得到它"并解释原因。

当幼儿开始说"不"时，要尊重他的感受。如果拒绝是合理的，就停止做任何会导致拒绝的事情（例如不要给他特定的食物）。在有些情况下按幼儿的意思去做是不合理的，我们需要表示自己明白幼儿的愿望，但是我们需拒绝（例如"我知道你不想洗澡，但看看那些污垢。我们必须让你变干净"）。为幼儿提供一些符合我们意愿的动机（例如"你想把这个杯子和碗放在水里玩吗？"）。

○ 注意

许多幼儿在准备做他们知道被禁止的事情时会说"不"或"不，不"。这是一个恰当的用法，通过说"你是对的，这是不可以的。我们来做这个（并提供替代活动）"来强化他说"不"。

当幼儿刚学会说"不"时，他们经常会用它来回答任何问题，而不管真正的含义是什么。回应这样的拒绝，好像它们是有意义的。也就是说，如果幼儿对给予果汁说"不"，就把果汁拿走。如果幼儿抗议，就说"你说了'不'，但你必须表示肯定，说'是的'"。无论幼儿说没说"是"，都给他果汁。渐渐地，幼儿将学会如何说"不"。

○ **标准**　幼儿有几次有意义地说"不"。

11j. 命名最常见的物品

○ **教具**　在平常的环境中找到的物品

○ **流程**

给幼儿一个盒子，里面装着各种玩具。当他探索玩具时，问他每个玩具分别是什么。和幼儿在房间里走动，让幼儿在物品前停下来，问："这是什么？"如果他没有回应，请帮他说出物品的名称，并试图让他模仿命名。

○ **每日常规和功能活动**

当与幼儿一起玩时，在环境中命名物品，看看它们，或者以其他方式表示对它们的兴趣。说出物品的特征（例如"看这个球。它是圆形的，可以滚动""让我们用这块海绵来清理你的果汁，感受一下它是多么柔软和松软"）。

如果幼儿伸手或指出某些东西，表明他希望我们为他拿到它，试着让他说出这个词（"你想要什么？告诉我你想要什么"）。如果幼儿没有命名物品，请命名物品并交给他。

○ **标准**　幼儿能命名他在环境中看到的大多数物品（至少20个）。

11k. 在碰到或者触摸到物品但没有看到物品时命名它们

○ **教具**　不同质地的家庭用品或教室物品（例如海绵、抹布或毛巾、积木、饼干、填充动物）

○ **流程**

告诉幼儿我们要玩一个猜谜游戏。将一个常见的物品放在口袋里，让幼儿伸手进去，感受它，然后告诉我们它是什么。从诸如球或积木之类的东西开始。如果幼儿猜对了，请换成更难的项目。在幼儿猜到之后，让他看到物品。如果幼儿猜球或积木有困难，请向他展示3个彼此非常不同的物品。让他感受并命名每个物品。然后拿走它们，把其中一个放进在麻袋里，看看他是否可以通过触摸命名。

○ **每日常规和功能活动**

每当我们向幼儿介绍一个新物品时，命名它并让他感受它。说出其形状、柔软度或硬度、平滑度或粗糙度等。这是让幼儿学会仔细注意到并感受物品的方式，也是幼儿掌握各种语言概念的方式（幼儿的身体障碍会妨碍他们操作物品，我们可以拿着物品在幼儿的身体上摩擦）。

把一个物品放在一个袋子里来让幼儿们感受和命名是一项很棒的活动，可以在乘坐长途汽车旅行时进行。

幼儿的小组活动也是很好的，让每个幼儿轮流将玩具放在口袋里，让其他人感受并猜测里面有什么。

○ **标准**　幼儿为 3 个或更多他看不到但能感觉到的物品命名。

11l. 命名 6 张或更多常见物品的图片

○ **教具**　书籍、杂志、图片

○ **流程 / 每日常规和功能活动**

参见项目 11g 的说明。

○ **标准**　幼儿自发地或者当被问到"这是什么"时，命名 6 个或更多个不同物品的图片。这必须在教授该物品命名的几个小时后或一天后发生。

11m. 使用至少 50 个不同的单词

○ **教具**　不需要

○ **流程**

与幼儿在一起时，记下他使用的不同单词。幼儿父母或照料者也要试着记下他的单词表。在房子的不同地方放几个笔记本可能也有帮助。我们应该把幼儿对某个特定物品的发音视为一个单词，即使它与正确的单词发音不相似（例如"bawa"表示水）。在幼儿说出之后，说出正确的单词，同样，如果我们误读了这个词，给他一个更好的示范，也可以让幼儿来纠正我们。但是，不要试图强迫幼儿纠正发音。他可能正在尽力而为，他发音的能力应该是逐渐提高的。

○ **每日常规和功能活动**

和幼儿交谈，全天听他说的话。

○ **标准**　幼儿在交谈中自发地使用至少 50 个不同的单词（例如索求物品、告诉你某事、看书时）。

11n. 命名 8 个或更多常见物品的简笔画

○ **教具**　带有简笔画的书籍（即黑白图纸，有相对较少的细节，不是彩色图片——着色书是

较好的选择）

○ **流程**

给幼儿看一本简笔画书，并谈论图片。问幼儿"这是什么？"，重点关注幼儿以前用彩色照片命名过的物品或动物。如果他没有给图片命名，请告诉他名称，指出能代表物品或动物的特征（例如，"那是一朵花。看，它有一根茎、一些叶子和一些花瓣""这是一个很好的猜测，但它不是一匹马，它是一头驴。看到他的长耳朵了吗？"）。第二天检查一下他是否记得简笔画所代表的内容。

○ **每日常规和功能活动**

在故事时间读带有简笔画的书籍。讲述有关图片的故事，让幼儿指向图片中的物品。

○ **注意**

有些幼儿很轻易就能从彩色图片过渡到简笔画，有些却不能。这个项目是为了帮助那些难以实现过渡的幼儿。

○ **标准** 在教授这些物品的命名至少几个小时后，幼儿可以命名8个或更多常见物品的简笔画。

11o. 使用"其他"或"另一个"来表示另一个或者相似的物品

○ **教具** 一个透明的袋子或盒子，装着一些小物品，包括不同类别中的几个物品（例如，2—4辆卡车、汽车、动物和积木）

○ **流程**

向幼儿展示袋子或盒子，并说："我有一些玩具给我们玩。我们从这个开始（递给他一个玩具）。当你需要更多时，请向我要一个。"当幼儿开始提出要求时，留意他是否使用"其他"或"另一个"。如果他没有这样做，请示范如何使用这些词语。例如，如果他正在玩汽车并且说"我想要一辆车时"，你说："哦，你想要另一辆车。好吧，在这里。"如果他说："不，不是那个。"你可以说："你想要另一个吗？"听他开始使用这些词语。

○ **每日常规和功能活动**

在进行日常活动时，通常有很多机会使用"其他"和"另一个"这两个词语，例如谈论正在做什么，这对幼儿是有帮助的。他们会觉得我们好像把他们包括在内，他们会学习到如何描述动作和事件。请注意我们是否使用"其他"和"另一个"等词语，如："我不喜欢这件衣服，我想我会穿上另一件"或者"看起来你需要另一只袜子，需要我帮你找到吗？"如果你不说这些词语，试着把它们放进你的评论中，稍微强调它们，以引起幼儿的注意。

留意幼儿在与我们或与他人互动时开始使用这些词语。

○ **标准** 幼儿在几个不同的场合自发地使用"其他"或"另一个"。

11p. 命名大多数图片和熟悉物品的简笔画

○ **教具** 书籍、杂志、图片

○ **流程 / 每日常规和功能活动**

请参阅第 11l 项和第 11n 项的说明。

○ **标准** 当被问及"这是什么"时，幼儿会命名大多数熟悉物品的图片和简笔画，或者在看书或杂志时自发地命名它们。

11q. 仔细听新词语（可能要求重复）
11r. 向自己重复新的词语

○ **教具** 幼儿不熟悉并且不知道名字的一些物品或图片（尽量让物品/图片具有不寻常的名字，例如不熟悉的食物或动物）

○ **流程**

选择幼儿不熟悉的物品/图片。先告诉他物品的名称再出示物品，例如"我有一个橘子"。等待一下，听听幼儿是否试图模仿这个词或者问一个关于它的问题。如果没有，就问："你知道橘子是什么吗？"给他看橘子（里面和外面的样子），让他品尝它。当我们向他展示时，多次说"橘子"。对另一个物品执行相同的程序。

○ **每日常规和功能活动**

在我们阅读故事或与幼儿交谈时观察他。故意使用他以前不太可能听过的单词，并注意他的反应。如果他没有回应，反复说出这个词，并告诉幼儿它是什么意思（例如指向物品、做活动），表明我们觉得单词是有趣的。

阅读带有不寻常的声音的书籍（例如 Dr. Seuss 书籍），谈论这些词语，并辨认故事中的人物、物品或事件。

○ **标准 11q** 在一些情况下，幼儿会要求我们重复一个单词，询问一个单词的含义，或以其他方式表示对新单词的兴趣。

○ **标准 11r** 幼儿听了新单词几次后，很快就能自己重复，并且在没有成人辅助的情况下重复单词。

序列 12
注意力和记忆力：听觉

语言之外的许多其他技能的建立取决于我们能听到、识别、记住声音并将声音与看到的、闻到的或感觉到的联系起来。这些技能使我们能够意识到无法看到的危险，使我们将形态与声音联系起来，这是学习阅读的基础。在通过故事、歌曲和音乐传播文化方面，它们也发挥着重要作用。

此序列从关于简单关注声音的项目开始，发展为记忆听到声音位置的项目，并以对读写能力很重要的项目结束，包括对故事、韵律和歌曲的记忆。

| 特殊调适 |

有运动障碍的幼儿

头部转动和（或）接触物品可能会受到生理障碍的影响，把物品放在有保护垫的腹部或其他合适的设备上，可能让患有运动障碍的幼儿表现更佳。向物理或职业治疗师寻求建议，以确定物品的最佳位置，以便幼儿能够伸手去拿。

如果可能的话，使用幼儿运动能力范围内的动作展示歌曲和韵律。如果幼儿有严重的语言和手部运动能力障碍，请让他或她参与唱歌活动，但不要将这些项目纳入干预计划。

有视力障碍的幼儿

这个序列对于有严重视力障碍的幼儿尤其重要，他们可能需要通过声音来定位物品，进而理解他们无法看到的世界。然而重要的是，要认识到声音刺激比视觉刺激消失得更快。因此，有视力障碍的幼儿学习声源定位的速度，可能比那些能够利用视力强化其听觉定位技能的幼儿慢。

与有视力障碍的幼儿一起活动时，选择具有显著视觉特征且能发出声响的物品，例如闪亮和（或）颜色鲜艳、形状奇特的物品等。播放声音的时间更长一些。用物品触摸幼儿或将幼儿的手放在物品上面，这样幼儿就可以通过触摸和声音来辨别物品。如果幼儿没有在定位，请将他的手引导到物品上。当用动作练习歌曲或韵律时，请在身体上引导幼儿。

有听力障碍的幼儿

寻求听力学家的建议，以便使用最佳的发声器来增加有听力障碍的幼儿作出反应的机会。患有严重听力障碍的幼儿可能无法掌握此序列中的许多项目。根据听力学家的建议，应省略这些项目。然而，许多重度至极重度的听力障碍幼儿对歌曲和韵律的节奏反应良好，应该鼓励他们参与这些活动。一定要在唱歌时强调节奏（敲鼓很有帮助），并用手势、图片或手语来表达歌曲或韵律（如果语言病理学家认为合适的话）。如果幼儿正在使用手语，鼓励他们在项目中用手语来唱歌或说话。

有时，其他发育问题会导致幼儿看上去有听力障碍。在这种情况下，随着幼儿的进一步发展，他们对声音的反应会开始变得更像那些可以听到声音的幼儿。如果你发现这种情况，请务必与幼儿听力学家分享信息。

12. 注意力与记忆力：听觉

a. 在出现声音时安静

b. 目光搜索声音

c. 当声音在背后的双耳水平位置时，转过头并搜索或者伸手去拿

d. 当坐着时，转头或者把手伸向双耳水平位置的声音

e. 当声音出现在肩膀位置时，转头朝向声源并且看或者直接伸手

f. 对新声音有不同的反应

g. 当发声器在腰部一侧发出声音时，看向发声器或者直接伸手去拿

h. 当声音出现在身体任意一侧时，朝声源转头或伸手

i. 两三次尝试后，在熟悉的声音游戏中预测将要发生的事

j. 第一次尝试后，就能在熟悉的声音游戏中预测将要发生的事

k. 当声音不可见时，主动搜索声源

l. 表现出对一些熟悉的声音的识别

m. 将声音与图片或物品相关联

n. 关注故事、重复单词和（或）声音

o. 将物品与其声音配对

p. 通过声音识别物品、人物和事件

q. 预测部分诗歌或歌曲

r. 参与说童谣的活动（重复部分内容）

s. 在小组里和一个成人说或唱至少2首童谣或歌曲

t. 独立地唱出或表演部分诗歌或歌曲

u. 注意到熟悉的诗歌、歌曲或者故事中的变化，并作出反应

12a. 在出现声音时安静

教具 各种闪亮和（或）色彩缤纷的发声器

○ **流程**

在幼儿的双耳水平位置，距其中一只耳朵大约 6 英寸，使用发声器发出声音 3—5 秒。从能制造相对轻柔悦耳的声音的玩具开始。观察幼儿是否有任何迹象表明活动减少，以响应所发出的声音。

将相同的发声器放在另一只耳朵上观察。更换发声器，然后再试一次。如果幼儿没有反应，请逐渐增加我们呈现给他的声音的响度。当幼儿安静下来时，请将发声器拿到幼儿的视线范围内（或接触幼儿），再次发出声响。

○ **注意**

这种反应不能教授，但我们可以尝试使用声音来检测促进幼儿反应的最有效的方法（例如，将幼儿带到非常安静的房间，在拿出发声器之前不要说话，改变发声器与耳朵的距离，尝试不同音高或不同强度的声音）。

有些幼儿很快对声音形成习惯（即停止回应），所以要经常更换发声器，并且每次只试验五到六次。

○ **每日常规和功能活动**

这是一整天都可以轻松尝试的项目（例如，当我们更换幼儿的纸尿裤时，当你从幼儿身边经过时）。将发声器放在更衣台和（或）幼儿附近的箱子或包里。

○ **标准**　当声音发出时，幼儿会安静下来。也就是说，在几天的时间内我们每次发出一种新颖的声音时，几乎都会看到这种反应。

12b. 目光搜索声音

○ **教具**　各种具有有趣外观的发声器

○ **流程**

在双耳水平位置，距幼儿的其中一只耳朵大约 6 英寸，使用发声器发出声音 3—5 秒。从制造相对柔和悦耳声音的发声器开始。

观察幼儿的眼睛。如果他没有来回寻找声音，请把他的注意力吸引到视觉中线位置并发出声音，然后再来回移动，试图引起幼儿的注意。然后，移除物品，等待几秒钟，再将它呈现在他身边。

在另一只耳朵旁重复上述步骤。

更换发声器并重复试验。如果幼儿没有反应，请逐渐增加我们呈现给他的声音的响度。记录幼儿对各种声音的反应。

当幼儿不去搜索声音时，再次摆动玩具以产生视觉效果和声音。

○ **注意**

对于一些幼儿来说，有必要在一个没有噪声干扰的安静房间内进行这个项目。

○ **每日常规和功能活动**

利用一天的时间观察幼儿对环境声音（例如，电话、关门声、其他幼儿玩的玩具）的反应。

○ **注意**

许多有视力障碍的幼儿即使无法看到物品，也会通过眼睛运动来作出反应。寻找这种反应作为注意力的指标，用玩具触碰与声音同一侧的手或脸颊，以此来强化孩子的反应。如果视力受损的幼儿没有进行视觉搜索，请寻找其他的注意力指标（例如，头从一侧移动到另一侧，活动量增加）。

○ **标准** 幼儿用视觉搜索各种声音。这应该在日常活动过程中被观察到，而不仅仅是在培训课程中。

12c. 当声音在背后的双耳水平位置时，转过头并搜索或者伸手去拿

○ **教具** 在之前的项目中得到最佳反应的各种发声器

○ **流程**

在幼儿双耳水平位置，距离其中一只耳朵大约6英寸的地方，用发声器发出声音，并观察他的反应。

使用发声器随机测试每只耳朵，经常更换玩具，一次进行6—8次试验。

如果幼儿没有转过头来寻找玩具，请让幼儿在视觉中线处对玩具进行视觉注意，然后在发出声响的同时将玩具慢慢移到一侧。移走玩具，等待几秒钟，然后再将它放在幼儿的一边。如果此程序在5次尝试后不起作用，则将发声器放在侧面，然后轻轻地朝声音方向转动幼儿的头部。当幼儿的头转动时，再次发出声音，并以这样的方式移动物品以产生有趣的视觉效果。

○ **注意**

可能不清楚幼儿是否有视力障碍。始终先考虑视觉反应，即使幼儿被诊断为皮质性眼盲。如果没有任何迹象表明幼儿正在看发声器，请将幼儿的手引导至玩具。

○ **每日常规和功能活动**

全天寻找机会（例如，更换纸尿裤时，把幼儿放在地板上玩耍时）尝试这个项目几分钟。一天之内的多次尝试比集中的训练课程效果更好。此外，注意幼儿对环境中自然声音的反应。

○ **标准** 幼儿朝着声音的方向转头，在躺着时用视觉搜索或伸手去拿。这应该在不同几天里的几次试验和幼儿的日常护理中被观察到。

12d. 当坐着时，转头或者把手伸向双耳水平位置的声音
12e. 当声音出现在肩膀位置时，转头朝向声源并且看或者直接伸手

○ **教具** 各种发声器

○ **流程**

在距幼儿双耳水平位置大约 6 英寸的地方，用发声器发出声音并观察他的反应。

如果幼儿没有转过头来寻找玩具，请让幼儿在视觉中线处对玩具进行视觉注意，然后在制造声响的同时将玩具慢慢移到一侧。移走玩具，等待几秒钟，然后再将它放在幼儿的一边。如果此程序在 5 次尝试后不起作用，则将发声器放在侧面，然后轻轻地朝声音方向转动幼儿的头部。当幼儿的头转动时，再次发出声音，并以这样的方式移动物品以产生有趣的视觉效果。

再次按照相同的程序，在肩部水平位置呈现声音，而不是在幼儿的视觉中线位置。

○ **每日常规和功能活动**

当幼儿坐下来进行其他活动（例如，刚吃完饭）时，尝试这些活动几分钟。

○ **标准** 幼儿坐着时，会转过头或把手伸向声源。这种反应应该在日常活动中自发发生，而不仅仅是在培训阶段。

12f. 对新声音有不同的反应

○ **教具** 各种发声器

○ **流程**

用一个发声器和幼儿玩耍几分钟后，在幼儿的视野中引入另一个声音。观察他是否会安静，去寻找其他的声音，或表现出注意到声音的其他迹象。如果他似乎没有注意到新的声音，请向他展示发出声音的物品，并在他注视的时候激活它。在幼儿视野内激活 6—7 次。然后，在视野之外引入不同的发声器。观察反应，表明他听到并注意到新的声音。

○ **每日常规和功能活动**

全天观察幼儿，注意他在回应新声音时的任何变化。他可能不是对玩具作出反应，而是对脚步声、不同人的声音、电话铃声等作出反应。

○ **标准** 幼儿的行为表明他至少有 5 次注意到一种新的声音。

12g. 当发声器在腰部一侧发出声音时，看向发声器或者直接伸手去拿

○ **教具**　各种发声器

○ **流程**

用发声器在幼儿的一侧发出声音，距离他的腰部位置大约 8 英寸。

在幼儿的另一侧重复这个过程。然后，在连续尝试中随机将声音呈现在一侧或另一侧。许多幼儿会把头转向正确的一侧，但不会低头寻找发声器。如果发生这种情况，请在幼儿的头部转动时再次发出声音。如果幼儿仍然没有往下看，请将玩具抬到他的视线水平位置，并一边将其向下移动到腰部水平，一边发出声音，尝试让幼儿在视觉上跟踪它。然后，在视觉中线位置吸引幼儿的注意力，再次在腰部发出声音。

每当幼儿看到玩具时，一定要移动它，把它交给幼儿，或者以其他方式让他知道他找到发声器是很棒的。

○ **每日常规和功能活动**

在幼儿的整个生活区域放置发声器。每当我们准备将这些玩具中的一个给幼儿玩耍，或者恰好经过幼儿身边并且可以利用他附近的玩具时，请尝试做这个项目。

○ **标准**　当声音出现在腰部水平位置时，幼儿将头转向声音，并看向或把手伸向发声器。这应该在不同时间的训练过程中出现，或者在日常活动中经常出现。

12h. 当声音出现在身体任意一侧时，朝声源转头或伸手

○ **教具**　各种具有有趣视觉特征的发声器

○ **流程**

每只手握住一个玩具，距离幼儿耳朵中线位置约 10—11 英寸，但距离他的脸 6—8 英寸。用其中一个玩具发出声音 2—3 秒，暂停 1—2 秒，然后让另一个玩具发出声音。继续交替使用发声器 3 次。

用 2 种不同的玩具重复同样的过程。如果幼儿没有看向发声器，请将其移至中线位置以引起他的视觉注意，然后将其慢慢地放回侧面。然后，用第二个玩具制造声音。如果有必要，将它带到中线再返回，以引起幼儿的注意。等待并保持安静 5 秒或更长时间，然后再做一次。如果幼儿在 2 个玩具上来回看，请将它们放在幼儿的手中，让他操作或触摸它们。

○ **每日常规和功能活动**

将发声器放在纸尿裤更换区域或者我们经常与幼儿互动的其他区域。每次更换纸尿裤时都要

执行上述步骤，并且当我们花时间与幼儿一起玩耍时，请定期进行这个项目。

观察幼儿在声音交替的情况下做出的反应。例如，当2个人进行对话时，他是否会在2人轮流说话时来回看？

○ **标准** 在不同日子的几次尝试中，幼儿把头转向或把手伸向听到的任何一侧声音。

12i. 两三次尝试后，在熟悉的声音游戏中预测将要发生的事
12j. 第一次尝试后，就能在熟悉的声音游戏中预测将要发生的事

○ **教具** 不需要

○ **流程**

玩一个我们以前和幼儿玩过的游戏，在一些关键时刻稍微表现得犹豫不决。例如，在 This Little Piggy 的游戏中，我们可能会在说 "and this little piggy went wee, wee, wee all the way home" 之前就停下来，看看幼儿是否发出了 "wee, wee" 的声音。如果没有，重复几次游戏，变化韵律。

○ **每日常规和功能活动**

在日常护理活动中与幼儿一起玩游戏。例如，在给幼儿洗澡或打扮时，用他的脚趾玩 This Little Piggy 的游戏，或者用手指慢慢地在手臂上走，说"这里有一只小虫子"，然后突然加快速度，在他的胳膊或下巴下挠痒痒。当幼儿习惯于游戏并享受它时，请在关键步骤前等待几秒钟并观察幼儿。当我们的手到达他的手臂或下巴时，他是否会抬起胳膊，等着我们给他挠痒痒？

○ **注意**

幼儿通常喜欢触摸或搔痒的游戏，当他们准备好挠痒痒或触摸的到来时，我们可以很容易看到他们的期待。但是，有些幼儿不喜欢触摸或搔痒。可以玩其他依赖于有趣声音产生效果的游戏。

大多数书店都有一系列带有韵律游戏的幼儿书籍，其中最近出版的一本是《童谣、儿歌、诗歌、手指游戏和圣歌全集》（*The Complete Book of Rhymes, Songs, Poems, Fingerplays, and Chants*, Silberg & Schiller, 2002）。较小的系列包括《奇趣的手指游戏》（*Fabulous Fingerplays*, Kitson, 2000；搭配录音带）和《唱歌和玩耍：幼儿的音乐游戏和韵律》（*Wee Sing and Play: Musical Games and Rhymes*, Beall & Nipp, 1981）。我们应该熟悉许多韵律游戏，这样就可以持续地尝试新游戏。

○ **标准 12i** 两三次尝试后，幼儿在熟悉的一个或多个声音游戏中预测将要发生的事，这一点应该在几天里的不同情境中被观察到。

○ **标准 12j** 在不同的几天里，幼儿在第一次尝试后，就能在熟悉的一个或多个声音游戏中预测将要发生的事。

12k. 当声音不可见时，主动搜索声源

○ **教具**　能够发出声音的各种物品，一般的环境声音

○ **流程**

当幼儿正在从事某些活动或背对着我们时，请引入一种新的有趣的声音。观察他是否变得警觉，环顾四周寻找声音，并朝着发出声音的物品移动。

将一个发声器放在一块布下，或者放在身后，或在某种窗帘或屏障后面并打开它。观察幼儿是否试图找到它。

○ **每日常规和功能活动**

全天注意幼儿对自然产生的新声音的反应。

○ **标准**　幼儿在几个不同的场合主动搜索新声音的来源（例如，掉落的物品、另一个幼儿操控的玩具）。

12l. 表现出对一些熟悉的声音的识别

○ **教具**　可能是一个录音机

○ **流程**

让幼儿注意经常出现的声音，例如照料者的声音、门铃、幼儿喜欢的某些电视节目的主题曲——任何由幼儿视野范围之外的东西发出的声音。让幼儿去听并且问"那是什么？"或"那是谁？"如果他没有回应，告诉他那是什么或者是谁。带他去看看是否有人来找他。

如果可以的话，录下幼儿可以识别的环境声音（例如，门铃、照料者和兄弟姐妹的声音、音乐）。播放其中一个声音，然后暂停以观察幼儿是否出现认识它们的迹象。

○ **每日常规和功能活动**

在一天中观察幼儿是否有识别熟悉声音的迹象（或要求照料者/老师观察和记录）。

○ **标准**　幼儿通过以我们容易理解的方式，如命名或者快乐的方式（甚至是受惊的方式），表现出对3种或更多熟悉声音的识别。

12m. 将声音与图片或物品相关联

○ **教具**　各种声音可以被模仿的玩具或物品（例如汽车、动物、火车）或这些物品的图片

○ **流程**

用玩具车与幼儿玩耍，驾驶汽车发出马达的声音，留意幼儿模仿你。然后，安静下来，看看幼儿在玩汽车时是否会自发地发出马达的声音。

给幼儿展示一本有动物图片的书。让动物发出不同的声音——狮子的咆哮声、鸭子的嘎嘎声、驴子的干嚎声等等。当我们再次看书时，等待幼儿发出声音。如果他没有，我们应该发出适当的声音。当他模仿声音或自发地发出声音时，给予他积极的回应。

○ **每日常规和功能活动**

在一天内为幼儿们玩的玩具发出适当的声音，为不同的毛绒动物配不同的声音。鼓励幼儿模仿我们，然后注意他在玩的时候是否自发地发出声音。

当我们准备使用电器时，发出与电器相关的声音（例如，"真空吸尘器就在这里，呜呜呜！"）。

在散步或驾驶时，指向动物或物品，并发出与之相关的声音，鼓励幼儿模仿。当他看到相同或类似的动物或物品时，观察幼儿是否自发地发出声音。

○ **标准** 幼儿自发地或在被要求时发出3个或更多与物品相关的声音。

12n. 关注故事、重复单词和（或）声音

○ **教具** 图画书

○ **流程**

每天给幼儿读一两本简单的图画书——请确保他在阅读时能看到图片。使用翻翻书，幼儿可以翻起书页看下面的图片，这对于幼儿尤其有吸引力。我们可以通过改变不同角色或事件的声音音高或响度来扩展故事，例如：阅读《金发姑娘和三只熊》（*Goldilocks and the Three Bears*）时，熊爸爸的声音低沉，熊宝宝的声音音调高，熊妈妈的声音音调居中；阅读《小火车头做到了》（*The Little Engine That Could*）故事时，可以为不同的火车配不同的声音。下次我们给幼儿读书时（或者下次他拿起书并独立阅读时），观察他是否发出与图片相关的声音或说出一两个单词。

○ **每日常规和功能活动**

放一个书架或者一盒坚固的书让幼儿可以随时独立阅读。当他翻页时听他说什么。如果他只是在看，而没有说什么，和他说一说看到了什么。

○ **注意**

即使幼儿不了解故事，阅读时语言生动并包含不同的声音也会让幼儿参与看书活动。如果幼儿的注意力集中时间太短，我们无法阅读整个故事，请以更简化的形式讲故事，使你的叙述符合图片。不要干扰他快速翻页，而是调整你的故事以适应他正在看的图片。随着他的注意力的提

高，讲述更多书中故事。

○ **标准** 幼儿听故事（或自己看书）5分钟或更长时间，模仿声音或自发发出声音。

12o. 将物品与其声音配对

○ **教具** 产生不同声音的玩具或物品，一块纸板或其他制作屏幕的材料

○ **流程**

给幼儿2个可以产生不同声音的物品（例如，铃铛和吱吱作响的玩具）。让他玩一会儿玩具。然后，将玩具快速放到屏幕后面，然后说："看着我，我们要玩一个游戏。"让那一个玩具发出声音。快速移除屏幕并问："那是什么？哪一个发出了这种声音？"依次指向每个玩具。如果幼儿选择不正确，让每个玩具发出声音，再次隐藏它们，并使用第二个物品进行第二次尝试。继续尝试，直到幼儿对每个物品做出正确的选择。当幼儿回答正确时，请尝试另一对物品（这些都是练习尝试）。

一旦幼儿清楚地理解了这个过程，就可以从屏幕后面的不同但熟悉的物品开始。发出一个声音，然后抬起屏幕，问："那是什么？"帮助幼儿探索对象以纠正错误。一旦幼儿掌握了2个物品，将选择的数量增加到3个。

○ **每日常规和功能活动**

在一天中，注意幼儿通过声音识别物品，并要求幼儿（或房间里的其他幼儿）告诉我们是什么发出了声音。

○ **标准** 幼儿在没有练习的情况下，将声音与至少5个熟悉的物品相匹配。

12p. 通过声音识别物品、人物和事件

○ **教具** 产生不同声音的各种物品

○ **流程**

和幼儿一起玩一个游戏，我们用放在背后的玩具发出声音，并说："听，这是什么？"如果幼儿不告诉我们，把它拿出来，给他看，命名它，然后再试一次。重复另一个玩具。在尝试了几次之后，每一个物品再尝试一次。当其他家庭成员或其他熟悉的人来做客时，让他们在幼儿还看不见他们时跟幼儿说话。

当我们听到声音时说："听，那个是谁？"或"谁在这里？"如果幼儿没有说出他们的名字，告诉幼儿发出声音的人是谁。

○ **每日常规和功能活动**

当我们听到环境声音（例如，车道上的汽车、电话铃响、隔壁房间运行的吸尘器）时，停止我们正在做的事情，表现出感兴趣的样子，然后说："听，那是什么？"带幼儿去看声音的来源并谈论它。

在给幼儿讲故事时，用不同的声音朗读不同的角色。最后问，"谁会这样说话？"并模仿故事中的一个角色。

○ **注意**

幼儿在嘈杂的教室里，可能很难把声音隔离开来。请确保在相对安静的圆圈时间内，进行"流程"部分中描述的活动。

○ **标准**　幼儿通过命名、做手语或其他方式来明确表示能够识别各种声音（至少10种）。

12q. 预测部分诗歌或歌曲
12r. 参与说童谣的活动（重复部分内容）
12s. 在小组里和一个成人说或唱至少 2 首童谣或歌曲
12t. 独立地唱出或表演部分诗歌或歌曲

○ **教具**　不需要

○ **流程**

经常给幼儿唱韵律或歌曲。尝试加入一些强调不同声音的儿歌或歌曲（例如，*Old MacDonald*）和一些有配套动作的歌曲（例如，*The Itsy Bitsy Spider*；*The Wheels on the Bus*；*Little Jack Horner*）。当幼儿很好地模仿我们的动作之后，在开始做动作之前稍微等待一会儿，看看他是否会在没有示范的情况下做这些动作。或者，在幼儿学会和我们一起唱歌之后，开始唱一首歌之前，看看幼儿能否在没有我们的情况下唱出部分歌曲。再次强调，根据需要提供帮助。

○ **每日常规和功能活动**

当幼儿在坐车、在医生办公室等待，或者等待其他事情的时候，唱歌或说儿歌是让孩子开心的好方法。歌唱环节也是团体护理计划的重要组成部分。幼儿们互相学习，同时也学习成人。

在家里或教室里，鼓励幼儿表演，向他人展示他所知道的歌曲或儿歌。赞美幼儿，不要批评他的错误。

○ **标准 12q**　在 2 种或 2 种以上情境下，当成人停顿时，幼儿通过做某些动作或说/唱一个短语来预测歌曲或者诗歌的一部分。

○ **标准 12r**　幼儿与成人或一群幼儿一起唱或说两种不同的诗歌或歌曲，说一两个短语，和（或）做一两个动作。

○ **标准 12s** 幼儿与成人或一群幼儿一起唱/说至少 2 首完整的歌曲/诗歌，几乎所有的单词和动作都是正确的。

○ **标准 12t** 幼儿独立地说或者表演 2 个或多个诗歌或歌曲的一部分。幼儿可以独立开始或者成人起头，但是幼儿必须在没有成人唱歌的情况下说/唱一段，或者幼儿必须在没有成人示范时，在适当的时间做出至少一个与歌曲有关的近似动作。

12u. 注意到熟悉的诗歌、歌曲或者故事中的变化，并作出反应

○ **教具** 书籍

○ **流程**

在幼儿熟悉一首诗歌、歌曲或故事后，故意犯错误或以某种方式改变它。如果幼儿没有表现出很困惑、笑或纠正我们，我们要笑着说："糟糕，我犯了一个错误。它应该是怎样的？"试着把它变成一个笑话。一天后，再用幼儿学过的另一首诗歌、歌曲或故事再试一次。

○ **每日常规和功能活动**

将它作为一个游戏来进行一天的娱乐活动（例如，当坐在车里、排队等候、做家务时）。

○ **标准** 幼儿通过表现出困惑、笑或纠正成人的方式，对至少 2 首不同的诗歌、歌曲或故事的变化作出反应。

| 参考文献 |

Beall, P., &Nipp, S. (1981). *Wee sing and play: Musical games and rhymes for children*. Los Angeles: Price Stern Sloan.

Kitson, J. (2000). *Fabulous fingerplays*. Albany, NY: Delmar.

Silberg, J., & Schiller, P. (2002). *The complete book of rhymes, songs, poems, fingerplays, and chants*. Beltsville, MD: Gryphon House.

第八章
沟 通

序列 13
语言理解

这个序列关注的是幼儿对指令的理解程度。这种对指令的理解对幼儿来说并不是被动的，相反，它是幼儿与照料者之间持续互动的一部分，在这个过程中，他们会教给彼此一些内容。通过对指令的回应，幼儿让照料者知道他们对指令的理解程度。反过来，照料者通过示范、辅助以及对幼儿取得的成功表示喜悦，促进了幼儿对指令的理解。

许多残疾幼儿在整个发展过程的不同时期，都依赖某种替代性的沟通方式。在这个序列中，对于大多数幼儿，建议使用手势和手语的同时也要说话。同时，我们也可以使用沟通板。另外，务必向沟通障碍专家咨询，以了解手语以及其他形式的辅助沟通方式在多大程度上适合某个特定的幼儿。

| 特殊调适 |

有运动障碍的幼儿

如果幼儿有严重的运动障碍，可能需要我们充分发挥创造力，找到可以让幼儿参与的活动，以便我们有机会评估他对口语指令的理解。在某些情况下，我们可能需要使用目光注视作为主要的信号，通过该信号可以辨别幼儿对单词的理解（例如，"看妈妈""看奶牛""看我们用来固定头发的东西"）。如果幼儿能够使用目光注视或任何其他与其一致的自发性反应，来传达对语言的理解，我们应该向辅助沟通专家咨询，以确定哪种形式的沟通系统可能对幼儿有效。

如果幼儿的沟通方式很少，确保他有很多机会观察其他幼儿如何听从并执行指令。通过与幼儿谈论其他幼儿正在做的事情，使他的观察更有意义。

有视力障碍的幼儿

有视力障碍的幼儿可能对声音特别敏感，且和其他幼儿相比，他更有可能通过照料者说话时的语调来推断其感受。因此，要特别注意我们可能通过语调传达的信息。

用视觉类教具进行试验，以确定如果物体或图片变得更大、对比度更强、颜色更鲜艳等，幼儿是否能够更好地参与沟通。

如果有必要，在教导幼儿遵循通常伴有手势提示的指令时，提供手把手的帮助。

有听力障碍的幼儿

确保有听力障碍的幼儿在我们说话时看着我们。我们可能需要碰触他们，以引起他们的注意。对于一些有听力障碍的幼儿来说，响亮的拍手声就足以引起注意。一旦学会了如何吸引幼儿的注意力，就要始终如一地使用这个信号，以便幼儿知道它意味着"看着我，我有件事要告诉你"。

面部表情和手势对有听力障碍的幼儿尤其重要，可以帮助他们理解人们正在试图对他们说的话。与听力良好的幼儿相比，和有听力障碍的幼儿沟通时，可以使用更多、更夸张的面部表情和手势。

如果幼儿对语言的理解没有进展，咨询语言病理学家，了解使用手语或其他形式来辅助沟通的可能性。

13. 语言理解

a. 对语调和（或）某些面部表情作出恰当反应

b. 被叫到名字时转向声源

c. 被叫到名字时停止活动

d. 根据语言或手势提示做先前学习的任务

e. 用正确的姿势回应"起来"和"再见"

f. 对"不"作出回应（暂时停止活动）

g. 对"给我（口语或手语）"作出回应

h. 遵循至少2个简单指令（关于一个物品或动作的指令），可以是口语，也可以是手语

i. 回答问题时适当地表示"是"或"不"

j. 在口语或手语要求下，拿回视野范围内的物品

k. 理解"看"的意思

l. 理解具有抑制作用的词语

m. 在熟悉的环境中遵循指令

n. 在新环境中遵循包含2部分的指令

o. 遵循包含3部分的指令（例如，指令包含3个物品和1个动作、3个动作和1个物品，或3个与活动相关的物品）

13a. 对语调和（或）某些面部表情作出恰当反应

○ **教具** 无需教具

○ **流程**

弯腰看看幼儿并对其微笑，用温柔且充满爱意的声音与他说话，观察幼儿的反应。然后，一边皱眉一边用坚定的语气说："我不想让你做这种事。"观察幼儿的反应是否不同。接着尝试做出惊讶的表情，并说出与这个表情匹配的语句（例如，"我的天哪，你在做什么？"）。

○ **每日常规和功能活动**

经常和幼儿说话，自然地表达我们的感受，并试着向幼儿表达我们理解他的感受。当幼儿微笑时我们也微笑，并发出愉快的声音。当他哭泣时，表现出悲伤并安慰他。如果他的年龄和身体发育程度足以做出咬人或其他不可接受的行为时，则用严肃的表情坚定地告诉他"不"。

○ **注意**

许多成人在与婴儿或幼儿交流时会无意识地夸大他们的面部表情。毫无疑问，这有助于幼儿将面部表情与环境中的其他事件联系起来。仔细听自己讲的话并在镜子里观察自己，如果我们没有做出夸张的面部表情，那就应该有意识地去这样做。

○ **标准**　幼儿对语调和（或）面部表情作出恰当反应，至少能对 2 种不同的情绪状态作出反应。例如，如果照料者看起来生气或受伤了，幼儿可能看起来很严肃；如果照料者表现出害怕，幼儿可能也会感到害怕；如果照料者表现出兴奋，幼儿可能也会感到兴奋；如果照料者开心或大笑，幼儿则也会感到高兴。除主要照料者之外，至少要有一个人，能够确认幼儿对不同语调和面部表情的反应是不同的。

13b. 被叫到名字时转向声源
13c. 被叫到名字时停止活动

○ **教具**　无需教具

○ **流程**

当幼儿独立玩耍时，站在他的视野范围之外叫他的名字。看看他是否停下他正在做的事并（或）找你。如果他不这样做，再次叫他的名字，重复几次。如果他仍然没有回应，靠近并碰触他的肩膀，然后再次叫他的名字。

○ **每日常规和功能活动**

无论幼儿多么小，在与他交谈时用他的名字叫他。叫名字是为了引起幼儿的注意。起初，幼儿主要是看向我们，因为我们的声音会提醒他。然而很快，他就会将名字与引起注意联系起来。

○ **注意**

除正式的名字外，许多家庭还给幼儿取了 2 个甚至多个昵称（例如，糖糖、甜心、宝贝）。

幼儿通常很喜欢这些昵称，且使用它们并没有任何错，但重要的是保证在大多数情况下仅使用一个名字（正式的名字或经常叫的昵称），这样幼儿才能对其作出回应。

○ **标准 13b** 当被叫到名字时，幼儿通常能够转向吸引自己的声音（或者，如果幼儿有听力障碍，他会因其他信号转头，并看着成人做出代表他名字的手语）。

○ **标准 13c** 当被叫到名字时，幼儿通常会停止正在进行的活动（或者，如果幼儿有听力障碍，他停止活动的信号与标准 13b 相同）。

13d. 根据语言或手势提示做先前学习的任务

○ **教具** 无需教具

○ **流程**

选择幼儿在与我们玩耍时已经学会的任何行为（例如，亲吻、拥抱、拍手、玩 Pat-a-cake）。尝试用语言提示开始这个活动，例如：用语言说"Pat-a-cake, Pat-a-cake"，而不是做动作提示他。等一等并观察幼儿是否拍手。如果他这样做，继续玩游戏。如果他不拍手，再次说"Pat-a-cake"，然后示范拍手或者使用肢体引导幼儿开始拍手，然后继续玩游戏。进行下一轮时，仍然只用语言提示幼儿开始游戏。

如果幼儿尚未参与任何可以通过口语提示开始的活动，则先教他学会可以用这种方式开始的活动。例如：亲吻幼儿，然后把脸靠近他并说"亲我一下"；或者，靠在幼儿身上，这样他的嘴巴就会碰到我们的脸，然后拥抱他。

还有其他可以尝试学习的活动，例如：一边和幼儿说："强尼有多大？特别大。"一边将幼儿的手举过头顶做出表示"很大"的动作；或者，在我们敲桌子时说"敲"，然后等待幼儿模仿。

○ **每日常规和功能活动**

使用这些游戏来填补一天中孩子需要关注的时刻。教幼儿在口语提示下玩游戏，可以让我们在进行其他活动时，让他独自开心地玩耍一段时间。

○ **标准** 在某些情况下，幼儿能够根据口语或手势提示完成以前学过的任务。

13e. 用正确的姿势回应"起来"和"再见"

○ **教具** 无需教具

○ **流程**

和幼儿一起待在地板或床上，询问他："你想起来吗？"然后，伸出双手但不碰他，等一等看他是否会伸手抓我们的手。如果没有，把手放低，抓住幼儿的手几秒钟，并把他扶起来。逐渐减少辅助。不要把手放低并握住幼儿的手。只需轻轻地触摸一下幼儿的一只胳膊，然后把手撤回来，并想办法吸引幼儿伸手来抓我们的手。

当有人离开并挥手说"再见"时，肢体辅助幼儿挥手。逐渐减少给予幼儿的辅助，直到他能根据告别的场景以及口语线索用挥手的方式对"再见"作出回应。

○ **每日常规和功能活动**

始终把"起来"和"再见"的语言表达与适当的姿势（即伸手去抓幼儿、挥手）相匹配。

○ **标准** 幼儿经常以正确的姿势回应"起来"和"再见"。

13f. 对"不"作出回应（暂时停止活动）

○ **教具** 无需教具

○ **流程**

当幼儿从事不适当的活动时应要求其停止。态度坚定地说"不可以"，然后用新的活动转移幼儿的注意力，将他带到另一个地方，或者做一些能够阻止这一活动的事情，并告诉他："做这个，别做那个。"

在我们说完"不可以"之后，即便幼儿只是暂时中止活动，我们也要经常回应他并表扬他。同时，在他开始做替代活动时给予特别的关注。让幼儿学会哪些事情能做和哪些事情不能做同样非常重要。

○ **每日常规和功能活动**

大多数幼儿为他们的照料者提供了许多机会说"不可以"。然而重要的是，家对于幼儿来说应该是安全的，以至于没有太多不能从事的活动。如果"不可以"的应用始终是一致的、有针对性的，而不是连续不断的，幼儿将更有效地学习"不可以"。

○ **注意**

患有重度残疾的幼儿可能无法进行任何需要我们回应"不"的活动。此项目不适合这些幼儿，但照料者应该在和其他人以及其他幼儿的互动过程中使用这个词，以便幼儿了解它的意义。

○ **标准** 当被告知"不"时，幼儿通常会暂时停止活动。

13g. 对"给我（口语或手语）"作出回应

○ **教具** 无需教具

○ **流程**

当幼儿玩一个小玩具时，用语言或手语表达"给我[玩具名]"。如果他没有给玩具，轻轻地将玩具从他手里拿过来，用语言或手语表达"谢谢你"，然后立即将玩具还给他。做一个小游戏，和幼儿练习拿取以及退还各种玩具。在幼儿清楚地知道我们会把玩具还回来之前，避免索要他最喜欢的玩具。如果他强烈抵抗，不要拿走他的玩具。

○ **每日常规和功能活动**

全天示范给某物的行为。也就是说，当幼儿伸手去拿东西时，询问他："你想让我给你[物品名]吗？给你。"然后，把物品递给幼儿以及环境中的其他人，并说："也给你们一些[物品名]。"等等。寻找机会让幼儿给我们一些物品。

○ **标准** 幼儿对"给我"指令（口语或手语）的回应通常是给予我们所要求的任何东西。

13h. 遵循至少2个简单指令（关于一个物品或动作的指令），可以是口语，也可以是手语

○ **教具** 一组玩具

○ **流程**

把三四个玩具放在幼儿面前。向他提出一系列指令，例如，"拿起卡车""让汽车行驶""将娃娃放在这里"或"拍球"。如果他不遵循指令，重复指令并由照料者完成指令。然后再次重复指令并说："现在你来做。"当幼儿遵守指令时，表扬幼儿。

○ **每日常规和功能活动**

一天中会有很多机会和理由向幼儿提出要求。确保要求简单（例如，"把[物品名]放下""把[物品名]带给我""把它给玛丽"）。当幼儿遵循要求时，时常跟他说"谢谢"或以其他方式向他表示我们的感激。如果幼儿没有按照要求做，尝试通过示范或肢体辅助的方式引导他完成。如果幼儿是在我们的辅助下完成这些操作，也要以说"谢谢"、拥抱或其他一些表示感谢的方式作为结束。

○ **标准** 幼儿遵循至少3个不同的简单指令（口语或手语）。

13i. 回答问题时适当地表示"是"或"不"

○ **教具** 无需教具

○ **流程**

把我们的一只鞋和幼儿的一只鞋放在他面前。拿起幼儿的鞋子问："这是我的鞋子吗？"如

果他没有回应，摇头，并说："不，这不是我的鞋子，这是你的鞋子。"然后，拿起我们的鞋子问："这是我的鞋子吗？"如果他没有回答或回答不正确，点头表示："是的，这是我的鞋子，看我穿上它了。"继续问一些其他问题，例如，"这是你妈妈吗？""你想要一个饼干吗？"

○ **每日常规和功能活动**

问幼儿一些需要用"是"或"不"来回答的简单问题（例如，"你想要一些冰激凌吗？"）。确保问题是幼儿知道答案的。

但我们也要认识到，幼儿经常在学会表示"是"之前，先学会表示"不"，并且可能用"不"回答每一个问题。照料者要确保对幼儿所说的内容采取一致的行为，而不是根据我们对幼儿的理解作出反应。如果幼儿在回答问题后对我们的反应感到不高兴，再问一遍问题，看他是否会改变自己的回答。

○ **标准** 幼儿一贯且适当地用"是"或"不"回答问题，答案可以通过手势或口语表示。反应的适当性取决于幼儿在照料者按其所言作出反应时的行为方式。

13j. 在口语或手语要求下，拿回视野范围内的物品

○ **教具** 无需教具

○ **流程**

环顾四周，让幼儿帮忙拿过来一些他熟悉的物体（例如，"请把球拿给我"）。如果幼儿在我们要求某物时看起来很困惑，转向物品，然后指向它。如果他拿了错误的物品，跟他说："不，我需要的是［物品名］。"如果有必要，照料者走到这个物品面前，然后说："这是［物品名］，把它拿到那里。"根据需要，提供足够多的帮助以确保幼儿成功。在幼儿帮忙拿回某物后，时常感谢他、拥抱他、告诉他是一个好帮手，等等。

○ **每日常规和功能活动**

让幼儿参与我们一天的活动，要求他将物品交给我们，或者为我们在房间里拿一些东西，等等。

○ **标准** 幼儿在口语或手语要求下，在同一个房间至少拿回3件物品，无辅助。

13k. 理解"看"的意思

○ **教具** 无需教具

○ **流程**

环顾房间并找出幼儿可能认识的几个物体，跟他说："你看［物品名］，它是［描述物品］（例

如，美丽、大、有趣）。"然后观察幼儿的行为。如果他没有看向物品，照料者应指向物品，看他是否会看向物品所在的大概位置。使用其他物品重复此活动。

○ **每日常规和功能活动**

通过说"看"和用手指向某物，让幼儿注意环境中的物品和事件。逐渐撤除用手指向某物的动作，只说："看［物品名］。"如果幼儿没有根据指令看向某物，用手指向某物，辅助他看。当我们向幼儿展示如何做某事时，跟他说："看着我，看我如何［动作］。"当和幼儿一起看书时，跟他说："你看［图片内容］。"

○ **标准** 当被告知看某物时幼儿看向某物。对于这个项目，相较于幼儿通过做某些行为表明自己正在看（例如：转头、眼睛好像在寻找），幼儿看向正确的物品并不是那么重要（这需要更多的词汇量）。

131. 理解具有抑制作用的词语（例如，"等一等""停止""下来""到我了"）

○ **教具** 各种小玩具

○ **流程**

向幼儿展示各种各样的玩具，并让他玩一会儿。然后，寻找（或创造）抑制其行为的机会。例如，跟幼儿说："等等，先不要给娃娃喂食""停下来，别踢桌子""轮到我玩蓝色汽车了"或"留在那，我去拿些纸过来"，然后观察他的反应。如果他没有适当地停下，重复指令，并用肢体辅助阻止他继续当前的活动，或者向他示范应该如何做。如果他恰当地停下来，感谢他并表达我们的喜悦。

○ **每日常规和功能活动**

大多数典型活跃的幼儿为其照顾者提供了充分的机会，来使用旨在抑制其行为的词语。重要的是照顾者通过某种行为来遵循这个词，以便幼儿知道抑制这种行为很重要。例如，当照料者将幼儿从汽车座椅上移开并将其放在车旁时，"等待"或"站在那里"的指令，应该伴随照料者的手放到幼儿肩膀上或其他一些身体约束，直到幼儿表现出对指令的理解为止。

○ **注意**

对于相对不活跃的幼儿，他们可能很少有需要被禁止的行为。然而，这些幼儿仍然需要学会理解这些词。如果他们有很多机会与其他比较活跃且需要被成人抑制其行为的幼儿在一起，可能会学得更好。

○ **标准** 幼儿在听到抑制行为的指令后抑制其行为。另外，这个行为应该在几种不同的情况下发生，且幼儿至少能够对2个不同的指令作出反应。

13m. 在熟悉的环境中遵循指令
13n. 在新环境中遵循包含 2 部分的指令

○ **教具**　各种小玩具

○ **流程**

在幼儿面前放置各种玩具，让他玩几分钟。然后，开始给出与他通常会做的活动类似的指令，并且用 1 个物品执行 2 个任务（例如，"拿起玩偶，将它放在椅子上"）或在 1 个任务中用到 2 个物品（例如，"把娃娃和卡车放到盒里"）。如果他正确地遵循指令，表扬幼儿。如果他没有遵循指令，给幼儿示范需要他做的事情。然后重复指令，看他是否会这样做。

当幼儿遵循这些相对熟悉的指令时，引入具有类似复杂度的指令（例如：指令包含 2 个物品和 1 个动作，或 1 个物品和 2 个动作），但要涉及意想不到的活动（例如，"拿起娃娃让她倒立起来""让小马骑小狗"）。

○ **每日常规和功能活动**

让幼儿参与我们一天的活动，让他和我们一起或帮我们完成任务。注意给幼儿的指令的复杂性，要重点涉及用 1 个物品完成 2 个任务（例如，"拿起你的袜子，然后给我"）或在 1 个任务中涉及 2 个物品（例如，"将娃娃和卡车放在架子上"）。

幼儿最初是在熟悉的环境中学会遵循的指令的，在熟悉的环境中，他已经练习过我们要求他做的行为（例如，拿起玩具、脱衣服、洗澡）。当幼儿在熟悉的环境中已经能够遵循指令后，在不太熟悉的环境中给他发出包含 2 部分的指令。例如：散步时，要求他捡起一片叶子给我们，或者把一块石头放到垃圾桶里。

始终给予幼儿足够的帮助以使他获得成功，当他成功时表示赞赏并表达我们的喜悦。辅助可能包括用手指向和其他手势或肢体辅助。

○ **标准 13m**　在没有照料者额外辅助的情况下（即没有用手指向、重复指令或肢体辅助），幼儿在熟悉的环境中正确地遵循 3 个不同的包含 2 部分的指令。

○ **标准 13n**　在没有照料者额外辅助的情况下，幼儿在新的或不太熟悉的环境中遵循几个不同的包含 2 部分的指令。例如：他用熟悉的物品从事一个新行为，或者用一个新的物品从事熟悉的活动。

13o. 遵循包含 3 部分的指令
（例如，指令包含 3 个物品和 1 个动作、3 个动作和 1 个物品，或 3 个与活动相关的物品）

○ **教具**　一系列小玩具

○ **流程**

将玩具放在幼儿面前，让他玩几分钟。然后开始给出包含以下内容的指令：

- 1 个动作和 3 个物品（例如，给我玩具、刷子和梳子）；
- 3 个动作和 1 个物品（例如，拿起勺子，走到餐厅，把它放到桌子上）；
- 3 个与活动相关的物品（例如，把你的娃娃放到床上，给他奶瓶）。

始终给予幼儿足够的帮助以使他获得成功，在他成功时表示赞赏并表达我们的喜悦。辅助可以是用手指向和其他手势或肢体辅助。

○ **每日常规和功能活动**

注意观察一天中我们与幼儿互动时对幼儿的要求，确保我们提供的是各种简单的包含 3 部分的指令。

○ **标准**　在没有照料者额外辅助的情况下，幼儿正确遵循至少 3 个不同的 3 部分的指令。

序列 14
对话技能

这个序列是所有沟通序列的核心。幼儿的沟通能力在很大程度上依赖于幼儿与对幼儿需求和行为敏感的成人的互动。早期沟通不是由词语组成的，而是由幼儿与成人的双向互动组成的。这些相互作用是发展沟通欲望、产生沟通行为意义以及建立沟通"规则"的基础。

这些互动也为幼儿的社交和情感发展奠定了基础。幼儿能够与他人维持互动、提出要求，并对他人的行为表达基本预期，为之后社交与情感的发展打下了基础。然而，这些能力的发展在很大程度上取决于照料幼儿的成人的敏感性和反应能力。

在幼儿的生命早期，成人可能把幼儿的意向沟通（Intentional Communication）更多地归因于他们自己，而不是实际存在的沟通。然而，这种归因对幼儿沟通能力的发展至关重要。当成人根据幼儿的"信息"采取行动时，幼儿开始了解到他的哪些行为会影响成人的行为。例如：当幼儿第一次开始说"哒哒"时，他只是在尝试发音。但是，当一个父亲开始注意听并重复"爸爸"时，当前的环境就会让幼儿有意识地使用这个声音来辨别父亲。

非语言沟通也是如此。幼儿只有在经历多次通过举手并预期到被抱起来，以及父母或照料者将抬胳膊解释为希望被抱起来之后，幼儿才能学会举手表示"我想被抱起来"。

一些残疾可能会妨碍言语和运动能力的发展，而这些行为通常是形成早期沟通行为的基础。例如：微笑、学语、伸手等等。由于这些条件限制了幼儿行为技能的发展，成人可能不会认为这是意向沟通，并且可能减少与幼儿的互动，从而减缓幼儿意向沟通的发展。因此，特别重要的是，残疾幼儿的照料者要对幼儿可以被解释的行为以及用于沟通的行为保持警惕。

| **特殊调适** |

有运动障碍的幼儿

对于有严重运动障碍的幼儿，可能更难以通过伸手拿或用手指来提要求。我们可能需要特别敏感地意识到幼儿朝向某个特定方向的目光注视所传达的沟通信号，直到我们能够辨别出不同发音所代表的不同意义，例如：提要求、拒绝等等。

在为患有运动障碍的幼儿开展活动时要有创造性。咨询他们的治疗师，并利用幼儿的自发行为（例如：动作、发声、目光注视），将其纳入我们组织的活动和游戏中。

如果幼儿的运动障碍干扰到语言的发展，寻求语言病理学家的帮助，以便找到替代性的沟通系统。

有视力障碍的幼儿

在与视力不佳的幼儿交谈时，他们可能看起来对人有些怠慢，这是因为他们没有建立目光注视。微笑也可能缺乏或延迟出现。在这种情况下，寻找其他能表明幼儿正在对谈话内容表示关注的迹象。对患有严重视力障碍的幼儿来说，动作的变化，特别是手部动作的变化，可能是引起注意的线索。

选择包括触觉刺激、运动和声音在内的活动和玩具。在我们谈论物品的同时，帮助幼儿探索这个物品。当我们描述物品时，闭上眼睛可能对我们有帮助，因为这样可以使我们专注于物品的触觉和听觉特征而不是视觉特征。

患有严重视力障碍的幼儿常常会模仿他人的言语但不能明白其意义。因此，特别重要的是帮助这些幼儿通过触觉和嗅觉来探索世界，从而通过这些感官信息帮助幼儿理解听到的话。

当我们给患有严重视力障碍的幼儿读书时，选择带有纹理图片的书，并帮助幼儿感受它们。当幼儿熟悉一本书后，让他描述他正在用手探索的图片。

有听力障碍的幼儿

无论我们认为幼儿能否听到我们的声音，当有听力障碍的幼儿发出声音时，我们都要做出回应。同时，用清晰缓慢但生动的声音与他说话，以便充分利用幼儿的残余听力。做出明确的手势，以增加幼儿对我们所说话语的理解。如果幼儿的语言治疗师建议与幼儿进行全面沟通，可以使用手语。要特别注意幼儿使用的手势，许多有严重听力障碍的幼儿通过自然的手势发展出自己的"手语"。重要的是注意观察这些手势使用的一致性并对它们作出回应，从而保持幼儿对沟通的兴趣。选择能够提供运动和视觉信息的活动和玩具。

14. 对话技能

a. 对正在说话和（或）打手势的人微笑

b. 处在饥饿、痛苦和愉悦状态时，给出一致的信号

c. 通过声音对不赞成的行为和（或）事件表示抗议

d. 发出至少 5 个辅音和元音

e. 笑

f. 重复引发成人反应的声音和（或）动作

g. 通过目光注视、伸手拿或发出声音，表示对玩具或物品的兴趣

h. 通过身体动作、目光接触和（或）发出声音，要求继续熟悉的游戏、歌曲或活动

i. 能够轮流和成人进行活动（懂得轮流）

j. 协调看与听

k. 通过吸引照料者的注意来提出要求

l. 通过发出声音、转身或把物品推开，表示"不要了"和"我不喜欢这个"

m. 当主要照料者离开时，注意到并发出声音

n. 用目光注视挑选另一个人作为沟通伙伴

o. 改变音高/音量以表示欲望的强度

p. 举起胳膊要求被扶起来

q. 以某种一致的方式，而不是烦躁或哭泣，表示希望"下来"或"离开"

r. 玩轮流游戏

s. 使用口语或手语表达需求

t. 通过发声、用手指或其他沟通信号，在探索环境时寻求成人的帮助

u. 发声时有语调变化（或者好像打手语一样使用各种手势）

v. 使用恰当的口语或手语向熟悉的人打招呼

w. 通过伸手指、疑问的表情、声音变化和（或）单词，引导照料者提供信息

x. 当物品被拿走时，通过说（或用手语表示）"不"表示反对

y. 使用2个词或2个手语实现特定的目标

z. 在适当的时候自发用口语（或手语）进行熟悉的问候或告别

aa. 用口语（或手语）表示"是"和"不"，以此表明愿望或偏好

bb. 在假装游戏中自发使用口语（或手语）

cc. 使用口语或手语请求采取行动

dd. 用口语、手势或手语回答简单的问题

ee. 用口语或手势询问简单的问题

ff. 用适当的语调询问是/否问题

gg. 请求帮助

hh. 使用口语或手语组合描述已经发生的事件

ii. 对在眼前或不在眼前的物品或人进行评论

jj. 维持几个回合的对话

kk. 使用多个字词给他人读书

ll. 恰当回答有关"哪里"和"为什么"的问题

14a. 对正在说话和（或）打手势的人微笑

○ **教具** 无需教具

○ **流程**

在与幼儿交谈时，尝试与他建立目光接触。变换说话的音调并添加手势，特别是和有听力障碍的幼儿交谈时。如果幼儿没有以微笑回应，可以通过生动有趣的谈话以及在谈话时触碰或拍打他来引发微笑。起初，幼儿可能只是看着我们，但渐渐地，他可能会开始微笑。每天重复此过程，直到我们说的话能够引发幼儿微笑而无需额外的刺激（例如：触碰、拍打）。

○ **每日常规和功能活动**

一天之中经常与幼儿交谈（例如：喂食、换纸尿裤或洗澡时；幼儿醒着躺在床上时；当我们需要坐下来几分钟抱着幼儿交谈时）。

○ **注意**

大多数幼儿最早的微笑（2—4周，无任何缺陷的幼儿）是对内心状态的反应，例如：感觉饱腹或舒适。然后幼儿开始对某些触觉刺激（例如：被亲吻、拍打、搔痒、摩擦）和声音微笑。重要的是通过谈话、打手势或其他方式与幼儿互动来回应所有这些早期的微笑。通过这种方式，微笑成为真正的人际互动方式，并成为幼儿沟通系统的一部分。

○ **标准** 幼儿每天都会对与他说话和（或）打手势的人微笑。

14b. 处在饥饿、痛苦和愉悦状态时，给出一致的信号

○ **教具** 无需教具

○ **流程**

幼儿在不同状态下产生一致信号的能力，在很大程度上取决于照料者对幼儿不同行为的关注程度，以及根据行为发生前后的环境对行为的意义进行猜测，然后根据猜测作出回应，如果照料者的反应不能满足幼儿的需求，照料者则会对反应方式进行调整。因此，该项目的唯一流程是让幼儿的照料者注意幼儿的行为并对其作出反应。例如：如果幼儿"只是有一点点烦躁"，照料者可能会尝试将他带到房间内的一个新区域或与他交谈，或尝试其他提供刺激的方式。如果幼儿烦躁的程度增加，照料者可以进行更多干预（例如：更换纸尿裤、抱起并摇晃幼儿、提供牛奶）。在这种沟通过程中，幼儿学会产生特定结果的哭泣方式，且成人学会区分各种各样的哭声。

○ **每日常规和功能活动**

如果幼儿有多个照料者，那么就需要他们彼此分享关于幼儿各种信号的信息，以便照料者对同一信号的反应尽可能一致。

○ **注意**

回应幼儿的哭声是非常重要的，不能因为担心溺爱孩子而忽略它们。当其他沟通形式尚未形成时，哭声尤为重要。回应哭声让幼儿了解到他对环境有一定的控制权，且沟通很重要。随着其

他沟通形式的发展，幼儿将使用其他沟通方式替代哭泣。如果照料者对哭泣反应不一致，幼儿更有可能长期哭泣。然而，如果照料者对哭泣有反应，但对幼儿发出的其他沟通线索或信号不敏感（例如：活动水平的变化、不同的发声），幼儿也可能长期哭泣。

○ **标准** 幼儿对其饥饿、痛苦和愉悦状态提供一致的信号，这些信号可以被主要照料者进行区分。也就是说，照料者应该能够理解幼儿的状态并进行适当的回应。这应该每天都会发生，尽管幼儿有一段时间可能会因为生病或新行为的出现而变得再次难以理解。

14c. 通过声音对不赞成的行为和（或）事件表示抗议

○ **教具** 无需教具

○ **流程**

当幼儿正在玩（或注意）某个物品时，将其移除并注意观察幼儿的反应。无论他是否表示抗议，都要归还物品。照料者尝试一些可能会让幼儿有点痛苦的其他行为，例如：把物品掉到地上发出响亮的声音、给幼儿提供他之前通过转头表示拒绝的食物等等。但是，不要在30分钟内尝试2个以上潜在的负面事件。

○ **每日常规和功能活动**

在自然环境中，当我们给幼儿一些他不喜欢的物品时（例如，新的食物），幼儿会发出响亮的声音，或做出其他令人吃惊的事情，或者可能会受伤，照料者在幼儿哭泣或做出其他表示抗议的事情时，要作出适当的回应。把拒绝吃的食物拿走，选另一个时间再试一试，把幼儿抱起来安慰他等等。哭泣以及其他表示抗议的声音起初是对所处情况的简单反应，但如果成人将其作为沟通的方式回应他们，幼儿则会迅速将其变成意向沟通。

○ **标准** 幼儿经常通过声音对不赞成的行为和（或）事件表示抗议。

14d. 发出至少5个辅音和元音

○ **教具** 无需教具

○ **流程**

在与幼儿互动时仔细听幼儿发出的声音。记录他所发出的声音。如果他在典型的游戏互动中没有发出很多声音，那么在他的零食时间或午餐时间观察并记录。进食往往会刺激声音的产生。当我们喂他时，幼儿会微笑并发出咿呀学语的声音。等他吞下一口食物之后，等一等再喂他，看他的发声是否会增加。

○ **每日常规和功能活动**

在一天之中，花点时间直视幼儿，尝试建立相互的目光注视，然后与幼儿交谈。这应该作为幼儿所有的日常照料活动的一部分。

听幼儿发出的声音，当他开始发声时，模仿那些声音或好像谈话一样回应他发出的声音。和幼儿说话时微笑和大笑，发出让我们和幼儿都感觉有趣的声音。

将一面不会碎的镜子粘在幼儿的婴儿床上，或者靠近婴儿床或垫子的墙上，幼儿经常在这些地方玩耍，这样他就能够在他发出不同的声音时看到自己的脸。

○ **标准** 幼儿发出至少5个辅音和元音。

14e. 笑

○ **教具** 无需教具

○ **流程**

注意观察（或询问照料者）经常让幼儿微笑的活动。以有趣的方式与幼儿一起做这些活动。这些活动可能包括发出各种声音、做鬼脸、挠痒等等。如果幼儿微笑，以微笑回应他，并继续提供使其发笑的刺激几分钟。如果他不笑，继续尝试其他活动，稍后再尝试此活动。

○ **每日常规和功能活动**

在幼儿的日常照料活动中多花些时间，并偶尔留出时间与幼儿互动，在这些时间里，一边发出各种声音、轻轻地挠痒痒，和（或）说唱童谣或歌曲，一边提供触觉刺激（例如，玩 Pat-a-cake，This Little Piggy 等游戏）。当幼儿微笑或笑时，总是通过笑、重复活动，或其他热情的方式回应幼儿。

○ **标准** 幼儿每天至少笑3次。

14f. 重复引发成人反应的声音和（或）动作

○ **教具** 无需教具

○ **流程**

当幼儿发出声音时，模仿他刚刚发出的声音。等一等并看他是否会再次发出声音。同样地，如果幼儿做出一个动作（例如：拍桌子），模仿这个动作并等待看幼儿是否会重复它。另外，注意观察如果我们因幼儿正在做的事而发笑，他会怎么做。

○ **每日常规和功能活动**

全天关注幼儿发出的声音。模仿他所发出的声音，或对着幼儿微笑并说些什么，就好像他刚刚向我们讲了什么事情一样。有时，我们也会因为幼儿发出的一些有趣的声音而自发大笑。观察幼儿是否会再次发出这个声音，如果有，再次回应他。这些交流是日后建立幼儿会话能力的基础。

○ **标准** 连续三四天，幼儿每天重复至少 2 次引发他人反应的声音和（或）动作。幼儿可以尝试重复相同的声音或用一个新的声音进行尝试，只要这个声音和（或）动作看起来可能引发他人的反应。

14g. 通过目光注视、伸手拿或发出声音，表示对玩具或物品的兴趣

○ **教具** 一组有趣的玩具

○ **流程**

在幼儿的视野范围内放置四五个玩具，但彼此之间不要太靠近（我们希望当幼儿看向一个特定的玩具时，我们能够辨别出来）。观察他是否会伸出手拿其中一个玩具、一边看其中一个玩具一边发声，或者只是长时间看其中一个玩具（例如：30 秒）。如果发现幼儿对某一玩具感兴趣的迹象，给他玩具，或将玩具放到他附近并带他玩。变换不同的玩具和摆放距离，来确定引起幼儿兴趣的最有效的方式。

○ **每日常规和功能活动**

观察幼儿一天中感兴趣的事物。当他看着一个特定的物品、伸手拿一个物品，或者当物品出现时发出声音，和幼儿谈论它，并带着幼儿靠近观察，指向物品，或者把它拿起来给幼儿。这样的行为让幼儿了解到我们对他感兴趣的物品感兴趣。越多用这种方式回应幼儿的兴趣，他就会越频繁地尝试与我们沟通。

○ **注意**

在这个阶段，幼儿可能不会有意识地让我们去对某一个物品感兴趣。然而，当幼儿发现我们正在对他感兴趣的事物表示关心时，他将学会使用目光注视、伸手拿和发出声音等有意识的方式与我们进行沟通。

○ **标准** 幼儿对物品的兴趣通常通过目光注视、伸手拿或发出声音等行为表现出来。

14h. 通过身体动作、目光接触和（或）发出声音，要求继续熟悉的游戏、歌曲或活动

○ **教具** 无需教具

○ **流程**

和幼儿一起玩游戏，比如：骑马（让幼儿坐在成人膝盖上，然后弹动膝盖）或 Pat-a-cake（拍手）。在幼儿仍对游戏感兴趣时停下来，等一等并看他是否会发出让我们继续游戏的信号。信号可能是在玩骑马游戏时跳动，或者在 Pat-a-cake 游戏中试图抓着我们的手拍手，等等。一旦我们认为幼儿是在发出信号让我们继续，就再次开始游戏。如果他没有发出这样的信号，尝试提示他。例如：我们可以稍微摇晃幼儿，而不是用膝盖把他弹起来，这可能会有助于幼儿自己动起来。当他动时，再次开始骑马游戏。

玩一个可以动的玩具（例如：给玩具上发条、摇晃玩具、推动玩具），并将玩具放在幼儿面前。在幼儿沉浸在这个活动中时，停下玩具，等待并观察幼儿会做什么。幼儿可能会通过来回看玩具和我们、看着玩具并发出声音、将玩具推给我们，或其他适合当下情况的行为，来向我们发出继续让玩具动的信号。一旦我们认为幼儿正在发出信号让我们继续，立即让玩具再次动起来。

○ **每日常规和功能活动**

注意观察幼儿在一天中可能发出的信号。例如：在喂幼儿吃饭时，给他吃一两口，然后停一两分钟，看他是否会看看食物然后看向我们、张开嘴，或者给出其他一些表示他希望我们继续喂他的信号。此外，如"流程"部分所述，每天与他一起玩几次游戏。

○ **注意**

起初，幼儿表示继续的信号可能不是很清楚。在我们不确定的时候，相比于没有对幼儿有目的的信号作出反应，最好是假设我们从幼儿那里得到了一个信号。我们对幼儿所发信号的反应，将使他更有可能在下次游戏停止时再次发出要求继续的信号。过一段时间，我们可以推迟继续活动的时间，以便观察幼儿是否会发出更有力或更清晰的信号。通过这种方式，我们可以塑造清晰的沟通信号。

○ **标准** 幼儿经常通过身体动作、朝向特定方向的目光注视、发出声音或其他一致的沟通信号，表达希望继续一个熟悉游戏、活动的要求，连续 3 天，每天至少 2 次。

14i. 能够轮流和成人进行活动（懂得轮流）

○ **教具** 无需教具

○ **流程**

向幼儿示范如何轮流。也就是说，当幼儿做某事之后，模仿他做的事情，并等他再做一次。一旦他这样做，就再次模仿他的行为并再次等待。或者，在我们和幼儿之间放一张纸，用这张纸玩几个回合的躲猫猫。然后，躲在纸的后面并等待。如果幼儿没有试图翻动纸张找我们，应再次把脸露出来。

○ **每日常规和功能活动**

一天之中，在与幼儿互动时创造一些游戏。这些游戏可以像模仿幼儿所做的事情一样简单（例如，发出特定的声音、敲打桌子）并等待幼儿再次做这些行为，也可以像躲猫猫或其他带有文字的游戏一样复杂，重点是建立一个轮流的习惯。观察幼儿是否会在行为之后等待，以便轮到我们。

○ **注意**

这项活动应该在幼儿达到通过该项目的标准后，继续进行很长一段时间，因为它有利于促进幼儿良好的社交互动，并为其发展日益复杂的模仿技能奠定基础。幼儿一旦建立了轮流习惯，就要挑战他的模仿技能。例如：我们先模仿幼儿的行为，在已经模仿了两三个回合后，做出一个新的行为，看看幼儿是否会模仿新的行为（见序列 17 模仿：动作）。

○ **标准** 幼儿在沟通互动中能够等待并与成人轮流。在任何新发起的游戏中，他应该能够轮流并仅在 3—5 个回合之后就能够等待。

14j. 协调看与听

○ **教具** 一组有趣的玩具或物品

○ **流程**

在幼儿的视野范围内分散放置四五个玩具/物品。当幼儿看到其中一个物品（或身边其他物品）时，将物品拿到他面前并与他谈论这个物品。注意观察他是否来回看向我们和物品。如果他只是看着我们，就用这个物品做一些事情让他再次对它产生兴趣（例如：用手指着谈论的物品，使它产生某种声音或新奇的反应）。

○ **每日常规和功能活动**

平日里，当我们照顾幼儿并与他互动时，注意观察他感兴趣的物品。和幼儿谈论他感兴趣的物品，并带他到这个物品面前，或者把物品拿给他。观察他在我们谈论这个物品时是否仍然对它感兴趣，并偶尔会在我们和物品之间来回看。

尝试扩大幼儿的兴趣。用手指出或带幼儿到我们感兴趣的物品面前并谈论它。注意观察幼儿是否会在听的同时将注意力集中在该物品上。

○ **标准** 幼儿偶尔（每周两三次）边听边看成人引起他注意并谈论的物品、人或事件。

14k. 通过吸引照料者的注意来提出要求

○ **教具** 无需教具

○ **流程**

这是项目14g的延伸。在建立了共同关注的行为能力之后，幼儿将开始有意识地引导成人的注意力，例如通过伸手拿一个物品表明自己希望得到它，通过边看成人边哭泣表示对舒适的需要，通过反复看向物品和成人表明希望成人对物品做某事的愿望等等。对于成人来说，对这些早期的沟通信号敏感是至关重要的，例如：把那些幼儿看起来想要的东西拿给他、在幼儿看起来需要安慰时给予安慰，等等。

○ **每日常规和功能活动**

在一天之中，当幼儿尝试将我们的注意力引向环境中的某件物品时作出反应。

○ **注意**

如果幼儿想要一些他不能拥有或触摸的物品，不要忽略这些沟通信号。与幼儿谈论这个物品，传达我们希望与他分享其兴趣的愿望，然后用一些其他有趣的物品或互动转移幼儿的注意力。

○ **标准** 在成人、物品和其他事物之间使用伸手、发声、眼神交换等方式，引导照料者的注意以提出要求，每天至少三四次。

141. 通过发出声音、转身或把物品推开，表示"不要了"和"我不喜欢这个"

○ **教具** 无需教具

○ **流程**

幼儿表示拒绝某事的第一种情况通常是在喂食期间。作为有效沟通的尝试，对孩子的拒绝行为作出回应是非常重要的。对幼儿的行为做出言语解释（例如，"哦，你一点也不要菠菜""不再要了是吗？"）。可以再次给幼儿提供相同的食物（例如，"尝一些菠菜"），但如果幼儿继续表示拒绝，不要坚持让他吃。重要的是，让幼儿了解到我们理解并尊重他与我们的沟通。

○ **每日常规和功能活动**

在一天之中注意观察幼儿做过的事情。如果他把一个玩具推开，则将玩具拿走，并说出一些诸如"你不想再玩了是吗？好吧，我们试试这个"一类的话。即使幼儿并没有表示拒绝玩玩具，如果我们把玩具拿走，也将有助于他学会把物品推开是要求我们把物品拿走的有效方法。

○ **标准** 幼儿能够在至少3种情况下，通过转动头或身体，或推开他不想要的物品，表示"不要了"和"我不喜欢这个"。

14m. 当主要照料者离开时,注意到并发出声音

○ **教具**　无需教具

○ **流程**

让幼儿参与游戏,然后让他的父母或其他主要照料者向幼儿道别并离开房间,但要在 5 分钟后回来。观察幼儿在照料者离开和返回时的反应。如果幼儿在照料者离开时感到苦恼,尽量安慰他,并告诉他照料者很快就会回来。

○ **每日常规和功能活动**

为了促进幼儿在主要照料者准备离开时注意到并发出声音,要确保幼儿有机会观察到导致照料者离开的常规事件。而对于照料者而言,重要的是告诉幼儿他要离开的意图(例如:挥手、说"再见")。如果幼儿看起来很伤心,用语言和手势安慰他。

○ **注意**

有时父母或照料者会试图偷偷溜走以避免幼儿的反抗。这很容易使幼儿更加没有安全感,因为他无法预测父母是否会在那里。最好在必要时用安慰来道别(保持这种简短的交流),然后一定要回来找到孩子,并在回来时表现出对他的爱。

○ **标准**　当主要照料者准备离开时,幼儿通常会注意到并发出声音。幼儿的反应应该在照料者准备离开时产生,而不仅仅是在照料者打开门并走出门时。发出的声音可能是哭泣或其他抗议的形式。

14n. 用目光注视挑选另一个人作为沟通伙伴

○ **教具**　无需教具

○ **流程**

每次幼儿与我们建立目光接触时,都要向他说些什么。如果不经常发生这种情况,则倚靠在幼儿身边并等待,直到他看向我们再开始说话。没有必要谈好几秒钟,但要尝试让幼儿参与谈话。如果幼儿的照料者无法参与,就邀请另一个成人加入我们和幼儿的活动。在观察幼儿的同时与另一个人交谈,一旦幼儿与我们建立了目光接触,就将注意力转向他并与他交谈。指导另一个成人也这样做,然后我们再次开始与另一个成人交谈并观察幼儿的反应。

○ **每日常规和功能活动**

当附近有其他几个人时,注意观察幼儿。他是否用目光注视的方式试图吸引你或其中一个人?

○ **标准**　幼儿经常在各种环境中使用目光注视来选择另一个人作为沟通伙伴。

14o. 改变音高 / 音量以表示欲望的强度

○ **教具** 无需教具

○ **流程**

关心幼儿发出的声音。在生命早期，婴儿往往会烦躁不安，如果照料者没有注意到他，婴儿就会用更大声、更强烈的哭泣来引起注意。渐渐地，幼儿了解到更强烈的声音能得到更快的结果，所以他开始使用更强烈的发声（例如：哭泣、大喊）来表示强烈的需求或愿望。为了便于幼儿有意地使用音调和（或）音量来表明欲望的强度，我们要对幼儿不同类型的发声做出不同的响应，对于强度越大的发声（例如：更响亮、音调更高）作出的反应越快。

○ **每日常规和功能活动**

鼓励所有与幼儿互动的人要对其发声的变化敏感，并如前所述作出回应。

○ **标准** 幼儿每天至少一次通过改变音高和（或）音量以表示他的欲望强度。

14p. 举起胳膊要求被扶起来

○ **教具** 无需教具

○ **流程**

当我们要把幼儿扶起来时，把我们的胳膊伸出来并说一些诸如"你要起来吗？"或"我们走了"一类的话。等待几秒钟，看看幼儿是否会向我们举胳膊。如果幼儿没有举起胳膊，用手碰触他的手，然后再等几秒钟观察幼儿的反应。之后，靠近幼儿或者问："你想起来吗？"观察幼儿是否会在我们伸出胳膊之前先伸出他的胳膊。

○ **每日常规和功能活动**

总是回应幼儿伸出的双臂。如果我们在当下无法把他扶起来，和他说些什么以表明我们明白他想要被扶起来的愿望，但他必须等一会。

○ **标准** 连续3天，幼儿每天至少2次举起双臂要求被扶起来。这个行为必须发生在成人伸出手臂之前，但可以是对诸如"你想起来吗？"之类的问题的回应。

14q. 以某种一致的方式，而不是烦躁或哭泣，表示希望"下来"或"离开"

○ **教具** 无需教具

○ 流程

当我们抱着幼儿或他正坐在高脚椅上时，注意观察幼儿想要下来，或者想要离开任何限制他的事物时所发出的信号（例如：不安感增加、伸手朝向地板、烦躁）。这时应问一些诸如"你想要下来吗？"或"想要出去吗？"之类的话，并将幼儿带到其他地方。然后通过观察幼儿被带到其他地方之后的反应，来检查我们对幼儿行为的理解是否正确（例如：幼儿看起来是否很开心，或者促使我们将幼儿带到其他地方的行为是否仍然存在）。如果下来或离开似乎不能满足幼儿，应再次尝试确定他真正想要的是什么。

○ 每日常规和功能活动

如果幼儿有多个人照顾，告诉他们（并在可能的情况下向他们示范）当幼儿想要"下来"或"出去"时的行为方式。鼓励他们对这些线索作出一致的反应，并使用语言对幼儿行为的理解进行描述（如前所述）。

○ 注意

当幼儿感到烦躁或不舒服时，他们通常会通过一系列的行为进行传达，但当其他行为不起作用时，他们会使用烦躁或哭泣的方式表达。在幼儿烦躁和哭泣之前，试着注意观察幼儿表示想要下来或离开的迹象，这样我们就可以让幼儿知道，这样做是一种有效的沟通方式，而非哭泣。

○ 标准　幼儿经常以某种一致的方式表示"下来"或"离开"，而不是以烦躁或哭泣的方式。

14r. 玩轮流游戏（例如，躲猫猫、拍手、轮流发声）

○ 教具　无需教具

○ 流程

与幼儿开始游戏的最佳方式之一是注意观察他正在做的事情，找出一些简单的行为，然后模仿这一行为，并等待幼儿再次做这个行为（见项目14f）。引入轮流游戏不仅仅是进行简单的动作模仿，还可以是其他形式的轮流，例如：玩躲猫猫游戏（如：轮到我们时询问"［幼儿的名字］在哪里？"，而轮到幼儿时则需要藏到一个遮挡物后边偷偷地看）或Pat-a-cake游戏（例如：我们说出所有单词，但在特定的时间段停止手上的动作并等待幼儿完成）。

○ 每日常规和功能活动

在照料幼儿的日常活动（例如：进食、洗澡、穿衣）期间花几分钟与幼儿玩游戏，玩涉及双向互动的游戏。如果轮到幼儿时他没有反应，应肢体辅助他做。

○ 注意

幼儿在组织自己进行轮流活动时所需的时间长短不一，许多患有唐氏综合征的幼儿尤其如此。成人必须学会等待（例如：数到10或15），以允许幼儿在轮到自己时有时间做准备。帮助幼儿学习轮流游戏的时机至关重要。

○ **标准** 幼儿能够玩 2 到 3 个轮流游戏。也就是说，一旦成人开始玩熟悉的游戏，幼儿就会在轮到自己时接着玩。

14s. 使用口语或手语表达需求

○ **教具** 无需教具

○ **流程**

仔细观察幼儿，并尝试确定他对什么感兴趣或想要什么。当他来回看向我们和一个物品时，询问他："你想要［物品名］吗？跟我说［物品名称］"。我们可以在说出物品名称时为物品添加一个手语，并手把手地帮助幼儿做出这个手语。

在进餐时，注意观察幼儿何时表现得像是吃饱了，然后询问他："你吃完了吗？"或"全都吃完了？"做一个代表"吃完"的手语，并肢体辅助幼儿做出这个手语。

观察并仔细听幼儿所说的话，看他何时自发表达出类似的手语或单词。

○ **每日常规和功能活动**

观察幼儿在一天之中通过声音和手语/姿势进行沟通的尝试。如果发音无法理解或者手语/姿势不清楚，试着根据幼儿提供的环境线索猜测幼儿想要什么。然后检验我们的猜测（例如，"你想要一些果汁吗？饼干？"），并继续猜测，直到猜对为止。让幼儿知道我们尊重他并会回应他的要求。重复幼儿所说的话能够帮助幼儿改善他的手语/姿势或发音。

○ **标准** 连续数天，幼儿每天至少 3 次使用口语或手语表达需求（或者，如果幼儿有严重的运动障碍，他可以通过目光注视或其他指示性的反应做出选择）。

14t. 通过发声、用手指或其他沟通信号，在探索环境时寻求成人的帮助

○ **教具** 无需教具

○ **流程**

花时间与幼儿一起玩耍，但不是我们主动引导的活动。将一些有趣的物品放置在幼儿拿不到的地方，观察幼儿会如何做。他如何引起我们的注意？他是否会将物品递给我们，表示希望和我们分享？他是否将伸手指和（或）目光注视与发声结合起来，向我们表明希望获得某些东西？他是否会把我们的手拉向某物？回应幼儿的提议，并说出我们认为他想要传达的信息。如果幼儿没有努力发起这种沟通，则可以谈论他看到的物品，把物品递给他，并帮助他探究几分钟。然后，

在玩耍的过程中变得更被动些,看他是否会开始寻求我们的关注/帮助。

○ **每日常规和功能活动**

当我们做自己的事情时,对于幼儿想要我们帮他一起探索环境的努力,要作出积极回应。幼儿的兴趣和探索往往会被我们所从事的活动引导。

将幼儿带到不太熟悉的环境(例如:其他人的家、商场、杂货店),并观察他是否或如何尝试让我们参与探索环境。

○ **注意**

此项目是幼儿学习协调对物品和人的注意力的一个例子。尝试寻找其他和这个例子一样的迹象(例如:幼儿带来一个物品给另一个成人、幼儿与成人分享食物)。

○ **标准** 每天,幼儿通过发声、伸手指或其他明确的沟通信号,让照料者帮助自己探索环境。

14u. 发声时有语调变化(或者好像打手语一样使用各种手势)

○ **教具** 无需教具

○ **流程**

与幼儿互动时,即使每个单词都无法理解,也要仔细听那些听起来像句子似的初始发音。回应这些发音,就好像它们是句子一样。我们可以通过跟幼儿重复我们所听到的内容,用清晰明确的词语说出我们认为幼儿在这种情况下可能会说的话,以及好像他说了一个特定评论一样,来对其发声做出回复。通常情况下,幼儿对我们所说的内容并不特别感兴趣,但对我们回答他的这一事实非常感兴趣,就好像两个人在对话一样。我们与幼儿的谈话,为他提供了更多正在学习的词形变化的例子。

○ **每日常规和功能活动**

全天与幼儿交谈并注意他的发声,重复我们认为他可能想说的话。

○ **标准** 每天,幼儿发声时会出现语调变化。

14v. 使用恰当的口语或手语向熟悉的人打招呼

○ **教具** 无需教具

○ **流程**

始终以恰当的方式与幼儿以及其他人打招呼(例如,"早上好,博比""嗨,博比")。鼓励幼儿也要和别人打招呼(例如,"向哈基姆打个招呼"),但不要重复要求他超过2次。在幼儿打招呼后给他恰当回应,能使幼儿学得更好。

对于一些幼儿来说，在专注于口语问候之前，关注非口语问候是有帮助的。例如：当我们说"你好"的同时，向幼儿微笑并抬起一只手，然后肢体辅助幼儿抬手。

○ **每日常规和功能活动**

无论何时遇到其他人，向幼儿示范如何与他人恰当地打招呼。同时，鼓励幼儿也要打招呼。

○ **标准** 幼儿经常通过适当的口语或手语和熟悉的人打招呼。除直系亲属外，还要有几个人能够观察到幼儿的这些行为。

14w. 通过伸手指、疑问的表情、声音变化和（或）单词，引导照料者提供信息

○ **教具** 幼儿不熟悉的玩具或其他物品（可能是发条玩具）

○ **流程**

在幼儿面前放置一个有趣但不熟悉的物品。让幼儿去探索它，注意观察幼儿希望我们告诉他有关这个物品的信息，或者给他示范如何使用这个物品的迹象。如果我们给了他一个发条玩具，在他探索之后，轻轻地将玩具拿走，并上发条。当发条玩具停止时，只需坐下来等待。回应幼儿为希望我们再次给玩具上发条所做的任何努力。

○ **每日常规和功能活动**

回应幼儿在一天之中尝试进行沟通的努力。通过他的发声和手势，以及他对环境中物品和事件的感知，尝试确定他想要传达给我们的信息。照料者要对幼儿试图获取更多信息的尝试特别敏感。仔细倾听幼儿的问题和（或）单词的变形模式（例如："那" + 用手指 = "那是什么？"）。此外，当他看向我们时，注意幼儿的脸上是否有疑惑的表情。根据我们对幼儿所提问题的理解做出回答，或者重复我们认为幼儿在问的问题，然后回答。让幼儿知道我们对他的问题感兴趣。

○ **标准** 每天，幼儿通过用手指、疑惑的表情、音节变化或词语，引导照料者提供信息。

14x. 当物品被拿走时，通过说（或用手语表示）"不"表示反对

○ **教具** 无需教具

○ **流程**

不要人为设置情境来教授或评估幼儿的这项技能。当我们必须拿走幼儿的某样物品，或者幼儿和同伴一起玩玩具时发生争夺玩具的情况时，简单观察幼儿的反应即可。当幼儿试图从我们身上拿走某个物品时，跟他说"不，不，现在它是我的"。当有人准备从他那里拿走某个物品时，

辅助他说"不"。但如果是幼儿必须与某个物品分开的情况，则要跟幼儿说明我们非常理解他的想法，然后跟他解释为什么他不能拥有这个物品（例如，"我知道你想要球，但我们现在必须把它拿走去吃晚饭"）。

○ **每日常规和功能活动**

在一天之中，注意观察幼儿用"不"表示抗议的情景。让幼儿知道我们已经听到且对他提出的抗议表示理解和同情，但要注意，有时我们不得不坚持让他放弃这个物品（例如，"格雷格，把球还给玛丽，她正在玩呢"）。

○ **标准** 当某个物品被拿走时，幼儿会说"不"或做"不"的手语表达抗议。

14y. 使用2个词或2个手语实现特定的目标（例如，"我去""爸爸坐"）

○ **教具** 无需教具

○ **流程**

当幼儿用1个单词进行沟通时，照料者用2个或3个单词的句子扩展他的表述。例如：如果幼儿看着我们说"坐"，我们在坐下的同时，说"[名字]，坐下"。当幼儿开始用2个单词进行沟通时，照料者用3个或4个单词对句子进行扩展。仔细听幼儿是否会模仿我们说的话，然后自发开始使用这些话语。

○ **每日常规和功能活动**

如果照料者单独与幼儿度过的时间很多，照料者可能会自发扩展幼儿的句子。而在幼儿园或学前教育环境中，有意识地思考这个项目则尤为重要。成人倾向于关注幼儿是否与其他幼儿或成人交谈，而不是仔细关注幼儿正在说什么样的句子。

○ **标准** 幼儿每天至少3次尝试使用2个单词（手语或口语）以实现特定目标，例如，"我去"或"爸爸坐"（或通过通信设备传达类似的想法）。

14z. 在适当的时候自发用口语（或手语）进行熟悉的问候或告别

○ **教具** 无需教具

○ **流程**

每当遇到另一个人进入房间、在外面遇到某人、有人离开等情境时，向幼儿示范如何恰当地与他人问候和告别。鼓励幼儿模仿，但不要强迫他这样做。鼓励幼儿与他人打招呼和告别的最佳方式是，当幼儿与他人用口语（或手语）表达"你好""再见"等时，他人所做的回应。

○ **每日常规和功能活动**

鼓励幼儿所处环境中的其他人，使用恰当的方式与他人或幼儿问候和告别。如果幼儿目前正在使用手语，重要的是告诉其他人手语所代表的意义。

在团体照料环境中，当有访客来访时，有时可以鼓励幼儿模仿照料者接待访客时问候和告别的方式（例如，"让我们一起说'早上好，爱德华兹先生'"）。幼儿还可以学唱带有问候内容的歌曲（例如，"拇指在哪里？……我在这里。你今天过得好吗，先生？很好，谢谢你"）。

○ **标准** 大多数情况下幼儿能够自发且恰当地用口语（或手语）表示问候和告别。

14aa. 用口语（或手语）表示"是"和"不"，以此表明愿望或偏好

○ **教具** 一些幼儿最喜欢的食物或玩具

○ **流程**

举起幼儿最喜欢的食物或玩具。如果幼儿伸手去拿，问他："你想要［物品名］吗？"我们可能需要让他模仿我们所说的话来辅助他说"是"（例如：当我们把饼干递给幼儿并询问："你想要一块饼干吗？你想要吗？好吧，那你说'是'"）。如果幼儿没有模仿说"是"，照料者重复说一遍"是"并将物品/食物递给幼儿。然后继续通过示范和辅助帮助幼儿使用"是"，直到他能够自发使用。

○ **每日常规和功能活动**

相较于直接提供给幼儿我们认为他需要或想要的物品，可以通过询问"你想要一些冰激凌吗？""你想喝果汁吗？""你想去外面吗？"等问题来让幼儿回答会更好。尝试把注意力集中在那些确保幼儿会给予肯定回答的问题。如果他说"不"，那就按照他说的回应他。如果幼儿抱怨，重复问题并说："是的，你确实想要一些［物品名］。"

向幼儿示范如何说"是"。例如：如果幼儿在假装游戏中将积木当成饼干给我们，跟他说："哦，是的，谢谢。我有了一块好吃的饼干。"

○ **注意**

在幼儿真正理解"是"和"不"所代表的意义之前的几个月，幼儿先学会说"不"，可能是因为他们更频繁地听到"不"。他们经常用"不"回答任何问题，即便他们想的其实是"是"。这个项目的目标是帮助幼儿理解这两个词的含义。

○ **标准** 幼儿每天至少 3 次用"是"或"不"（或其他相同意义的表达）回答问题，且明显是对自己想法的恰当回答。

14bb. 在假装游戏中自发使用口语（或手语）

○ **教具**　无需教具

○ **流程**

与幼儿一起玩假装游戏，例如：

- 和娃娃、毛绒动物或木偶聊天，让它们参与幼儿熟悉的活动（例如：吃饭、睡觉、洗澡），用玩具询问幼儿问题或参与其他游戏；
- 假装举行茶会，和幼儿用空罐子假装分享饼干和果汁；
- 用积木建造房屋和道路并谈论它们；
- 用毛绒动物或其他玩具假装乘坐火车或汽车，并谈论它们要去哪里，要去看望谁，它们要做什么，等等。

仔细聆听幼儿是否会在假装游戏中自发表达。

○ **每日常规和功能活动**

假装游戏对幼儿来说，是一种可以在排队等候、乘坐汽车或在家进行日常活动时，为幼儿提供娱乐的有效方式。这是幼儿听到新词汇并思考其含义的绝佳方式。

○ **标准**　幼儿在假装游戏中自发使用口语（或手语）。这些行为不能仅仅是对同伴所说内容的直接模仿，而应该是幼儿游戏中不可或缺的一部分。应该每天进行观察。

14cc. 使用口语或手语请求采取行动

○ **教具**　一个放在透明且难以打开的容器中的有趣物品、发条玩具、泡泡液，其他需要成人操作才最有趣的物品

○ **流程**

向幼儿展示放在透明容器中的有趣玩具。当幼儿无法打开容器盖子时，等一等看他会如何做。如果他将容器交给我们，则询问他："你要我打开吗？说'打开'。"奖励幼儿除吵闹之外的任何发声。

同样地，用一罐泡泡液吹一些气泡，然后关闭容器，等待幼儿要求我们吹更多泡泡。试着让幼儿说"泡泡"。

○ **每日常规和功能活动**

仔细观察在一天之中幼儿传达自己意愿的尝试。如果他说的话难以理解，告诉他我们对他所说的话的理解（例如，"打开？你要我打开它吗？""过来？你想让我过来吗？"）。如果可能，回应这些要求。如果我们因为正在做其他事情而无法回应他，告诉幼儿他现在必须等一等，然后尽我们所能尽快回应他的要求。重要的是，幼儿在早期提要求时取得过成功，这样他就知道他正在沟通。

○ **标准**　在 3 天时间里，幼儿使用口语或手语要求成人采取至少 3 种不同的行动。

14dd. 用口语、手势或手语回答简单的问题
14ee. 用口语或手势询问简单的问题（例如，"做什么？""去哪里？"）
14ff. 用适当的语调询问是 / 否问题

○ **教具**　几个玩具或其他功能性物品

○ **流程**

在幼儿面前摆放一些物品，询问他一些可以通过说"是"或"否"来回答的问题（例如，"这是一个勺子吗？""我是否用这个杯子喝水？"）。

在幼儿回答是 / 否问题后，将玩具隐藏在另一个物品的后面或下面，并询问："[物品名] 在哪里？"也可以拿起物品问："这是什么？"如果幼儿回答错误，示范正确的反应并尝试另一个问题。

将一个有趣的、新颖的物品放在幼儿面前，且什么也不要说。当他探索这个物品时，听他是否会针对这个物品提出问题。如果他没有，就问他一个（例如，"你知道那是什么吗？""你知道我们能做些什么吗？"）。我们也可以用纸制作一些物品（例如：制作一架纸飞机），看看幼儿是否会问我们在做什么，做的是什么，等等。

○ **每日常规和功能活动**

在日常活动中经常询问幼儿问题。如果他没有回答，示范适当的回答。例如：如果我们问幼儿："你在做什么？"幼儿没有回答，我们可能会说："看起来你正带着你的狗去乘坐卡车，你是在这么做吗？"

当幼儿问我们问题时，迅速回答。如果他很少提出问题，那么就在一天中设置一些情境，吸引幼儿的注意力并做一些有趣的活动，但不要一边做一边谈论。如果这仍然没有促使幼儿进行提问，那就向幼儿提问一些问题做示范。

○ **标准 14dd**　幼儿经常通过口语或手势回答简单的问题，答案不能全部都是"是"或全部都是"否"。

○ **标准 14ee**　有 3 天时间，幼儿每天至少提出 3 个不同的问题（幼儿不需要按照正确的单词顺序提问，只要能够表达一个问题即可。例如，"妈妈要去商店？"）。

○ **标准 14ff**　有 3 天时间，幼儿每天至少提出 3 个不同的是 / 否问题。

14gg. 请求帮助（例如，"帮忙""你来做"）

○ **教具**　玩具或其他对幼儿具有挑战性的物品（例如：拼图、发条玩具）

○ **流程**

给幼儿一个具有挑战性的玩具。如果他变得沮丧但没有寻求帮助，询问他："你需要帮助吗？"或"我可以帮你吗？"如果他点头或给出其他非语言性证据表明他需要帮助，告诉他："说'帮助我'。"然后提供帮助。尝试其他任务，如果他感到沮丧，继续提示他寻求帮助。只要有可能，让幼儿决定是否需要我们帮助他，不要直接帮他做。有些幼儿有非常强烈的要自己完成活动的想法。

积极响应幼儿寻求帮助的请求。向幼儿表明我们理解这项任务的艰难程度，然后根据需要提供给幼儿帮助，并赞扬他付出的努力。

○ **每日常规和功能活动**

在家庭或教室内，向幼儿示范如何寻求帮助（例如，"请帮我拿起玩具""请帮我拿着这个盒子，这样我就能打开门了"）。当任务比较困难时，辅助幼儿（和其他幼儿）寻求帮助。

○ **标准**　在 3 个不同的场合，当任务难以完成时，幼儿会向成人或其他幼儿寻求帮助。

14hh. 使用口语或手语组合描述已经发生的事件

○ **教具**　无需教具

○ **流程**

当幼儿外出或我们离开后再次与幼儿见面时，询问他的经历（例如，"你和奶奶去哪儿了？""你今天在学校做了什么？"）。如果他没有回应，询问更具体的问题（例如，"你去商店了吗？""你在外面玩吗？"）。幼儿可能只是简单地回答"是"或"不"，但这些问题给了他一些关于如何回答更开放式问题的线索。

○ **每日常规和功能活动**

经常与幼儿进行交流。谈论他正在做什么或他当天早些时候做了什么，仔细聆听幼儿试图说的话。重复我们认为幼儿所表达的内容，并与他一起检查。询问幼儿想要什么、在做什么等问题。仔细听他对事件或要求的描述。

○ **标准**　一周至少 2 次，幼儿使用口语或手语组合描述已经发生的事件。

14ii. 对在眼前或不在眼前的物品或人进行评论

○ **教具** 无需教具

○ **流程**

把一些一直放在家庭或教室里的物品拿走一段时间，注意观察幼儿是否对物品的消失进行评论，或询问有关消失物品的问题。在房间或教室添加一些物品，观察幼儿是否对其发表评论。

让幼儿的父母或照料者与我们和幼儿一起进入房间，并以惯常的方式与幼儿互动。然后，当幼儿单独或与我们一起从事某些活动时，让幼儿的父母或照料者静静地走出房间。观察幼儿是否在其离开时或离开后发表评论。

○ **每日常规和功能活动**

通过评论我们所看到和未看到的事物，帮助幼儿了解他的世界。当幼儿把杯子倒空时，看着杯子里面并说，"都没了"或"没有牛奶了"。如果幼儿询问已经去上班的父母或看护人在哪儿，告诉他："妈妈去上班了。"询问幼儿有关"哪里"的问题（例如，"爸爸在哪儿？""你的土豆在哪里？"）。仔细聆听幼儿提出的有关"哪里"的问题，或者对出现或离开、存在或消失的物品或人所做的评论。

如果我们同在一个团体，且有一个幼儿缺席，询问幼儿是否知道是谁不在。

○ **标准** 至少在3种情况下，幼儿在没有辅助或被提问的情况下，对在眼前或不在眼前的物品或人做出评论。

14jj. 维持几个回合的对话

○ **教具** 无需教具

○ **流程**

与幼儿谈论他或者我们正在做的活动，或者这些活动的计划。花时间倾听幼儿的回答，并让他引导谈话内容。注意观察谈话一共进行了几个回合。

○ **每日常规和功能活动**

幼儿在和其他幼儿一起玩耍时，注意观察他们的谈话持续了几个回合。

○ **标准** 在不同场合下，幼儿能够维持三四个回合的谈话。

14kk. 使用多个字词给他人读书

○ **教具** 各种适合婴幼儿的有趣书籍

○ **流程**

给幼儿读一本熟悉的书，然后让他给我们读或者自己讲这个故事。如果他用缩略或不正确的方式讲述这个熟悉的故事，不要纠正他。仔细听，他是否会用两三个词描述正在看的一页。如果他没有，针对这张图片向他提问（例如，"发生了什么？""这是谁？"）。

○ **每日常规和功能活动**

每天给幼儿读书。在他自己看书时观察他，是正在讲书中的故事还是在描述图片？建议幼儿将这本书给别人看并给这个人讲故事。

○ **标准** 至少3种情况下，幼儿使用多个字词给他人读书。

14ll. 恰当回答有关"哪里"和"为什么"的问题

○ **教具** 无需教具

○ **流程**

向幼儿询问几个有关"哪里"的问题，这些问题幼儿可以通过用手指或描述位置进行回答（例如，"你的鞋子在哪里？""你的鼻子在哪里？""灯在哪里？"）。

给幼儿读一个故事，然后问他有关"为什么"的问题（例如，"为什么第三只小猪用砖砌他的房子？"）。如果他没有回应，给他一些选择（例如，"是因为他想要一个结实的房子来阻挡狼吗？"）。让幼儿帮我们拿一些对他来说很难携带的物品，然后问他："为什么这么难拿？"如果他没有回答，说："是不是因为它太大，所以拿不了？"

○ **每日常规和功能活动**

一天之中，当我们与幼儿一起做活动时，与他谈论我们可以找到不同物品或人的地方，然后使用和"哪里"有关的问题引入话题（例如，"爸爸在哪里？他在厨房里""我们把你的球留在哪里了？它肯定在外面""蜡笔在哪里？哦，它们在这个盒子里"）。

唱《大拇指在哪里》（*Where is Thumbkin*）："大拇指在哪里？大拇指在哪里？我在这里［举起一只大拇指］，我在这里［举起另一只大拇指］。今天你好吗，先生［用一只大拇指向另一只大拇指鞠躬］？很好，谢谢你［再次用大拇指鞠躬］。快跑［一只手藏到背后］，快跑［另一只手藏到背后］。"继续使用中指、食指、无名指、小拇指编唱歌曲。

当我们谈论各种物品如何工作时，幼儿使用"为什么"提问（例如，"为什么这把椅子很难移动？我想这是因为它太重了""你为什么哭？是因为你跌倒了"）。做决定或发指令时说明原因（例如，"你不能这样做，因为……""我不能搬动它，因为它太重了""我现在不能看，因为我在开车"）。如果他不会用"为什么"，则在各种情况下向幼儿提问有关"为什么"的问题。

○ **注意**

避免通过询问和"为什么"有关的问题来评估幼儿的动机（例如，"你为什么打强尼？""你为什么要在墙上写字？""你为什么要弄湿你的裤子？"），这个阶段的幼儿通常不了解自己的动机。如果我们对幼儿所做的事情不满意，那么告诉他我们不喜欢他做这个行为，要比问他为什么这么做更好。

○ **标准** 幼儿通过用手指向某个位置、拿回物品或者说出位置，恰当回应至少 3 个不同的"哪里"问题，并恰当回应（给出原因）至少 3 个"为什么"问题。在这两种情况下，幼儿的答案没有必要都是正确的。相反，重点在于他理解"哪里"问题需要提供位置信息，"为什么"问题需要提供某种理由，且通常以"因为"开头。

序列 15
语法结构

人类似乎天生就有学习复杂语法结构的能力。虽然目前尚不清楚照料者在多大程度上可以影响幼儿学习这些结构的速度，但可以肯定的是，幼儿必须听到这些结构（或者在使用手语的情况下看到），并有机会练习它们。大多数照料者会自然地调整他们的讲话，从而使其表达语言的复杂性始终比幼儿领先一步，从而为幼儿学习下一个语法结构提供示范。对于典型发育的幼儿来说，这就足够了。然而，对于有特殊需要的幼儿，可能需要更多的重复和强调来鼓励其发展。照料者应该确保不要谈论幼儿的语法，因为这可能会干扰沟通。

这个序列涉及多种语法形式（按照大多数典型发育幼儿掌握的顺序排列），以及促进幼儿掌握这些形式的建议。有些幼儿可能需要时间单独进行语言治疗，并专注于句子结构。然而，其余时间，我们应该倾听幼儿、用典型的沟通方式对结构作出反应，以此强化正确的结构，并简单地以正确的形式重复不正确的结构，为幼儿提供示范，鼓励幼儿学习正确的语言结构。应避免过分关注错误。

| 特殊调适 |

有运动障碍的幼儿

即使幼儿不能说话，为幼儿提供学习这些语法形式的机会也很重要。这可以通过阅读和与幼儿交谈来完成，以便他们能反复听到这些形式。

如果幼儿的运动障碍使他无法产生各种声音，寻求专业人士来帮助幼儿发展替代性的沟通形式。此外，一定要继续与幼儿交谈，并尝试专注于他通常正在发展的语言结构。即使幼儿不能说话，但让他听到各种语言结构仍然非常重要。对于有运动障碍的幼儿而言，与其他正在发展言语、年龄相仿的幼儿在一起也非常有帮助。而我们与其他幼儿的互动，不仅可以提供句子范例，还可以帮助我们按照幼儿能够理解的水平讲话。当幼儿不说话时，成年人倾向于说服幼儿去和另一个成年人交谈，或者在不适当的情况下让幼儿长时间说话。

有视力障碍的幼儿

有视力障碍的幼儿学习语言结构的能力与其一般学习能力一致。事实上，那些有严重视力障碍的幼儿可能会说比较长、语法正确的句子，即使这些句子与环境中发生的事情几乎无关。这些幼儿学习语言的主要问题在于学习所听到的单词和句子所代表的事物。照料者必须提高警惕，帮助这些幼儿理解他们听到和说出的单词和句子的含义。

有听力障碍的幼儿

对于有听力障碍的幼儿，要特别注意他们孤立的语言，以及他们通过手语和动作进行交流的尝试，并适当回应。如果幼儿是在一个手语环境中，将手语和其他动作混合到一起使用。

注意：此序列的重点是英式手语，而不是美国手语。

15. 语法结构

a. 在句子中使用带有一个或两个发音发生变化但可理解的单词（或使用手语时混合可识别的手势）

b. 使用2个词表示占有和行动

c. 使用2个词表示不存在和再次发生

d. 使用2个词表示特指和特征

e. 在某些单词的末尾使用"-s"来表示复数

f. 使用助动词，通常为缩写形式

g. 在动词上使用"-ing"

h. 使用否定词

i. 使用人称代词

j. 使用介词短语

k. 使用包含3个单词的短语表示特指、反对和（或）描述

15a. 在句子中使用带有一个或两个发音发生变化但可理解的单词（或使用手语时混合可识别的手势）

○ **教具** 无需教具

○ **流程**

在幼儿的发音出现变化（听起来像一个句子）之后，通常不会太久我们就能在这种发音中辨别出一个或多个单词。尝试确定幼儿的意思，并用一个简单的由2个或3个单词组成的短语总结幼儿说的话，并用到我们认为他所说的单词。回应幼儿的话，就好像他正在清楚地和我们沟通（即：看着他，倾听，并轮流说话）。

○ **每日常规和功能活动**

全天仔细聆听幼儿的发声，并尝试从声音和语境中提取幼儿想要表达的意思。回应他，并按照我们所理解的意义进行表达。让幼儿知道我们重视他的发声，这样会激发他说话的欲望，提高沟通能力。

○ **标准** 幼儿经常在句子中使用带有1个或2个发音发生变化但可理解单词。

■■■

15b. 使用2个词表示占有和行动（例如，"妈妈的袜子""我的娃娃""吃饼干"）
15c. 使用2个词表示不存在（例如，"没有果汁""爸爸不见了"）和再次发生（例如，"更多果汁""爸爸在这里"）
15d. 使用2个词表示特指（例如，"这个玩具""那个盒子"）和特征（例如，"热炉""漂亮的兔子"）

○ **教具** 无需教具

○ **流程**

当幼儿使用1个单词说话时，通过重复他的话并对其进行扩展来回应他。例如，当幼儿说："热。"回应他："是的，很热，热炉子。"当幼儿拿出杯子说："果汁。"回应他："你没有果汁了，你想要更多果汁吗？这里有更多的果汁。"（对于我们用来扩展幼儿陈述内容的词，要特别强调。）当他说"袜子"，回应他："是的，袜子，爸爸的袜子。"仔细听幼儿模仿我们所说的话，以及之后自发使用2个词进行表达的话语。在这个阶段，如果幼儿使用不正确的动词形式（例如，"Daddy goed""Mommy wented"，是可以接受的。

○ **每日常规和功能活动**

在一天之中，经常与幼儿交谈。不要使用"婴儿式谈话"，而要使用幼儿更容易模仿的短语。

○ **标准 15b** 幼儿使用数个包含2个词的话语表示占有或行动。

○ **标准 15c** 幼儿使用数个包含2个词的话语表示不存在或再次发生。

○ **标准 15d** 幼儿使用数个包含2个词的话语来表示特指或特征。

■■■

15e. 在某些单词的末尾使用"-s"来表示复数

○ **教具** 一组类似的玩具（例如：几辆汽车、几个玩偶、几个积木、几个毛绒熊），图片或图画书

○ **流程**

在自己面前放一辆车，在幼儿面前放两辆车，跟他说："我有一辆车，你有两辆……（等他填写这个词）。"如果他没有填写正确，告诉他："你有两辆车（强调's'）。"然后，在我们面前再增加另一辆车，跟他说："看，现在你有两辆车，我有两辆……"然后尝试用其他几套玩具进行类似的流程。

与幼儿一起看图片或书，指着图片并提出问题，以引出复数的使用（例如，"那个男孩有什么？他有一些［物品名］"）。

○ **每日常规和功能活动**

一天之中，在表示复数的单词末尾，特别强调"s"的发音。在谈论我们正在看或正在玩的物品时，使用数字和其他数量的单词（例如，"我只有一个积木，你有很多积木""你看，你可以有两块饼干""那张图片上只有一只小狗，在这张图片上有三只小狗，一只、两只、三只"）。仔细听幼儿是否开始在单词的尾部使用"s"来表示复数。

做涉及单数和复数名词的活动，例如：唱歌、阅读童谣、手指游戏。强调复数词的"s"，以便幼儿听到它。

○ **标准**　幼儿对多个不同的单词使用复数形式。在这个阶段，如果幼儿错误地表示不规则单词的复数形式（例如，说"mans"而不是"men"），则计为正确。

15f. 使用助动词，通常为缩写形式（例如，"gonna""wanna""hafta"）

○ **教具**　无需教具

○ **流程**

与幼儿一起玩玩具时聊天，说话时使用助动词，并询问幼儿可能引发此类动词的问题。比如说："我打算把这个球放在这里，你打算怎么处理你的球？""我想看看这个盒子里有什么，你想做什么？""我们弄得一团糟，我必须找到一条毛巾。"（不要直接也给幼儿一条毛巾，看看他是否会说"我也必须找到一条毛巾"）。如果幼儿在玩游戏时没有模仿或自发使用辅助动词，尝试提示他这样做。例如，问一下："你打算做什么？"如果他没有回答而是展示给我们看，告诉他说："哦，你要移动那辆车，跟我说'我要移动汽车'。"

○ **每日常规和功能活动**

一天之中，确保我们在与幼儿的谈话中使用助动词。如果我们在向幼儿描述我们从事的活动时使用助动词，他也会非常自然地使用（例如，"我现在要洗碗""我们出去之前必须更换你的纸尿裤""我想去外边"）。

○ **标准**　幼儿至少能够多次使用 2 个助动词形式。

15g. 在动词上使用"-ing"

○ **教具**　图画书

○ **流程**

与幼儿一起看一本书，并提出诸如"那个男孩正在做什么？"之类的问题，或者说一个需要填空的句子，例如，"看那条狗，它正在……"。如果幼儿没有用动词的现在进行式回答，则我们回答提出的问题（例如，"男孩正在跑步"），或完成我们说的句子（"那只狗正在吃东西"）。

○ **每日常规和功能活动**

在一天之中，经常与幼儿谈论我们或者他正在做的事情。这样就可以很自然的在动词结尾处使用"-ing"（例如，"我们要……""我正在做……""奶奶来了"）。仔细听幼儿是否在动词结尾处开始使用"-ing"。当幼儿使用它们时，重复幼儿所说的动词部分（例如，"是的，我们正要回家"）。

○ **标准** 幼儿在几个不同动词结尾处使用"-ing"。

15h. 使用否定词（例如，"不能""不会""不要"）

○ **教具** 无需教具

○ **流程**

使用玩具与幼儿玩耍，创造使用否定词的机会（例如，"我穿不下这件衣服，你能帮我拿着它吗？""那辆车不能开，它没了一个轮子"）。仔细听幼儿是否使用这些否定词。如果他这样做，重复他说的话，并以自然的方式扩展他的表达（例如：如果幼儿说"不能开"，我们则说："汽车不能开，汽车肯定是坏了，让我看看能不能修好"）。

○ **每日常规和功能活动**

当我们与幼儿谈论我们的日常活动时，会很自然地用到这些否定词。仔细听幼儿说的话，以便在他开始使用这些否定词时我们能够听到。让幼儿知道我们已经听到他说的，并通过重复他的句子，以及用自然的方式扩展他说的话，让他知道我们理解他。

○ **标准** 在不同的时间，幼儿使用至少2种不同的否定词（例如，"不能""不会""不要"）。

15i. 使用人称代词（例如，"我""你""我的""你的"）

○ **教具** 一组有趣的玩具

○ **流程**

以自然的方式与幼儿一起玩，让他带头。尝试保持对话，并注意使用人称代词（例如，"那是你的卡车，这是我的""我想要球，你能把它交给我吗？"）。听幼儿是否使用这些代词，如果他不这样做，试着提出问题以引发幼儿使用人称代词。

○ **每日常规和功能活动**

一旦幼儿知道了熟悉人的名字，就开始使用人称代词。例如：照料者应该开始说"我爱你"而不是"妈妈爱你"。同样，照料者和幼儿说话时应该开始使用"你"和"你的"（例如，"你是我的大男孩"而不是"强尼是我的大男孩"）。仔细听幼儿说的话，以便当他开始使用这些代词时我们能够听到。如果幼儿用错了，不要纠正他，但要继续示范正确的说法。

给幼儿读包含很多对话内容的故事，这些故事中包含大量人称代词的使用。

○ **标准** 幼儿至少使用3个人称代词，每个人称代词在多种情境中使用。

15j. 使用介词短语（例如，"在家里""在桌子上"）

○ **教具** 各种有趣的玩具

○ **流程**

与幼儿一起玩玩具，将这些玩具放置在各种不同的位置（例如：放在顶部、旁边、后面、中间、下面）并谈论我们正在做什么。如果幼儿没有从我们这里得到提示，并开始谈论他正在做的事情，那就提出可能引出介词的问题（例如，"［玩具］在哪里？""你把［玩具］放在哪里了？"）。如果他没有回答，则我们回答，并试着让他重复我们的回答（例如，"就在那里，它在椅子上。它在哪里？"）。

○ **每日常规和功能活动**

在一天之中，当我们与幼儿谈论正在做的活动或正在发生的事情时，强调介词（例如，"你的球在桌子底下""让我们把床单放在床上""把你的玩具放进玩具箱里"）。仔细听幼儿第一次尝试使用这些单词。可以通过询问物品的位置来引发幼儿使用介词（例如，"你的书在哪里？"）。如果他没有回答或只是用手指，跟他说："我看到了，它在桌子上。"我们也可以设计一个游戏，将物品藏到容器里边、上边或下边，并让幼儿猜它们在哪里。

○ **标准** 幼儿在短语中使用至少2个不同的介词，每个介词使用多次。

15k. 使用包含3个单词的短语表示特指（例如，"那个大的""这个手指受伤了"）、反对（例如，"没有可怕的书""不想要那个"）和（或）描述（例如，"那只大狗"）

○ **教具** 无需教具

○ **流程**

和幼儿一起玩，让他带头。尽量继续围绕正在做的事情进行对话。提出开放式的问题（即无法用"是"或"否"轻易回答的问题），例如，"你想玩什么？"或"你想要什么？"。仔细听幼儿是否会使用包括形容词或其他指定词的 3 个单词短语回答。

○ **每日常规和功能活动**

当幼儿使用 2 个词的短语时，扩展幼儿所说的话，以鼓励幼儿说出更长的短语。例如，如果幼儿说"那个"，回复他："哦，你想要那个大的？"给幼儿读简单的图画书，并谈论这些图片，鼓励幼儿也谈论它们。听幼儿是否会用 3 个单词的短语来描述。

○ **标准**　在不同的时间里，幼儿使用数个包含 3 个单词的短语。

序列 16
模仿：仿说

幼儿的说话能力取决于他能够听到语言以及对该语言（或者在多种语言并存的语言环境中对多种语言）进行仿说。对于大多数幼儿来说，仿说似乎是从观察说话者开始的，发出各种声音，然后将嘴巴的动作和声音与照料者嘴巴的动作和声音互相配对而自发产生的。然而，各种损伤可能会干扰这种模仿形式。有些幼儿没有足够的注意力来模仿照料者的行为；有些幼儿则在运动协调或运动计划方面存在障碍，从而干扰了声音的产生；还有一些幼儿则因无法听清而无法对发音进行模仿。

该序列旨在通过关注幼儿尝试模仿的行为、强化幼儿的模仿行为，以及随着幼儿的发展塑造更准确和更复杂的模仿，来帮助照料者促进幼儿的仿说。起初，关注的重点是语音，但最后，重点则是准确模仿完整的句子。

| 特殊调适 |

有运动障碍的幼儿

一些患有运动障碍的幼儿会被发现很难（或不可能）控制嘴唇、下巴和舌头来模仿声音。重要的是继续尝试引发幼儿的模仿行为并强化这一行为。

有视力障碍的幼儿

当有严重视力障碍的幼儿开始注意到声音并尝试玩声音游戏时，一定要触摸他，让他能够注意到我们，并鼓励幼儿在我们说话或发出声音时，触摸我们的脸和嘴。

有听力障碍的幼儿

当我们发出声音或说话时，要确保有听力障碍的幼儿能够注意到我们。我们可能需要在一个非常安静的环境中完成这些项目。一定要向幼儿听力学家和（或）语言病理学家咨询，何种程度的音高和响度最有可能得到幼儿的最可靠反应。

鼓励有听力障碍的幼儿不仅要在我们说话时触摸我们的嘴巴，还要将手放在我们的喉咙上，以感受说话时声带的震动。然后将幼儿的手放在他自己的喉咙上，帮助幼儿将自己的声带振动与我们的声带振动进行比较。

听力损伤严重的幼儿可能永远不会非常有效地模仿声音。咨询幼儿听力学家或语言病理学家，以确定是否应该重点关注幼儿的动作模仿（参见序列 17 模仿：动作），以便手势可以代替早期的言语用于沟通。

16. 模仿：仿说

a. 听到声音后安静

b. 看正在说话的人

c. 重复照料者模仿自己时发出的声音

d. 改变声音（模仿照料者发出的声音）

e. 模仿成人的声音变化

f. 尝试模仿成人的嘴部动作

g. 尝试匹配新声音

h. 模仿熟悉的双音节词，无音节变化

i. 模仿熟悉的双音节词，有音节变化

j. 模仿最新的单音节词

k. 模仿各种新的双音节词

l. 模仿在谈话或书中无意听到的熟悉话语

m. 模仿他人发出的自然环境中的声音

n. 模仿包含2个单词的短语或句子

o. 模仿3音节词（或包含3个音节的2个单词的短语）

p. 重复新的包含2个单词或2个数字的序列

q. 重复包含3个单词的句子

16a. 听到声音后安静

○ **教具**　无需教具

○ **流程**

当幼儿躺下并保持警觉时，或者当幼儿开始吵闹时，走到他面前并用一种生动且舒适的方式跟他说话。观察幼儿的动作是否减少，吵闹的情况是否停止，或是否有其他行为改变，表明他正在听我们说话并非常感兴趣。如果他没有停止吵闹，抱起并安慰他。通过将声音与舒适联系在一起，他将学会仅仅通过听声音来变得安静。

在我们进入幼儿的视野范围之前，就开始与他交谈。观察他是否会改变行为来适应我们的声音，或者当幼儿看到我们并听到我们的声音时，是否会有行为改变。

○ **每日常规和功能活动**

当幼儿感到烦躁而被抱起来时，也要跟他说话。之后，当他烦躁时，试着只和幼儿说话，而不是立即抱他，看他是否会在听到我们的声音后安静下来。然后，抱他起来，并满足他的需要。

○ **注意**

务必给幼儿时间来对我们的声音作出回应。似乎有些幼儿要么处理信息非常缓慢，要么难以组织行为来对传入的信息作出回应。

○ **标准**　幼儿至少在4个不同场合，听到声音后变得安静。也就是说，幼儿在听到声音后，动作活动减少或烦躁程度减弱。这应该发生在看到说话人之前。

16b. 看正在说话的人

○ **教具**　无需教具

○ **流程**

以生动的方式与幼儿交谈，并使用与我们所说内容相适应的手势。如果幼儿看着我们，继续和他说话、抚摸他、微笑和（或）抱他。尽可能与他保持长时间的目光接触。

○ **每日常规和功能活动**

给幼儿换纸尿裤、喂食、洗澡或进行其他日常活动时，要直视幼儿并与他交谈。尽可能与他保持长时间的目光接触。

○ **标准**　至少在4个不同场合，幼儿看着正在说话和打手势的人。当他人说话时，幼儿应该面向这个人，并持续看着正在说话的人至少一分钟（允许暂时转移视线，然后再回来）。

16c. 重复照料者模仿自己时发出的声音
16d. 改变声音（模仿照料者发出的声音）

○ **教具**　无需教具

○ **流程**

注意听幼儿自发发出的声音。模仿幼儿发出的声音，然后停下来看他是否再次发出这个声音。如果幼儿发出另一个声音，模仿那个声音，然后停下来等待。

当幼儿学会重复我们模仿他之前发出的声音来维持沟通时，改变"游戏"的规则。换成在幼儿发出一个声音后，用不同的声音回答幼儿的发声，这个声音是幼儿在其他场合做过的。然后等一等看他会做什么。如果他重复自己一开始发出的声音，就把不同的声音再复述一遍。注意幼儿通过改变他的声音以匹配我们的声音而作出的努力。

○ **每日常规和功能活动**

一天之中，当我们与幼儿互动时，注意模仿他所发出的声音，然后等待看他是否会重复这些声音或发出其他声音。一旦幼儿以上述方式重复声音，则开始引入其他幼儿曾经发出的声音，代替模仿他当前发出的声音。看看他是否试图改变他的声音以匹配我们的发声。这种模仿和轮流发声是对话的开始。

○ **注意**

在幼儿与成人对话时，许多幼儿需要学习一段时间，才能在成人说话时保持安静。如果幼儿在我们尝试开始轮流游戏时确实停止了发声，等到下一次轮流发声时再试一次。最终，幼儿将学会轮流模式。

○ **标准 16c**　幼儿每天数次重复照料者模仿自己时发出的声音。

○ **标准 16d**　至少在 4 个不同的场合，当照料者用幼儿曾经发出过的声音，来回应幼儿发出的声音时，幼儿会改变自己的声音以匹配成人的声音。

16e. 模仿成人的声音变化

○ **教具**　无需教具

○ **流程**

与幼儿轮流发声时，引入一些夸张的声音变化模式。例如：如果我们用正常的语调说"吧吧吧吧吧"，试着再用高亢、尖锐的声音说出来。观察幼儿的反应并等待，看他是否试图模仿我们。如果幼儿没有试着模仿，则回到正常的声音进行几个回合，然后再次尝试发出尖锐的声音，或者低沉响亮的声音。

○ **每日常规和功能活动**

在日常照料幼儿的过程中，与幼儿一起玩声音游戏。改变我们声音的音调、速度和响度，并仔细听幼儿是否会尝试模仿我们。

○ **注意**

有些幼儿觉得夸张的音调变化很有趣，会微笑或笑，而不是试图模仿。和他们一起笑，但要再尝试一次。

○ **标准**　至少在 3 种情况下，幼儿改变他的音调以试图模仿照料者的音调变化。

16f. 尝试模仿成人的嘴部动作

○ **教具** 无需教具

○ **流程**

抱住幼儿，使他面向我们并且能够触摸到我们的嘴巴。和幼儿说话，夸大嘴唇和舌头的动作。此外，尝试做鬼脸（例如：伸出舌头、像吹口哨一样皱起嘴唇、舌头在嘴唇之间快速前后移动）。观察幼儿的嘴巴和嘴唇动作。当他模仿我们时，再次做同样的动作。如果他没有试图模仿，试着慢慢地用嘴唇做动作以及用手指辅助他让嘴唇动起来，来促使他模仿我们嘴部的动作。

○ **每日常规和功能活动**

每天花一些时间将幼儿抱在膝盖上，或者放在另一个位置，让他在我们说话的时候能够看到并触碰到我们的脸。让幼儿触摸我们的脸和嘴。

当我们说话时看着幼儿的嘴巴。注意观察幼儿在我们说话时是否会动嘴巴，就好像在尝试模仿我们正在做的事情。夸大我们的嘴巴动作（例如：做一个大的"o"形、吹口哨、闭紧嘴唇并说"mm-mm-mm-mm"）。

○ **注意**

这个项目不同于幼儿在早期看到成人说话时努力尝试动嘴巴，现在幼儿在模仿时更加刻意和精确，并且会对讲话者的嘴巴以及嘴巴产生的声音非常感兴趣。

○ **标准** 幼儿至少在 4 种情况下，尝试以与成人相似的方式动自己的嘴巴。

16g. 尝试匹配新声音

○ **教具** 无需教具

○ **流程**

进行轮流发声的游戏，模仿幼儿发出的声音，并引入之前幼儿发出过的其他声音（见项目 16d 和 16e）。然后，向幼儿介绍一个他之前没有发出过的声音。例如：他可能会说"dadada""bababa""gagaga"以及其他包含"ah"的辅音，并且在模仿我们的声音时，可以很容易从一个声音改变为另一个声音。如果是这样，我们可以给幼儿介绍包含相同辅音并带有"oo"音的发音（例如，"doo, doo, doo""boo, boo, boo""goo, goo, goo"）。暂停一会儿，让幼儿有时间模仿这些声音。当他模仿这些新声音时，给予热情的回应。

○ **每日常规和功能活动**

一天之中，在与幼儿的互动过程中加入以上流程。用餐时间特别适合让幼儿发出不同的声音。尝试与幼儿进行大量的谈话，享受轻松的用餐时间。

○ **标准** 幼儿每天都试图匹配新的声音。模仿并不一定要精确，但我们要能够轻易看到幼儿试图调整嘴形、移动嘴唇或舌头等以匹配新的发音。

16h. 模仿熟悉的双音节词，无音节变化（例如，"baba""Dada""Mama"）
16i. 模仿熟悉的双音节词，有音节变化（例如，"baby""uh-oh""all gone"）

○ **教具** 无需教具

○ **流程**

与幼儿玩轮流发声的游戏，并给幼儿介绍不需要改变音节的熟悉的双音节词（例如，"dada""mama""nana"）。暂停并看看幼儿是否会模仿我们说的话。

如果我们教给幼儿的词与幼儿正在发出的声音类似，则最有可能成功。例如：幼儿在学会说"dada"（在2个音节之后停止）这个词很久之前，就经常喋喋不休地说"dadadada"。当幼儿说"dada-dada"时，我们说"Dada"，略微强调2个音节，使它听起来更像是一个单词，而不是一串声音的一部分。然后等待幼儿模仿。如果他没有模仿，我们则继续以类似的声音轮流，但要说得像是一个单词。

一旦幼儿开始模仿带有重复音节的双音节词，就开始尝试让他模仿带有音节变化的单词（例如，"baby""un-oh""all gone""Daddy"）。保持微笑并与幼儿交谈，以奖励他的努力。

○ **每日常规和功能活动**

在游戏时间或日常照料活动中，按照上述流程，每天进行数次轮流声音模仿的游戏。

○ **标准** 至少在4个不同场合，幼儿至少模仿2个熟悉的双音节词。

16j. 模仿最新的单音节词
16k. 模仿各种新的双音节词

○ **教具** 各种玩具或有趣的物品、图画书

○ **流程**

向幼儿展示可以用简单的单音节词命名的物品或物品图片（例如：球、车、船、星、鞋、狗）。拿其中一个物品给幼儿看，并清楚地说出这个词。等一下，看看幼儿是否会模仿我们说的话。

当幼儿能够熟练模仿单音节词时，引入双音节词（例如：猴子、小狗、浆果、花朵）。对于近似的发音也给予肯定（例如：bah 代表 ball、bo 代表 boat、muh-key 代表 monkey）。关键不在于幼儿的发音是否具有良好的清晰度，而是幼儿在模仿新词时是否一致地改变他的声音。

○ **每日常规和功能活动**

注意观察幼儿可能感兴趣的物品，并为这些物品命名。与幼儿一起看图画书并边指边命名图片内容。在我们说完一个单词后等待，看幼儿是否会试图模仿。如果他没有，再说一遍这个单词并问："你能说 [单词] 吗？"

○ **标准 16j**　幼儿模仿 4 个或更多新的单音节词。

○ **标准 16k**　幼儿模仿各种新的双音节词（6 个或更多）。

16l. 模仿在谈话或书中无意听到的熟悉话语

○ **教具**　图画书

○ **流程**

这是一项最难用人为方式引发的技能，一种可行的方法是给幼儿读 1 本或 2 本书，这些书对他来说应该是比较新奇的，并包含他熟悉的物品或动物的照片。在与另一个成年人交谈或做其他活动时，给幼儿看书。听听看幼儿是否会在读书时重复我们读给他听的单词。

○ **每日常规和功能活动**

当我们与另一个成人或另一个幼儿交谈时，要定期观察幼儿是否正在聆听，并重复他听到的 1 个或多个单词。另外，要注意谈话结束后幼儿发出的声音，他可能会练习他听到的一些话。同样，幼儿可能会练习他在电视上听到的单词，或者他可能在看书时会使用这些单词。仔细听他们说的话。

○ **标准**　至少在 3 种情况下，幼儿会模仿无意中听到的熟悉的单词。

16m. 模仿他人发出的自然环境中的声音

○ **教具**　各种玩具和图画书

○ **流程**

给幼儿读书或与他一起玩，并适当地发出与不同动物或物体相关的非言语的声音。例如：在图片上看到牛说"牛"之后发出"哞哞"的声音，狗叫声"汪汪"，猫叫声"喵喵"，汽车的声音"呜呜"，火车的声音"咔咔"。在我们发出这些声音之后，观察幼儿是否试图模仿。还要仔细听并观察幼儿在看图片或玩玩具时,是否会自发发出这些声音。

○ **每日常规和功能活动**

每天为幼儿读书,读书时向幼儿介绍各种非言语声音,这些声音可能不包含在书中。例如:当我们为幼儿读 The Little Engine That Could 时,他可能无法一直安静地坐着听我们读,但当我们读到每页书中包含各种引擎声音的句子时,他可能会非常喜欢。我们还可以用幼儿的玩具发出各种声音。他可能会尝试模仿这些声音。

○ **标准** 幼儿模仿2种或更多不同的自然环境中的声音。

16n. 模仿包含2个单词的短语或句子

○ **教具** 各种玩具和图画书

○ **流程**

与幼儿一起玩(或给他读书)时,尝试让幼儿为物品命名和(或)模仿我们说出的物品名称。当他说一个单词时,用形容词或动词对其进行扩展。例如:如果幼儿说"球",我们可以说"大球"或"扔球"。仔细听幼儿是否模仿说这些2个单词的短语,如果他不这样做,试着通过说"大球"来引发模仿。我们可以通过说"大球",或者说,"跟我说'大',现在说'球',连起来说'大球'",引发幼儿模仿。但是,不要过分关注这种人为的练习,不要一次进行多个回合。

○ **每日常规和功能活动**

当幼儿开始使用更多单个单词进行交流时,在谈话时,我们要开始强调2个和3个单词的句子。在我们说完之后,一定要暂停,让幼儿有机会模仿我们说的话。如果他没有模仿,重复我们说的话并再等一下。在不同的时间里尝试2到3次。当他模仿时,让幼儿知道我们喜欢他这样做。此外,继续强化其对我们介绍的单词意义的理解。

○ **标准** 幼儿模仿3个或更多包含2个单词的句子或短语。

16o. 模仿3音节词(或包含3个音节的有2个单词的短语)

○ **教具** 各种玩具和图画书

○ **流程**

在与幼儿一起玩或给他读书时,开始强调3音节词(例如:elephant、butterfly)。此外,强调包含3个不同音节的2个单词的句子(例如:Daddy gone、Baby eat)。如果幼儿没有自发模仿,试着通过慢慢地重复这些词并要求他说出来引出模仿。

○ **每日常规和功能活动**

在一天之中，让幼儿听到许多3个音节的单词。注意他开始模仿更复杂的声音序列的努力，例如：包含3个音节的词（Granddaddy）或包含3个音节的2个单词的短语（Doggie gone）。在说某些单词或短语时，试着更慢、更清楚地表达，以促进幼儿的模仿。让幼儿感觉到我们喜欢他的模仿行为。

○ **标准** 幼儿在几个不同的场合模仿4个或更多3音节词（或包含3个不同音节的2个单词短语）。

16p. 重复新的包含2个单词或2个数字的序列

○ **教具** 无需教具

○ **流程**

与幼儿一起玩游戏，每个人都要重复另一个人说的话。大多数幼儿在模仿2个单词的句子时会觉得这样的游戏很有趣。游戏开始的时候，先简单一点，即只有一个数字或一个简短的单词。然后增加到2个单词或2个数字（例如，"说'苹果'，说'爸爸'，现在说'苹果、爸爸'"）。如果幼儿在正确重复独个的单词后，也能够正确重复2个单词组合成的序列，尝试一个新的包含2个单词的序列，或尝试2个数字。

○ **每日常规和功能活动**

如果周围有其他幼儿，请他们加入游戏中。他们可以轮流重复或一起重复。从单个单词或数字开始，然后增加到2个单词或2个数字。如果我们把不常放在一起的单词组合到一起，幼儿通常会很喜欢（例如，"Yummy dirt""Pickle ice cream"）。

○ **注意**

幼儿在轮流游戏时可能无法等待，有些幼儿可能会在没有轮到自己时就把这些短语喊出来。不要批评，只是跟幼儿说："你们都记住了吧，现在让我们看看玛丽是否可以独自完成下一个。"

○ **标准** 幼儿重复4个或更多包含2个单词或2个数字的序列。

16q. 重复包含3个单词的句子

○ **教具** 无需教具

○ **流程**

告诉幼儿你想看看他能否说出我们说的话。从1个单词开始，然后是2个单词，最后是3个单词的句子（例如，"说'强尼'，说'强尼喜欢'，现在说'强尼喜欢糖果'"）。如果幼儿能够重复 3 个单词的句子，尝试另一个包含 3 个单词的句子，不用分成小部分。

○ **每日常规和功能活动**

仔细听幼儿说的话。许多幼儿在没有被要求的情况下就会重复他们听到的内容。如果他没有这样做，看看他是否会重复我们说的话，从 2 个单词的短语开始。一旦幼儿轻易说出这句话，就试试 3 个单词的句子。

当阅读简单的书籍时，重复句子也很有效。读一个简短的句子，然后说："现在你来说。"根据需要，通过提示第一个单词或前两个单词辅助幼儿仿说。

○ **标准**　幼儿在没有提示的情况下重复 4 个或更多不同的 3 个单词的句子。

第九章
精细运动

序列 17
模仿：动作

模仿对于典型发育的幼儿来说像呼吸一样自然。这是他们学习操作教具、解决问题和与他人建立联系的方法。大多数幼儿，无论是否有缺陷，都不必教授模仿，尽管残障幼儿可以模仿的活动类型可能有很大的局限性。对于这些幼儿来说，这一序列主要是作为一种手段，来记录他们在发展更复杂的模仿技能方面取得的进展。然而，有些幼儿需要指导他们开始模仿，发展出更复杂的模仿形式。

| 特殊调适 |

有运动障碍的幼儿

此序列中包含的所有项目可能需要修改，以适应患有严重运动障碍的幼儿。你应该向职业治疗师或物理治疗师寻求帮助，以确定特定幼儿可以完成的动作，然后设计使用这些动作的模仿活动。例如，如果一个幼儿只能将他的手向左或向右移动几厘米，那么一系列包含两个动作的活动可能是将他的手从一个积木移动到一只玩具狗，或者从触摸一个红色圆圈移动到触摸一个蓝色方形。在这种情况下，幼儿可以模仿一个序列（如项目 17n），但动作幅度很小。

有视力障碍的幼儿

很明显，如果幼儿看不见这些动作，就很难教他们模仿动作。如果你选择能产生响声的动作进行模仿教学，中度视力障碍的幼儿可能会受益。当幼儿尝试模仿时，他们制造出的声音会给他们成功的反馈。

对于患有严重视力障碍的幼儿来说，帮助他们通过用手探索他人的面部或身体，来体验他人的动作，是很有必要的。这也有助于这些幼儿探索自己的动作。然而，你不应该花大量的时间来教这些幼儿模仿动作。对于视力受损的幼儿来说，简单地学习做一些动作更适合，因为运动可以让他们在环境中移动，并适当地操作物体。

有听力障碍的幼儿

对于有听力障碍的幼儿来说，除了触摸幼儿或确保在运动时幼儿看着你之外，无需进行其他调整。

17. 模仿：动作

a. 当照料者说话或发出响声时，看着照料者并做出面部动作
b. 如果被照料者模仿，则继续进行该动作
c. 在观察照料者进行该活动后，模仿一个已经具备的项目技能中的活动
d. 模仿不熟悉的动作
e. 模仿简单的姿势，例如发出"再见"或"不"的信号
f. 模仿经常观察到的使用物品的动作
g. 模仿与物品功能相关的动作
h. 模仿照料者常用的手势或手语
i. 模仿涉及一个物品的组合活动或使用一个物品做 2 个动作
j. 在观察动作几个小时后，模仿一个涉及物品组合的活动
k. 将模仿成人的活动顺序，纳入单独的游戏中
l. 尝试通过模仿成人动作来解决问题（包括启动玩具）
m. 模仿不涉及道具的姿势或动作
n. 按顺序模仿 2 个不相关的动作

17a. 当照料者说话或发出响声时，看着照料者并做出面部动作

○ **教具**　无需教具

○ **流程**

抱着幼儿，与你的脸相距 12—14 英寸，并尝试建立目光接触。发出声音或与幼儿交谈，使用夸张的面部表情和嘴部动作。当他看着你时，等待幼儿开始活动他的嘴。

○ **每日常规和功能活动**

每天花一些时间抱着幼儿并发出声音，夸大你的面部表情和嘴部动作。等待幼儿努力活动他的嘴，就像在试图模仿一样。

○ **注意**

因为有些有特殊需要的幼儿对照料者夸张的面部表情和不寻常的声音反应很慢，所以照料者逐渐停止了这种刺激。然而，重要的是继续帮助幼儿开始模仿。

○ **标准**　在 4 种或更多情况下，当幼儿看着正在和他说话的照料者时，幼儿开始用嘴唇、下巴和（或）舌头做动作。

17b. 如果被照料者模仿，则继续进行该动作（要求幼儿能够反过来模仿照料者示范的动作）

○ **教具** 无需教具

○ **流程**

当你与幼儿互动时，请注意他做出的一些你可以轻易模仿的不连续动作。例如，他可能拍打或指着桌子。模仿这个动作并等待看他是否会再次这样做。如果他没有这样做，就寻找他的另一种行为来模仿他，直到他重复了一个你模仿的行为。当他这样做时，微笑并立即再次模仿他。尝试建立一个轮流模式来进行几次轮流。

○ **每日常规和功能活动**

当你在日常活动（例如用餐时间）期间与幼儿坐在一起时，每天尝试几次此活动。

○ **标准** 在 4 种或更多情况下，幼儿会持续重复一个被照料者模仿的动作。除非幼儿患有严重的运动障碍，否则至少应该在几次轮流中持续重复 2 种不同的行为。

17c. 在观察照料者进行该活动后，模仿一个已经具备的项目技能中的活动

○ **教具** 无需教具

○ **流程**

当你与幼儿交谈或玩耍时，示范一些你在其他时间看到幼儿做出的简单运动活动。例如，你可能会拍手或伸出舌头。看看幼儿是否会模仿你。

如果幼儿没有模仿你，请重复这个活动。如果可以的话，请用肢体辅助幼儿进行操作，然后再重复一次。

○ **每日常规和功能活动**

在日常护理活动中，花一点时间做一些简单的幼儿自发做过的动作，并看看他是否会模仿你。

○ **标准** 在 4 种或更多的情况下，幼儿在观察照料者做动作后，能够模仿一个他已经具备的项目技能中的动作。除非幼儿已经具备的项目技能非常有限，否则他至少应该模仿 2 种不同的动作。

17d. 模仿不熟悉的动作

○ **教具** 无需教具

○ **流程**

尝试与幼儿建立一个轮流游戏,在这个游戏中,你交替地做出相同或相似的动作,这些动作都是孩子已经掌握的(例如,拍手,拍桌子)。然后,引入一个新动作(例如,用手蒙住眼睛、将手举过头顶),看看幼儿是否会模仿你。

如果幼儿没有改变他的行为,来尝试模仿新的动作,再向他示范一次动作,并肢体辅助幼儿这样做。如果他模仿了你,那你就应该通过笑、赞美或做任何让幼儿高兴的事情来回应他。

○ **每日常规和功能活动**

在幼儿可能感到无聊和麻烦的情况下(例如,在杂货店排队、等待午餐),可以让幼儿玩轮流游戏。

○ **注意**

在镜子前进行这项活动通常很有帮助,也很有趣!

○ **标准** 幼儿可以在2天内模仿3个或更多不熟悉的动作。

17e. 模仿简单的姿势,例如发出"再见"或"不"的信号

○ **教具** 无需教具

○ **流程**

选择两三个有意义的姿势来教幼儿。例如,摇头表示"不"是幼儿最先模仿的姿势之一。许多父母会强调用挥手表示"再见"。但是,要求一致的表示"更多"和"完成"的姿势也是有帮助的。

使用你选择的姿势,并与它们所对应的词语保持一致。例如,当有人对幼儿说"再见"时,等待他抬起手,好像要挥手一样。如果他没有这样做,轻轻地来回移动他的手臂,并说"再见"。同样,当你说"不"时,一定要摇头,并等待幼儿模仿你(因为幼儿可能会抗拒,所以摇头比较难以进行肢体的辅助)。如果你正在使用其他姿势(例如,"更多""已完成"),请在说出词语时始终做出姿势。如果幼儿没有模仿你,请握住他的手并指导他完成动作。幼儿在第一次模仿时,动作可能只是粗略的近似,但应该得到肯定。他们模仿的动作会逐渐变得更加精确。

○ **每日常规和功能活动**

应该告知所有幼儿的照料者你正在试图让幼儿模仿的姿势,以便他们可以在不同的环境中使用。开发其他适合特定事件的姿势,并辅助幼儿模仿它们,直到他开始能够在没有辅助的情况下模仿你。

○ **标准** 幼儿每天至少模仿一个简单的动作,例如挥手表示"再见"或摇头表示"不"。

17f. 模仿经常观察到的使用物品的动作（例如：用勺子搅拌）
17g. 模仿与物品功能相关的动作

○ **教具** 勺子、碗、小扫帚、抹布等周边摆放的其他物品

○ **流程**

在幼儿面前放一个勺子和一个杯子。拿起勺子，假装在杯子里搅拌一些东西。将勺子放下，观察幼儿的行为。如果他没有模仿搅拌动作，再次示范并说："轮到你了，你来搅拌。"如果他没有这样做，肢体辅助他的手拿起勺子搅拌，微笑着说"搅得真好"。使用类似的流程尝试让他来模仿用布擦拭桌子，用扫帚打扫，或以合适的方式使用其他熟悉的物品。

向幼儿介绍不太熟悉的物品或新玩具（例如，发条玩具、钳子）。示范如何使用它，然后放下它，并观察幼儿。如果他没有模仿你的行为，就再做一次并请幼儿试试。必要时给他肢体上的辅助。

○ **每日常规和功能活动**

当你正在准备幼儿的饭菜、洗衣服、打扫或进行其他日常活动时，给幼儿物品，鼓励他来模仿你。例如，如果你在碗里搅拌一些食物时，给他一个小碗和勺子；如果你正在洗衣服时，让他从篮子里取出衣服；如果你正在打扫，也给他一块布来擦拭。

如果幼儿没有自发地模仿，肢体引导他的双手去做这些活动，拥抱或称赞他是一个好帮手。

当你与幼儿一起玩耍时，展示物品的功能（例如，推动卡车并发出发动机的响声，使用梳子来给娃娃梳头发）。给幼儿这些物品，观察他是否立即模仿这些动作。如果没有，请将手放在他的手上来帮助他。

当你介绍一个不熟悉的玩具，并展示它的功能时，观察幼儿是否模仿你使用玩具的行为。

○ **注意**

幼儿准确模仿动作行为的能力各有差异。这些项目的目标是让幼儿对成人的行为做出合理的近似反应，无论幼儿是否完全精确或成功。例如，幼儿可能将手指放在发条玩具的钥匙上，并使手指前后移动，但并没有转动钥匙或让玩具动起来。

○ **标准 17f** 幼儿在没有辅助的情况下，模仿 2 个或更多经常观察到的使用物品的动作。

○ **标准 17g** 幼儿在没有辅助的情况下，模仿至少 2 个使用不熟悉物品的动作。

17h. 模仿照料者常用的手势或手语

○ **教具** 无需教具

○ **流程**

除了继续使用项目 17e 选择的手势或手语之外，还可以发展一些涉及手势的有趣流程。例如，当你把手举过头顶时，对幼儿说："你太大了。"当你把手指放在嘴上时，说"你想吃东西吗？"或者当你把手放在耳边时，说"听妈妈说"。如果幼儿没有试图模仿你，请引导他的双手做适当的动作。

下次你再做这些动作时，请等待看看幼儿是否会在没有辅助的情况下模仿。如果没有，再次辅助他，直到他自发地进行模仿。

○ **每日常规和功能活动**

注意你习惯使用的手势（例如，当你要求某人保持安静时，将手指放在嘴唇前）。注意幼儿是否开始模仿这些手势。

○ **注意**

大多数幼儿在能清晰地表达单词之前，就可以做出良好的近似手势。照料者可以通过伴随常见的词汇，如"更多、已完成、吃、喝、过来"来发展一致的手势，以促进幼儿沟通和模仿技能的发展。有研究发现，使用与词汇一致的手势可以帮助幼儿学习基本的手语（有关早期手语的书籍，请参阅本书末尾的附录 B）。

○ **标准**　幼儿在没有辅助的情况下模仿至少 2 个手势或手语。

17i. 模仿涉及一个物品的组合活动或使用一个物品做 2 个动作
17j. 在观察动作几个小时后，模仿一个涉及物品组合的活动

○ **教具**　扫帚（或刷子）和簸箕、小海绵和锅、一个泡沫液容器和一个泡泡棒，或你选择的其他教具

○ **流程**

向幼儿展示如何用扫帚（或刷子）将碎屑或灰尘扫到簸箕中。把扫帚和簸箕放下，观察幼儿的行为。如果他没有模仿你的行为，再次展示给他看，并让他清理，必要时肢体辅助他。按照相同的步骤，尝试让他模仿将海绵放入一盆水中，然后用它擦拭桌子。或者，向他展示如何将泡泡棒放入瓶中然后吹泡泡。尝试用其他教具来进行其他活动。

收起这些教具，并在几小时或一天后再将它们拿出来。观察幼儿用它们做了什么。看他是否会自发地使用它们来模仿你之前用它们来做的动作。

○ **每日常规和功能活动**

让幼儿可以随时接触到你每天在家中使用的物品（例如，扫帚、簸箕、海绵或清洁抹布、木制或塑料勺子、小锅）。在厨房中预留一个抽屉或橱柜来装这些物品，可能有助于幼儿可以自由

使用它们。

观察幼儿是否试图模仿涉及物品组合的日常活动。例如，在看到你这样做之后，他是否试图用刷子或扫帚将灰尘扫入簸箕，或者他是否模仿你将碗里的一些东西倒进锅里？

当你使用玩具与幼儿玩耍时，尝试使用不同的教具组合进行不同的活动（例如，使用纸板箱作为车库，将玩具车推进去停放；将书的一端支撑在积木上，作为汽车可以冲下去的斜坡；将一只毛绒动物玩具放在一个盒子里，然后假装盒子是一辆汽车并推动它）。当你完成后，将教具交给幼儿说："现在，你来做。"如有必要，请帮助他模仿。在幼儿独自玩耍时观察幼儿，看他是否记得你的动作并模仿它们。

○ **标准 17i**　幼儿每天模仿涉及一个物品的组合活动，或使用一个物品做的 2 个动作。

○ **标准 17j**　在 3 种或更多情况下，幼儿在观察成人的动作几个小时后，模仿一个涉及物品的组合活动。

17k. 将模仿成人的活动顺序，纳入单独的游戏中

○ **教具**　适合模仿活动的玩具（例如炊具、玩具工具箱、医生玩具套件、玩具电话）

○ **流程**

和幼儿坐在一起并看着他玩，如果他吸引你一起玩，就参与进去。观察，看你能否识别出幼儿在模仿一些动作序列，这些动作序列很明显是从你或其他照料者那观察到的。可能是给婴儿娃娃一个瓶子，然后把它放到床上；在游戏电话上按键然后对着听筒说话；把游戏餐具摆好，就像摆桌子一样；使用工具试图修理卡车轮胎；等等。如果你没有看到任何类似的连续动作，向幼儿建议一项活动，例如"我认为卡车轮胎坏了，你能修理它吗？"或"我觉得这只熊很饿，也许你应该给他吃一些东西"。

○ **每日常规和功能活动**

在幼儿独自玩耍或与其他幼儿一起玩耍时，观察幼儿，并尝试识别幼儿是否有模仿成人的活动序列。

○ **标准**　幼儿每天都会将一系列模仿成人的活动融入游戏中。至少能观察到 2 种不同的动作序列。

17l. 尝试通过模仿成人动作来解决问题（包括启动玩具）

○ **教具**　一个需要启动才能动起来的不熟悉的玩具或物品（例如，需要幼儿在几个按钮之间

进行选择的磁带录音机，必须上发条然后才能转起来的陀螺），标尺或扫帚，几辆小车

○ **流程**

向幼儿展示玩具或物品，并向他演示它是如何工作的。然后将玩具交给幼儿，观察他做了什么。看他是否模仿你的动作来让它动起来。

将2辆汽车或其他小玩具推到幼儿触碰不到的地方（例如，放在沙发或其他低矮的表面下），问："我们怎么拿到它们？"让幼儿试着接近玩具，然后说："我有个办法，让我们这样试一试。"用码尺或扫帚取回其中一个玩具，然后说："我们怎么拿到另外一个呢？"观察幼儿做了什么。看他是否试图用扫帚或码尺来延伸他的触及范围。

○ **每日常规和功能活动**

观察幼儿遇到问题或尝试启动一个玩具时的行为。在寻求帮助之前，他是否尝试过他观察到的一些行为？例如，如果有些东西太高而无法触摸到，他是否会拉过椅子或凳子来拿它？如果玩具有发条装置，他是否会像你一样给它上发条？

如果幼儿没有模仿以前看到过的行为，或者没有观察如何解决问题，请不要为他解决问题，而是告诉他如何自己解决问题。例如，如果玩具在沙发下面，使用扫帚将其捡回，然后再放回沙发下，让幼儿试着去拿到它。之后看看下一次玩具滚到接触不到的地方时会发生什么。

○ **标准**　幼儿试图通过模仿成人的行为来解决2个或更多的问题。

17m. 模仿不涉及道具的姿势或动作

○ **教具**　无需教具

○ **流程**

和幼儿玩一个游戏，在游戏中你们轮流模仿不同的动作。例如，说，"我们来玩一个游戏吧。当我把手放在头上时，你也把手放在头上。准备好了吗？"把你的手放在头上，等待幼儿模仿。如果他没有这样做，帮他将手举起来，然后说："对啦！现在我们试试另外一个。"之后说，"现在轮到你了。你做什么，然后我就学你做的。"模仿幼儿做的动作。然后又轮到你做示范动作。从简单的动作开始（即两只手做同样的事情），再到更复杂的动作（例如一只手放在头上，另一只放在肚子上）。试着和幼儿面对一面镜子来做这些动作。

○ **每日常规和功能活动**

和一群幼儿玩以上游戏。让幼儿轮流示范不同的姿势，让别人模仿。

也有一些歌曲鼓励这种模仿，如：《变戏法》（*The Hokey Pokey*）或《身体部分歌曲》（*Head, Shoulders, Knees, and Toes*）。

○ **注意** 在这一水平上，做出正确的左、右动作不是模仿的重要部分。

○ **标准** 幼儿可以模仿4种或4种以上不涉及道具的姿势或动作。对复杂行为的模仿不需要精确，但应该很近似。

17n. 按顺序模仿2个不相关的动作

○ **教具** 无需教具

○ **流程**

一旦幼儿能够模仿各种不同的姿势，就可以玩一个像项目17m中的模仿游戏，但要执行2个动作（如果幼儿在你还没完成第二个动作之前，就开始模仿第一个动作，一定要告诉他，他需要等你做完再做）。从简单的组合开始，比如先摸你的头，然后再拍手。逐渐做更复杂的组合，比如跺脚和揉肚子。

○ **每日常规和功能活动**

与幼儿和他的一个或多个同伴一起玩一个"西蒙说（Simon Says）"的改编游戏。先对游戏进行解说，当你说"西蒙说，这样做"时，他们需要尝试做你正在做的动作。从一个动作开始，然后进行到2个动作。

当你为幼儿提供一个新玩具时，试着使用那种至少需要2种不同的动作才能启动的玩具（例如，在按下启动按钮之前必须先打开盖子，发条玩具必须先上紧发条再松开挂钩）。按顺序演示所需的操作，观察幼儿如果不能模仿得完全准确，是否能大致相似。

○ **标准** 幼儿至少能够模仿由2个不相关的动作组成的2个序列。对复杂行为的模仿不需要精确，但应该很近似。

序列 18
抓握与操作

这个序列中所代表的精细运动技能，是指那些涉及精准够取、抓握、释放和操作物体的技能的发展。当幼儿们学会使用他们的手时，会认识到自己可以操作周围环境。精细运动技能的良好发展为幼儿在自理能力和游戏技能方面的独立发展建立了一个框架，并最终有助于幼儿将来在学业上取得成功。

| 特殊调适 |

有运动障碍的幼儿

患有运动障碍的幼儿可能需要额外的躯干和头部支持，才能成功地使用他们的手。对于这些幼儿来说，侧卧可能是一个很好的开始姿势。职业或物理治疗师可以帮助你为幼儿手部的发展制定最佳方案。

有些运动障碍幼儿学会不用眼睛看来进行操作性任务。鼓励双手和视力的协调使用是很重要的，这样幼儿就可以更顺利地掌握更高水平的技能，而这些技能需要将视力和运动能力（例如，视觉运动技能）结合起来。

虽然促进双手够取和抓握技能的良好发展很重要，但当观察到双手明显不对称发展时，建议每只手以不同的速度依次进行这个序列。始终记录每次特定活动使用的是哪只手，并设计一种方法让幼儿在某些活动中使用不经常使用的手。

有视力障碍的幼儿

这个序列中的早期项目往往高度依赖于视觉。鼓励任何视力程度的幼儿将这种能力与手的技能相协调，这一点很重要。特别是，接触技能是由视觉刺激来促进和激发的。即使在缺乏视力的情况下，这些技能也能得到充分的发展，尽管发展非常缓慢。为了让有视力障碍的幼儿避免这些技能的发展出现重大延迟，在选择和展示玩具时要有创造性。需要记住的要点包括：

- 发声玩具在幼儿有机会接触到之前就停止发出声音，以幼儿的认知水平来说，玩具可能是不存在了，除非他或她已经拥有了"客体永久性（object permanence）"的认知，而这一概念通常在视力受损幼儿中发展较晚。

- 尽管对于没有视力障碍的幼儿来说，大多数物体都应呈现在视觉中线位置，以便在接触时最大限度地利用他们的视觉，但中线是声音定位最困难的地方。因此，了解孩子的听觉定位技能非常重要，这样才能了解物体的最佳摆放位置，以便幼儿很容易地找到它。

这个序列后面的项目不会特别依赖视觉。视力受损严重的幼儿可以通过使用触觉线索来学习完成这些任务。一旦有视力障碍的幼儿能够高效地拿起和释放物品，你应该努力让幼儿参与后面的项目（从项目 18k 开始）。当然，你必须考虑每个孩子的触觉技能和运动复杂性，确定哪些活动最合适。

有听力障碍的幼儿

有听力障碍的幼儿几乎不需要调整这些项目。对于幼小的婴儿来说，应该使用色彩鲜艳的教具而不是吵闹的玩具来吸引他们的注意力。一定要在口头指示的同时进行演示。

18. 抓握和操作

a. 看到或听到物品后主动移动手臂

b. 转头看向手或玩具

c. 用手把玩具带到视野中，当玩具放在手上时看着它们

d. 将手放在视觉中线进行观察（主动移动并观察结果）

e. 用手拍打放在胸部齐平位置上的物品

f. 抓住放在手上的物品（即不是反射性抓握）

g. 伸出手抓住身体附近的物品

h. 展现伸展和抓握

i. 用手抓和捞取小的物品（抓和捞取物品后，手指向手掌心靠拢）

j. 当玩具出现在视野中，伸手去拿，并把它们捡起来

k. 用手和手指操作物品

l. 释放一个物品以获取另一个物品

m. 用拇指抵住食指和中指抓住一个物品

n. 使用低级钳状抓握（即拇指抵住食指的一侧）

o. 用食指戳

p. 使用灵活的钳状抓握（即拇指靠在食指尖上）

q. 从所属物处移除物品

r. 将物品放到容器中

s. 模仿搭建 2 块积木的塔楼

t. 用一只手抓住 2 个小物品

u. 将圆木钉放入孔中

v. 模仿搭建 3—4 块积木的塔楼

w. 戳或玩橡皮泥

x. 一次翻一页

y. 模仿搭建 6—8 块积木的塔楼

z. 旋转前臂打开门把手

aa. 将小物品穿过容器上的小孔

bb. 搭建 8—10 块积木的塔楼

18a. 看到或听到物品后主动移动手臂

○ **教具** 任何有吸引力的玩具或物品（例如明亮的、闪亮的、五颜六色的），包括一些发出响声的玩具或物品

○ **流程**

把幼儿仰卧放好或放在婴儿座椅上，这样他的手臂可以自由移动。在幼儿旁边举起一个玩具，如果需要的话，轻轻地摇晃它，以引起他的注意。当幼儿移动他的手臂时，把物品移近一点，这样幼儿能接触到它。

如果幼儿看着物品，但没有开始任何手臂或手的运动，偶尔提供肢体辅助。尝试不同的物品，找到那些可能对幼儿来说更有趣的对象。选择那些能发出有趣声音的玩具来吸引幼儿的注意力。

○ **每日常规和功能活动**

把婴儿床铃挂在幼儿的婴儿床上方。将床铃上所有的玩具悬挂起来，以便引起幼儿的兴趣。定期更换床铃上的玩具。当幼儿开始能够独立坐着时，应该把床铃拿走。

使用与幼儿的动作无关的、可以移动或发出响声的玩具或床铃（例如，发条玩具或电子玩具），以吸引他的注意力。不要一直开动着玩具，相反，在幼儿清醒和警觉的时候短暂地使用它们。

○ **标准** 在几种不同的情况下，当幼儿看到一个物品时，他会移动一只手或两只手。

18b. 转头看向手或玩具

○ **教具** 色彩鲜艳的丝带、橡皮圈或线圈上的小铃铛

○ **流程**

把色彩鲜艳的丝带系在幼儿的手腕上，鼓励他看着它们。在丝带上加上几个铃铛，轻轻地摇

晃幼儿的手，铃铛就会叮当作响。有时，轻抚或轻拍幼儿的手会有助于吸引他的注意力。

你可能希望连续多次进行此活动，但需要确保展示之间有明确的时间间隔（例如5或6秒）。当你把丝带、铃铛或纱线放回幼儿的手上或轻轻摇晃玩具时，一定要注意幼儿是否有识别或兴奋的迹象。

寻找幼儿和物品的目光接触。当物品放在手上或被摇晃时，任何情感变化（例如微笑）都可能表明幼儿正在看他的手或玩具。

○ **每日常规和功能活动**

更换你正在使用的玩具，有时选择有视觉特质的玩具，有时选择有听觉特质的玩具。不要让玩具长时间附在幼儿的手腕上，因为他可能会习惯玩具，失去兴趣。

○ **标准** 幼儿在几种不同的情况下转头看他的手或玩具。

18c. 用手把玩具带到视野中，当玩具放在手上时看着它们

○ **教具** 颜色鲜艳和（或）操作时能发出响声的玩具或材料

○ **流程**

把玩具放在幼儿的视野里。操作它来吸引幼儿的注意力，然后把玩具放在幼儿的手上，让他自己把玩具带回到自己的视野中。

如果幼儿没有把玩具带到他的视野中，把他握着玩具的手移到视觉中线，或者把幼儿的头轻轻地转向有玩具的手。然后，操作玩具来吸引幼儿的注意力。

○ **每日常规和功能活动**

在进食和换纸尿裤时进行这种活动。

○ **标准** 幼儿可以把玩具带到他的视野中，或者当玩具放在他手里时转向它。

18d. 将手放在视觉中线进行观察（主动移动并观察结果）

○ **教具** 如有需要，使用颜色鲜艳的丝带或带铃铛的手套

○ **流程**

在一天中的不同时间观察幼儿。帮助幼儿把手伸到视觉中线上，摇动幼儿的手以引起他们的注意（重复几次这个动作）。

○ **日常工作和功能活动**

如果幼儿不玩他的手，给幼儿的手戴上露指手套，或在手腕上系上明亮的丝带或带有铃铛的

橡皮筋。更换你正在使用的玩具，有时选择有视觉特质的玩具，有时选择有听觉特质的玩具。不要长时间把玩具挂在幼儿的手腕上，因为他会习惯玩具，然后失去兴趣。

○ **注意**

一定要让幼儿用双手玩耍。

○ **标准** 幼儿可以在几种不同的情况下，将手放在视觉中线位置进行观察。

18e. 用手拍打放在胸部齐平位置上的物品

○ **教具** 任何有吸引力的玩具或物品（例如明亮的、闪亮的、多彩的），包括一些可以发出响声的

○ **流程**

将物品放在幼儿面前，与胸部齐平，并放在他手臂可接触到的范围内。如有必要，摇动或移动物品以吸引他的注意力。如果幼儿没有拍打物品，把它移近，让它接触到幼儿的一只或两只手，他做出任何动作都会使物品移动。逐渐地将物品移远一些，以促进幼儿更积极的活动。

○ **每日常规和功能活动**

把婴儿床铃挂在幼儿的婴儿床上方。确保床铃上的玩具被挂起来，以便让从下面观看它们的幼儿感兴趣。定期更改床铃上的物品。当幼儿能够独立坐着时，应该把床铃拿走。当他坐在婴儿座椅上时，在幼儿面前设置一个独立的框架，并从中悬挂各种有趣的物品。

○ **标准** 幼儿可以在几种不同的情况下用他的手臂拍打玩具。

18f. 抓住放在手上的物品（即不是反射性抓握）

○ **教具** 各种小的、有趣的玩具（例如，拨浪鼓、圆圈、方块）

○ **流程**

把一个物品放在幼儿的手上，观察他的反应。如果幼儿立即放下物品，把它还给他，或者尝试另一个大小、形状和（或）重量不同的物品。让幼儿的手指在物品周围弯曲，使他保持10秒或更长时间。

如果幼儿没有反应，试着把手放在他的手上，帮助他握住物品。逐渐减少你的辅助，注意幼儿是否继续独立地拿着物品。改变所给物品的性质，以及物品放在幼儿手上的方式，也有助于促进独立抓取。

○ **注意**

物品不应小于1.5英寸,以避免意外吞咽。要避免出现反射性抓握(即当任何物品接触手掌周围时手自动闭合)。如果你得到了这种反应,试着给他那些直径较大或不同形状的玩具。确保幼儿尽可能地放松。

○ **每日常规和功能活动**

在日常护理活动(例如:换纸尿裤、吃饭、洗澡、穿衣等)中,将各种物品交给幼儿。

○ **标准** 幼儿在几种不同的情况下,抓住放在手上的物品10秒或更长时间。

18g. 伸出手抓住身体附近的物品

○ **教具** 各种有趣的玩具或物品

○ **流程**

把一个有趣的东西放在幼儿容易够到的地方,观察他是否试图把它捡起来。如果幼儿没有捡起物品,把它放在他手里几秒钟来吸引他的注意力,然后拿着它,再把它放在伸手可及的地方。

如果幼儿仍然没有试图拿起玩具,请肢体辅助幼儿伸手去触摸玩具。此阶段的抓握通常是"手掌抓握"(即手指靠在手掌上)。一定要经常变换玩具,让幼儿对这项任务保持兴趣。

○ **每日常规和功能活动**

在一天中的不同时间,将不同的物品放在幼儿附近。当他坐在婴儿座椅上时,你可以在幼儿面前设置一个独立的框架,并从中悬挂各种有趣的物品。

○ **标准** 幼儿可以在几种不同的情况下,以协调的方式伸手和抓住物品。

18h. 展现伸展和抓握

○ **教具** 各种有趣的玩具或物品

○ **流程**

把玩具放在远处,要求幼儿伸直手臂和(或)向前倾去够它。如果幼儿没有伸手去拿和捡起玩具,把它移近一点,直到他伸手去拿为止。逐渐地把物品放得越来越远,达到幼儿的伸展范围为止。

○ **每日常规和功能活动**

每天为幼儿准备不同的物品或玩具。在幼儿处于不同的姿势(如俯卧、仰卧、支撑坐姿)时,以不同的距离展示物品。

○ **标准** 幼儿在几种不同的情况下,伸手拿起一个距离自己一臂之长的物品。

18i. 用手抓和捞取小的物品(抓和捞取物品后,手指向手掌心靠拢)

○ **教具** 各种各样的小物品(当你使用非常小的物品时,最好是可食用的,因为当幼儿把这些物品放进嘴里时,危险会减少一些)

○ **流程**

把小块麦片放在幼儿面前的桌子或托盘上,鼓励他把食物拿起来吃。如果幼儿没有自发地拿起麦片,将一块麦片放在幼儿的手上,引导他放进嘴里(或直接喂给幼儿一块),然后再试一次。

改变物品的大小和形状(例如,较大的物品更容易被拿起)。当幼儿学会拿起较大尺寸的物品时,减小物品的尺寸。

○ **每日常规和功能活动**

这项活动可以被纳入食用正餐和点心的活动中。当幼儿的表现成功时,开始给他提供更多种类的方便食用和吞咽的小点心。

○ **标准** 幼儿可以拿起几个小物品。

18j. 当玩具出现在视野中,伸手去拿,并把它们捡起来

○ **教具** 任何幼儿喜欢的、容易拿起的玩具

○ **流程**

把玩具放在幼儿容易够到的地方,但不要靠近幼儿的手。玩具应该放在幼儿容易看见的地方。幼儿的手可能在视线中,也可能不在视线中。如果幼儿没有拿起玩具,轻轻地把他的手靠近玩具。在接下来的尝试中,试着拉开距离,这样幼儿必须自己移动。

○ **每日常规和功能活动**

一天之中,在幼儿坐着或躺着的时候,把幼儿最喜欢的玩具放在他身边。

○ **标准** 幼儿可以在几种不同的情况下,把放在视线内的玩具拿起来。

18k. 用手和手指操作物品

○ **教具** 纸、玻璃纸、吱吱作响的玩具、组合式玩具盒

○ **流程**

在幼儿面前放一张纸，告诉幼儿"去拿纸"。如果他没有反应，就揉皱纸。如果需要的话，引导幼儿把手放到纸上。用玻璃纸尝试同样的活动，它会在操作时发出有趣的噼啪声。

○ **每日常规和功能活动**

在给幼儿换纸尿裤时给他一张纸。教幼儿如何捏一个柔软的、吱吱作响的玩具。向幼儿演示组合式玩具盒的各种功能，并帮助幼儿进行操作。

○ **标准**　在几种不同的情况下，幼儿用他的手指和手操作一个物品。

18l. 释放一个物品以获取另一个物品

○ **教具**　各种有趣的玩具和物品

○ **流程**

给幼儿一个玩具，给他一点时间去探索和玩那个玩具。然后，提供第二个玩具，鼓励幼儿也把第二个玩具拿去玩。如果幼儿没有拿第二个玩具，就把它放在他的手里。把幼儿最喜欢的玩具作为第二个玩具可能会有所帮助。

○ **注意**

在典型的发育过程中，当一个幼儿第一次学着去拿第二个物品时，他通常会放下第一个。对于幼儿来说，同时拿着2个物品是一种更成熟的反应。

○ **每日常规和功能活动**

在外出时带一袋有趣的小玩具。当幼儿手里有一个玩具时，给他一个不同的玩具，并看他是否放下手中的玩具，这样就可以拿走你提供的新玩具。

○ **标准**　幼儿在几种不同的情况下，释放一个物品去拿或捡起另一个物品。

18m. 用拇指抵住食指和中指抓住一个物品

○ **教具**　几块1英寸的积木、尺寸逐渐减小的物品（可食用的物品更适合此项活动）

○ **流程**

在幼儿的拇指边呈现小物品。鼓励幼儿用拇指抵住食指和中指捏起这些物品。如果幼儿继续用手指抵住手掌捡起物体，试着用你的拇指和食指捏住一个物体，这样如果不用拇指抵着食指和中指，幼儿就不能从你手里拿走它。

如果幼儿不成功，不要让他沮丧。让幼儿继续用手指抵住手掌来拿起物品练习几个星期，然后再次尝试此活动。

○ **注意**

这种抓握也可以称为手指放射抓握或三爪卡盘抓握。

○ **每日常规和功能活动**

经过为幼儿提供机会，用手指喂自己各种大小和形状的食物，这会鼓励幼儿发展更成熟的抓握模式。

○ **标准** 幼儿在几种不同的情况下，用拇指抵住食指和中指自发地拿起小物品。

18n. 使用低级钳状抓握（即拇指抵住食指的一侧）

○ **教具** 各种小物品或小点心

○ **流程**

给幼儿一些小物件，观察他是如何把它们捡起来的。使用非常小的可食物品，通常是鼓励发展这种抓握模式的最佳方式。

○ **注意**

当幼儿的用手技能进一步发展时，他会尝试使用各种不同的抓握方式。在吃饭或玩耍的过程中，通常会看到幼儿用手指抵着手掌，或是用拇指抵着前两个手指，或是用拇指抵住食指拿起物体。

○ **每日常规和功能活动**

幼儿在吃饭和吃零食时，通常可以拿起小食物。这些手指大小的食物最适合用来练习。继续鼓励用食指指向或戳物体的动作，以此来增加手指与手指之间的分离度。

○ **标准** 在几个不同的场合，幼儿用拇指抵住食指的一侧抓住小物件。

18o. 用食指戳

○ **教具** 一个带小孔的空钉板、一个组合式玩具盒

○ **流程**

向幼儿展示一个空钉板，演示如何将手指插入孔中并拔出来。引导幼儿用自己的食指尝试这个动作。

在一块木头或硬纸板上切一个足够大的洞，能够让你的手指伸进去。把你的手指插进去，再朝幼儿挥挥手，用它来玩一个游戏。幼儿可能会伸手去摸你的手指。如果是这样，慢慢地把手指

收回来，引诱幼儿用自己的手指跟随过来。如果幼儿把手指伸进洞里，轻轻地转动木板，让幼儿看到他的手指在摆动。

○ **注意**

本项的重点是使食指与其他手指分开。注意幼儿自发的其他活动（例如用食指把食物或玩具推来推去）。

○ **每日常规和功能活动**

提供一个组合式玩具盒，让幼儿在一天中的不同时间玩耍。向幼儿演示如何按下按钮，使玩具产生声音或自动弹出来。

○ **标准**　幼儿在几种不同的情况下，自发地将食指插入空钉板或类似物品的开口中。

18p. 使用灵活的钳状抓握（即拇指靠在食指尖上）

○ **教具**　各种小物品或小点心

○ **流程**

给幼儿提供很多捡起小物体的练习机会，尤其是用餐时的小块食物。观察幼儿使用的抓握模式。如果有其他更有效的方式，幼儿却坚持使用低级的抓握动作（即手指抵着手掌），试着把物品递给幼儿。将它们放在拇指和食指之间，这样幼儿就不能通过低级的抓握动作来获得它们。

○ **日常工作和功能性活动**

幼儿在吃饭和吃零食时，可以拿起小食物。将这些手指大小的食物作为练习工具特别适合。继续鼓励幼儿用食指指向物体或戳的活动，以增加手指与手指之间分离度。

○ **标准**　在几个不同的场合，幼儿会自发地用拇指和食指指尖捡起一个小物体。

18q. 从所属物处移除物品（例如，柱上的套圈、孔上的木钉）

○ **教具**　一根带有几个套圈的柱子、一块带有小圆钉（约3/8英寸）的钉板。

○ **流程**

把一根带有几个套圈的玩具柱子放在幼儿面前。演示如何一次取下一个圈。然后，把套圈放回去，让幼儿取下一个套圈。

给幼儿一个有几个小木钉的钉板。把木钉之间隔得足够远，以便易于抓握。告诉幼儿把木钉拿出来。如果幼儿移除了一个木钉，表扬他并鼓励他移除掉其他木钉。

为幼儿的成功提供必要的肢体辅助和语言提示，并逐渐减少你的辅助。

○ **每日常规和功能活动**

在低矮的架子上放一个带套圈的柱子和一个带木钉的钉板，这样幼儿就可以经常玩到它们。如果幼儿很难从柱子上取下套圈，试着暂时用更容易取下和放回的硬塑料手镯来代替。

○ **标准** 幼儿在不同的情况下，从 2 个不同的玩具上取下物品（例如，从柱子上取下套圈、从钉板上取下木钉）。

18r. 将物品放到容器中

○ **教具** 各种小物品（如 1 英寸的积木、衣夹、铃铛）、大开口的容器（如水壶、饼干罐、燕麦片盒子）

○ **流程**

在幼儿面前放一个容器，演示如何将物品放入容器中。然后把这些物品倒出来，鼓励幼儿再把它们放进容器里。如果幼儿没有尝试这个活动，把一个物品放在幼儿的手上，然后告诉他"把它放进去"。如果幼儿很快失去兴趣，在他放下一个物品后，马上试着给他另一个物品。

如果幼儿没有反应，就把手放在容器上帮助他，告诉幼儿把物品放进容器里。如果他仍然没有去做，轻轻拍幼儿的手背，直到他放开物品。如果仍不起作用，轻按幼儿的手背，让它向前弯曲，直到他释放物品。对他的释放动作进行表扬。

使用一个金属物品，当物品掉进去时会发出很大声音，可能会激励一些幼儿。另外，用不同的物品尝试，找到一些幼儿可能感兴趣的物品。

○ **每日常规和功能活动**

鼓励幼儿在游戏结束后清理玩具，把它们捡起来放进容器里。

把"倾倒和放入"变成一个游戏。根据不同大小的物品和容器更改任务。挑战幼儿的运动技能（例如，如果幼儿很容易把衣夹放进一个大容器里，那么尝试一个开口较小的容器，如牛奶壶）。在洗澡的时候，幼儿可以取回漂浮的物品，并把它们放进篮子里。

○ **标准** 幼儿会在几种不同的情况下，将 4 个或更多的物品放入一个容器中。

18s. 模仿搭建 2 块积木的塔楼

○ **教具** 几个相同尺寸的积木（1—1.5 英寸）

○ **流程**

让幼儿玩几分钟积木。告诉幼儿你将要搭建一座塔楼，由 3—4 块积木组成。把它拆掉，然后再建一座，告诉幼儿建一座和你一样的塔楼。从两三块积木开始。如果幼儿没有反应，你可能需要肢体辅助他把一个积木放在另一个积木上。对幼儿的努力表示赞赏。

○ **每日常规和功能活动**

幼儿经常喜欢堆放像小罐子或盒子之类的家庭物品，他一整天都能玩得开心。

○ **标准** 幼儿在几种不同的情况下，模仿或自发搭建一座2块积木组成的塔楼。

18t. 用一只手抓住2个小物品

○ **教具** 数个1英寸的积木或其他小物品

○ **流程**

把2块积木或其他小玩具相互挨着放在一张桌子上，告诉幼儿去拿积木。如果需要的话，演示如何用一只手拿起2块积木。提供肢体的辅助，将幼儿的手放在2块积木的上面。让幼儿的另一只手拿点物品可能会有所帮助，这样他只能用一只手把2块积木拿起来。

○ **每日常规和功能活动**

幼儿可以用一只手自发地拿起2块饼干或其他小点心。

○ **标准** 幼儿在几种不同的情况下，用一只手拿起2个小物品。

18u. 将圆木钉放入孔中

○ **教具** 一些木钉（1/2英寸或更小的或旋钮式木钉）、一块钉板

○ **流程**

向幼儿出示一块上面有木钉的钉板，取下木钉（或让幼儿取下）。然后，告诉幼儿把所有的木钉放回钉板里。如果幼儿完成这项活动有困难，向他演示如何进行，然后重复指令。如果幼儿没有把所有的钉子都放进钉板里，鼓励他完成。如有必要，肢体辅助幼儿把所有的木钉放进洞里。

如果幼儿很快失去兴趣，给他一块上面已经有一些木钉的钉板会比较有帮助，鼓励他完成活动，或者和你轮流进行，直到木钉都放上去了。逐渐减少你提供的帮助。

○ **每日常规和功能活动**

鼓励幼儿玩一些塑料小人，这些小人适合放进玩具车或玩具家具，放置的技巧与将木钉放在钉板上的技巧大致相同，并且可以扩展为一种语言或假装游戏活动。

○ **标准** 幼儿可以把五六个圆木钉放进孔里。

18v. 模仿搭建 3—4 块积木的塔楼

○ **教具**　8 个相同尺寸的积木（1—1.5 英寸）

○ **流程**

让幼儿玩几分钟积木。告诉幼儿你将要搭建一座塔楼，由 4 块积木组成。把它拆掉，然后再建一座，告诉幼儿建一座和你一样的塔楼。如果幼儿没有反应，你可能需要肢体辅助他把一个积木放在另一个积木上。对幼儿的努力表示赞赏。

○ **每日常规和功能活动**

幼儿经常喜欢堆放像小罐子或盒子之类的家庭物品。鼓励幼儿使用家庭用品来练习搭建。

○ **标准**　幼儿在几种不同的情况下，模仿搭建一座 3—4 块积木组成的塔楼。

18w. 戳或玩橡皮泥

○ **教具**　橡皮泥（自制或购买）

○ **流程**

给幼儿一块橡皮泥，你自己也拿一块，然后向幼儿展示，你可以滚动、拍平、拉伸它等等。给幼儿积极的教具描述（例如，"这感觉很好""挤压它很有趣"）。

如果幼儿只是拿着橡皮泥，肢体辅助他戳、拍和拉伸橡皮泥。强化所有用橡皮泥做有目的事情的尝试。

○ **注意**

确保橡皮泥足够软，以便幼儿的小手操作。

○ **每日常规和功能活动**

和幼儿玩橡皮泥。让他帮你用手把材料混合在一起。用蛋彩画颜料或食用色素混合，来改变橡皮泥的颜色。通过添加沙子、面粉、水、油、肥皂等来改变橡皮泥的材质。

让幼儿用手指、手掌、脚或小物品在橡皮泥上留下印记（可以保存脚印/手印，稍后再进行绘制）。

对于模仿得很好的幼儿，可以尝试用黏土做几个活动的模型，比如拍平它、把它滚成一个球，或者做一条面团蛇。

○ **标准**　幼儿独立地戳或玩橡皮泥。

18x. 一次翻一页

○ **教具** 厚页幼儿读物

○ **流程**

和幼儿一起看一本书，翻页并指出每一页上的图片。然后告诉幼儿帮你翻页。如果需要，翻起其中一页的一部分，然后告诉幼儿翻页。如果他没有回应，请肢体辅助他翻页。

○ **每日常规和功能活动**

计划每天和幼儿一起阅读的时间。在这时，鼓励他帮你翻页。此外，如果幼儿有兴趣独自阅读，随时为他提供坚固的书籍。

○ **标准** 幼儿可以在不同的情况下一次翻一页书。

18y. 模仿搭建6—8块积木的塔楼

○ **教具** 12到16块相同尺寸的积木（1—1.5英寸）

○ **流程**

让幼儿玩几分钟积木。告诉幼儿你将要搭建一座塔楼，由8块积木组成。把它拆掉，然后再建一座，告诉幼儿建一座和你一样的塔楼。如果幼儿没有反应，你可能需要肢体辅助他把一个积木放在另一个积木上。对幼儿的努力表示赞赏。

○ **每日常规和功能活动**

一套好的木制积木能提供多年丰富的游戏和学习机会。鼓励幼儿使用不同大小的积木来搭建建筑物。

○ **标准** 幼儿在几种不同的情况下，模仿搭建一座6—8块积木组成的塔楼。

18z. 旋转前臂打开门把手

○ **教具** 一扇门把手容易转动的门

○ **流程**

在进出房间时，让幼儿替你开门。如果幼儿完成这项任务有困难，给他一些口头提示，比如"拧"（向正确的方向进行肢体提示），然后说"推"（或者"拉"）。打开需要推的门通常比较容易。如果幼儿不成功，进行其他涉及转动的活动来练习（例如，套桶、塑料螺母和螺栓，从各种罐子上拧较松的盖子）。将反掌姿势（即手掌向上）融入活动中，可能会有所帮助（例如，用一只手将小物品放在另一只手上，即手掌向上，以查看幼儿在掉下任何物品之前可以拿多少）。

○ **注意**

一旦幼儿掌握了开门技巧，门就应该被锁住，以防止幼儿离开房屋。

○ **每日常规和功能活动**

让幼儿有机会在没有辅助的情况下开门。

○ **标准** 幼儿用前臂旋转打开门把手。

18aa. 将小物品穿过容器上的小孔

○ **教具** 有孔的容器和要放进去的物品（例如，一个有插槽和扑克筹码的盒子，硬币银行玩具，积木和有一个开口的模型盒子，瓶子和衣夹、小球或可食用的物品，如葡萄干，和一个有 1 英寸颈口的瓶子）

○ **流程**

向幼儿演示如何将小物品穿过容器中的孔或槽（例如，扑克筹码穿过盒中的槽）。如果需要，用肢体引导幼儿完成动作。如果他缺乏准确的控制，从稍微大一点的开口开始，然后随着幼儿技能的提高减小尺寸。

○ **注意**

这通常是幼儿最喜欢的游戏活动，但是，如果他们使用的是小物品，则应该时刻监督。

○ **每日常规和功能活动**

可以在人造黄油桶或咖啡罐的塑料盖上切出孔或槽，通过为硬币或跳棋提供插槽，为木钉或短销子提供小的圆形开口，来提出不同的要求。

○ **标准** 在几种不同的情况下，幼儿将一个小物品放入或穿过一个小孔，至少有 2 个不同的物品和容器。

18bb. 搭建 8—10 块积木的塔楼

○ **教具** 10 个 1 英寸砌块

○ **流程**

在幼儿面前的桌子上放 10 块积木，告诉他要建一座塔（或高楼）。如果需要，演示如何建造一座塔，然后把它拆掉（或让幼儿拆掉）。告诉幼儿像你一样造一座塔（或高楼）。如果幼儿有困难，从更大的积木和更小的塔楼开始。对于在运动控制方面存在困难的幼儿，尝试使用磁性积木或带有小尼龙搭扣的积木。堆叠游戏也可以用沙袋完成。

○ **每日常规和功能活动**

鼓励幼儿用大量的积木块建造道路和建筑物。用积木块（或小盒子）建造塔楼，然后用沙袋击倒。

○ **标准** 幼儿建造一座 8—10 块积木的塔楼。

序列 19
双边技能

这一序列中的项目涉及双手使用能力的发展。这些项目从两手做基本相同的动作开始，进展到每只手执行不同的功能来完成一项单一任务（例如，一只手拿着一个珠子，另一只手拿着一根绳子穿过珠子），惯用手也将出现。这些活动从未经训练的动作发展到需要相当协调的动作。

在出生后的头两年，孩子们一般不会表现出明显的手部偏好。如果孩子在1岁之前表现出强烈的用手偏好，根据职业或物理治疗师的相关评估，可以排除孩子在使用不喜欢的那只手时可能遇到的任何困难。

特殊调适

有运动障碍的幼儿

如果有运动障碍的幼儿很难将手放在中线上，尝试采用侧卧姿势进行早期活动，这样可以有助于定位中线。在以后的活动中，如果幼儿不能很好地独立坐着，试着把他或她放在一把有靠背的角椅上，帮助他或她的胳膊向前和向中线移动。如果幼儿的一侧比另一侧运动损伤严重，鼓励幼儿使用损伤更严重的手来帮助另一只手（例如，用不太熟练的手握住棍子，用熟练的手把圆圈套在棍子上）。

注意：课程使用者必须认识到，此序列并非所有活动都适合所有幼儿。例如，一个患有手足徐动症的脑瘫幼儿，可能需要付出很多努力，才可以把珠子穿在绳子上，但是这样的活动永不会有功能性。这些活动将促进这些幼儿发展出更多忍受挫折的技能，而不是有用的精细运动技能，即使后者才是这个项目的目的。幼儿的残障越严重，在选择那些对幼儿有用和有益的活动时，寻求物理和（或）职业治疗师的建议就越重要。

有视力障碍的幼儿

当与视力障碍幼儿工作时，使用材质和声音有趣的玩具。许多节奏乐器对于提高视力障碍幼儿的双手技能非常有用。提供手把手的辅助和口头反馈，并描述你正在做的事情。

有听力障碍的幼儿

对于有听力障碍的幼儿不需要调整这些项目，因为他们是基于视觉和运动技能来进行学习的。对于有听力障碍的婴幼儿来说，需要使用色彩鲜艳的教具来吸引他们的注意力。一定要在给予任何口头指示的同时进行演示。

19. 双边技能

a. 当物品呈现时举起双手（手部分张开）
b. 看向或是操作放在中线位置的物品
c. 将双手放在中线上
d. 将双手放在中线位置的玩具上
e. 将物品从一只手转移到另一只手
f. 当每只手放着一个玩具或交替地玩玩具时，能从一个玩具看向另一个玩具
g. 玩自己的脚或脚趾
h. 拍手
i. 双手做同一动作
j. 在中线位置玩玩具（一只手拿着玩具，另一只手操作它）
k. 把波普珠子分开
l. 一只手握住木钉并把套圈套在上面
m. 把木钉穿过一张硬纸板上的洞
n. 打开食物包装或其他小物品
o. 拧开小盖子
p. 把松散的波普珠子放在一起
q. 穿3个大珠子
r. 出现用手偏好（通常在吃东西时）
s. 解开大纽扣
t. 穿小珠子
u. 拧上盖子

19a. 当物品呈现时举起双手（手部分张开）

○ **教具** 任何幼儿喜欢的、有吸引力的玩具或物品

○ **流程**

当幼儿仰卧时，在幼儿的胸部水平位置拿住或悬挂一个物品，观察他的反应。如果幼儿没有抬手去够，试着把玩具放低，直到它稍微能碰到他的一只手，然后轻轻抬起它，最后把它放回中线。

○ **每日常规和功能活动**

在一天中的不同时间里，用一个独立的框架把玩具悬挂在幼儿面前或上方。当父母或照料者

很忙时，这将是一个很好的办法，因为它为幼儿提供了一个提前发展独立游戏技能的机会。观察幼儿是否向物品举起双手。

○ **标准** 幼儿在几个不同的情况下，可以自发地将双手部分张开，举起或是伸向一个物品。

19b. 看向或是操作放在中线位置的物品

○ **教具** 能够引起幼儿注意的、明亮的、闪闪发光的物品，或者在摇晃或挤压时能发出响声的玩具。

○ **流程**

把一个玩具放在幼儿触手可及的地方，试着通过摇晃、发出咔嗒咔嗒声或挤压玩具来吸引他的注意力。把幼儿的手放在中线位置的玩具上。一旦幼儿的手放在玩具上，便为他摇动玩具或让玩具发出嘎嘎声。

看看幼儿是否能独立地拿着玩具。不要帮幼儿拿着玩具，只要试着用一两个手指轻轻地支撑玩具，以促使幼儿自己拿着它。

○ **每日常规和功能活动**

每天抓住机会向幼儿展示不同的玩具。你也可以在他的手上或手腕上系上色彩鲜艳的丝带和铃铛，鼓励他把手放在中线上看。

○ **标准** 幼儿可以在几种不同的情况下，看向或操作一个放在他手上中线位置的玩具，保持5秒或更多的时间。

19c. 将双手放在中线上

○ **教具** 如有必要，使用粘贴的装饰片

○ **流程**

如果在日常的自由游戏中没有观察到这种行为，那么在幼儿的一只手或手腕上放一些色彩鲜艳且容易拿走的东西（例如，一个粘贴的装饰片）。观察幼儿是否用另一只手去触摸它。如果他没有这样做，轻轻地推他的肩膀和上臂，用肢体引导他把双手放到中线。

○ **每日常规和功能活动**

当你把幼儿抱在膝上时，鼓励他找到自己的手，轻轻地把他的手放在一起。和幼儿一起玩Pat-a-cake游戏，带他完成动作。

○ **标准** 幼儿在几个不同的情境中将双手放在中线上。

19d. 将双手放在中线位置的玩具上

○ **教具** 任何有吸引力的玩具（例如，摇铃和其他发出响声的玩具）

○ **流程**

把玩具放在幼儿触手可及的中线位置上，摇动或移动玩具以引起幼儿的注意。如果他够不到玩具，就把他的手放在玩具上。在不同的时间用不同的玩具重复此活动。

○ **每日常规和功能活动**

当你给幼儿洗澡或换纸尿裤时，为他提供可以玩的玩具。

○ **标准** 幼儿自发地将双手放在中线位置的玩具上。

19e. 将物品从一只手转移到另一只手

○ **教具** 容易抓握的教具（例如，塑料手镯、大的纱线绒球、带有几个把手的轻型玩具），可能会促进传递动作的发展

○ **流程**

把玩具放在幼儿的一只手上。当幼儿玩它的时候，看看他是否会抓住玩具的两边，然后一只手放开，把它放回原来的手上。如果幼儿没有把物品从一只手转移到另一只手上，试着在一只手上放一个有黏性的蝴蝶结或胶带，有黏性的一面朝上。鼓励幼儿用另一只手把它拿下来，根据需要提供肢体的辅助。

○ **每日常规和功能活动**

在一天中寻找机会（例如，在给幼儿换纸尿裤的时候，当幼儿坐在他的汽车座位上或在购物车里时）给幼儿一个玩具。观察他是否将物品从一只手转移到另一只手上。

○ **标准** 幼儿可以在几种不同的情况下，将物品从一只手转移到另一只手上。

19f. 当每只手放着一个玩具或交替地玩玩具时，能从一个玩具看向另一个玩具

○ **教具** 1英寸的积木、吱吱作响的玩具、摇铃

○ **流程**

把一个玩具放在幼儿的一只手上，吸引幼儿去看它，然后把另一个玩具放在幼儿的另一只手上，鼓励他看另一个玩具。你可以轻拍或使玩具发出吱吱声，或者做任何能吸引幼儿注意的事

情。在添加第二个玩具之前，一定要让幼儿有时间看第一个玩具。

有时，当第二个玩具放在另一只手上时，幼儿会马上把第一个玩具扔掉。试着把物品放在幼儿双手几次，或者可以轻轻地握住幼儿的手，让玩具放在手里几秒钟，以鼓励他来回看。但是，如果幼儿明显想专注于一个玩具而忽视另一个，不要让他感到沮丧。如果发生这种情况，请继续本序列中的下一项。

○ **每日常规和功能活动**
当你给幼儿洗澡、喂食或换纸尿裤时，给他提供一些小玩具。

○ **标准** 当幼儿每只手上放着一个玩具时（或交替地玩玩具时），在不同的情况下，幼儿都可以从一个玩具看向另一个玩具。

19g. 玩自己的脚或脚趾

○ **教具** 彩带、铃铛或有鲜艳颜色/图案的靴子

○ **流程**
把彩带、铃铛或色彩鲜艳的婴儿袜放在幼儿的脚上或鞋子上。如果幼儿不玩他的脚，轻轻地摇晃它们。用铃铛、彩带或"漂亮的鞋子"引起他的注意。轻轻地摇动幼儿的脚，说："看那些彩带，听，铃铛声！"如果幼儿够不到他的脚，试着稍微抬起幼儿的臀部，让他双腿弯曲，使脚更靠近幼儿的手。如果需要的话，当你肢体辅助幼儿将双手放在他的脚上时，可以把幼儿的臀部支撑在一个小枕头上。通过轻轻地向前推，试着辅助幼儿的肩膀作出反应。

○ **每日常规和功能活动**
在给幼儿穿衣服的时候玩 This Little Piggy，等着看幼儿是否能用脚玩耍。

○ **标准** 幼儿在几个不同的情境下，会自发地用脚或脚趾玩耍。

19h. 拍手

○ **教具** 无需教具

○ **流程**
和幼儿一起玩拍手游戏（如：Pat-a-cake）。唱拍手歌，幼儿可以观察到你在拍手，你也可以用肢体指导他拍手。逐渐减少你为幼儿提供的肢体辅助。

○ **每日常规和功能活动**
在日常活动中加入唱歌和拍手的游戏。当幼儿需要在某个地方等待时，这是一种很好的娱

乐方式。可以使用你自己创作的歌曲或使用一本现有的游戏书籍（例如，乔安娜·柯尔的《*Pat-A-Cake and Other Play Rhymes*》，维姬·兰斯基的《*Games Babies Play: Birth to Twelve Months*》）。

○ **标准**　幼儿可以在没有辅助的情况下拍手。

19i. 双手做同一动作

○ **教具**　大球、木琴或鼓、2根木棍

○ **流程**

这个活动的目的是让幼儿同时使用双手。如果你不能通过一个活动引发一个行为，那就尝试另一个。各种活动包括：

坐在幼儿对面（大约6英尺远），把球推给幼儿，告诉幼儿把球推回来给你。如果幼儿没有反应，提供肢体辅助（这项活动最好与2个成年人进行，一个帮助幼儿，另一个负责接球和推球）。

教幼儿如何同时用2根木棍敲击木琴或鼓。

和幼儿一起玩 Pat-a-cake。

○ **每日常规和功能活动**

当你和幼儿一起玩时，这些都是很容易融入的活动，尤其是音乐或拍手的活动。你还可以和幼儿一起参加一个幼儿音乐班。脏乱自由地玩耍也是鼓励幼儿使用双手的机会（例如，在浴缸中拍打泡泡，或坐在高脚椅上时拍打托盘中的布丁）。

○ **标准**　幼儿可以用两只手做同样的动作。

19j. 在中线位置玩玩具（一只手拿着玩具，另一只手操作它）

○ **教具**　有趣的玩具，特别是那些有活动部件的玩具

○ **流程**

当幼儿拿着玩具在中线位置玩时，观察他。看幼儿是否用一只手拿着玩具，另一只手拍、摸、拉玩具等等。关键是双手都在使用，但每只手都在做不同的事情。

你可以通过演示如何玩玩具，来激发幼儿的游戏，但更可能的是，玩具本身的特性会激发幼儿的活动。

○ **每日常规和功能活动**

当你在打电话或忙于其他事情时，给幼儿一桶合适的玩具。定期观察幼儿，看他是否用一只手拿着玩具，用另一只手操作它。

○ **标准** 幼儿在中线位置玩玩具，一只手拿着玩具，另一只手操作它。

19k. 把波普珠子分开

○ **教具** 容易分开的、大的波普珠子（例如，大约 1.5—2 英寸）

○ **流程**

给幼儿看一串穿了四五颗波普珠子的珠串。把它们分开，然后再放回到一起。把它们给幼儿，让他把它们分开。如果需要，给予肢体辅助。

○ **注意**

不同品牌的波普珠子需要不同的力度来分开，选择适合的珠子给幼儿。随着幼儿技能和力量的增强，逐渐增加难度。

○ **每日常规和功能活动**

在幼儿玩耍的时候，给他们准备一些玩具，这些玩具的各个部分既能分开，又能合并在一起（如乐高得宝系列，拼插鬃毛积木）。

○ **标准** 幼儿至少可以在一个地方把珠子分开。

19l. 一只手握住木钉并把套圈套在上面

○ **教具** 多个 0.5 英寸的木钉（5—10 英寸长）、木制或塑料的套圈

○ **流程**

和幼儿坐在一起，玩一个装有木钉和套圈的容器。让幼儿自己探索这些物品几分钟，并对他的行为进行评论。如果幼儿没有把圈套在木钉上，向他展示如何做。如果幼儿这样做有困难，尝试使用硬塑料手镯，这将更容易放置在木钉上。根据需要提供肢体辅助。当幼儿变得更熟练时，减少你的辅助，并再次引入小孔的套圈。

○ **每日常规和功能活动**

鼓励幼儿玩套圈和手镯，把它们放在他的胳膊和手指上。在活动中添加一个假装元素，例如，告诉幼儿来装饰"树（木钉）"。

○ **标准** 幼儿可以用一只手拿着木钉，另一只手来套圈，并可以将一个小孔的圈套在一根木钉上。

19m. 把木钉穿过一张硬纸板上的洞

○ **教具** 1/4 英寸 ×10 英寸的木钉（未削尖的铅笔或组装玩具也可以），4 英寸 ×4 英寸的方格纸板（内有各种尺寸的洞），也可以使用很容易穿过木钉的线轴或珠子

○ **流程**

把这些物品给幼儿，让他去探索。教幼儿如何把木钉穿过纸板上的洞。在方格纸板上留一些足够大的孔，这样你就可以让幼儿的手指穿过它们，另外还有一些足够小的孔只能插木钉。和幼儿一起玩，向他展示怎样把手指插进洞里，怎样把木钉插进洞里，等等。如果幼儿没有努力模仿或自发地执行任务，在肢体上辅助他。

○ **每日常规和功能活动**

准备一个装有珠子和木钉的篮子，让孩子玩。当幼儿坐在高脚椅上等着吃点心或吃饭时，这是一项很好的活动。确保幼儿不会带着木钉四处走动，以免摔倒时受伤。

○ **标准** 幼儿将一个 1/4 英寸的木钉穿过一个珠子、一个线轴或是一块纸板上的小洞。

19n. 打开食物包装或其他小物品

○ **教具** 用蜡纸或类似的包装纸包裹的小块水果、糖果或小玩具

○ **流程**

给幼儿一个小食物或者其他包起来的物品，让他打开它。如果幼儿没有反应，演示如何打开物品，然后在他面前重新包装。把它还给幼儿，然后告诉他打开。使用一种最喜欢的食物会增加成功的可能性。

○ **每日常规和功能活动**

给幼儿一份蜡纸包着的零食。

○ **标准** 幼儿在几种不同的情况下，可以打开一个食物或其他小物品。

19o. 拧开小盖子

○ **教具** 各种容易拧开盖子的小罐子（即选择适合幼儿手大小的罐子，婴儿食品罐适合多数幼儿，但对于手非常小的幼儿来说，直径可能太大），小玩具或食品

○ **流程**

给幼儿看几个罐子，每个罐子里都有一个有趣的物品。让幼儿打开罐子或者把物品放进去。如果幼儿没有试图拧开盖子，向他展示怎么做。从罐子里取出物品，再把它放回去，然后拧回盖子一部分（即只需再拧 1/4—1/2 圈就可以拧下来）。把罐子递给幼儿再试一次。如果需要的话，你可以提供肢体辅助，但降低任务难度来让幼儿自己拧下盖子，可能更有效。

一般来说，幼儿可以从一个较大的、盖子较松的罐子（例如，直径为 2 英寸）开始更容易获得成功。如果需要的话，口头提示幼儿把盖子反过来拧。当幼儿试图拧开盖子时，确保他的手指只接触盖子。有些幼儿倾向于用一只手抓住瓶盖和罐子，这样就不可能拧动。

○ **每日常规和功能活动**

试着在一两个小罐子里放入零食，让幼儿打开。你也可以给幼儿玩具收音机、音乐盒或带把手/转盘的组合式玩具盒，这样幼儿就可以练习拧开瓶盖所需的手指协调运动。

寻找其他涉及拧松操作的玩具，如大螺母和螺栓或套桶。较难拧下的物品可能更适合年龄较大的幼儿。你可能还需要一篮子各种大小的、带盖子的罐子和瓶子来帮助幼儿泛化技能。

○ **标准**　幼儿可以从几个小罐子上拧下盖子。

19p. 把松散的波普珠子放在一起

○ **教具**　松紧适当的波普珠子（即根据幼儿的运动能力调整尺寸和松紧度）

○ **流程**

给幼儿一盒彼此不相连的波普珠，允许幼儿探索它们。如果幼儿没有努力把它们放在一起，告诉他可以怎么做。开始用波普珠子做一条项链，鼓励幼儿也做一条。必要时，肢体辅助他。一定要称赞他的努力和成功。

○ **每日常规和功能活动**

在一个低矮的架子上，放一个装有波普珠子的篮子，这样幼儿随时都可以玩。鼓励他为自己做项链或者给一个填充动物做项链。

○ **标准**　幼儿可以把松散波普珠子放在一起。

19q. 穿 3 个大珠子

○ **教具**　各种形状和颜色的大珠子，绳子（一端有较硬的尖，另一端有结）

○ **流程**

给幼儿一个装有珠子的容器和一根绳子。用另外一根绳子，教幼儿如何制作项链，慢慢地穿线，这样他就可以观察到把绳子的尖端穿过珠子，然后从另一边把它拉出来的过程。必要时提供肢体辅助或口语指示，来帮助幼儿完成任务。如果幼儿这样做有困难，试着用一个较硬的物品，让幼儿先把珠子放在上面，如养鱼缸上的管子或一根调酒棒。

○ **每日常规和功能活动**

让幼儿做一条项链来戴一天。

○ **标准** 幼儿能穿起 3 颗大珠子。

19r. 出现用手偏好（通常在吃东西时）

○ **教具** 勺子、盘子、食物

○ **流程**

给幼儿一盘食物，把勺子放在盘子的中线上。在几个情境中观察幼儿吃东西，并注意他是否偏好其中一只手（这在其他活动中也很明显，如挥手、涂色或敲击）。如果幼儿表现出偏好，继续支持这只手作为惯用手，并鼓励幼儿一贯地使用它。如果偏好不明确，继续在中线向幼儿展示教具，这样他就可以自由选择使用哪只手。

○ **注意**

手部优势的出现，在年龄上有很大的差异，一般在 5—6 岁时才能完全形成惯用手。在很小的时候（例如，1 岁之前）只使用一只手是可疑的，可能表明幼儿的另一只手有运动障碍。在接近上学年龄（5—6 岁）之前，幼儿不一定需要形成惯用手。如果在这个年龄没有出现用手偏好，你应该咨询职业治疗师。

○ **每日常规和功能活动**

观察幼儿在一天中和几周内使用哪只手进行各种活动，看是否能确定用手偏好。在幼儿开始明显地表现出偏好之前，继续在中线呈现物品（如勺子、蜡笔、玩具锤子）。

○ **标准** 幼儿经常用同一只手完成一项熟练的任务（例如，在午餐时用勺子吃饭）。

19s. 解开大纽扣（例如，3/4—1 英寸）

○ **教具** 带有大纽扣、纽扣孔稍松的布条（或背心、洋娃娃）

○ **流程**

向幼儿展示这些系上纽扣的物品,并要求幼儿解开纽扣。如果他不知道如何做,慢慢地为他演示两三次。然后,试着从肢体上帮助幼儿。他应该用一只手握住纽扣孔旁边的布,并轻轻拉动,然后抓住纽扣,用另一只手将其推过孔。如果这项任务对幼儿来说太困难,可以先进行一项准备活动,即把硬币或西洋棋从一个塑料罐的裂缝里推挤进去。裂缝应该设置得紧密一些,这样幼儿就必须通过努力才能推动硬币通过。

○ **每日常规和功能活动**

用带有大纽扣的简单衣服来玩装扮游戏。在这个年龄段,幼儿的目标是独立解开扣子,独立脱掉衣服。再过一年,重点将放在独立穿衣服和系紧衣服上。

使用布料下藏有惊喜图案的纽扣板和一群幼儿一起玩耍会很有趣,他们可以分享在布料下发现的东西。玩银行或商店游戏是一个很好的准备活动,幼儿可以把硬币放进存钱罐里或放进有槽的盖子里。

○ **标准** 幼儿可以解开3个大纽扣(例如,3/4—1英寸)。

19t. 穿小珠子(例如,1/2英寸)

○ **教具** 装有许多小珠子的碗,绳子(一端有较硬的尖,另一端系上结)

○ **流程**

把一碗珠子和一条绳子放在幼儿面前,让他做一条项链或一条蛇。用另一根绳子来向幼儿展示操作过程。一般来说,有直边的方形珠子比圆形或椭圆形的珠子,更容易被幼儿抓住和穿起来。如果幼儿这样做有困难,先检查一下,确保他能把大珠子穿起来。如果幼儿能成功地将较大的珠子穿起来,但仍然不能完成这项任务,他可能需要更多的练习来处理小物品(例如,把硬币放进储蓄罐里,把1/2英寸的钉子插入钉板,用手指吃小块麦片或葡萄干)。

○ **每日常规和功能活动**

当你和幼儿在休息时,可以将轮状通心粉穿起来装饰房间,或者把线轴穿在一起做蛇。

19u. 拧上盖子

○ **教具** 带盖子的各种尺寸的小瓶子或罐子

○ **流程**

给幼儿一个里面装有小物品的瓶子。告诉他打开瓶子,把里面的东西倒出来。然后,告诉幼儿把盖子盖上。如果幼儿难以完成这项任务，演示如何拧上盖子，然后用肢体辅助他。向他演示如何反手握住杯盖边缘。口头提示幼儿应该朝哪个方向转动盖子。

○ **每日常规和功能活动**

让幼儿将小惊喜藏在不透明的罐子里。如果你找不到任何不透明的罐子，可以在罐子的底部和周围粘上一些胶带。盖上盖子，然后交换罐子。打开零食罐后，让幼儿把盖子盖回去。

○ **标准** 幼儿可以把盖子拧到各种类型的罐子或瓶子上。

| 参考文献 |

Cole，J. (1992). *Pat-a-cake and other play rhymes*. New York: Harper Trophy.

Lansky，V. (1993). *Games babies play: From birth to twelve months*. Minnetonka，MN: Book Peddlers.

序列 20
工具使用

通常情况下，当幼儿在玩玩具、得到自己想要的东西，或者自己吃饭时，他们第一次发现了自己的双手以及用手影响周围环境的能力。在幼儿对自己的身体建立了良好的意识之后，他们开始认识到，他们可以使用工具作为身体的延伸，来影响周围的环境。工具的使用使我们能够以一种比只使用双手更复杂的方式来操作我们的世界。使用工具的能力是将人类鉴定为高级动物物种的特征之一。除了本章中所列出的工具使用项目之外，其他序列中还会涉及两个重要的工具开发领域。序列 4–I（自理能力：进食）中包含了餐具的使用，序列 21（视觉—运动技能）包含了书写工具和剪刀的使用。

| 特殊调适 |

有运动障碍的幼儿

如果有运动障碍的幼儿在拿、握工具时存在困难，请职业治疗师协助寻找能帮幼儿拿起工具的适应性手套、夹板或者尼龙粘扣设备。将工具的作用对象（玩具或物品）固定起来可能会有所帮助。可以将玩具放在有黏性的防滑垫上面来固定它们。

有视力障碍的幼儿

针对有视力障碍的幼儿，使用带有有趣手感或带有有趣声音的玩具。许多节奏乐器对鼓励有视力障碍的幼儿使用工具很有用。一定要提供手把手的辅助，给予口头反馈，并描述你正在做什么。

有听力障碍的幼儿

针对有听力障碍的幼儿，此序列不需要做出调整，因为这些项目都是以视觉和运动技能为基础的。对于有重度至极重度听力损伤的幼儿，可以取消项目 20e。

20. 工具使用

a. 拉动绳子以获取物品或产生效果

b. 用棍子敲鼓

c. 用棍子获取物品

d. 用锤子把球锤进去

e. 用木槌敲打木琴琴键

f. 拿着碗用勺搅拌

g. 用锤子在敲打工作台上敲击木钉

h. 用勺子转移材料

i. 用餐刀涂抹食物

j. 用叉子的边缘进行切割

20a. 拉动绳子以获取物品或产生效果

○ **教具** 婴儿健身床、绳子、各种玩具（包含可以拉动的玩具）

○ **流程**

用一根绳子把一个玩具悬挂在幼儿面前，然后把玩具放在他够不到的地方，但绳子要对着幼儿，而且幼儿很容易就能抓到绳子。如果幼儿没有拉动绳子来得到玩具，向他示范怎么做。

重复并观察幼儿能否在没有进一步示范的情况下拉动绳子。如果他没有拉绳子，把绳子放在他手里然后等待。如果幼儿还是没有拉绳子，肢体辅助幼儿拉绳子，仅仅提供必要的帮助。当幼儿拿到玩具时，一定要让他玩那个玩具。

○ **每日常规和功能活动**

全天为幼儿放置一两个可以拖拉的玩具，定期把一个玩具放在幼儿附近，并把绳子对着他。观察幼儿是否会拉动绳子来把玩具拉近。

在婴儿床上放一个健身架（或者在婴儿座椅上面固定一个架子），架子上有吊环或者其他手柄用来拉动。定期观察幼儿，看他是否在学习如何拉动绳子、吊环或其他装置来产生效果。值得注意的是，虽然这样的玩具可以让你在做其他事情的同时让幼儿感到快乐，但是如果每次都让幼儿一个人玩很长时间，这个玩具对幼儿来说可能会变得无聊。

○ **标准** 幼儿自发地（即之前没有一个直接示范）拉动绳子以得到一个玩具。除了有严重运动障碍的幼儿之外，幼儿应该在几个不同的情景下（例如，自由游戏时、训练课程中），对几个不同的玩具表现出此行为。

20b. 用棍子敲鼓

○ **教具** 玩具鼓、棍子

○ **流程**

把鼓和棍子放在幼儿面前，用另外一根棍子示范如何敲鼓。如果幼儿没有自发地模仿你，把棍子放在幼儿的手里，肢体辅助他敲鼓。在给他鼓槌之前，你也可以先用幼儿的手来敲鼓。有些幼儿喜欢两只手各拿一个棍子来敲鼓。

○ **每日常规和功能活动**

在播放音乐的同时演奏音乐和敲鼓．向幼儿示范如何使用不同的工具敲打不同的材料（例如，用勺子敲打罐子上或杯子底部）。当幼儿坐在高脚椅上等待食物时，给他一些可以敲打的材料来玩。

○ **标准** 在几种不同的场合下，幼儿自发地用棍子或类似工具敲鼓。

20c. 用棍子获取物品

○ **教具** 木钉或类似的棍子（大约 3/8 英寸 × 10 英寸），有趣的小玩具

○ **流程**

让幼儿坐在小桌子或高脚椅上。把他喜欢的或者有趣的玩具放在他够不到的地方，示范如何使用木钉来获取玩具。把玩具放回原来的位置，然后把木钉递给幼儿，告诉他去拿玩具。可以再准备一个木钉，以免你需要重复示范。如果幼儿没有反应，提供手把手的辅助。

○ **每日常规和功能活动**

把这个活动当作一个游戏，使用你自己的木钉来到处移动玩具，或者拉近玩具。你可以在幼儿的高脚椅托盘上放一些他够不着的零食，给幼儿一根木钉让他拿食物。

○ **标准** 在几种不同的场合下，幼儿用一根棍子去获取他够不到的玩具。

20d. 用锤子把球锤进去

○ **教具** 含有球和锤子的敲打玩具

○ **流程**

向幼儿展示敲打玩具和锤子，并向他示范如何把球锤进去。把球复位，并把锤子递给幼儿、让他来锤球。根据需要提供肢体辅助和反复示范。鼓励幼儿把顶部的球放回原处并重复该活动。通常情况下，锤球玩具非常能调动幼儿积极性，因为球经常会穿过玩具从底部的孔出来，可以强化因果的概念。

○ **每日常规和功能活动**

准备一个幼儿很容易拿到并能自由玩耍的敲打玩具。在小组活动中，当幼儿在玩捶打游戏时，不应该让他们在其他人附近玩耍，以免打到别人。

○ **标准** 幼儿在几种不同的场合下用锤子把球敲进去。

20e. 用木槌敲打木琴琴键

○ **教具**　木琴、2个木槌

○ **流程**

把木琴和一个木槌放在幼儿面前。用另一个木槌示范如何敲打木琴上不同的琴键。此项目的目标是让幼儿更精确地控制，以便敲打到单个琴键，而不是如20b中所强调的随机敲打动作。如果幼儿没有自发地模仿你，把鼓槌放在他手里，并提供肢体辅助让他来敲打木琴。鼓励幼儿双手各拿一个木槌来发展双侧的协调能力。

○ **每日常规和功能活动**

和幼儿一起敲鼓和敲木琴，让幼儿演奏一种乐器而你演奏另外一种。尝试演奏得快一点或慢一点，看看幼儿会不会模仿你。

○ **标准**　幼儿自发地用木槌在木琴上敲打单个琴键。

20f. 拿着碗用勺搅拌

○ **教具**　带勺子的碗或杯子

○ **流程**

一只手拿着碗，用另一只手示范一个搅拌的动作。给幼儿一个碗和勺子，让他搅拌。根据需要，重复示范和给予肢体辅助。一个有把手的碗或杯子，可能会让幼儿在搅拌时更容易抓握和固定。

○ **每日常规和功能活动**

尽可能让幼儿参与简单的烹饪活动。在一个杯子或小碗中放入少量的混合物或面糊让幼儿搅拌。鼓励他在麦片中加入东西并搅拌（例如，水果片）。

○ **标准**　幼儿拿着一个碗并用勺子搅拌。

20g. 用锤子在敲打工作台上敲击木钉

○ **教具**　有木钉和锤子的敲打工作台

○ **流程**

给幼儿展示敲打工作台和锤子，示范如何用锤子敲进木钉。把锤子给幼儿，让他来敲木钉。必要时提供肢体辅助和反复示范。鼓励幼儿把工作台翻转过来或者把钉子复位，然后重复该活动。敲打工作台通常是由木头做成的，比敲打球类玩具（见序列20d）需要更大的力气和更多次重复的锤击。

○ **每日常规和功能活动**

在自由玩耍时间，给幼儿提供一个随时可以玩的敲击玩具。在小组活动中，当幼儿玩锤击游戏时，不应该鼓励他们在其他人附近玩耍，以免打到别人。

○ **标准**　在几种不同的场合下，幼儿用锤子把木钉敲进去。

20h. 用勺子转移材料

○ **教具**　2个碗、茶匙、松散材料（例如，小石头、扁豆、大米、沙子；如果幼儿容易把东西放到嘴巴里，请使用可食用的物品）

○ **流程**

例如，在一个碗里装满扁豆，然后把它放在幼儿面前的一个空碗旁边。用勺子示范如何从一个碗中舀扁豆并将它们倒入另一个碗中。然后把勺子递给幼儿，让他把空碗装满。根据需要提供肢体辅助。使用不会轻易翻倒的重碗，可能会让幼儿更容易成功。如果幼儿在到达第二个碗之前，经常会丢失大部分的材料，那么先让他使用量杯。

○ **每日常规和功能活动**

如果你能使用沙箱或桌子，一定要提供球形勺、铲子、勺子和各种容器以供幼儿玩耍。幼儿也可以用铲子往桶里装满沙子，然后用那些沙子来建造一座沙堡。

在吃点心的时候，让幼儿们用调羹或球形勺从一个大碗里给自己盛点心（如干麦片、葡萄干）。

○ **标准**　幼儿用勺子从一个容器中舀取材料并放到另一个容器中去。

20i. 用餐刀涂抹食物

○ **教具**　烤面包片或硬面包片、软黄油、刀子、盘子

○ **流程**

把一片烤面包放在盘子里，将盘子放在幼儿面前的桌子上，桌子上还有餐刀和黄油。用另一片烤面包向幼儿示范如何涂抹黄油，以覆盖面包的整个表面。鼓励幼儿在自己的面包片上涂抹黄油。教幼儿用一只手固定面包，另一只手来涂抹黄油。根据需要提供肢体辅助。

○ **每日常规和功能活动**

鼓励幼儿独立制作简单的食物。他可以在饼干上涂抹花生酱或果冻，也可以在饼干上涂抹柔

软的糖霜来装饰饼干。

○ **标准** 幼儿在几种场合下使用餐刀来涂抹食物。

20j. 用叉子的边缘进行切割

○ **教具** 易切的食物（如，薄煎饼）、叉子、盘子

○ **流程**

把煎饼放在盘子里，把盘子放在幼儿面前的桌子上，桌子上还有一把叉子。向幼儿展示如何用叉子边缘来切煎饼。把叉子侧放在幼儿的手里，帮助他切煎饼，往下推叉子边缘，然后拔出叉子。然后，要求幼儿独立完成活动。鼓励他将食指放在叉子的上边缘以施加压力。

○ **每日常规和功能活动**

把橡皮泥揉成蛇状或用擀面杖压平，鼓励幼儿用叉子边缘把橡皮泥切成小块。

○ **标准** 幼儿在几种场合下用叉子边缘切割。

序列 21
视觉—运动技能

视觉—运动是指在纸上使用工具的技能（例如，用笔画画、涂色、用颜料画画、书写、剪纸），通常会涉及视觉和双手的协调使用。视觉—运动技能的出现需要视觉感知和精细运动技能的结合。幼儿能够从与艺术材料的早期接触中受益，这些材料使得他们能够探索和发展运动控制技能，而这些运动控制技能是在学前阶段从事更需要技巧的活动时所需要的。对于学步幼儿来说，画架活动提供了一个探索不同材料（例如，颜料、粉笔和蜡笔）的好机会，而且画架的方位有助于成熟的抓握和手部姿势的发展。当幼儿在一个垂直面画画时，他或她会发展出更好的肩膀稳定性及手腕伸展性，使得拇指和其他手指能自然地做好握笔的准备。通常，一个成熟的握笔姿势不会在3岁之前出现。一般情况下，视觉-运动发展的差异性很大，女孩通常会表现出发展优势。

| 特殊调适 |

有运动障碍的幼儿

有严重运动障碍的幼儿可能无法独立完成这些活动，但你可以做一些事情来帮助他们。例如，如果一个幼儿不能握住蜡笔或记号笔，那么首先可以专注于让幼儿用手掌或手指来进行书写或绘画。有运动障碍的幼儿可能需要某种类型的适应性装置来握住蜡笔，请向职业治疗师咨询各种可能性。

有视力障碍幼儿

有严重视力障碍的幼儿在这些项目上会遇到相当大的困难。重要的是咨询职业治疗师或视力专家，以确定将这些项目包含在幼儿的训练计划中是否合适，如果合适的话，需要进行哪些调整。

有些调整包括使用对比鲜明的颜色，例如，亮黄色的纸和黑色的记号笔，或者用厚厚的手指颜料、橡皮泥或剃须膏来做标记，这样幼儿就可以用自己的手指来感知、跟随标记。

有听力障碍的幼儿

这些项目对于有听力障碍的幼儿来说，不需要做出任何调整，因为这些项目是基于视觉和运动技能的。但是任何的口语指导都要伴随着示范。

21. 视觉—运动技能

a. 用书写工具在纸上做印记

b. 自发涂鸦

c. 用整只手来作画

d. 模仿画垂直线条

e. 模仿从涂鸦到线条然后再到涂鸦的转换

f. 模仿画水平线条

g. 假装书写

h. 用圆形涂鸦仿画一个圆形

i. 用剪刀剪断纸

j. 连续剪纸

21a. 用书写工具在纸上做印记

○ **教具**　大号蜡笔、铅笔或记号笔，几张纸

○ **流程**

在幼儿面前放一张纸。拿起蜡笔在纸上慢慢地画几下，吸引幼儿的注意力。告诉幼儿像你一样在纸上写字或画画。如果需要的话，把蜡笔放在幼儿的手上。如果他没有在纸上做印记，肢体辅助他这样做。在你停止提供辅助后，等待幼儿继续。

○ **每日常规和功能活动**

让幼儿使用手绘颜料，然后用手掌或手指来练习画线条，引入和练习绘画活动的好时机是在你准备做饭的时候。让幼儿坐在高脚椅上，并为他提供纸和蜡笔。这样你就可以和他谈话并监督他，同时可以解放双手来准备饭菜。使用结实的纸张并将其粘在托盘上通常是有帮助的。

○ **标准**　幼儿用书写工具在一张纸上做几个印记。

21b. 自发涂鸦

○ **教具**　2支蜡笔、铅笔或记号笔，几张纸

○ **流程**

给幼儿一支蜡笔（或其他书写工具）和一张纸。向幼儿示范如何在纸上乱涂乱画，并在必要时提供肢体辅助。然后再给幼儿一支蜡笔和一张纸（不进行示范），观察他会做什么。如果幼儿没有自发地进行涂鸦，告诉他要在纸上画画或写字。继续示范直到幼儿能够自发涂鸦。

○ **每日常规和功能活动**

为幼儿设置一个铺有纸的画架，并提供多样化的绘画材料（例如，蜡笔、记号笔、颜料、粉笔）。洗澡的时候，在浴缸的边缘使用肥皂蜡笔或泡沫肥皂进行涂鸦。

○ **标准**　幼儿自发地进行涂鸦。

21c. 用整只手来作画

○ **流程**

在幼儿面前的纸上涂上少量的手绘颜料。向他示范如何用整只手在纸上移动颜料。让幼儿画画，并观察他做了什么，必要时提供肢体辅助。

如果幼儿抗拒触摸颜料，鼓励他坐下来看你用颜料画画。反复地接触可能会降低他的抗拒心理。对于不想触摸颜料的幼儿，可以试着把颜料放在一个可以重新密封的大袋子里面，这样他们就能够在保持双手清洁的同时随意挤压颜料。如果幼儿仍然对做手指画感到不舒服，请咨询职业治疗师，因为幼儿可能表现出感觉防御。

○ **每日常规和功能活动**

可以使用泡沫肥皂或剃须膏来玩类似的探索性游戏。对于还处于口欲期的幼儿，尝试用布丁或鲜奶油代替。你可以将幼儿的手绘塑封，做成一个餐具垫。

○ **标准**　在几种不同的场合，幼儿能使用整只手在纸上抹开手绘颜料。

21d. 模仿画垂直线条

○ **教具**　大的纸张、蜡笔或记号笔

○ **流程**

在幼儿面前放一张纸，示范如何画垂直线条。画画的时候对幼儿说："看我，我在画上下移动的线。"试着在你画每一条线的时候发出一个声音（例如，"拉"）。

在你为幼儿示范了这些动作之后，让他来做你刚才做的事情。如果他没有做，握住他的手帮助他画几次垂直的线条，然后让幼儿自己画一个。如果幼儿在画垂直线条的时候遇到了很多困难，你可以使用带狭槽的纸板导轨来帮助他。帮助幼儿使用狭槽来画线条，然后再看幼儿能不能独立地进行这项活动。

○ **注意**

要制作纸板导轨，请切割 1/2 英寸宽 × 8 英寸长的狭槽。

- **每日常规和功能活动**

鼓励幼儿用食指在手绘颜料、泡沫肥皂、沙箱，或烘焙油纸上的少量沙子或盐上画出线条和圆形的涂鸦。把一张结实的纸粘到幼儿的高脚椅托盘上，然后给他一两支蜡笔来画画。

- **标准** 幼儿能用一个书写工具模仿画垂直线条。

21e. 模仿从涂鸦到线条然后再到涂鸦的转换

- **教具** 大蜡笔、铅笔或记号笔，几张纸
- **流程**

当幼儿在纸上做印记时，说"看我"，然后在纸上快速地画一个垂直线条，然后说："你能做到吗？"如果幼儿模仿画出线条，应说："很好，现在做这个。"然后为幼儿示范涂鸦。如果幼儿接着模仿这个涂鸦，就再转换到线条。可以将这个活动当成游戏来玩耍。如果幼儿没有从涂鸦转换到线条，肢体辅助他完成，保持活动的乐趣。

- **每日常规和功能活动**

鼓励幼儿用食指在手绘颜料、泡沫肥皂、沙箱，或烘焙油纸上的少量沙子或盐上画出线条和圆形的涂鸦。把一张结实的纸粘到幼儿的高脚椅托盘上，然后给他一两支蜡笔来画画。

- **标准** 幼儿能够模仿从涂鸦到线条再到涂鸦的转换。

21f. 模仿画水平线条

- **教具** 大的纸张、蜡笔或记号笔、纸板
- **流程**

在幼儿面前放一张纸，然后示范如何画水平线条。画画时对幼儿说："看我，我在画来回移动的线。"试着在你画每一个线条的时候加一个声音（例如，"呜"）。

在你为幼儿示范了这些动作之后，让他做你刚才所做的事情。如果他没有做，握住他的手，帮助他画几个水平线条，然后让幼儿自己画一条。如果幼儿在画水平线条时遇到了很多困难，你可以用带狭槽的纸板导轨来帮助他。帮助幼儿使用狭槽来画线条。然后再看看幼儿能否独立地进行这项活动。

- **注意**

要制作纸板导轨，请切割 1/2 英寸宽 ×8 英寸长的狭槽。

- **每日常规和功能活动**

鼓励幼儿用食指在手绘颜料、泡沫肥皂、沙箱，或烘焙油纸上的少量沙子或盐上画出线条和

圆形的涂鸦。把一张结实的纸粘到幼儿的高脚椅托盘上，然后给他一两支蜡笔来画画。

○ **标准**　在几种场合，幼儿能用书写工具模仿画一条水平的线条。

21g. 假装书写

○ **教具**　纸、铅笔

○ **流程**

和幼儿坐在一张桌子旁，然后开始写一些东西（例如，给爷爷的一封信、一份购物清单）。给幼儿一支铅笔和一张纸，让他写你正在写的东西。大多数幼儿会拿起铅笔并开始在纸上做印记。如果幼儿没有这样做，把铅笔放在他手里，并手把手辅助他在纸上做印记。逐渐减少你的辅助。

○ **每日常规和功能活动**

在休息时间（例如，等待午餐时、等待约会时），给幼儿一个小记事本和铅笔，这样他就可以写字了。

在教室里或其他区域提供铅笔和记事本，这样幼儿就可以假装在书写清单或做办公室工作。

○ **标准**　幼儿用一个书写工具假装书写。

21h. 用圆形涂鸦仿画一个圆形

○ **教具**　大的纸张、蜡笔或记号笔

○ **流程**

在幼儿面前放一张纸，然后示范如何画一个圆形。画画时对幼儿说："看我，我在转呀转。"尝试画一些分散的圆形，但是如果幼儿没有反应，就画一个圆形的涂鸦。

在你为幼儿示范了这些动作之后，让他做你刚才做的事情。如果他没有做，握住他的手帮助他画几次圆形线条。然后让幼儿自己画一个。

○ **每日常规和功能活动**

鼓励幼儿用食指在手绘颜料、泡沫肥皂、沙箱，或烘焙油纸上的少量沙子或盐上画出线条和圆形的涂鸦。把一张结实的纸粘到幼儿的高脚椅托盘上，然后给他一两支蜡笔来画画。

○ **标准**　当尝试模仿画圆形时，幼儿画出了一个圆形的涂鸦。

21i. 用剪刀剪断纸

○ **教具** 纸张、安全剪刀

○ **流程**

在幼儿面前放一张纸和一把安全剪刀,告诉他剪纸。如果他不知道怎么做,把剪刀放在他的惯用手里,引导他完成动作。

为了获得最佳控制,将幼儿的拇指和中指放在剪刀把手的孔里,将他的食指放在靠近孔的底部把手上。用你的手拉紧纸张,然后让幼儿剪。诸如"打开"或"紧握"之类的口头提示可能会有帮助。如果幼儿遇到了很多困难,可以使用小的弹力剪刀或者带有辅助把手孔的训练剪刀。当幼儿能够成功地剪断时,鼓励幼儿自己拿着纸。使用硬纸或索引卡片可能会使此活动更容易一些。

○ **注意**

如果幼儿的用手偏好不明确,请教幼儿用右手来剪纸,因为大多数剪刀都是针对右利手的,并且许多惯用左手的人也是用右手来剪纸的。剪刀的质量可能会在很大程度上影响幼儿剪纸的成功水平。应该为惯用左手的幼儿提供左利手剪刀。剪刀的刀片应该是锋利的(但不是尖的)并能紧密地合在一起。

○ **每日常规和功能活动**

把纸的边缘剪成流苏来做成餐垫。

○ **标准** 幼儿能用剪刀剪几次纸。

21j. 连续剪纸

○ **教具** 6平方英寸的纸张、安全剪刀

○ **流程**

在幼儿面前放一张纸和一把安全剪刀。让他把纸剪成两半,或者把整张纸剪开。为了维持连续地剪纸,必要时给幼儿提供口头提示(例如,"打开、紧握、打开、紧握")以及肢体帮助。开始时帮助幼儿拿着纸会有所帮助。当幼儿可以成功地剪纸后,让他自己拿着纸。开始时可以尝试使用硬纸或索引卡,以使这个活动变得更容易一些。

○ **每日常规和功能活动**

把粘在纸板上的画剪成几块,制作简单的拼图。

○ **标准** 幼儿能在一张纸上连续剪纸。

第十章
粗大运动

序列22-1
直立：姿势和移动

运动项目设计的最终目标是让幼儿的直立姿势（坐、站立和行走）发挥效用。这些能力以从俯卧位（腹部朝下）和仰卧位（背部朝下）的姿势中所获得的力量为基础。然而，在整体项目的规划上，重要的是要区分使用直立姿势是来促进运动发展，还是来促进认知和社交发展（虽然这些目的之间经常有重叠）。

例如，坐是一种涉及力量和平衡的运动技能。以俯卧位和仰卧位姿势进行的运动可以增强肌肉，而以坐姿进行的运动可用于加强平衡和控制。然而，坐姿同时也是一种促进认知和社交发展的重要姿势。坐姿为幼儿提供了更广阔的视野看待周围世界、不同的物体操作经验，以及更多的社交互动机会。然而坐姿也仅限于上述功能，并且需要幼儿的头部可以自由移动，双手可以自由玩耍，而不是用来支撑。如果幼儿需要使用双手来支撑，那么需要将幼儿放置在恰当的支撑座椅设备中，以进行认知和社交活动。

站立是另一项重要的运动技能。站立促进肌肉—骨骼的发育和血液循环。正确的姿势有助于防止臀部、膝盖和脚踝变僵硬，并增强背部的力量。同龄的伙伴也会认为站立的幼儿更加成熟，因此，站立也可以促进社交互动。

有些幼儿在俯卧位或仰卧位时不能正常活动，应该定期将幼儿放成坐或站立的姿势。治疗师应该就恰当的姿势提供指导。

| 特殊调适 |

有运动障碍的幼儿

有运动障碍的幼儿通常更喜欢依偎在成人的肩膀上，而不是抬起自己的头。对于这样的幼儿来说，要特别重视自主的头部控制，并且需要利用特殊的姿势来进行需要视觉注意或使用手臂的活动。

为了促进坐姿的发展，可能需要付出额外时间和提供肢体辅助。有严重运动障碍的幼儿可能永远无法独立地坐着。然而，还是应该给幼儿机会，来控制他或她能够控制的过渡性动作的任意部分。对于不能独立改变姿势的幼儿来说，照料者应该至少每小时一次改变他们的姿势，这将有助于防止关节挛缩和皮肤皲裂，也有助于保证幼儿视觉环境的变化。还应该使用仰卧、俯卧和支撑坐立等姿势。

有运动障碍的幼儿如果想坐下但缺乏足够的姿势控制，他们通常会采用各种策略来保持稳定。有些幼儿将脚后跟放在臀部旁边坐下（即"W"坐姿）。如果幼儿的肌肉僵硬，你应该鼓励幼儿把脚放在前面坐下，并提供一个替代的支撑座椅，以此来阻止这种姿势。如果肌肉僵硬的幼儿经常使用"W"坐姿，请确保幼儿定期接受骨科医生的检查，因为该坐姿可能会造成髋关节脱位以及膝盖和脚踝出现问题。对于肌肉力量较弱和软弱无力的幼儿，"W"坐姿并不是一个严重的骨科问题，但通常表明幼儿需要进行特定的强化训练。

如果一个幼儿坐着时背部呈圆形，头部向后倾斜，腿部僵硬伸展，那么应该纠正他或她的姿势。有些幼儿需要治疗师挑选专门制造的座椅设备，其他幼儿则可以通过使用带有防滑衬垫的直背椅来形成良好的坐姿。

确保帮助有运动障碍的幼儿尽可能站直，双脚平放在地板上，脚踝处于正常位置。有严重运动障碍的幼儿可能永远无法独立站立，因此你应该为他们提供替代方案（例如，一个倾斜式站立辅助器）。向物理治疗师寻求建议。

幼儿运动障碍的性质将决定他能否独立行走。咨询物理治疗师，了解每个幼儿的潜力以及可以帮助幼儿行走的适应性辅助工具。许多使用轮椅作为一般代步工具的幼儿，如果得到肢体上的帮助来到处移动，就可以在没有轮椅的情况下在教室里活动。这种能力对整体健康状况很重要，并且会影响这些幼儿看待自己以及被他人看待的方式。在进行平衡性活动之前，一定要确保有运动障碍的幼儿具备一种安全的跌落方式。最重要的考虑因素是，确保幼儿在跌倒时不会将头撞到地板上。如果幼儿容易因跌倒而导致面部或头部受伤，应该戴上防护头盔。

爬楼梯是一项重要的运动技能，因为它既有重要的功能性，也能加强腿部肌肉。只要有可能，就帮助有运动障碍的幼儿爬楼梯，而不是抱着他或她。

有视力障碍的幼儿

在与有视力障碍的幼儿一起活动时，要特别注意他们上半身肢体的姿势。尽量防止有视力障碍的幼儿将头部或肩膀向前倾斜。大多数有视力障碍的幼儿拥有一定程度的可用视力，你可以用来鼓励他们抬头。你可以将听觉刺激和鲜艳的、有光泽的或高对比度的视觉刺激配对，或者使用能够发出连续声音的玩具，并在运动过程中肢体引导幼儿。

对于能够自己移动的有视力障碍的幼儿，请将房间和玩具的布置保持在相同的可预测的位置。对于有视力障碍的幼儿，独自行走能力通常会延迟发展，因此从事这项活动可能更需要你坚持不懈。在熟悉、可预测的游戏空间中反复练习，可以考虑使用游戏围栏或者房间的角落。尝试让有视力障碍的幼儿站在你的脚上，和他一起行走来传达这个概念。一旦幼儿能够独自行走，开始教幼儿通过感觉墙和家具来找到周围的路。如果幼儿有足够的功能性视力，请使用明亮或荧光的地板标记。对于视力很弱或没有视力的幼儿，可以练习推一个小推车，沿着空旷安静的走廊，朝着有意义的听觉目标前进。

有听力障碍的幼儿

有时候，有听力障碍的幼儿会有站立和行走的问题，这是因为控制听力和平衡的结构处于大脑的同一部位。有听力障碍的幼儿可能需要更多的练习，但最终将会站立和行走。

22-I. 直立：姿势和移动

a. 被抱着时，保持头部稳定

b. 当被抱着臀部时，保持躯干稳定

c. 从俯卧位或四肢着地的姿势转移到坐姿

d. 独自坐着

e. 把自己拉起来成站立的姿势

f. 扶着支撑物侧向迈步

g. 扶着支撑物弯腰捡玩具

h. 将手从支撑物上移开并独立站立

i. 独立迈步

j. 姿势从双手和膝盖转到双手和双脚再转到站立

k. 蹲下取物

l. 侧向行走

m. 倒退行走至少 5 英尺

n. 手扶栏杆，用同样的迈步方式，走上 3 级台阶

o. 手扶栏杆，用同样的迈步方式，走下 3 级台阶

p. 在游戏中保持蹲姿

q. 僵硬地跑

r. 在地板上跳跃

s. 不需要栏杆，用同样的迈步方式，走上 3 级台阶

t. 从台阶上跳下

u. 倒退行走 10 英尺

v. 在各种类型的表面上行走而不摔倒

w. 使用脚后跟—脚趾模式行走（手臂可以自由携带物品）

x. 踮着脚尖行走 3—4 步

y. 在不摔倒的情况下跑至少 10 英尺

z. 从 8 英寸的高处跳下（单脚起跳）

aa. 手扶栏杆，用双脚交替走模式，走上 3 级台阶

bb. 踮着脚尖行走至少 20 英尺

cc. 跑步时避开障碍物

dd. 不需要栏杆，用双脚交替走模式，走上 3 级台阶

ee. 不需要栏杆，用同样的迈步方式，走下 3 级台阶

ff. 跳过 2 英寸高的障碍

gg. 从 16—18 英寸的高度跳下（单脚起跳）

hh. 跳 4—14 英寸远

22-Ia. 被抱着时，保持头部稳定

○ **教具**　任何能吸引幼儿注意力的视觉刺激

○ **流程**

抱着幼儿，不要支撑他的头部。如有必要，把你的手放在幼儿头盖骨的底部，准备好扶着他的头保持在适当位置。

○ **每日常规和功能活动**

向幼儿呈现有趣的视觉刺激（例如，明亮的图片、玩具、面具）。争取为幼儿找到一个对称的中线位置，也让幼儿有能力转向左边和右边。无论何时抱着幼儿，在一天中尽可能多地实施这个流程。将幼儿面部朝外抱着，是一个促进头部控制的好方法。

○ **标准**　幼儿在垂直姿势下保持头部直立和稳定至少 2 分钟，并且可以左右转动。幼儿能够连续 3 天持续这样做。

22-Ib. 当被抱住臀部时，保持躯干稳定

○ **教具**　不需要

○ **流程**

支撑住幼儿的臀部将其抱起，用手支撑住幼儿的躯干，并在可能的时候撤销辅助。开始的时候，你的手在幼儿的躯干上应该放得高一点，随着他力量的增强，你可以将控制下移至幼儿的臀部。

○ **日常活动和功能活动**

将幼儿面部朝外抱着，是一个促进躯干控制的好办法。你应该在一天中的任何可行的时候使

用这个姿势。当你抱着幼儿时，鼓励他转向左边和右边。一旦幼儿能保持躯干的直立和稳定，骑在成人的肩膀上将是有趣和有益的。

○ **标准** 幼儿将躯干保持直立和稳定至少 2 分钟，并且可以转向左边和右边。幼儿连续 3 天稳定地表现出此能力。

22-Ic. 从俯卧位或四肢着地的姿势转移到坐姿

○ **教具** 不需要

○ **流程**

如果幼儿以腹部着地的姿势趴着，抬起幼儿的臀部，等待他将膝盖弯曲到胸部之下，然后旋转幼儿绕过半个臀部转成坐姿。如果幼儿以双手和膝盖着地的姿势趴着，将幼儿转过来，然后绕过臀部变成坐姿。

○ **每日常规和功能活动**

给幼儿足够多的时间参与此活动。将此活动融入游戏或照料活动中自然发生的姿势转换中。

○ **标准** 幼儿独立地从俯卧位或四肢着地的姿势转移到坐姿，并连续 3 天表现出此能力。

22-Id. 独自坐着

○ **教具** 各种大小的玩具、矮凳

○ **流程**

如项目 22-Ic 所示，将幼儿调整成坐姿，在臀部或稍高位置提供支撑。为幼儿提供小型、方便拿起的玩具，或者那些与眼齐平的婴儿床铃上的玩具，这样幼儿伸手就能激活玩具。你也可以把一个大玩具（例如，一个装满东西的组合式玩具箱）放在一个矮凳上，然后把幼儿放在矮凳前面。这将会鼓励幼儿在举起双臂的同时保持背部挺直。一旦幼儿能够保持稳定的坐姿，开始放置玩具以引发他伸向侧面并转向左边和右边。如果幼儿的背部是圆形的，向前移动骨盆，在他的背部下方形成一个小拱形。

○ **每日常规和功能活动**

整天以坐姿来玩游戏。如有必要，在幼儿周围放上枕头以提供轻微支撑。查看其他日常活动，例如，喂食时间，确定坐姿能否作为一种功能性姿势。尽可能保证幼儿采取各种不同的坐姿（例如，盘腿坐、双腿向一侧坐、双腿向前坐、坐在矮椅子上）。

○ **标准** 幼儿坐着时可以保持躯干直立，双手可以自由玩耍，并且他可以从一侧转向另一侧而不会失去平衡。幼儿可以连续 3 天以这种方式玩耍，每次至少 3 分钟。

22-Ie. 把自己拉起来成站立的姿势

○ **教具**　幼儿喜欢的玩具、矮桌子或沙发

○ **流程**

把玩具放在矮桌子或沙发上。让幼儿使用各种各样的起始姿势（例如，坐着、俯卧位、双手和膝盖着地趴着、跪着）。向幼儿展示玩具的位置，并在必要时帮助他向上转移成站立的姿势。大多数幼儿先从同时伸直双腿开始。更成熟的方式是先跪下，然后一只脚平放在地板上，最后把自己拉起来形成一个站立的姿势。如有必要，帮助幼儿保持一只脚平放和膝盖朝外。

○ **每日常规和功能活动**

把玩具放在高高的平面上。如果有一个很重的抽屉橱柜，可以把玩具放在一个部分拉出的抽屉里。务必确保用于拉起幼儿的物品非常牢固。

○ **标准**　幼儿通过先将一只脚放在地板上的方式，可以独立将自己拉起来，形成站立的姿势，连续 3 天，每天都能够这样做几次。

22-If. 扶着支撑物侧向迈步

○ **教具**　幼儿喜欢的玩具、矮桌子或沙发

○ **流程**

幼儿站在一个支撑物旁边，把玩具放在几英寸之外他够不到的地方，这样他就可以侧步走到那里。左右两侧都这样做，逐渐增加放置玩具的距离。起初，幼儿会靠在支撑物上，然后会站直，只用一只手接触支撑物。一旦幼儿能够很容易地侧着行走，就可以放置玩具来让幼儿绕着支撑物的拐角行走。

○ **每日常规和功能活动**

在沙发、桌子或抽屉处设置游戏区，以便将幼儿喜爱的玩具排成一长排。当幼儿开始侧着行走时，把沙发上的垫子卸下，并将玩具放在沙发上，通常会有所帮助。

○ **标准**　幼儿可以轻轻地用手扶着支撑物，沿着支撑物和拐角自由行走。幼儿可以连续 3 天这样做，每次持续几分钟。

22-Ig. 扶着支撑物弯腰捡玩具

○ **教具** 幼儿喜欢的玩具、矮桌子或沙发

○ **流程**

当幼儿站在支撑物旁边玩耍时，拿一个玩具放在地板上。如有必要，给予轻微的辅助，帮助幼儿取回玩具并回到直立的姿势。如果幼儿不能向下碰到地板，最初可以把玩具放在一个矮凳上。确保幼儿的膝盖弯曲，而不是腰部弯曲，并且在他用一只手抓住支撑物的同时，保持双脚平放在地板上。把玩具放在左右两侧。

○ **每日常规和功能活动**

这个活动可以合并到很多精细运动、认知和语言活动中去，例如，搭积木、分类、配对和命名物体。

○ **标准** 当一只手得到支撑时，幼儿可以独立地从地板上捡起玩具，然后回到站立的姿势。幼儿可以连续3天这样做，每天这样做几次。

22-Ih. 将手从支撑物上移开并独立站立

○ **教具** 小玩具、矮桌子或沙发

○ **流程**

当幼儿站在支撑物旁时，给他一个必须用双手才能抓住的玩具，或者和幼儿玩双手都要用到的游戏。如有必要，提供轻微的手部支持，然后逐渐收回支撑。通常最好是轻声说话，不要引起幼儿注意自己独自站立的事实。你也可以远离所有家具，跪在幼儿面前实施这些流程。

○ **每日常规和功能活动**

让幼儿以站立的姿势穿衣和吃零食。让幼儿的注意力保持在这些功能性活动上，而不是站立的行为上。

○ **标准** 幼儿可以独自站立至少30秒，并且连续3天，每天数次表现出这种能力。

22-Ii. 独立迈步

○ **教具** 不需要

○ 流程

让幼儿站在 2 个成人之间，或者靠墙站立。伸出你的双手鼓励幼儿迈步，开始时只有几英尺远，逐渐增加你和幼儿之间的距离。幼儿在学习走路时，常常需要轻微的支持来保持自信。你可以通过几种方式达到这个目的，例如，当幼儿走路时，你可以握住他的一只手，然后逐渐松手；也可以让幼儿拿着一个木勺之类的东西，而你握着另一端；或者，你也可以让幼儿握住玩具娃娃的一只手，而你握住的另一只手。逐渐减少你给予的支持。

○ 每日常规和功能活动

全天为幼儿提供独立迈步的机会。如有可能，让幼儿在有支撑的情况下走路，而不是抱着他们。

○ 标准　幼儿可以连续 3 天，每天数次独自行走 5—10 英尺远。

22-Ij. 姿势从双手和膝盖转到双手和双脚再转到站立

○ 教具　不需要，但幼儿喜欢的玩具可能会有帮助

○ 流程

在地板上一个干净的地方，伸出双手或用玩具来吸引幼儿站起来。如有需要，可以站在幼儿身后，来帮助他运动四肢。首先将幼儿的手放在地板上，然后将他的脚放在臀部下面。向幼儿演示如何上体后仰然后站起来。如果可行，给幼儿时间来完成这个流程，而不是把幼儿抱起来形成一个站立的姿势。

○ 每日常规和功能活动

在每天的不同时间，帮助幼儿站起来。

○ 标准　幼儿独立地从双手和膝盖着地的姿势，转成站立的姿势，并且保持稳定地站立至少几秒钟。幼儿应该经常使用这种方法来形成站立姿势，而不是爬到一个支撑物旁把自己拉起来。

22-Ik. 蹲下取物

○ 教具　幼儿喜欢的小物件或玩具

○ 流程

当幼儿走路时，吸引他蹲下来去捡小物件，然后再站起来。确保他弯曲的是膝盖。

○ 每日常规和功能活动

鼓励幼儿捡起玩具放进桶里、摘花，或者帮助打扫房间。在家里，他可以从一小堆衣服中拿

一件放进烘干机里，或者从袋子里拿一些小的日常杂货用品交给成人放进橱柜里。

○ **标准** 幼儿连续几次轻松平稳地蹲下，然后站起来，同时保持双脚平放在地板上。幼儿可以连续 3 天这样做。

22-Il. 侧向行走

○ **教具** 桌子、球、玩具

○ **流程**

首先让幼儿沿着桌子推一个小玩具，然后让他双手拿一个大玩具，沿着桌子侧向行走。你也可以让幼儿侧向拉一个有绳子的玩具。

○ **每日常规和功能活动**

玩一些需要侧行的游戏。例如，将幼儿面朝你放在台阶上，然后侧向移动并鼓励他来找你。

○ **标准** 幼儿连续 3 天在游戏中，自发地侧走几步。

22-Im. 倒退行走至少 5 英尺

○ **教具** 拖拉玩具

○ **流程**

给幼儿一个拖拉玩具，把他的双手放在绳子上。引导他完成后退的动作，然后撤除引导。

○ **每日常规和功能活动**

你可以玩一个《我要抓住你》（*I'm Going to Get You*）的游戏，来引发幼儿后退行走。

○ **标准** 幼儿连续 3 天在游戏中倒退行走几步。

22-In. 手扶栏杆，用同样的迈步方式，走上 3 级台阶
22-Io. 手扶栏杆，用同样的迈步方式，走下 3 级台阶

○ **教具** 有至少 3 级台阶（约 6 英寸高，6 英寸深）的装置，并带有栏杆

○ **流程**

要教导幼儿上楼梯，首先站在幼儿附近。开始学习攀爬时，应先让幼儿面向栏杆，双手紧握栏杆。一旦幼儿有了信心，就会一只手松开栏杆，面向前方，走上台阶。如果幼儿的一条腿比另

一条腿更强壮，那么在上楼梯时，强壮的那条腿应该先迈出第一步。不时地帮助幼儿调换到这种模式。如果幼儿的运动障碍阻碍了他上楼梯，请向物理治疗师寻求替代性策略。如果幼儿很害怕，就从只上一级台阶开始，然后逐渐增加台阶。使用同样的策略进行下楼梯的教学。更强壮的那条腿需要保持在较高的台阶上，因此需要不时地调换成这种模式。

要教导幼儿下楼梯，首先应站在幼儿附近，必要时给予肢体辅助。首先让幼儿面向栏杆，双手紧握栏杆。一旦幼儿有了信心，就会一只手松开栏杆，面向前方。如果幼儿的一条腿比另一条腿更强壮，那么在下楼梯时，更强壮的那条腿应该留在上面的台阶上。不时地帮助幼儿调换到这一模式。如果幼儿害怕，开始时只使用最底层的台阶，然后逐渐增加台阶。如果幼儿的运动障碍阻碍了他下楼梯，请向物理治疗师寻求替代性策略。

○ **每日常规和功能活动**
在白天的任何可行时间，花时间帮助幼儿上下楼梯，而不是抱着他。

○ **标准 22-In** 幼儿用一只手扶着栏杆，用同样的迈步方式走上至少 3 个台阶。幼儿连续 3 天自发地这样做。

○ **标准 22-Io** 幼儿用一只手扶着栏杆，用同样的迈步方式走下至少 3 个台阶。幼儿连续 3 天自发地这样做。

22-Ip. 在游戏中保持蹲姿

○ **教具** 放在地板上的大型玩具

○ **流程**
当幼儿在地板上玩大型玩具时，帮助幼儿保持蹲姿。确保幼儿的大腿是水平的，并且没有把屁股放在脚后跟上。

○ **每日常规和功能活动**
玩玩具木琴、看书或在沙箱里玩，都是练习此技能的好机会。如有必要，跪在幼儿身后，让他先坐在你的膝盖上，然后引导他变成蹲姿。

○ **标准** 幼儿在连续 3 天内，每次以蹲姿玩耍约 10 秒钟。

22-Iq. 僵硬地跑

○ **教具** 开阔的空间

○ **流程**

早期的跑步应该在室内的平滑地面上进行。使用口头指令"快走",伴随拍手和跑步示范。大多数幼儿喜欢踢球和追逐球。在这一阶段,幼儿不应与他人竞争、遵守规则,或使用设备。

○ **每日常规和功能活动**

跑步技巧应该随着练习而提高。提供机会让幼儿在几乎没有障碍物,或者没有凸凹不平表面的空间自由奔跑。追逐、受控制的比赛和音乐游戏都可以用来促进跑步。

○ **标准** 连续3天,幼儿可以跑5—10英寸远而没有摔倒,平足着地,并且手臂运动幅度很小。

22-Ir. 在地板上跳跃

○ **教具** 开阔的空间、蹦床

○ **流程**

对于学习跳跃有困难的幼儿,开始时你可以坐下,让幼儿站在你面前,把他们的双手放在你的膝盖上,来练习跳跃的腿部动作。小蹦床也有助于帮助幼儿跳跃。

对于所有的跳跃项目,幼儿只能脚部着地,手部不能碰触到地面。

○ **每日常规和功能活动**

跳跃活动很容易融入想象游戏或活跃的音乐游戏中。你可以让幼儿们跳到地毯的方块上,或者假装是会跳的动物。

○ **标准** 幼儿能双脚同时离地跳一两次,可以连续3天展示这种能力。

22-Is. 不需要栏杆,用同样的迈步方式,走上3级台阶

○ **教具** 有至少3级台阶(约6英寸高,6英寸深)的装置

○ **流程**

要教导幼儿不用栏杆上楼梯,需站在幼儿的后面(如果楼梯有栏杆的话,离栏杆远一点),在幼儿臀部提供轻微支撑。随着幼儿信心的增强,逐渐撤销支撑。如果幼儿倾向于向后靠,试着站在他的前面。寻找幼儿可以练习的不同高度的台阶。如果他在保持平衡上有困难,首先使用较矮和较少的台阶。你也可以把书放在地板上,这样幼儿就可以踏上去了。

○ **每日常规和功能活动**

在室内和室外自然发生的情形下练习此活动。让幼儿踏上路缘石或其他低矮的平面。

○ **标准** 幼儿不使用栏杆，走上至少 3 级台阶（使用同样的迈步方式），连续 3 天自发地做此项活动。

22-It. 从台阶上跳下

○ **教具** 6 英寸高的台阶、不同厚度的木板或书籍

○ **流程 / 每日常规和功能活动**

从较矮的物体开始教导幼儿往下跳。确定幼儿能够从上面跳下来的最高物体，在地板上放一个垫子。开始时先握住幼儿的一只手，然后逐渐移到旁边。第一次尝试更像是走下来，没有真正地飞起来。随着技巧和自信心的提高，幼儿将开始单脚起跳，落地时经常会双手着地。通过练习，将会出现双脚起跳和双脚落地的现象，幼儿也能够从更高的高度跳下来。

○ **标准** 幼儿双脚并拢，独立地从 6 英寸高的台阶上跳下来，连续 3 天表现出此能力。

22-Iu. 倒退行走 10 英尺

○ **教具** 拖拉玩具、大的空箱、有宽把手的小推车、可以在上面行走的光滑平面

○ **流程**

通过以下方式鼓励幼儿倒着行走：往后拉一个有轮子的玩具，用一个小推车运载朋友，或者往后拉一个纸板箱。你也可以面向幼儿玩《我要抓住你》的游戏，也可以轻轻地用手推着幼儿向后移动。

○ **每日常规和功能活动**

所有这些活动都可以很容易地在小组中进行，室内或室外都可以。它们可以被组织成简单的日常活动，来帮助幼儿学习随着音乐移动、听从指令，以及待在小组里。

○ **标准** 幼儿倒退着行走 10 英尺，没有停顿或摔倒。幼儿可以连续 3 天，每天这样做几次。

22-Iv. 在各种类型的表面上行走而不摔倒

○ **教具** 可行走的各种表面（例如，人行道、草地、斜坡、碎石路）

○ **流程**

逐步向幼儿介绍他所处环境中的各种室外表面。

○ **每日常规和功能活动**

开始时提供手部支撑，使幼儿缓慢移动，然后逐渐撤销支撑并鼓励他更快地移动。

○ **标准**　幼儿经常在周围各种类型的平面上行走而不摔倒。

22-Iw. 使用脚后跟—脚趾模式行走（手臂可以自由携带物品）

○ **教具**　球或其他大到需要用双手拿着的玩具

○ **流程**

当幼儿练习各种行动技能时，应该会出现一种脚后跟—脚趾的行走模式。此时，幼儿走路时将有足够的稳定性来携带物体。

○ **每日常规和功能活动**

鼓励幼儿帮助清理、携带物品，将物品从一个地方搬运到另一个地方。

○ **标准**　幼儿在搬运物品时，通常以脚后跟—脚趾的模式行走，并且不会失去平衡。

22-Ix. 踮着脚尖行走3—4步

○ **教具**　任何能鼓励幼儿伸向高处的玩具或材料，开阔的空间

○ **流程**

鼓励幼儿在抓着支撑物的同时，踮起脚尖去够架子上的物品。通过有选择地将喜欢的玩具放在够不到的地方，可以将此活动变成日常活动的一部分。然后远离坚实的支撑，鼓励幼儿踮起脚尖走路。最初可以伸出你的一只手作为支撑。

○ **每日常规和功能活动**

你也可以让幼儿在你踮着脚尖走路时模仿你，或者你可以轻轻地把幼儿悬空，这样他只有脚尖能够接触到地板。

○ **标准**　幼儿踮着脚尖连续走3—4步，连续3天，每天数次这样做。

22-Iy. 在不摔倒的情况下跑至少10英尺

○ **教具**　开阔的空间

○ **流程 / 每日常规和功能活动**

参见项目 22-Iq 的说明。

○ **标准** 幼儿经常在光滑的表面上跑 10—20 英尺而不摔倒。

22-Iz. 从 8 英寸的高处跳下（单脚起跳）

○ **教具** 不同高度的大型牢固物体，最高至 8 英寸（例如，箱子、台阶）

○ **流程 / 每日常规和功能活动**

参见项目 22-It 的说明。

○ **标准** 幼儿从 8 英寸高的地方跳下来（单脚起跳），落地时保持双脚站立。幼儿可以在连续 3 天内，每天数次这样做。

22-Iaa. 手扶栏杆，用双脚交替走模式，走上 3 级台阶

○ **教具** 有至少 3 级台阶（约 6 英寸高，6 英寸深）的装置，有栏杆

○ **流程 / 每日常规和功能活动**

从上楼梯开始，教幼儿用双脚交替模式，因为上楼梯比下楼梯容易。最初只使用两三级台阶。你可以使用示范、肢体辅助或语言指导等方式。如果幼儿没有使用栏杆，请不要握住他的手，紧紧抓住他的衬衫能给他一种安全感，你可以适当地放松你的控制。使用诸如"比萨、苹果和奶酪"之类无意义的叠句来提醒幼儿向上迈一大步的方法通常是有帮助的。你也可以为幼儿系上不同颜色的彩带或穿上不同颜色的袜子，然后在台阶上轮流贴上那些颜色的纸脚印。尝试不同高度和不同深度的楼梯。使用类似的方法来教导幼儿用双脚交替的模式下楼梯，同样，从两三级台阶开始。

○ **注意**

腿的长度是影响幼儿学习双脚交替走楼梯的一个因素，比同龄人矮的幼儿可能会在大多数台阶上使用相同的迈步模式，但可以在较矮的台阶上学习双脚交替走模式。

○ **标准** 幼儿扶着栏杆，用双脚交替走模式走上至少 3 级台阶，在连续 3 天内，每天数次表现出此种能力。

22-Ibb. 踮着脚尖行走至少 20 英尺

○ **教具**　开阔的空间

○ **流程**

一旦幼儿可以踮着脚尖走几步，就可以和他一起玩一些游戏，鼓励他用脚尖走更长的距离。

○ **每日常规和功能活动**

可以将踮脚尖行走融入集体音乐时间或假装游戏中。

○ **标准**　幼儿踮着脚尖连续走 20 英尺或更远，在连续 3 天的时间里，每天数次展示此活动。

22-Icc. 跑步时避开障碍物

○ **教具**　有障碍物的开阔空间

○ **流程 / 每日常规和功能活动**

参见项目 22-Iq 的说明，但提供有障碍物存在（例如，游乐设施）的空间。

○ **标准**　幼儿经常在有游乐设施的开阔空间中跑步，而不会撞到游乐设施。

22-Idd. 不需要栏杆，双脚交替走模式，走上 3 级台阶

○ **教具**　至少有 3 级台阶（约 6 英寸高，6 英寸深）的装置，带栏杆

○ **流程 / 每日常规和功能活动**

参见项目 22-In 的说明。

○ **标准**　在连续 3 天内，幼儿不扶栏杆，独立以双脚交替模式走上 3 级台阶。

22-Iee. 不需要栏杆，用同样的迈步方式，走下 3 级台阶

○ **教具**　至少有 3 级台阶（约 6 英寸高，6 英寸深）的装置

○ **流程**

使用和项目 22-Is 类似的策略，来教导幼儿不扶着栏杆下楼梯。将幼儿放在台阶上，抓住他的手或者衬衫的后面给他轻微的支持。随着幼儿信心的增强，逐渐撤除支持。如果幼儿感到害

怕，就从最底层的台阶开始，然后逐渐增加台阶。

○ **每日常规和功能活动**

在室内和室外自然发生的情形下练习此活动。让幼儿从路缘石和其他低矮的平面上走下来。

○ **标准** 幼儿不使用栏杆，至少走下 3 级台阶（以相同的迈步方式），连续 3 天自发地进行此活动。

22-Iff. 跳过 2 英寸高的障碍

○ **教具** 木板、绳子或其他低矮的障碍物

○ **流程**

学习跨越障碍，可以从跳过地板上的一条线开始，接着发展成跳过一根绳子，然后逐渐跳过升高的障碍物。

○ **每日常规和功能活动**

为幼儿创建一条障碍路线，其中包括需要跳过的物品。通过玩《跟随领导》（Follow the Leader）的游戏穿越这条路线。

○ **标准** 在连续 3 天内，幼儿跳过 2 英寸高的障碍，用双脚起跳并且双脚落地，没有摔倒。

22-Igg. 从 16—18 英寸的高度跳下（单脚起跳）

○ **教具** 矮的长椅或者其他高 16—18 英寸的牢固平面

○ **流程 / 每日常规和功能活动**

参见项目 22-It 的说明。

○ **标准** 在连续 3 天内，幼儿从 16—18 英寸的高度跳下，以单脚来引导跳跃。

22-Ihh. 跳 4—14 英寸远

○ **教具** 地板上的图案或线条

○ **流程**

要教幼儿跳远，先确定他能跳多远。最初的尝试是单脚起跳的短距离跳跃。身体的躯干应是

垂直的，手臂轻微地向上移动。随后，双臂被举起放在身体的前方，并被用于启动跳跃。预备的蹲伏姿势会很明显但不会很深，在跳跃时双腿会弯曲。早期的指导应该集中在让幼儿双脚并拢起跳。如果你让幼儿双脚并拢从短距离跳下来，然后再重复跳远，幼儿可能会更好地理解这个概念。

要测量跳跃的距离，在幼儿跳跃之前将手指放在他的脚后跟处，然后测量从此处到跳跃之后脚后跟的距离。

○ **每日常规和功能活动**

创造包含各种运动以及跳远的游戏（例如，《跟随领导》《西蒙说》）。

○ **标准**　在连续 3 天内，幼儿跳 4—14 英寸远。

22-I

序列 22-II
直立：平衡

平衡能力是一种支撑身体稳定的能力，无论是保持静止还是移动。因为许多因素有助于平衡，所以力量、协调功能、视力、前庭功能或骨骼排列方面的损伤，都会导致平衡能力变差。职业治疗师和物理治疗师都接受过研究平衡问题的培训，因此如果幼儿的平衡能力没有得到改善，他（她）们可以为你提供咨询，并且提供改善或弥补平衡能力的指导。

特殊调适

有运动障碍的幼儿

由于躯干和腿部肌肉组织薄弱，有运动障碍的幼儿通常需要很长时间来发展平衡能力。你可以扶着他们，然后让他们告诉你什么时候放手，以此来帮助他们发展单侧站立和在狭窄底部上行走的能力。这使他们有机会专注于他们需要做的事情并做好准备。物理治疗师可以为有运动障碍的幼儿提供具体详细的建议。在教唐氏综合征幼儿翻筋斗之前，先让父母对幼儿颈部进行 X 光检查，因为其中一些幼儿颈部有骨骼异常的状况，可能会由于颈部运动过度而造成损伤。

有视力障碍的幼儿

有视力障碍的幼儿应接受训练，以帮助他们掌握平衡。当他们练习单腿站立或在平衡木上行走时，指导他们专注于环境中明亮的地方，也可以让他们用脚去感受支撑表面，用明亮的颜色在平衡木上引导他们。练习踢腿时，使用颜色鲜艳和（或）能发出声音的球。

有听力障碍的幼儿

由于控制听力和平衡力的结构位于大脑的同一区域，因此有听力障碍的幼儿经常会出现平衡问题。指导有听力障碍的幼儿将注意力集中在视觉目标上，感受站在支撑表面上的脚。

22-II. 直立：平衡

a. 双手被握住时单脚站立

b. 抬起一条腿

c. 踮起脚尖

d. 单腿站立，姿势稳定（1—2 秒）

e. 双脚侧向站立在平衡木上，姿势稳定

f. 一只脚在平衡木上，另一只脚在地板上，在平衡木上走 5 英尺

g. 沿着 10 英尺的线走，按照线的方向走

h. 单腿站立，双手放在臀部，另一侧膝盖弯曲，姿势稳定（1—2 秒）

i. 在平衡木上走 3 步，保持平衡

j. 沿着 10 英尺的直线行走，双脚保持在直线上并维持平衡

22-IIa. 双手被握住时单脚站立

○ **教具**　音乐、鞋子、袜子、裤子、楼梯

○ **流程**

坐在幼儿面前，握住他的手。帮助他抬起一只脚，在你提供支持的时候让他坚持下去。

○ **每日常规和功能活动**

在播放音乐时握住幼儿的手，教他如何一次抬起一只脚。握住他的手帮助他上楼。当他穿衣服或脱衣服时，让他站起来，在他抬腿的时候抓住你的肩膀。

○ **标准**　当你握住幼儿的手时，幼儿能够将一只脚抬离地面，并保持 2—3 秒，连续 3 天达标（分别记录左脚和右脚）。

22-IIb. 抬起一条腿

○ **教具**　音乐、鞋子、袜子、裤子

○ **流程 / 每日常规和功能活动**

请参照 22-IIa 项说明，逐渐减少你给予幼儿的帮助，直到他可以独立地抬起任何一条腿。

○ **标准**　幼儿可以独立抬起任何一条腿。

22-IIc. 踮起脚尖

○ **教具**　有吸引力的玩具或食物

○ **流程**

当幼儿独立站立时，在他头上几英寸高的位置放一个他最喜欢的玩具或食物，并告诉他去拿。当他努力拿到时，用玩具或食物奖励他。

○ **每日常规和功能活动**

向幼儿展示他够不到的物品,看他是否会踮起脚尖。冰箱上的磁化玩具或桌子上的食物都很管用。

○ **标准** 幼儿可以不使用双手,自由地踮起脚尖。

22-IId. 单腿站立,姿势稳定(1—2秒)

○ **教具** 低矮的障碍物、下半身服装

○ **流程**

因为静态的平衡活动本质上并不有趣,所以幼儿一般不会像其他粗大运动活动那样自发地练习。平衡活动最好是利用自然发生的活动,或是融入游戏活动当中。逐渐增加幼儿可以单腿站立的时间,同时用手臂保持平衡。然后,让幼儿在他单腿站立时双臂交叉放在胸前。

○ **每日常规和功能活动**

跨越障碍物、跨步或将抬腿融入音乐游戏中,如《变戏法》(*The Hokey Poky*),都是练习单腿站立的好方法。

在穿衣服和脱衣服时,让幼儿抬起一只脚穿上内裤、睡衣、鞋子和袜子。单脚站立唱歌或数数有助于幼儿集中注意力。期待能发现左腿和右腿之间的区别,尤其是刚开始的时候。

○ **标准** 幼儿以稳定的姿势单腿站立 1—2 秒钟,并连续 3 天达标。

22-IIe. 双脚侧向站立在平衡木上,姿势稳定

○ **教具** 一根 4 英寸宽、8 英尺长、4 英寸高的平衡木

○ **流程**

帮助幼儿站到平衡木上,侧向站立,面向你。一开始可以握住他的手,然后慢慢地撤销你的辅助。

○ **每日常规和功能活动**

为幼儿提供各种站在小的物品表面上的机会。家里和学校里的游戏区通常都有壁架、踏脚石或类似的物品。

○ **标准** 幼儿在平衡木上侧向站立至少 5 秒钟,连续 3 天达标。

22-IIf. 一只脚放在平衡木上，另一只脚放在地板上，在平衡木上走 5 英尺

○ **教具** 4 英寸宽、8 英寸长、4 英寸高的平衡木，书

○ **流程**

介绍平衡木的活动，幼儿一只脚踩在平衡木上，一只脚在地板上行走。让幼儿尝试此活动，如有必要，给他身体上的帮助。如果幼儿难以保持平衡，可移除平衡木下的支撑块，将平衡木放在地板上。

○ **每日常规和功能活动**

你也可以把不同厚度的书放在地板上练习这个技能。幼儿不仅要练习右腿也要练习左腿。利用环境设施随时练习这项技能，如路缘石或其他低表面。

○ **标准** 幼儿一只脚放在平衡木上，另一只脚放在地板上，在平衡木上行走 5 英尺，连续 3 天达标。

22-IIg. 沿着 10 英尺的线走，按照线的方向走

○ **教具** 木板，地板上放置一条 10 英尺长、1 英寸宽的线，有脚印或图案的地板

○ **流程**

教幼儿在狭窄的表面上行走时，首先示范如何沿着直线行走，或者在地板上做标记（例如地板设计），或者在地板上放置 2 块木板。如果幼儿难以保持平衡，先从间隔为 12—14 英寸的木板开始，当他能够保持平衡时，再把木板移近。

○ **每日常规和功能活动**

你可以将在狭窄表面上行走的活动融入踩着脚印行走的游戏活动当中，或者融入利用图片来过桥、走钢丝等类似的活动当中。

○ **标准** 幼儿沿着一条 10 英尺长的线走，连续 3 天达标。

22-IIh. 单腿站立，双手放在臀部，另一侧膝盖弯曲，姿势稳定（1—2 秒）

○ **教具** 没有要求

○ **流程 / 每日常规和功能活动**

请参照项目 22-IId 说明。

○ **标准** 幼儿单腿站立，双手放在臀部，另一侧膝盖弯曲，姿势稳定1—2秒，连续3天达标。

22-IIi. 在平衡木上走3步，保持平衡

○ **教具** 4英寸宽、8英尺长、4英寸高的平衡木

○ **流程**

先搂住幼儿的肩膀，到拉着幼儿的衬衫，就这样逐渐减少你的辅助，最后，撤销辅助。给幼儿鼓励，但不要给太多的口头指示，相反，让幼儿练习在平衡木上行走，直到他自己发现走平衡木的技巧。你可以从较宽的平衡木开始，再逐渐减小宽度。

○ **每日常规和功能活动**

观察幼儿的家、学校和操场环境，为练习这一技能创造机会。在高处平面上走这一活动可以很容易融入游戏中。

○ **标准** 幼儿在平衡木上走3步，保持平衡，连续3天达标。

22-IIj. 沿着10英尺的直线行走，双脚保持在直线上并维持平衡

○ **教具** 木板、地板上的线、地板上的脚印或设计

○ **流程/每日常规和功能活动**

请参照项目22-IIc的说明。

○ **标准** 幼儿沿着10英尺的直线行走，双脚保持在直线上并维持平衡，连续3天达标。

序列 22-III
直立：球类运动

投球和接球是幼儿的基本游戏技能之一。这项活动包含力量、动态平衡、手眼协调和脚眼协调等运动技能。此外，早期的球类游戏促进了社交互动，这不仅有助于让残疾的幼儿感受到被接受，还有助于典型发育的幼儿学习如何与残疾同龄幼儿交往。

之后罗列的技能旨在为使用设备更高级的球类运动（如棒球、篮球、排球）打下基础。2—3岁的幼儿应该对踢球、投球和接球感到愉悦。

特殊调适

有运动障碍的幼儿

患有运动障碍的幼儿应尝试使用各式各样的球，来找到最适合的球（例如，可以用拳头抓住的软球、更容易拿的大球、气球、弹性橡胶球、悬浮球）。有些幼儿可以使用由切开的漂白剂瓶做成的"球勺"。一些滚球的游戏也很有趣，例如用空塑料瓶打保龄球。开始教投球时，指导有运动障碍的幼儿在投球前将球举过头顶，这将有助于增加手臂和背部的力量。患有严重运动障碍的幼儿在移动手臂时应给予肢体辅助。这将会给他们一种参与感，其他孩子也会将他们视为玩伴。

有视力障碍的幼儿

有视力障碍的幼儿可以使用颜色非常鲜艳或能发出声音的球。他们需要更多的肢体辅助来学习基本的投球和接球技能。教他们密切注意声音。对完全失明的幼儿给予肢体辅助和语言辅助，帮助他们学习投球、接球和踢球。

有听力障碍的幼儿

有听力障碍的幼儿应该能够很好地进行球类活动，除非存在其他障碍。

22-III. 直立：球类运动

a. 与成人来回滚球

b. 尝试踢球

c. 投球 3 英尺远

d. 踢球 3 英尺远

e. 向 5 英尺外的成人投掷 8 英寸的球
f. 向 7 英尺外的成人投掷 3 英寸的球
g. 向 9 英尺外的成人投掷 3 英寸的球
h. 从 5 英尺外的成年人手中，用手臂在身前接住一个 8 英寸的球
i. 踢球 4—6 英尺远

22-IIIa. 与成人来回滚球

○ **教具** 8 英寸球

○ **流程**

面向幼儿坐在地板上，示范如何来回滚动球。你可以把腿伸开形成一个屏障，这样当幼儿推球时球就不会滚走。

○ **每日常规和功能活动**

每天练习这个活动，尝试不同大小和重量的球。如有必要，协助幼儿将手放到球上。

○ **标准** 幼儿每天与成人来回滚球数次，连续 3 天达标。

22-IIIb. 尝试踢球

○ **教具** 8 英寸球

○ **流程**

把一个 8 英寸的球放在地上，示范踢球。当幼儿试图踢球时，为了防止他捡球，可以握住他的一只手。示范如何踢球和追球。初学者通常会把脚放在球顶上，这有助于他们通过踢球的动作移动他们的脚。

○ **每日常规和功能活动**

在地板上放几个球，让小组幼儿玩踢球和追球的游戏。

○ **标准** 幼儿每天数次尝试踢几次球，连续 3 天达标。

22-IIIc. 投球 3 英尺远

○ **教具** 8 英寸球

○ **流程**

示范如何过肩投球,然后把球给幼儿,让他把球投出去。如果他有困难,帮助他把手臂举过头顶准备投球。

○ **每日常规和功能活动**

每天练习这个活动。在这个阶段,幼儿只是简单地学习手臂运动,而不是学习瞄准。

○ **标准** 幼儿每天数次投球 3 英尺远,连续 3 天达标。

22-IIId. 踢球 3 英尺远

○ **教具** 8 英寸球

○ **流程**

一旦幼儿有了不用手玩球的想法,就给他一个球来踢。

○ **每日常规和功能活动**

将其作为一个小组活动,能够提升所有幼儿的参与感。你可以把几个球同时放在地上。这也是一项很好的雨天室内活动。

○ **标准** 幼儿踢球 3 英尺远。

22-IIIe. 向 5 英尺外的成人投掷 8 英寸的球

○ **教具** 8 英寸球

○ **流程**

观察幼儿,看看他用的是哪种方式投掷球。起初幼儿会把球向前投下。接着他学会了手不过肩的投掷方式,然后学会了过肩投球,这样他就可以将球投掷地更远。

○ **每日常规和功能活动**

指导幼儿在投掷球时注意目标(即注意你的手而不是你的脸)。他也可以开始向其他目标投掷,比如墙上的海报。要增加投掷距离,就请增加幼儿和目标之间的距离。

○ **标准** 幼儿每天数次向 5 英尺远的成年人扔 8 英寸的球,连续 3 天达标。

22-IIIf. 向 7 英尺外的成人投掷 3 英寸的球

○ **教具** 3 英寸球
○ **流程 / 每日常规和功能活动**
请参照项目 22-IIIe 的说明。
○ **标准** 幼儿每天数次向 7 英尺远的成年人扔 3 英寸的球，连续 3 天达标。

22-IIIg. 向 9 英尺外的成人投掷 3 英寸的球

○ **教具** 3 英寸球
○ **流程 / 每日常规和功能活动**
请参照项目 22-IIIe 的说明。
○ **标准** 幼儿每天数次向 9 英尺远的成年人投掷 3 英寸的球，连续 3 天达标。

22-IIIh. 从 5 英尺外的成年人手中，用手臂在身前接住一个 8 英寸的球

○ **教具** 8 英寸球
○ **流程**
接球需要视觉、运动和注意力技能的相互整合。幼儿学习接球时，不同阶段会有不同表现。早期接球时，幼儿会将手掌向上，前臂伸展，用手臂接球，并将球卡在胸前。在这个阶段，幼儿可以通过把脸转过去避开球。接着，手掌相对，手臂举起放在两侧，手肘呈直角，球被弯曲的手臂夹住。熟练的接球技能表现为调整手的位置以迎接即将到来的飞球，并且能够只用手接球。在每次向幼儿扔东西之前，要做好口头提示，例如"准备，接住"。指导他看球，而不是看扔球的人。开始时，站在离幼儿很近的地方，轻柔并精准地投掷，以确保幼儿能够成功接住球。然后，逐渐增加你与幼儿之间的距离，只要接到球就算成功。

○ **每日常规和功能活动**
从较大的球开始，逐渐换成较小的球，以练习更熟练的接球技能。使用气球可以减缓视觉追踪、捕捉和瞄准的过程，首先将气球系在绳子上，让幼儿练习接球和击球，然后让幼儿在房间里移动飘浮的气球。

○ **标准** 幼儿从 5 英尺外的成人那里用手臂在身前接住 8 英寸的球，每天几次，连续 3 天达标。

22-IIIi. 踢球 4—6 英尺远

○ **教具**　各种尺寸和重量的球

○ **流程**

开始指导幼儿踢球时，为了防止幼儿捡球，握住他的手。与幼儿轮流演示这个动作。从中等大小、重量较轻的球开始。

○ **每日常规和功能活动**

对于初学者，可以玩踢球和追球的游戏。然后鼓励幼儿踢得更用力，让球跑得更远。

○ **标准**　幼儿踢球 4—6 英尺远，连续 3 天达标。

序列 22-IV

直立：户外运动

应鼓励所有幼儿参加户外运动，包括有严重障碍的幼儿。攀登、快速移动和打球都是增强肌肉力量和促进心血管健康的重要活动。除此之外，游乐场也是形成社会关系最重要的场所之一。所有游乐场均应进行安全布置，为失去行走能力的幼儿、蹒跚学步的幼儿和比较活跃的大龄幼儿提供单独的游乐区域，夏季应提供纳凉区。足够数量的玩具虽然不能消除幼儿之间的冲突，但是能使冲突最小化。幼儿能够从照料者带领参加的游戏当中受益，并且利用户外时间来促进创造力、语言建设、话轮转换、社会协商以及积极的游戏。建议在户外采用主题式中心活动，这样运动能力较强的幼儿将会被吸引并且与运动能力较差的同龄人一起玩耍。在这些主题式中心活动中，水族箱、绘画画架和悬挂着的音乐玩具可以发挥最优效果。

注意：幼儿的攀爬设备高度不应超过 3 英尺，周围地面应用木屑、鹅卵石或橡胶等覆盖物保护幼儿。

| 特殊调适 |

有运动障碍的幼儿

轻度或中度运动障碍的幼儿可能会逃避攀爬活动，因此在学习这些技能时，你应该给他们提供身体上的指导。有运动障碍的幼儿即使不能使用设备，也应体验参加照料者组织的游戏（例如，坐在马车上或者为其他人拿球）。大多数不能快速移动的幼儿，喜欢坐在轮椅上被推得很快，或者体验其他的快速移动。鼓励活跃的幼儿去思考如何让不活跃的幼儿也参与到游戏当中。

有视力障碍的幼儿

当有视力障碍的幼儿准备外出活动时，帮助他们探索操场，以便他们能够记住设备的位置。对于有部分视力障碍的幼儿，可以将明亮的胶带或触觉明显的材料放在栅栏或者台阶上，以帮助他们找到正确的方向。

有听力障碍的幼儿

有听力障碍的幼儿可以在户外玩得很好。然而，有时会出现问题，因为他们缺乏对环境中声音的关注。向这些幼儿示范如何观察其他孩子，以避免在使用设备时发生碰撞。

22-IV. 直立：户外游戏

a. 在监督下探索游戏区
b. 喜欢荡秋千和滑滑梯
c. 在低矮的游戏设备上攀爬
d. 爬斜梯
e. 独立滑滑梯
f. 在游乐场跑步，路面变化时停下来
g. 爬上低矮的立体方格铁架，然后从几英寸的高处跳到地面上
h. 爬直梯
i. 用手提供支撑，在可移动的平面上行走

22-IVa. 在监督下探索游戏区

○ **教具**　配有低矮的攀爬设备、球和学步车的游戏区
○ **流程**
在游戏区观察幼儿。他应该四处走动，查看游戏设备，并且积极地玩一些小玩具。
○ **每日常规和功能活动**
在户外游戏时，观察幼儿的活动。如果他没有探索操场和设备，指导他进行这些活动。
○ **标准**　幼儿在监督下探索一个游戏区。

22-IVb. 喜欢荡秋千和滑滑梯

○ **教具**　斗形秋千、低矮的滑梯
○ **流程**
当你把幼儿放在秋千和滑梯上时，观察他的反应。荡秋千和滑滑梯对幼儿来说，应该是愉快的活动。如果他对这些活动表现出过度的焦虑或抵触，请咨询物理或职业治疗师，因为这些可能是感觉功能障碍的早期迹象。
○ **每日常规和功能活动**
每天让幼儿参与这些活动。如有必要，保持亲密的身体接触，直到他习惯这些活动。
○ **标准**　幼儿喜欢荡秋千和滑滑梯。

22-IVc. 在低矮的游戏设备上攀爬

○ **教具** 高度不超过 3 英尺的攀爬设备

○ **流程**

观察幼儿接近幼儿攀爬设备时的表现，这些攀爬设备提供了爬行穿过、往上攀爬、沿着边移动以及在小空间中移动的机会。

○ **每日常规和功能活动**

每日给幼儿提供攀爬设备的机会。如果幼儿与同龄人相比有更多困难，给予身体辅助，帮助他掌握这些技能。在游戏区没有其他幼儿的情况下进行练习可能会有帮助。

○ **标准** 幼儿在低矮的设备上独立安全地攀爬，连续若干天达标。

22-IVd. 爬斜梯

○ **教具** 一个连接在操场设备上的 3—6 英尺高的梯子

○ **流程**

首先，肢体辅助幼儿爬梯子。确保他双手紧握并且双脚能找到梯级，逐渐减少你的辅助。如果幼儿下肢无力，这是一个加强腿部弯曲度和腿部推力的好机会。

○ **每日常规和功能活动**

一旦幼儿掌握了攀爬的基本动作，就可以让他参与小组活动，让小组中的每个幼儿轮流进行这项活动。

○ **标准** 幼儿爬斜梯，连续 3 天达标。

22-IVe. 独立滑滑梯

○ **教具** 适合幼儿年龄且高度适当的滑梯

○ **流程**

最初，当幼儿爬上梯子时，站在他身后，可在他滑下滑梯时提供辅助。如有必要，向他示范如何将脚放在前面并开始滑动。

○ **每日常规和功能活动**

每日为幼儿进行该活动提供机会。你可以先把幼儿放在滑道的中间，让他适应这个速度。

○ **标准** 幼儿独立滑滑梯，连续 3 天达标。

22-IVf. 在游乐场跑步，路面变化时停下来

○ **教具** 路面有变化的游戏区（如草、沙、人行道）

○ **流程**

幼儿早期在游戏场跑步时通常很谨慎，以避免在路面变化时摔倒。当幼儿在游乐场上跑步时，观察他在路面变化时的行为。如有必要，教他观察路面的变化，并提前放慢速度。

○ **注意**

随着幼儿技能和自信的提高，他能够在游乐场上活跃地移动，而且不会在路面变化时停止，最后会在运动场上大力奔跑，身体自动地去适应地表变化和障碍。

○ **每日常规和功能活动**

时常鼓励幼儿玩跑步以及追逐的游戏。首先，只使用 2 种路面变化，随着幼儿逐渐进步并且得心应手之后，再增加更多地表变化。

○ **标准** 幼儿在游乐场上奔跑，在路面变化时停下来。

22-IVg. 爬上低矮的立体方格铁架，然后从几英寸的高处跳到地面上

○ **教具** 低矮的立体方格铁架

○ **流程**

引导幼儿攀爬立体方格铁架，并且从上面跳下来。如果幼儿上肢无力或害怕运动，可在运动期间抱住他的臀部，直到他获得信心。

○ **每日常规和功能活动**

将其作为小组活动，让幼儿轮流爬上去跳下来。

○ **标准** 幼儿爬上低矮的立体方格铁架，然后从几英寸的高度跳到地面上，连续 3 天达标。

22-IVh. 爬直梯

○ **教具** 4—6 英尺高的直梯

○ **流程 / 每日常规和功能活动**

请参照项目 22-IVd 的说明。

○ **标准**　幼儿独立安全地爬上一个直梯，连续 3 天达标。

22-IVi. 用手提供支撑，在可移动的平面上行走

○ **教材**　可移动的平面（如幼儿吊桥）

○ **流程**

慢慢地将幼儿引导至可移动的平面，让他以自己的步调对平面进行探索。首先，向他示范如何用两只手抓住直立的支撑物，然后只用一只手。当幼儿获得自信时，向他示范如何释放双手，在移动的平面上行走。

○ **每日常规和功能活动**

让幼儿和其他孩子一起玩想象游戏（例如"假装过河"），让他们轮流在可移动的平面上行走。

○ **标准**　用手提供支撑，幼儿在可移动的平面上行走，连续 3 天达标。

序列 23
俯卧（腹部朝下）

在身体发育过程中，幼儿俯卧以及抵抗重力伸展身体的能力，对于以坐、站立和行走等直立姿势的运动功能的充分发挥是很重要的。通常来说，幼儿首先抬起的是头部，然后是躯干、手臂和腿。手臂和腿被用于承受重量和向前移动。重要的是，要识别典型运动模式和不完全的或者非典型运动模式之间的差异。没有运动障碍的婴儿以俯卧位玩耍的情形，展示了在婴儿发育图表的动作发展里程碑（附录 E）中所发现的模式。目前婴儿经常被放置成仰卧位的姿势睡觉。虽然这降低了婴儿猝死综合征的发生率，但也增加了头部畸形的发生率。因此，将婴儿经常放置成俯卧位来玩耍是非常重要的。

| 特殊调适 |
有运动障碍的幼儿

如果有运动障碍的幼儿在俯卧位时没有表现出足够的伸展，请咨询物理治疗师如何调整姿势以及设计其他方法来加强背部肌肉，应尽一切努力来发展对称性的躯干伸展。如果有运动障碍的幼儿肌肉很紧绷，请在进行俯卧位活动之前和活动期间使用放松技巧。轻轻地移动幼儿的肩胛骨，旋转臀部。如果幼儿的手臂非常紧绷，请在肩膀下方放一个枕垫或毛巾卷来促使手臂前伸。为了防止幼儿的手臂被拉到身体下方，必要时请将手肘部向前放在地板上。如果幼儿的腿向外伸直，放松并弯曲双腿。肌肉松软无力（肌张力减退）的幼儿可能会将自己的腿保持成"青蛙"的姿势，将他的双腿合拢，以纠正这一点。将幼儿放在一个楔形物上可以使其抬头更容易。你也可以在躺下时，把幼儿以俯卧位放在你的胸前，然后帮助幼儿抵抗重力进行抬举。

教幼儿在地板上拖拉前行时，查看你放置幼儿所在的表面。幼儿在坚硬、光滑的表面上会更容易移动，而在地毯上则更难以移动。穿着衣服也比裸露皮肤更容易移动。对于患有脊柱裂的幼儿，必须穿有结实衬垫的衣服，以防止皮肤损伤。

在以俯卧位学习伸手够的动作时，必要时提供肢体辅助。当幼儿以四脚着地的姿势活动时，请用肢体辅助幼儿将腿放在身体下方的正确位置。你可以坐在地板上，将幼儿放在一条伸直的腿上，然后用另一条腿帮助幼儿保持双腿弯曲。

在与患有严重运动障碍的幼儿一起工作时，请咨询物理治疗师以寻求指导。对于很多有严重运动障碍的幼儿来说，俯卧位永远不会成为一种功能性姿势。他们在直立姿势下将会表现得更好，你可以设计出其他方法来加强背部肌肉。

有视力障碍的幼儿

对于有视力障碍的幼儿，要尽快地引入俯卧位姿势。这并不是视力障碍幼儿的偏好姿势，所以你必须通过有趣的声音或运动游戏来维持幼儿的姿势（例如，尝试将颜色鲜艳或发光的玩具放在地板上）。将有视力障碍的幼儿面朝外放在他们有所反应的光源前面可能会有所帮助，或者你可以将他们放在你的肚子上，并在帮助他们抬举的时候和他们说话。对于完全失明的幼儿，可以在他们的手部和面部下方放置材质有趣的玩具。对于视力受损的幼儿，可以使用彩灯、颜色鲜艳的玩具，或者带有黑白图案并能发出声音的物品。

为了引发伸手够的动作，允许幼儿短暂地抓握玩具并放进嘴里，然后拿起玩具放在幼儿手部几英寸之外的地方。让玩具发出声音并间歇性地用玩具碰触幼儿的手。当幼儿伸手够玩具时，允许幼儿短暂地接触，然后把玩具放得更远一些。盲童在这项任务上可能会有延迟，直到他们建立了良好的听觉客体永久性的概念。

为了引发在地板上的运动，设计一个常规活动，将幼儿以俯卧位放置，然后在他周围方便拿到的地方摆上一圈他喜欢的玩具。将每个玩具放在相同的位置。当幼儿学会拿到玩具时，逐渐将玩具移得更远。在获取玩具之后，允许幼儿保留玩具和把玩具放进嘴里。

有听力障碍的幼儿

除非同时存在运动障碍，否则有听力障碍的幼儿在俯卧位活动时不应该有困难。

23. 俯卧（腹部朝下）

a. 抬头，释放鼻子（手臂和腿部弯曲）

b. 抬头呈 45 度角（手臂和腿部部分弯曲）

c. 以俯卧姿势伸展头部、手臂、躯干和腿部

d. 在俯卧姿势时，用肘部承受重量

e. 从俯卧位翻身成仰卧位

f. 在用单肘支撑时伸出另一只手

g. 用双手支撑自己，手臂伸展，头部呈 90 度角

h. 以俯卧姿势旋转

i. 以俯卧姿势向前移动

j. 将自己拉至双手和膝盖着地的姿势

k. 以双手和膝盖着地的姿势前后摇摆

l. 以非对称的半坐姿势玩玩具

m. 双手和膝盖着地向前移动（爬行）

n. 在以双手和膝盖着地的姿势时举起一只手

o. 向上爬楼梯

p. 倒着向下爬楼梯

23a. 抬头，释放鼻子（手臂和腿部弯曲）

○ **教具** 色彩鲜艳或有光泽的玩具，能发出声音的玩具

○ **流程**

将幼儿腹部朝下放着，在他面部前方的地板上摆上玩具来鼓励他抬头。当幼儿抬起头时，晃动或者启动玩具来提供动力。使用手指有力地，而不是轻轻地按摩，可以刺激颅底和肩胛骨之间的肌肉。给臀部施压也有助于抬头。

○ **每日常规和功能活动**

白天当你仰面躺着时，将幼儿放在你的胸口，和他说话或唱歌。提高你肩膀的高度（即让幼儿更加直立）将会使幼儿更容易抬头。当幼儿变得更强壮时，躺得更平一些，这样效果就和躺在平坦的表面上一样了。

○ **标准** 幼儿抬起头，手臂和双腿弯曲，每次保持几秒钟，在几天内持续这样做。

23b. 抬头呈45度角（手臂和腿部部分弯曲）

○ **教具** 悬空的玩具

○ **流程**

当幼儿能够以俯卧姿势独立抬头时，将玩具放在他面前，然后举起玩具，使幼儿抬头成45度角。必要时将幼儿的肘部放在正确的位置。使用手指有力地，而不是轻轻地按摩，可以刺激颈部后方和肩胛骨之间的肌肉。

○ **每日常规和功能活动**

一定要每天将幼儿以俯卧位放在地板上玩几次，使用各种各样的玩具来引起幼儿视觉上的兴趣。一个有粘扣或绳子的被子会很有帮助，粘扣和绳子可以用来固定玩具。

○ **标准** 幼儿抬头呈45度角，保持手臂和双腿部分弯曲，每次保持20—30秒。幼儿应该在连续几天内持续这样做。

23c. 以俯卧姿势伸展头部、手臂、躯干和腿部

○ **教具** 幼儿喜欢的玩具、治疗球、毛巾卷

○ **流程**

当幼儿腹部朝下趴在地板、你的膝盖或一个治疗球上时,轻轻地把他的肩膀向上拉,然后等待他抬起头部、手臂、躯干和腿部。当他可以独自保持向上姿势时,收回你的支持;当他失去控制时,恢复你的支持。使用视觉上有趣或者能够发出声音的玩具来提供动力。

○ **每日常规和功能活动**

交替练习此项目和项目 23d。这是一个对建立姿势稳定性非常重要的项目,应该在全天经常练习。将幼儿背对着你,抱在你的臀部位置,是一个练习他们的颈部、背部和臀部肌肉的好方法。

○ **注意**

有发展问题的幼儿需要经常进行这个项目,即使他们已经达到较高的功能性技能水平。肌肉紧张或僵硬的幼儿会倾向于把肩膀向上和向前拉,头向后仰得太远,没有伸直他们的上脊椎,还会僵硬地伸腿。肌肉无力或松弛(肌张力减退)的幼儿上半身会有类似的倾向,但是会保持腿部伸展。如果你不能轻易地纠正这些倾向,请咨询物理治疗师。

○ **标准** 幼儿将头部、手臂、躯干和腿部抬离支撑面,每次至少 5 秒钟,并在几天内持续这样做。

23d. 在俯卧姿势时,用肘部承受重量

○ **教具** 喜欢的玩具、音乐

○ **流程**

将幼儿以一种用肘部承重的姿势放在地板上。使用能够鼓励幼儿抬头的玩具。最初幼儿的双手可能是合拢的,但是要努力让他们张开双手,使手掌与地面接触。要做到这一点,应从手腕向手指的方向轻轻按摩幼儿的手背,然后轻轻地张开幼儿的手。

○ **每日常规和功能活动**

交替练习此项目和项目 23c。确保每天把幼儿放在地板上玩几次。因为这个阶段的幼儿还不能移动,所以准备好经常更换玩具或刺激物,以防幼儿无聊。

○ **标准** 幼儿抬起头部和躯干上部,使其处于用前臂来承重的姿势,双手张开放在地板上,并且能停留至少 30 秒钟。幼儿应该在几天内,每天重复此活动数次。

23e. 从俯卧位翻身成仰卧位

○ **教具** 喜欢的玩具、毯子

○ **流程**

在幼儿面前摇晃一个玩具，然后将它移动到幼儿视线的侧面和后面，来鼓励幼儿从俯卧位翻身成仰卧位。如果这没能促使他翻身，从侧卧位开始，在幼儿肩部或臀部给予肢体辅助，或者将幼儿放在毯子上然后抬起一边。力图形成一个头部和肩部引导动作，然后臀部跟随的模式。

○ **每日常规和功能活动**

每当将幼儿从俯卧姿势抬起或者翻转时，都实施此流程。给幼儿足够多的时间来参与此动作。

○ **标准** 幼儿能独立地从俯卧位翻身成仰卧位，并且在连续几天内，每天自发地这样做几次。

23f. 在用单肘支撑时伸出另一只手

○ **教具** 能够持续引发伸手够动作的玩具（例如，手机、悬挂的气球、装满东西的箱子）

○ **流程**

此活动开始时，可以先要求幼儿伸直手去激活玩具。然后逐渐改变玩具的位置，使其高于幼儿的肩膀，并稍微偏向一侧。对每只手臂都进行此活动，并留意记录任何的不对称性动作。最初你可能需要把手放在幼儿的臀部，来帮他把重心转移到没有伸手的那一侧。

○ **每日常规和功能活动**

当幼儿在地板上或被面朝外抱着时，提供机会让他伸出一只手臂。

○ **标准** 幼儿独立自发地向上和向外伸手去拍打一个玩具，同时另外一只支撑的手臂没有垮塌。幼儿应该连续几天这样做，每天数次。

23g. 用双手支撑自己，手臂伸展，头部呈90度角

○ **教具** 喜欢的玩具、大球、枕垫

○ **流程**

在幼儿面前放一个有趣的玩具，然后把玩具举起来，鼓励幼儿用垂直的手臂把自己向上推起

来。最初幼儿的双手可能是合拢的，但是要朝着张开双手努力，同时手掌与地面接触。

○ **每日常规和功能活动**

利用在地板上的游戏时间，来练习此项目。当幼儿在地板上时，把玩具放在更高的位置，来吸引他的注意力。

○ **标准**　当幼儿以俯卧位趴着时，会独立自发地向上推至一个手臂完全伸展的姿势，同时保持双手张开，头部垂直。幼儿应该能够在连续几天内，每天几次，每次保持此姿势 5 秒钟。

23h. 以俯卧姿势旋转

○ **教具**　喜欢的玩具、瓶子

○ **流程**

想象绕着幼儿画一个圆圈，然后把一个玩具放在幼儿头部左侧或右侧的圆圈上（有时候瓶子最适合做诱饵）。幼儿拿到玩具（或瓶子）后，再把它绕着圆圈移动得更远一点。让幼儿顺时针和逆时针旋转。视线内最好不要有其他玩具。如有必要，通过按摩幼儿的背部和移动幼儿的手臂使其朝向玩具，来提供帮助。

○ **每日常规和功能活动**

当幼儿在地板上或婴儿床上玩耍时，定期将玩具移动到不同位置，以鼓励幼儿旋转。

○ **标准**　连续几天内，幼儿在每个方向上都能独立旋转 360 度。

23i. 以俯卧姿势向前移动

○ **教具**　喜欢的玩具

○ **流程**

把一个幼儿喜欢的玩具放在他够不到的地方，然后鼓励他向前移动来得到玩具。最初你可以在幼儿重心转移、伸手和移动时提供肢体辅助。

○ **每日常规和功能活动**

每天要特别注意把玩具放在幼儿够不到的地方。当幼儿为了得到玩具而哭闹时，不要立即做出回应。如果幼儿不去够玩具，提供肢体辅助来帮他向前移动。

○ **注意**

当幼儿想要向前移动的时候，一开始通常会把自己往后推。他们很快就学会改变这种模式。

○ **标准** 幼儿以俯卧姿势，使用手臂和腿部在地板上向前移动，并以此作为一种移动方式。

23j. 将自己拉至双手和膝盖着地的姿势

○ **教具** 幼儿喜欢的、能够引发运动的玩具，矮的障碍物（例如，枕头、垫枕）

○ **流程**

当幼儿伸展手臂向上推自己时，将你的手放在他的骨盆下，向上然后向后抬起，等待他把自己的膝盖拉到臀部下方。当幼儿在地板上玩耍时，每天练习几次此活动。把此活动融入将幼儿从俯卧位转移成坐姿或站姿的过程中。给幼儿足够多的时间来参与。

○ **注意**

以俯卧姿势开始做"臀部提升"的幼儿，已经准备好开始这项活动了。对于还没有准备好的幼儿，如果你强加这个模式，他们会强烈地反抗。

○ **每日常规和功能活动**

呈现低矮的障碍物让幼儿爬，将会促进必要的腿部运动。例如，你可以鼓励幼儿爬你的腿或者枕头。

○ **标准** 幼儿可以独自自发地拉至双手和膝盖着地的姿势，并保持几秒钟。幼儿能够连续几天这样做。

23k. 以双手和膝盖着地的姿势前后摇摆

○ **教具** 音乐

○ **流程**

当幼儿处于双手和膝盖着地的姿势时，将手放在他的腹部，轻轻地进行前后摇摆的动作。暂停并等待幼儿自己开始这个动作。幼儿经常会随着喜欢的音乐摇摆。

○ **每日常规和功能活动**

每天一旦幼儿开始以双手和膝盖着地，在地板上玩耍时，进行几次摇摆活动。这是一项非常重要的活动，因为它涉及腿部中间范围的运动。在摇摆之后，幼儿通常会立即准备好爬行，或者通过将臀部旋转到地板上来转成坐姿。

○ **标准** 连续几天内，幼儿每天能独立自发地连续前后摇摆几次。

23l. 以非对称的半坐姿势玩玩具

○ **教具** 喜欢的玩具、枕头

○ **流程**

将玩具放在幼儿附近的地板上，与他的胸腔下部齐平。肢体引导幼儿形成非对称的半坐姿势，如婴儿发育图表中的动作发展里程碑（附录 E）所示。当幼儿能够保持这个姿势时，逐渐放开你的支持。在幼儿的双侧都进行此活动。使用枕头定位能帮助一些幼儿坚持更长时间。这是一个非常好的发展头部、躯干和肩膀控制，以及旋转模式的姿势。承重的一侧发展稳定性，而非承重的一侧发展更有技巧的动作。这也是一个很好的教导幼儿转成坐姿或站姿的过渡姿势。

○ **每日常规和功能活动**

对于还不能稳定保持坐姿的幼儿，每天都要数次使用此姿势，来作为一种游戏姿势。

○ **标准** 在没有支撑的情况下，幼儿保持一种非对称的半坐姿势，每侧大约 30 秒。幼儿应该能够连续在几天内这样做。

23m. 双手和膝盖着地向前移动（爬行）

○ **教具** 喜欢的玩具

○ **流程**

当幼儿处于双手和膝盖着地的姿势时，把一个他喜欢的玩具放在他面前够不到的地方。必要时把手放在幼儿的腹部来鼓励爬行，而不是回到俯卧的姿势。当幼儿以双手和膝盖着地的姿势，积极地前后摇摆时，可以每天在地板游戏时间鼓励幼儿爬行几次。和光滑的地板相比，有些幼儿在地毯或草地上会爬行得更容易。

○ **每日常规和功能活动**

每天定期练习此项活动。有时候说"手、手、膝盖、膝盖"会有所帮助。

○ **标准** 幼儿轻快地爬行，并将此作为一种移动方式。

23n. 在以双手和膝盖着地的姿势时举起一只手

○ **教具** 喜欢的玩具、镜子

○ **流程**

当幼儿处于双手和膝盖着地的姿势时，把一个他想要的玩具放在恰当的位置，使得幼儿需要伸出手来得到它。你也可以在镜子上贴上吸盘，在吸盘上放置玩具，然后将幼儿放在镜子面前。首先要求幼儿在肩膀前方伸直手，然后逐渐移动玩具使其高于幼儿的肩膀并略微偏向一侧。对每只手臂都进行此活动，并注意记录任何的不对称动作。

○ **每日常规和功能活动**

在家里，幼儿喜欢伸手去够冰箱磁贴或者拍打悬浮的玩具。

○ **标准** 幼儿独立把手举高来够一个物品，同时支撑的手臂没有垮塌，上半身躯干倚靠臀部旋转。幼儿在连续几天内展示出此能力。

23o. 向上爬楼梯

○ **教具** 带有6—10级台阶的装置（约6英寸高，6—8英寸深），喜欢的玩具

○ **流程**

将幼儿想要的物体放在他上方的一两级台阶上，必要时肢体辅助幼儿放置好手臂和腿部。帮助幼儿充分弯曲正在前进的那一条腿，同时膝盖朝外，然后把脚平放在下一级台阶上。逐渐撤销辅助，并增加幼儿攀爬台阶的数量。

○ **每日常规和功能活动**

在时间允许的情况下，鼓励幼儿向上爬楼梯。提供其他低矮的障碍物（例如，放在地板上的沙发垫）来让幼儿练习攀爬。

○ **注意**

一旦幼儿开始对楼梯感兴趣，你就需要设置安全门来防止他跌倒。

○ **标准** 幼儿安全独立地爬上6—10级台阶远，并能够在连续几天内这样做。

23p. 倒着向下爬楼梯

○ **教具** 带有6—10级台阶的装置（约6英寸高，6—8英寸深），喜欢的玩具

○ **流程**

将幼儿放在一级或两级的台阶上。引诱幼儿向下爬来得到一个玩具。必要时提供肢体辅助帮助，幼儿放置好手臂和腿部。逐渐撤销辅助，并增加幼儿爬下台阶的数量。

○ **注意**

一旦幼儿开始对楼梯感兴趣，你就需要设置安全门来防止他跌倒。有些幼儿更喜欢通过面朝前方坐着，然后将自己降低到下一级台阶的方式来下楼梯。最重要的是要考虑安全性和独立性。

○ **每日常规和功能活动**

在时间允许的情况下，鼓励幼儿爬下楼梯。在地板上提供其他的低矮平面，例如，小椅子或者沙发垫，以供幼儿练习。

○ **标准**　幼儿安全独立地爬下6—10级台阶，并能够连续几天这样做。

序列 24

仰卧（背部朝下）

这个序列中的项目将帮助幼儿增强使用前颈、躯干、肩膀和臀部时的稳定性。这种稳定性能使幼儿抬起他们的手臂和腿，将其带入视野范围并进行游戏。项目 24a 至 24e 帮助幼儿发展自我需求的基本能力。这种姿势所发展出的肌肉控制能力非常重要，因为这种能力有助于幼儿进食、有效呼吸、坐下和站立时所需的平衡姿势的发展。

特殊调适

有运动障碍的幼儿

对于有运动障碍的幼儿，完全仰卧的姿势通常不适合运动和做一般性的动作。患有肌无力（肌张力减退）的幼儿无法对抗重力，通常只能仰卧，手臂和腿被动地放在地板上。当然，这样的幼儿更喜欢仰卧姿势而不是腹部朝下趴着，因为仰卧姿势可以让他们更容易观察周围的环境。

患有肌肉僵硬症（肌张力过高）的幼儿背部朝下平躺在床上，肌肉只会变得更加僵硬，这会妨碍更多功能模式的发展。

要增强幼儿的稳定功能，你可以从这个序列中获得帮助，侧躺或者半侧躺的姿势通常更适合这些幼儿。幼儿可能会背部朝下展现这些功能，或者他或她可能永远无法实现这一功能。一个好的规则能够让幼儿的神经肌肉得到更多锻炼，并能够让幼儿掌握更多技能。物理或职业治疗师可以为有特殊需要的幼儿提供最佳体位的指导。

有视力障碍的幼儿

对于有视力障碍的幼儿，可以将听觉刺激与色彩鲜艳、有光泽或高对比度的视觉刺激配对，通过实验找出幼儿的偏好刺激。一定要帮助幼儿触摸物品并说出物品名称（触摸幼儿的脸部，以帮助幼儿在做转向动作时确定方向）。失明幼儿伸出双臂的时间可能会明显延迟。

有听力障碍的幼儿

尝试不同类型和强度的声音，以找到有听力障碍的幼儿的偏好刺激。

24. 仰卧（背部朝下）

a. 对听觉或视觉刺激作出反应，头部从一侧转向另一侧
b. 手臂和腿可弯曲和伸直

c. 把手放在嘴里
d. 仰卧时头部保持在中线位置
e. 仰卧时可伸出手臂
f. 把脚举到空中玩耍
g. 背部朝下时翻身为腹部朝下

24a. 对听觉或视觉刺激作出反应，头部从一侧转向另一侧

○ **教具** 任何能够引起幼儿注意的视觉和（或）听觉刺激

○ **流程**

让幼儿舒适地平躺着，头部位于中线位置。你可以将你的脸移向一侧，这样幼儿就会转过头来看你。你也可以在侧面跟幼儿说话，鼓励他转向右边和左边。在你希望他转向的一侧，触摸幼儿的脸颊可能会有所帮助。

○ **每日常规和功能活动**

在抱着幼儿的时候可以练习这项活动，你可以在墙上设计一个可调桌，再放一些具有视觉吸引力的物品。此外，请务必改变幼儿在桌子上的位置，便于幼儿转向右边和左边。

○ **标准** 对听觉或视觉刺激作出反应，幼儿独立地将头部从一侧转到另一侧，连续几天都能达标。

24b. 手臂和腿可弯曲和伸直

○ **教具** 能发出声音的手环或脚环

○ **流程**

有节奏地移动幼儿的手臂和腿，然后停下来等他自己做动作。如果幼儿在没有辅助的情况下，不移动他的手臂和腿，请尝试不同的开始动作。抚摸四肢或肚子上的皮肤可能有助于刺激运动。在手腕或脚踝绑上可以在运动时被激活的发声手环或脚环。

○ **每日常规和功能活动**

每天抱着幼儿时可以练习这项运动，当幼儿在他的婴儿床上时，可以使用能发出声音的手环或脚环，也可以用丝带将手环或脚环绑在头上方的婴儿床铃上。

○ **标准** 幼儿的胳膊和腿自发地弯曲和伸直，连续几天达标。

24c. 把手放在嘴里

○ **教具** 软食物、手镯或者手套、瓶子

○ **流程**

将少量食物放在幼儿的拇指上,并将其靠近嘴巴。让幼儿能看到食物并闻到食物的味道,辅助幼儿去舔拇指上的食物。用手指轻抚幼儿的嘴巴可能对引出此动作有帮助。

○ **每日常规和功能活动**

将彩色手套或手镯放在幼儿的手上,并且鼓励他看着自己的手。在喂奶期间,将幼儿的手放在瓶子上。时不时地把瓶子从幼儿手中拿出来,等待幼儿将瓶子拉回去。

○ **标准** 幼儿自发地将手放在嘴里,连续几天达标。

24d. 仰卧时头部保持在中线位置

○ **教具** 任何能够引起幼儿注意的视觉和(或)听觉刺激、小枕头

○ **流程**

幼儿仰卧时将头部保持在中线位置,吸引幼儿注意力。无论你使用的是玩具、脸部还是声音,都要将刺激保持在中线位置。如果幼儿难以将头部保持在中线位置,请提供辅助,然后在幼儿能够独立时撤销辅助。你也可以先在幼儿的脖颈处放一个小枕头。

○ **每日常规和功能活动**

观察幼儿的头部位置,并使用枕头辅助其保持在中线位置。喂幼儿吃饭时,幼儿头部位于中线位置。

○ **标准** 幼儿在背部朝下仰卧时,将头部保持在中线位置,至少 30 秒,并连续几天达标。

24e. 仰卧时可伸出手臂

○ **教具** 任何能够引起幼儿注意的视觉和(或)听觉刺激

○ **流程**

在幼儿的脸部上方放一个有趣的玩具,吸引他的注意力。如果幼儿没有伸出手臂,请让他用手短暂地触摸玩具,然后再将其抬起来。将物品悬挂在幼儿的头部上方,并从幼儿的角度检查悬挂物(因为一些物品仅从上往下看很有趣)。将卷状毛巾放在幼儿的肩膀下,可能有助于他伸出手臂。

○ **每日常规和功能活动**

在其他玩耍和照料过程中，寻找机会让幼儿达到目标。帮助幼儿伸手去拿他的瓶子、触摸你的脸或者要求别人把自己抱起来。一旦幼儿能够自己做出选择，伸出手臂就可以用来表示想要的物品。

○ **标准** 幼儿独立地伸手去拿一个在他面部上方，距离一臂远的物品，连续几天达标。

24f. 把脚举到空中玩耍

○ **教具** 色彩鲜艳的婴儿袜、铃铛或手镯

○ **流程**

将物品放在孩子的脚上，这些物品会发出声音并且视觉上很有趣。如有必要，将孩子的脚放到他的手上，并辅助他握住脚。还可以将你的手放在幼儿的臀部下方以帮助他抬腿。

○ **每日常规和功能活动**

可以用这项活动发明一些游戏和歌曲，并每天做几次。在幼儿的脚上放置各种有趣的物品（例如，装饰用的袜子、手镯等）。

○ **标准** 幼儿自发且独立地将他的臀部从地板上抬起，并将双脚放在他的手中玩耍，连续几天达标。

24g. 背部朝下时翻身为腹部朝下

○ **教具** 毯子、有趣的玩具

○ **流程**

在幼儿旁边放一个他喜欢的玩具，把玩具放置在他伸手不可及之处，引导幼儿从背部朝下的位置换到腹部朝下的位置。如有必要，可以轻轻拉动他的前臀部，然后等待幼儿翻身。尝试让幼儿从侧卧姿势开始，然后再把起始位置向后移。你也可以将幼儿放在毯子上，并抬起毯子边以辅助幼儿翻身。

○ **每日常规和功能活动**

当幼儿需要腹部朝下俯卧时，使用翻身方法，而不只是辅助他腹部朝下，给幼儿足够的时间来作出反应。

○ **标准** 幼儿首先转过头，然后绕着身体旋转一条或两条腿，能够独立地翻身到腹部朝下的姿势，连续几天达标。

附 录

附录 A 常见的障碍及其对幼儿发展的影响

有许多不同的情况可能导致孩子有特殊需要。可能影响幼儿发育的最常见情况包括：

- 沟通问题（言语和语言）
- 动作协调能力丧失症
- 感觉防御
- 重力不安全感
- 感觉调节功能障碍
- 智力缺陷
- 唐氏综合征
- 注意力缺陷/多动障碍（ADHD）
- 自闭症
- 脑瘫
- 脊柱裂
- 视力障碍
- 听力障碍

由于发育预期随着婴儿的成熟而变化，因此不同的损伤在不同的发育阶段变得明显。在 0—1 岁时被转诊干预的幼儿往往是那些被认定为有遗传问题的幼儿、因医疗或社会因素而被视为有损害风险的幼儿，以及那些在视力、听力或运动发育方面有明显和显著损伤的幼儿。在动作发展里程碑方面的中度延迟往往是 1—2 岁早期转诊的主要原因，而在 2—3 岁时会被言语和语言的原因所取代。2—3 岁的幼儿也会因为社交技能发育不佳和行为问题不断增长而被转诊。

有关这方面的更多信息、这些情况对幼儿发展的影响、干预的提示、可提供帮助的专家信息，以及寻找有关当前治疗的最新信息资源、支持小组，等等，请访问 http://www.brookespublishing.com/ccupdates。

附录 B 资源和推荐读物

资源

以下是一些精选材料，可能是帮助有特殊需要的幼儿及其家庭的有用资源：

综合

Batshaw, M.L. (Ed.). (2002). *Children with disabilities* (5th ed.). Baltimore: Paul H. Brookes Publishing Co.

Gopnik, A., Meltzoff, A.N., & Kuhl, P.K. (1999). *The scientist in the crib: Minds, brains and how children learn.* New York: William Morrow & Co.

Gowen, J.W., &Nebrig, J.B. (2002). *Enhancing early emotional development: Guiding parents of young children.* Baltimore: Paul H. Brookes Publishing Co.

沟通

Acredolo, L., &Goodwyn, S. (2002). *Baby signs: How to talk with your baby before your baby can talk.* New York: McGraw Hill/Contemporary Books.

Baker, P. (1986). *My first book of sign.* Washington, DC: Kendall Green Publications.

Casey-Harvey, D. (1995). *Early communication games.* Oceanside, CA: Academic Communication Associates.

Hart, B., &Risley, T.R. (1999). *The social world of children learning to talk.* Baltimore: Paul H. Brookes Publishing Co.

Schober-Peterson, D., & Cohen, M. (1999). *Toddler talk.* Oceanside, CA: Academic Communication Associates.

对教师和家长的帮助

Henry, D. (1998). *Tool chest for teachers, parents & students.* Youngtown, AZ: Henry OT Services.

Henry, D. (2001). *Tools for parents.* Youngtown, AZ: Henry OT Services.

Masi, W.S. (Ed.). (2001). *Toddler play.* San Francisco: Weldon Owen Publishing.

Morris, L.R., & Schulz, L. (1989). *Creative play activities for children with disabilities* (2nd ed.). Champaign, IL: Human Kinetics Books.

Reitzes, F., &Teitelman, B. (1995). *Wonderplay.* Philadelphia: Running Press.

Silberg, J. (1996). *More games to play with toddlers.* Beltsville, MD: Gryphon House.

Silberg, J. (2002). *Games to play with 2 year olds* (Rev. ed.). Beltsville, MD: Gryphon House.

Silberg, J. (2002). *Games to play with toddlers* (Rev. ed.). Beltsville, MD: Gryphon House.

Silberg, J., & Schiller, P. (2002). *The complete book of rhymes, songs, poems, finger plays and chants.* Beltsville, MD: Gryphon House.

Stern, D.N. (1990). *Diary of a baby.* New York: Basic Books.

Williams, M.S., &Shellenberger, S. (1996). *How does your engine run? A leader's guide to the alert program for self-regulation.* Albuquerque, NM: TherapyWorks.

早期读写能力

Dannehl, L., &Rodhouse, A. (1999, October/November). *Literacy software for children with disabilities.* Retrieved from http://www.closingthegap.com

Justice, L., &Kadevarak, J. (2002, March/April). Using shared storybook time to promote emergent literacy. *Teaching Exceptional Children*, 11, 8—13.

Musselwhite, C.R. (1998). *Adaptive play for special needs children.* London: College-Hill Press.

Notari-Syverson, A., O'Connor, R.E., &Vadasy, P. (1998). *Ladders to literacy: A preschool activity book.* Baltimore: Paul H. Brookes Publishing Co.

Pierce, P. (Ed.). (1994). *Baby power: A guide for families using assistive technology with their infants and toddlers.* Raleigh, NC: Department of Human Services, Division of Mental Health. Retrieved from http://www2.edc.org/NCIP/library/ec/power.htm

Ritchie, S., James-Szanton, J., & Howes, C. (2003). Emergent literacy practices in early childhood classrooms. In C. Howes (Ed.), *Teaching 4- to 8-year-olds: Literacy, math, multiculturalism, and classroom community* (pp. 71—92). Baltimore: Paul H. Brookes Publishing Co.

推荐读物

你可以在当地的书店找到许多对有特殊需要的幼儿有用的书籍。这里是一些例子：

Armstrong, T. (1995). *The myth of the A.D.H.D. child.* New York: PLUME/Penguin Books.

Geralis, E. (Ed.). (1998). *Children with cerebral palsy* (2nd ed.). Bethesda, MD: Woodbine House.

Hart, C.A. (1993). *A parent's guide to autism.* New York: Simon & Schuster.

Kranowitz, C. (1998). *The out-of-sync child.* New York: Perigee/Penguin Putnam.

Kranowitz, C. (2002). *The out-of-sync child has fun.* New York: Perigee/Penguin Putnam.

Lutkenhoff, M. (Ed.). (1999). *Children with spina bifida: A parents' guide.* Bethesda, MD: Woodbine House.

Ozonoff, S., Dawson, G., & McPartland, J. (2002). *Parent's guide to Asperger syndrome and high functioning autism.* New York: Guilford.

Pueschel, S.M. (2001). *A parent's guide to Down syndrome: Toward a brighter future* (Rev. ed.). Baltimore: Paul H. Brookes Publishing Co.

Stray-Gunderson, K. (1995). *Babies with Down syndrome: A new parents' guide.* Bethesda, MD: Woodbine House.

Yack, E., Sutton, S., & Aquilla, P. (1998). *Building bridges through sensory integration.* Weston, Canada: Pocket Full of Therapy.

附录 C　游戏和有运动障碍的儿童

游戏是幼儿的自然活动。幼儿通过游戏来学习和练习他们的认知、语言、社交和运动技能。虽然游戏对学习有帮助，但是其与任务活动完全不同，因为它是由幼儿发起的，除了获得活动的乐趣外，没有其他直接的目标。典型发育幼儿的大多数游戏都涉及运动。被运动障碍限制游戏的幼儿往往依赖其他人进行娱乐，如果没有持续获得关注，可能很容易变得挑剔或消极。他们也失去了发现世界是如何运作的机会，并可能失去掌握环境的动力——这是智力发展的一个关键因素。患有严重运动障碍的幼儿可能需要在学习游戏、探索和坚持等方面得到帮助。你可以通过评估他或她的游戏阶段来帮助幼儿，然后仔细选择玩具、活动和位置，来创造最佳游戏机会。

游戏的阶段

在学前阶段，幼儿的游戏风格经历了可预测的阶段。这些阶段包括：

- 探索性游戏：以幼稚的方式操作玩具，主要是为了体验新的视野、声音、味道和材料；
- 独立游戏：独自玩耍，以功能性方式使用玩具，不注意其他幼儿；
- 平行游戏：与其他幼儿一起玩，使用类似的玩具，但没有分享玩具；
- 联想游戏：与其他幼儿一起玩，共享玩具；
- 合作游戏：以有组织、有共同目标的方式与他人一起玩角色扮演和富有想象力的游戏。

为有运动障碍的幼儿设计游戏活动

为有运动障碍的幼儿开展游戏活动所需的创造力，随着运动障碍的严重程度而增加。最大的挑战是帮助幼儿在与其认知能力相称的水平上进行游戏。要设计适当的游戏活动，需要解决四个问题：幼儿的游戏阶段是什么？促进游戏的最佳位置是哪里？幼儿的运动能力怎样？玩具可以做些什么？

幼儿的游戏阶段是什么？

对于具有较强语言能力或具有足够运动技能的幼儿，很容易确定游戏阶段。如果幼儿不能说话并且运动技能差，请通过反复试验来估计游戏水平。观察幼儿自发进行的游戏，然后为更成熟的游戏提供帮助。幼儿是否表现出快乐并且似乎想要更多？

促进游戏的最佳位置是哪里？

将幼儿放在几个不同的位置，看看哪个位置对幼儿来说最容易。在一个俯卧或仰卧的机架里尝试坐、侧卧、半斜卧、站立，在楔形物上俯卧。改变玩具在每个姿势中的摆放位置。通过反复试验确定功能游戏位置。留出足够的时间观察幼儿在哪个位置有最佳的活动自由度、准确性和持久性。努力辨别各种游戏的游戏情境。

幼儿的运动能力怎样？

游戏的成功取决于设计符合幼儿运动能力的活动。需要关注的重要领域包括：

- 头部控制：幼儿可以保持头部直立，并从一侧转向另一侧而不会失去平衡吗？当幼儿仰卧时，他可以在抬起手臂并将它们放在中线的同时，需将头部保持在中线吗？
- 眼部控制：幼儿可以直视前面、上面、下面和侧面吗？眼球运动是否独立于头部运动？
- 躯干控制：幼儿可以坐直并且双手自由游戏吗？
- 手臂控制：幼儿可以朝不同的方向伸手，并伸手过头顶吗？当幼儿伸手时，幼儿的躯干是否稳定？幼儿可以同时使用双臂吗？
- 手部控制：幼儿可以握紧拳头挥击吗？当手臂移动时，幼儿可以抓住物体并保持抓握吗？幼儿可以用手指捡起、推或戳吗？幼儿可以同时使用双手吗？
- 腿部控制：幼儿可以独立地或在支撑下承受腿部重量吗？
- 流动性：幼儿可以改变姿势以够到新玩具，或增加活动的多样性吗？

玩具可以做些什么？

玩具的特征应与幼儿的发育水平和运动特征相匹配。玩具可以提供不同的感觉组合，并且可以提供操作、因果关系、功能关系、构建或破坏和社会互动的机会。不同的玩具需要一系列的运动技能，具体取决于玩具的尺寸、重量、操作的简易性和适应的可能性。所有玩具必须安全且结构良好。

许多商用玩具和材料可用于有特殊需要的幼儿。还有许多方法调整玩具以满足幼儿的特定需求。职业和物理治疗师经常协助家长和老师调整玩具和活动。一些常见的技术包括：

- 将橡胶垫放在物体下面，这样它们就不会滑动；
- 设计将玩具放在幼儿手中的方法（例如，使用缝有魔术贴的手套或袖口，将魔术贴固定在玩具上，将大把手固定在玩具上）；
- 绘制眼睛注视图，这样幼儿可以选择玩什么游戏；
- 使用开关激活玩具。

和其他幼儿一起玩

对于有严重运动障碍的幼儿，与其他幼儿一起玩耍尤其困难，特别是如果运动障碍影响到了言语能力。尽可能多地为幼儿提供可以在游戏中使用的交流方式。虽然没有什么神奇的解决方案，但要努力教幼儿轮流、输赢、谈判和分享，无论是在家里和兄弟姐妹，还是在课堂上和其他幼儿一起。寻求老师的帮助，让幼儿参与小组活动，增进友谊，并鼓励同学将幼儿视为同龄人，而不是"婴儿"。

案例研究：托莎

托莎是一名3岁的女孩，正处于独立游戏的阶段，并开始参与平行游戏。她的大部分游戏都是使用简单的因果关系物品，如摇铃和弹出式玩具。由于复杂的医疗问题，她在家中一直得到一对一的成人看护。托莎的健康状况有所改善，她刚刚开始上幼儿园。她对其他幼儿很感兴趣，但与他们互动很少。身体上，她表现出弥漫性肌肉无力。她的头部和眼睛控制都很好，她的躯干很虚弱，除非从后面支撑，否则她的躯干会向前弯曲。托莎可以用两只手臂伸手去拿物品，但是左手比右手使用得更多。她可以用双手抓住中等大小的物体，用拇指抵住食指的一侧拿起小物品，然后用左手指着。她也可以在支持下站立，像突击队员一样爬行。

游戏活动

托莎的父母和老师都认为，开发独立和平行游戏对她来说非常重要。他们一起设计了游戏活动，帮助托莎开发现有的语言和运动技能，同时为她虚弱的躯干提供支持。他们还想设计在家庭和学校都可以使用的活动。他们的想法包括以下内容：

1. 将托莎放在适合的椅子上，能够让她的背部挺直，并放一个托盘。给她一个带配件的娃娃，告诉她如何拥抱宝宝，指出身体部位，给宝宝喂奶瓶。然后，介绍需要更多手指灵活性的活动，例如脱下婴儿的纸尿裤，脱掉婴儿的衣服，并将婴儿裹在毯子里。不时地带着另一个也有婴儿娃娃的幼儿，帮助他们并排着做类似的活动。
2. 让托莎背靠着墙坐着。让她从各种互动书籍中进行选择，例如翻翻书或带有手指戳孔的硬纸板书。与托莎一起阅读书籍，鼓励她用食指指、翻页并操作书页。不时地带着另一个幼儿一起读书。让他们轮流拿书，看着对方看书。
3. 帮助托莎站在厨房中央。帮助她探索材料并假装做饭。逐渐将其他幼儿介绍到这个活动中，帮助他们一起做饭，共享设备。

随着托莎对这些活动越来越喜爱，将逐步引入新的和更具挑战性的游戏。在家里，托莎的父母将把新技能融入日常生活中。在学校，托莎将被鼓励参与课堂活动，并与特殊的朋友建立关系。

附录 D 对有严重运动障碍的幼儿使用物品操作板来辅助教学

一些患有严重运动障碍的幼儿可能无法像典型发育的婴幼儿那样通过伸手、指向或者发声来表达他们的需求或展示他们的知识。几个月，甚至几年，目光注视可能是他们主要的沟通方式。他们可以通过看向正确的位置来回答问题，例如："妈妈在哪里？"或"你的鞋子在哪儿？"，或通过看放在他们眼前的一杯果汁或面包片，来回答"你想要什么？"的问题。

目光注视作为沟通符号的有效性取决于另一个人"阅读"眼神的能力。随着选择数量的增加，这变得越来越困难。教导患有严重运动障碍的幼儿以精确的方式注视，以便其他人可以轻松确定视线指向的位置，是干预的一个重要方面。

物品操作板是教导幼儿眼神注视准确性的有效方式，同时还可以教授其他知识。一块有机玻璃，大约25英寸×25英寸，中心切出一个4英寸×6英寸的窗口，这就成为一块非常有用的板子。可以将几块魔术贴附在板上和物品上，这样物品就可以安装在板上并可以轻松更换。最常见的有助于"阅读"多达四种选择的布置如下图所示。成人自己在板后面，通过中心窗口看着幼儿。我们鼓励幼儿看操作板上的所有物品，然后说："看着我。"当幼儿看着我们时，我们会问一个问题（例如："球在哪里？"）并观察幼儿看向哪里。

如果教学的项目包括让幼儿在看到一个物品被藏在三个位置中的一个之后，找到物品所在的正确位置，可以在每个魔术贴上贴一块手帕，然后物品就可以被藏起来了。通过将物品连接到手帕下面的魔术贴的其余部分，将物品留在一个覆盖物下面。

物品操作板也可用于分类任务。例如，红色盒子和绿色盒子可以贴到两个魔术贴上。在幼儿识别了红色形状块放入红色的盒子里，绿色形状块放入绿色的盒子里后，成人举起一个红色的形状块并问"这一个应该放哪里？"可以按照相同的方式进行形状分类，在每个盒子的旁边画一个简单的形状。

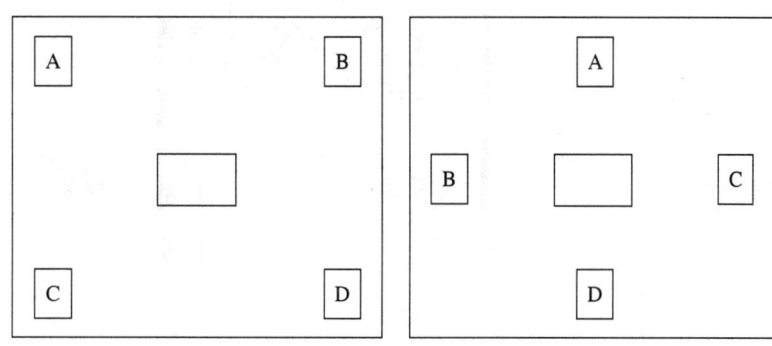

附录 E 动作发展里程碑

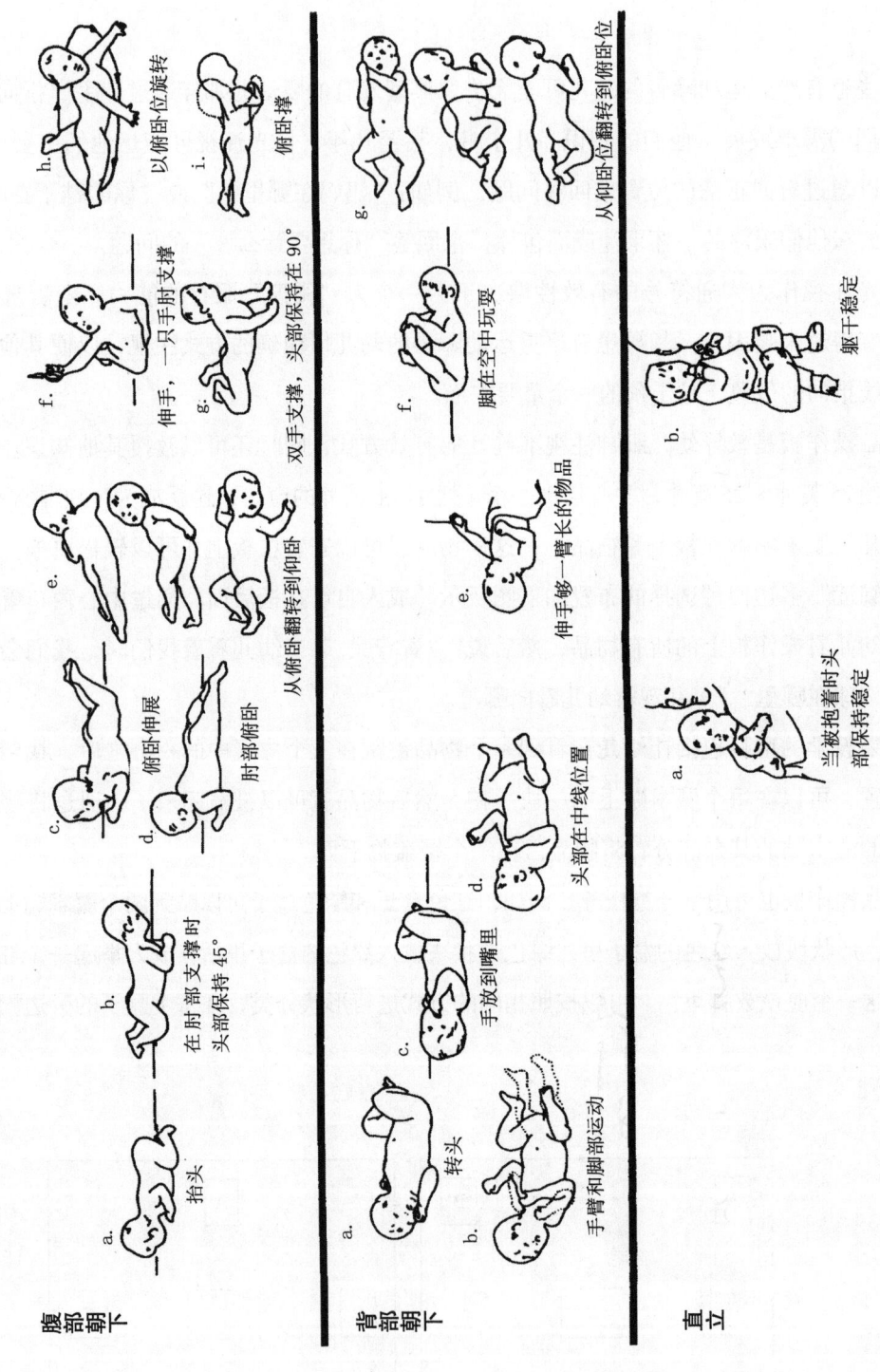

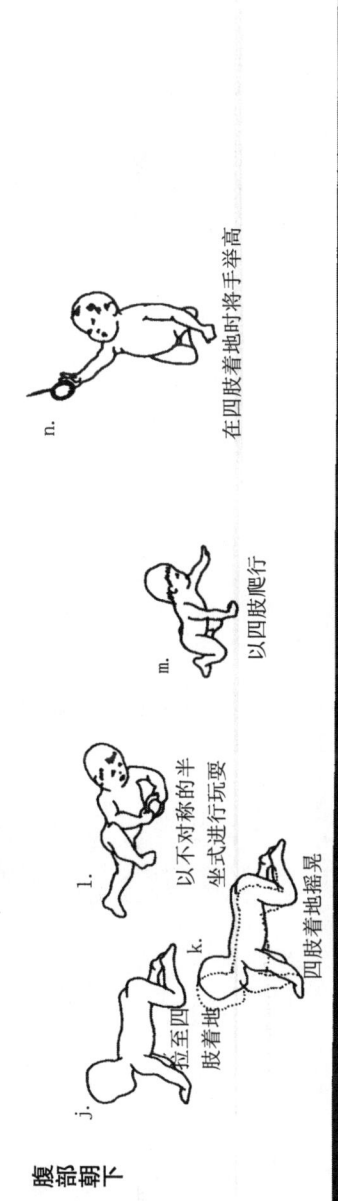
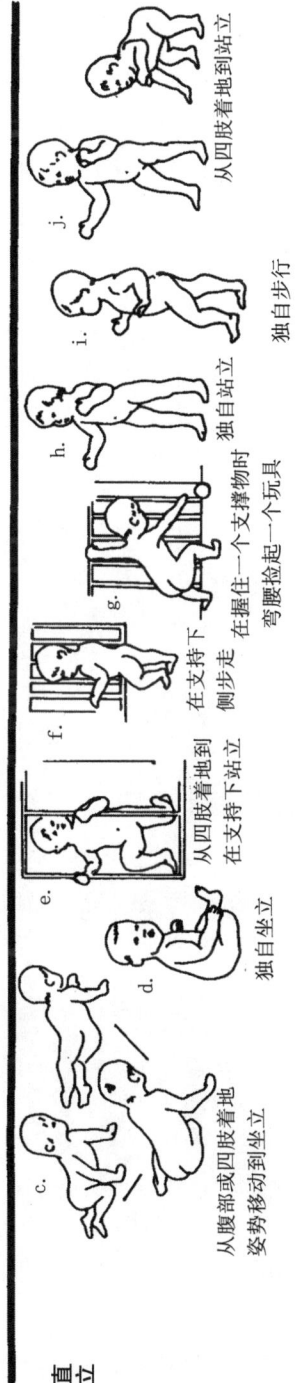

The Carolina Curriculum
for Infants & Toddlers with Special Needs

卡罗来纳
特殊教育课程

婴儿及幼童（0—36个月）

下册·评估手册

[美] 南希·约翰逊-马丁（Nancy M. Johnson-Martin）
[美] 苏珊·阿特迈尔（Susan M. Attermeier）
[美] 邦妮·哈克（Bonnie J. Hacker）著
张苗苗　高　旭　张俊杰　申文琪　张晶晶　李囡囡　译

图书在版编目（CIP）数据

卡罗来纳特殊教育课程：婴儿及幼童：第三版：全二册/(美)南希·约翰逊－马丁,(美)苏珊·阿特迈尔,(美)邦妮·哈克著；张苗苗等译. -- 北京：华夏出版社有限公司, 2020.7

书名原文：The Carolina Curriculum for Infants and Toddlers with Special Needs, Third Edition

ISBN 978-7-5080-9838-8

Ⅰ.①卡… Ⅱ.①南…②苏…③邦…④张… Ⅲ.①学前教育－特殊教育－教学参考资料 Ⅳ.① G764

中国版本图书馆 CIP 数据核字 (2019) 第 261483 号

Originally published in the United States of America by Paul H. Brookes Publishing Co., Inc.

Copyright © 2004 by Paul H. Brookes Publishing Co., Inc.

版权所有，翻印必究

北京市版权局著作权合同登记号：图字 01-2018-7347 号

课程简介

《卡罗来纳特殊教育课程：婴儿及幼童》（以下简称CCITSN）是一套适用于所有从出生至36个月龄发育迟缓的婴幼儿的评估和干预课程。CCITSN将自我—社交、认知、沟通、精细运动、粗大运动5个基本发展领域中的技能按照典型发展顺序，分成24个技能序列，每个序列中包含对有运动、视力和听力障碍婴幼儿的特殊调适，以及根据预期发展顺序进行排列的课程项目，这些课程项目既能够用来定义和评估某项技能，也能够提供各种教学建议。

这本《下册·评估手册》应与《上册·评估课程》结合使用。《上册·评估课程》包括课程描述和课程序列两部分。课程描述部分包含了对本套课程内容的一般说明和课程实施时需要遵循的9个基本原则，指出影响婴幼儿学习、发展和早期读写能力的环境因素，阐述了本课程使用的具体步骤并附以个案研究实例。课程序列部分将24个技能序列划分为若干个课程项目，每个课程项目包括教具、流程、每日常规和功能活动、标准4个部分，详细描述了某项技能的评估流程和判断标准，以及发展该项技能的相关活动。

干预者首先应熟悉《下册·评估手册》中的评估记录表，识别每个序列中包含的各种技能，结合《上册·评估课程》中课程项目的解释说明，对婴幼儿5个领域中的各方面技能进行评估，最后的评估结果可以直观展现在阶段性评估报告中，以图画的形式呈现婴幼儿的相对优势和劣势。干预者需要与婴幼儿的照料者一起，根据评估结果列出婴幼儿在每个发展领域中下一步需要学习的技能，选择干预目标纳入个别化家庭支持计划（IFSP），从而由评估结果转向干预活动。回顾相关课程项目，将若干课程项目合并为一个或一系列相关活动，制订干预计划，将干预措施以有意义的方式融入婴幼儿的日常生活。

卡罗来纳特殊教育课程
阶段性评估报告和评估记录表

学 生 姓 名：_____

学 生 生 日：_____

家 长 姓 名：_____

家 庭 住 址：_____

表格填写人：_____

指导：

　　阶段性评估报告：评估记录表中的每一项都对应着阶段性评估报告中的一个方格。使用荧光笔或其他彩色书写工具，填满标有（+）的项目的对应方格。在标有（+/–）的项目的对应方格里画一条对角线，然后涂上一半的颜色。标有（–）的那些方格留空。通过涂写所有截至当前年龄跨度的项目方格来完成本报告。当与患有严重运动障碍的幼儿一起工作时，在框中添加（A）以表示幼儿能在有身体辅助的情况下完成任务。

　　评估记录表：在表格最上面的一行填写评估日期，并在每个已掌握项目对应的框中填写（+），对于与之前表现不一致或新出现的技能，填写（+/–），对于幼儿无法做到的技能填写（–）。评估患有严重运动障碍的幼儿时，在（+）或（+/–）旁边添加（A）以表示幼儿能在有身体辅助的情况下完成任务。

CCITSN
阶段性评估报告

日期： ○1. ○3. 学　生：_____
　　　 ○2. ○4. 干预者：_____

	课程序列	0—3个月	3—6个月	6—9个月	9—12个月	12—15个月
自我-社交	1. 自我管理和责任	a b c	c d	e f g h	f i j k	g h l m
	2. 人际交往能力	a b c	c			
	3. 自我概念	a	b		a b c	c n o
	4-I. 自理能力：进食	a	c d e f g	h i j k l	a m	
	4-II. 自理能力：穿衣			a	a b	c
	4-III. 自理能力：梳洗				b	c
	4-IV. 自理能力：如厕					a r s
认知	5. 注意力和记忆力：视觉/空间	a b c d e f	g h i j	k l m n	o p q	
	6-I. 视觉感知：积木和拼图					
	6-II. 视觉感知：配对和分类	a b c	c d e	f g	h i l m	j o p
	7. 对物品的功能性使用和象征游戏	a	d e f	g h i j k	j	
	8. 问题解决/推理	a b c	b c d e	d e f	a b c	c d e
	9. 数字概念					
认知/沟通	10. 概念/词汇：接受性	a	d e	d e f	g p q r	
	11. 概念/词汇：表达性					
	12. 注意力和记忆力：听觉	a	b c	h i j	i j	k
沟通	13. 语言理解	a b c d	e f g h	f g	h i	h i
	14. 对话技能	a	b c	d e	e f g	j k l
	15. 语法结构					
	16. 模仿：仿说					
精细运动	17. 模仿：动作	a b c d	e f g	h i j k l	o p q	r s t
	18. 抓握和操作	a b c d	c d e f g	h	i j	k l
	19. 双边技能					b
	20. 工具使用				a	a
粗大运动	21. 视觉—运动功能					
	22-I. 直立：姿势和移动	a b c d	c d e f g	c d	e f g h i	h i j k
	22-II. 直立：平衡					
	22-III. 直立：球类运动					
	22-IV. 直立：户外运动				m n	o p
	23. 俯卧（腹部朝下）	a b c d	c d e f g	j k l		
	24. 仰卧（背部朝下）				a	a

6　卡罗来纳特殊教育课程

课程序列	15—18个月	18—21个月	21—24个月	24—30个月	30—36个月
自我／社交					
1. 自我管理和责任	n o	i j k	l	m n	o
2. 人际交往能力	d e p	f g q r	s t u v	w x y z	y z aa bb
3. 自我概念	p q	f g h i	j k l m	o p q	q r s t
4-I. 自理能力：进食	d r	s t	u v	w x y	z
4-II. 自理能力：穿衣	d	e f	g	h i j	i j k l
4-III. 自理能力：梳洗	a d	b c d e	c f g	d e	f g hh
4-IV. 自理能力：如厕			aa	bb cc dd ee	ff gg hh
认知					
5. 注意力和记忆力：视觉/空间	t u v	w x y z			
6-I. 视觉感知：积木和拼图	b c d	e f g h	aa	c d e	d
6-II. 视觉感知：配对和分类				a b c	k l m n
7. 对物品的功能性使用和象征游戏	k		m n	o p	p q r
8. 问题解决/推理	q r	s	u v	w x y	z aa
9. 数字概念			a	b c	d e f
认知/沟通					
10. 概念/词汇：接受性	d e	f g h i	j k l	m n o p q	r s t u v
11. 概念/词汇：表达性	f g	g h		l m n o	p q
12. 注意力和记忆力：听觉	l m	i	j k		t
沟通					
13. 语言理解	j	k	l m	n o	o
14. 对话技能	u v w	x y	z aa bb cc dd	ee ff gg hh	ii jj kk ll
15. 语法结构		a	b	c d e f	g h i j k
16. 模仿：仿说	i j	k l m	n o p	q	q
精细运动					
17. 模仿：动作	m n	o p	y	z aa	bb
18. 抓握和操作	u v	w x	p q	r s	s t u
19. 双边技能	m n	d e	e	f g	h i j
20. 工具使用	c	c d	d e	d e f g	cc dd ee ff gg hh
21. 视觉—运动功能	b	b c			
粗大运动					
22-I. 直立：姿势和移动	a	b	c	f g	h i
22-II. 直立：平衡	b	c d	d		
22-III. 直立：球类运动			e	f g	h
22-IV. 直立：户外运动				g h	i
23. 俯卧（腹部朝下）					
24. 仰卧（背部朝下）					

CCITSN
评估记录表

月龄	课程序列	日期:	日期:	日期:	日期:	备注

自我—社交

1. 自我管理和责任

月龄						
0—3	a. 当看到或接触到奶瓶或乳房时停止哭泣					
	b. 可以通过说话、拥抱或摇晃来保持平静					
	c. 被用襁褓包住时保持平静					
3—6	d. 自己保持平静					
6—9	e. 在短时间内用玩具娱乐自己					
9—12	f. 离开处在同一房间的主要照料者					
12—15	g. 短时间内离开主要照料者的视线					
	h. 从玩具箱或架子上获取玩具					
15—18	i. 单独玩玩具 15 分钟					
18—21	j. 把玩具放在正确的地方					
	k. 探索					
21—24	l. 能忍受被带入各种环境					
24—30	m. 避开常见的危险					
	n. 在一小群幼儿中轻松自在地玩耍					
30—36	o. 知道玩具可以做什么和不能做什么,并适当地使用它们					

2. 人际交往能力

月龄						
0—3	a. 对听觉和触觉刺激微笑					
	b. 以微笑回应他人的微笑					
	c. 对熟悉的人微笑					

月龄	课程序列	日期：___	日期：___	日期：___	日期：___	备注
3—6	d. 笑					
	e. 尝试通过发出声音、微笑、进行目光接触或使用肢体语言来吸引注意力					
6—9	f. 对家庭成员和陌生人有不同的反应					
	g. 参加简单的游戏					
	h. 重复引发观察者发出笑声的活动					
9—12	i. 表现出对其他幼儿的兴趣——试图通过眼睛凝视、微笑和发声来吸引注意力					
	j. 开始玩游戏					
	k. 对那些做出意外行为的人微笑或笑					
12—15	l. 自发地与成人分享					
	m. 表达爱意					
15—18	n. 试图取悦他人					
	o. 和其他幼儿一起玩（交换一些玩具）					
	p. 与其他幼儿一起玩简单的互动游戏					
18—21	q. 帮助完成简单的家务					
	r. 接近同伴或成人以开始游戏					
21—24	s. 适当回应熟悉的成人的社交行为					
	t. 试图安慰处于困境中的其他人					
	u. 通常会短暂且自发地与同伴分享					
	v. 根据要求提供帮助或预料到他人的需要而提供帮助					
24—30	w. 与同伴就玩具进行协商（可能会交换玩具）					
	x. 意识到社会标准					
30—36	y. 与同伴合作实现目标					
	z. 表达对某些同伴的喜爱和（或）偏好					
	aa. 当另一个幼儿受伤或经历不愉快时表示遗憾					
	bb. 请求许可					

月龄	课程序列	日期:	日期:	日期:	日期:	备注
3. 自我概念						
9—12	a. 被叫名字时能够回应					
	b. 和镜中影像玩					
12—15	c. 做出选择					
15—18	d. 从镜子里认出自己和他人					
	e. 通过说"不"或其他方式表示拒绝					
18—21	f. 表达感兴趣、愉悦、惊喜、兴奋、警告和抱怨等情绪（4种或更多）					
	g. 拒绝他人帮忙就餐的行为					
	h. 表明物品是"我的"					
	i. 与同伴竞争玩具					
21—24	j. 向他人"表演"					
	k. 索要零食或饮料					
	l. 显示出选择或继续某项活动的决心/毅力					
	m. 分辨和命名照片中的自己					
24—30	n. 对自己的成就感到骄傲					
	o. 对自己做出积极的评价					
	p. 知道自己的年龄（说出数字或伸出手指表示）					
30—36	q. 告诉他人自己的名字					
	r. 正确回答自己的性别					
	s. 能够选择哪些事情可以做，哪些事情不可以做（辨认出界限）					
	t. 对失误或禁止做的行为表示内疚或感到羞愧					

月龄	课程序列	日期:	日期:	日期:	日期:	备注

4-Ⅰ. 自理能力：进食

月龄	课程序列	日期:	日期:	日期:	日期:	备注
0—3	a. 顺利吮吸乳头					
	b. 很少出现"觅食反射"					
	c. 进食时很少咬住勺子					
	d. 很少作呕（只发生在适当的时候）					
3—6	e. 咀嚼食物（上下咀嚼）					
	f. 有目的地移动舌头					
	g. 用嘴唇把食物从勺子上抿下来					
6—9	h. 自己拿奶瓶（不包括母乳喂养的婴儿）					
	i. 在辅助下从成人拿着的杯子里喝水					
	j. 食用幼儿食品或捣碎的食物不会作呕					
	k. 用牙齿清理下嘴唇					
	l. 咀嚼时下颌转动/左右移动					
9—12	m. 用手指独立进食					
12—15	n. 拿着杯子喝水					
	o. 把勺子放入嘴里并吃掉食物					
15—18	p. 用勺子从盘中舀取食物					
	q. 咀嚼能力良好					
	r. 不再使用奶瓶喝奶或母乳					
18—21	s. 独立进食时不会撒（在几乎没有辅助的情况下）					
	t. 用吸管喝东西					
21—24	u. 将勺子和杯子作为独立进食的主要餐具					
	v. 区分可食用和不可食用的物品					
24—30	w. 开始使用叉子					
	x. 用一只手握住小玻璃杯喝东西					
	y. 在没有辅助的情况下独立取水（打开和关闭水龙头）					

月龄	课程序列	日期:	日期:	日期:	日期:	备注
30—36	z. 将液体从一个容器倒入另一个容器					

4-II. 自理能力：穿衣

月龄	课程序列					
9—12	a. 配合穿衣和脱衣					
	b. 脱掉已被成人脱掉一部分的衬衫					
12—15	c. 脱掉宽松的衣物					
15—18	d. 脱衣时解开鞋带或帽子带					
18—21	e. 拉开有大拉环的衣物拉链					
	f. 戴帽子					
21—24	g. 脱下简单的衣物					
24—30	h. 脱鞋					
	i. 脱下外套					
	j. 穿上简单的衣物					
30—36	k. 独立穿上所有衣物，但不包括带扣件的衣物					
	l. 解开衣物扣件					

4-III. 自理能力：梳洗

月龄	课程序列					
6—9	a. 喜欢在水里玩					
9—12	b. 不流口水					
12—15	c. 配合洗手和擦手					
15—18	d. 允许他人帮忙刷牙					

月龄	课程序列	日期：	日期：	日期：	日期：	备注
18—21	e. 允许擦鼻子					
21—24	f. 自己洗手					
	g. 如果被给予纸巾，能自己擦鼻子					
24—30	h. 擦干手					
30—36	i. 在帮助下刷牙					
	j. 自己用毛巾清洗自己					

4-IV. 自理能力：如厕

月龄	课程序列	日期：	日期：	日期：	日期：	备注
15—18	a. 表示需要更换弄脏的纸尿裤或裤子					
18—21	b. 配合换纸尿裤					
21—24	c. 白天维持纸尿裤 2—3 小时干燥					
24—30	d. 被放在马桶上时会小便					
	e. 被放在马桶上时会排便					
30—36	f. 常常表达上厕所的需要（很少发生排便问题）					
	g. 独立上厕所，不包括排便后进行清洁					

月龄	课程序列	日期：	日期：	日期：	日期：	备注

认　知

5. 注意力和记忆力：视觉／空间

月龄	课程序列	日期：	日期：	日期：	日期：	备注
0—3	a. 视觉固定至少3秒钟					
	b. 水平地视觉追踪物品（从一侧到另一侧）					
	c. 垂直地视觉追踪物品（从头部到腹部）					
	d. 以圆圈方向视觉追踪物品					
	e. 凝视物品或人消失的地方					
	f. 对日常照料中经常发生的事件表现出预期					
3—6	g. 从脸上扯下布					
	h. 从照料者的脸上扯下布					
	i. 找出部分隐藏在覆盖物下面的物品					
	j. 在两三次尝试后，预测熟悉的游戏（如儿歌）中经常会发生的事件					
6—9	k. 在第一次尝试时就能预测在熟悉的游戏中经常会发生的事件					
	l. 找出完全隐藏在覆盖物下的玩具					
	m. 变化玩具的位置，寻找2个覆盖物下面的玩具					
	n. 找到隐藏在3个叠加覆盖物下面的玩具					
9—12	o. 看到玩具被藏在2个位置，最后藏在第3个覆盖物下面后，能够找到该玩具					
	p. 在一对容器交换位置后，在其中一个下面（或里面）找到玩具					
	q. 记住物品在几分钟前被放下的位置					
12—15	r. 坐在照料者的腿上时，注意绘本书至少5分钟，轻拍图片或以其他方式表示感兴趣					
	s. 对熟悉的游戏中的变化作出反应以及当物品消失或未以通常方式运作时作出反应					
15—18	t. 能够在没有看到的情况下，在2个覆盖物中找到物品					
	u. 能够在没有看到的情况下，在3个覆盖物中找到物品（系统地寻找）					
	v. 识别熟悉的玩具、人（包括家庭成员和平常的照料者）和地点					

月龄	课程序列	日期:	日期:	日期:	日期:	备注
18—21	w. 识别自己和其他人的衣服、玩具以及个人物品					
	x. 从通常放物品的位置拿取自己的玩具					
	y. 按照要求（手语或者口语）去通常放物品的位置拿取家用（或教学用）物品					
	z. 将物品放到正确的位置，并当它们不在正确位置的时候，注意到它们					
21—24	aa. 独立地唱出诗歌或歌曲的一部分					
24—30	bb. 指出藏有玩具的手（当玩具放在一只手里和当玩具在视线外被转移到另一只手里时）					
	cc. 识别几本书的封面并命名它们					
	dd. 识别熟悉的标志（如餐厅招牌、交通信号灯、停车标志、食物标签）					
	ee. 辨认（指向）物品或图片，先短暂地呈现，再以3个一组的形式呈现					
30—36	ff. 辨认（指向）物品或图片，先短暂地呈现，再以4个一组的形式呈现					
	gg. 短暂地呈现2个物品/2张图片并藏起其中一个，然后命名被藏起来的物品/图片					
	hh. 记得偶然的信息（例如"你在动物园看到了什么？"）					

6-I. 视觉感知：积木和拼图

月龄	课程序列	日期:	日期:	日期:	日期:	备注
12—15	a. 将大圆形放进形状嵌板里					
	b. 将大正方形放进形状嵌板里					
15—18	c. 用积木模仿搭一把椅子					
	d. 当圆形和正方形同时呈现时，将它们放进形状嵌板里					
18—21	e. 将大三角形放进形状嵌板里					

月龄	课程序列	日期：	日期：	日期：	日期：	备注
21—24	f. 当圆形、三角形、正方形同时呈现时，将它们放进形状嵌板里					
	g. 完成简单的拼图					
	h. 将形状块正确地放进形状分类玩具里					
24—30	i. 将圆形、三角形、正方形放进翻转的形状嵌板里					
	j. 模仿搭积木火车					
30—36	k. 将两片式的拼图拼在一起					
	l. 模仿用积木搭房子					
	m. 模仿用积木搭桥					
	n. 将四五块相互关联的拼图块拼在一起					

6-II. 视觉感知：配对和分类

月龄	课程序列	日期：	日期：	日期：	日期：	备注
24—30	a. 按尺寸分类（大和小）					
	b. 三原色配对					
	c. 按形状分类					
30—36	d. 按 2 种特征进行分类					

7. 对物品的功能性使用和象征游戏

月龄	课程序列	日期：	日期：	日期：	日期：	备注
0—3	a. 将手移向嘴巴					
	b. 用嘴巴探索物品					
3—6	c. 玩（如摇晃、敲）手中的玩具					
	d. 对一个物品能够展示出 4 个或以上不同的游戏方式					
	e. 在一组相似的玩具中，对不同的玩具有不同的反应					

月龄	课程序列	日期:	日期:	日期:	日期:	备注
6—9	f. 恰当地使用具有明显不同特性的玩具					
	g. 按照功能关系组合两个物品					
9—12	h. 摆对教具的方向					
	i. 通过看、拍、指向或翻来使用书本（可能被用作一个连接）					
12—15	j. 自发地玩各种物品和展示它们的功能					
15—18	k. 探索不熟悉的物品来确定它们的功能					
18—21	l. 在支持下自发地参与成人的活动					
21—24	m. 参与成人的角色扮演					
	n. 假装物品是其他的东西					
24—30	o. 与娃娃或动物交谈和（或）使它们彼此互动					
30—36	p. 在想象游戏中扮演不同的角色					
	q. 在游戏中展现更加复杂的事件					
	r. 在游戏中为不同的人使用不同的声音					

8. 问题解决 / 推理

月龄	课程序列	日期:	日期:	日期:	日期:	备注
0—3	a. 将注意力（即视觉注视、身体定向）从一个物品转移到另一个物品					
	b. 寻找或触摸在视线范围内接触到身体的物品					
	c. 重复产生有趣结果的活动					
3—6	d. 把玩具拿在手里玩					
	e. 坚持努力获得一个物品或创造效果					
	f. 重复动作，引起别人的有趣反应					

月龄	课程序列	日期:	日期:	日期:	日期:	备注
6—9	g. 在视线范围内寻找或向掉落时产生声响的物品伸手					
	h. 寻找或伸手朝向远离视线的物品					
	i. 看向或者朝一个物品掉落、滚动或反弹到新位置的方向移动					
	j. 克服障碍获取玩具					
	k. 玩各种玩具来产生效果					
9—12	l. 当玩具停止工作或尝试用其他方式来使玩具工作时，增加玩玩具的常规活动率					
	m. 当玩具从容器顶部的孔中掉进去后，能从容器中取出玩具					
12—15	n. 从障碍物后面拿到物品					
	o. 拉动绳子，从障碍物后面获取物品					
	p. 围绕一个障碍物移动自己以获得物品					
15—18	q. 利用成人来解决问题					
	r. 无需成人帮助即可解决简单问题					
18—21	s. 按照要求从另一个房间经常放物品的位置拿回熟悉的物品					
	t. 将物品放在正确的位置					
21—24	u. 使用工具解决问题（例如用棍子够东西、用凳子垫高）					
	v. 独立玩需要按按钮、拉线和（或）操作开关以获得效果的玩具					
24—30	w. 在玩的时候体验原因和结果					
	x. 独立地嵌套 4 个容器，或堆叠尺寸渐进的套环或积木					
	y. 没有产生预期效果时，评论某些东西不起作用					
30—36	z. 独立地探索物品以确定其功能和（或）向其他人展示它们的运作方式					
	aa. 正确回答至少一个"为什么这样做"的问题（例如"为什么我们要打伞？"）					

月龄	课程序列	日期:	日期:	日期:	日期:	备注

9. 数字概念

月龄	课程序列	日期:	日期:	日期:	日期:	备注
21—24	a. 将"更多"理解为现有数量的增加					
24—30	b. 选择"只要一个"					
	c. 当被要求数物品时,以正确的顺序指向并背出至少3个数字					
30—36	d. 当有一个或两个物品时,正确回答"有多少"的问题					
	e. 给/选择2个和3个物品					
	f. 遵守包含"所有""没有"和"没有任何"的指令					

月龄	课程序列	日期：	日期：	日期：	日期：	备注

认知 / 沟通

10. 概念 / 词汇：接受性

月龄	课程序列					
9—12	a. 根据要求指向 3 个物品或人					
	b. 根据要求展示鞋子、衣服或其他物品					
12—15	c. 根据要求指向常见的物品					
15—18	d. 根据要求指向 3 张动物或物品的图片					
	e. 根据要求指向 3 个身体部位					
18—21	f. 在给出范例时，将物品 / 图片简单分类（例如狗、猫、房屋、椅子）					
	g. 根据指导来表明理解"你""我""你的"和"我的"					
	h. 根据要求指向 15 张动物或物品的照片					
	i. 根据要求指向 5 个身体部位					
21—24	j. 当在 2 个物品 /2 张图片之间进行选择时，选择"大的"和"小的"					
	k. 在一类物品里选出两三个例子（例如动物、玩具、食品）					
	l. 指向或展示以下 3 种或更多种身体部位：舌头、下巴、颈部、肩膀、膝盖、肘部、脚踝					
24—30	m. 选择包含动作的图片（例如吃饭）					
	n. 遵循指令，包括"里面""外面""上面"和"下面"					
	o. 当拿出样本并被要求找到"另一个"时，选择类似的物品 / 图片					
	p. 选择"相同"或"像这样"的物品 / 图片					
	q. 在一组 3 个物品 / 图片中选择"最大"和"最小"					

月龄	课程序列	日期：	日期：	日期：	日期：	备注
30—36	r. 选择物品/图片来表明了解至少2个相对概念或对比概念（例如，"软/硬""重/轻""粗糙/光滑""胖/瘦""厚/薄""矮/高""小/大""短/长""凹凸/平滑"）					
	s. 根据要求指向5种或更多颜色的物品					
	t. 选择物品和图片，以显示哪个是正方形，哪个是圆形					
	u. 按用途选择物品（例如"给我可以喝的东西"）					
	v. 理解部分——整体的关系（例如，指向狗的尾巴）					

11. 概念/词汇：表达性

月龄	课程序列	日期：	日期：	日期：	日期：	备注
6—9	a. 发出重复的辅音——元音组合					
9—12	b. 使用与语言概念相关的2个或更多个手势					
	c. 使用一个或多个感叹词					
12—15	d. 使用2个或多个单词来命名物品或人物					
	e. 在适当的情境下说"再见"（或相同意思的话）					
15—18	f. 使用7个或更多单词来命名物品或人物					
	g. 命名2张或更多图片					
18—21	h. 适当地使用15个或更多单词					
	i. 有意义地说"不"					
21—24	j. 命名最常见的物品					
	k. 在碰到或者触摸物品但没有看到物品时命名它们					
24—30	l. 命名6张或更多常见物品的图片					
	m. 使用至少50个不同的单词					
	n. 命名8个或更多常见物品的简笔画					
	o. 使用"其他"或"另一个"来表示另一个或者相似的物品					
30—36	p. 命名大多数图片和熟悉物品的简笔画					
	q. 仔细听新词语（可能要求重复）					
	r. 向自己重复新的词语					

月龄	课程序列	日期:	日期:	日期:	日期:	备注
12. 注意力和记忆力：听觉						
0—3	a. 在出现声音时安静					
	b. 目光搜索声音					
	c. 当声音在背后的双耳水平位置时，转过头并搜索或者伸手去拿					
3—6	d. 当坐着时，转头或者把手伸向双耳水平位置的声音					
	e. 当声音出现在肩膀位置时，转头朝向声源并且看或者直接伸手					
	f. 对新声音有不同的反应					
	g. 当发声器在腰部一侧发出声音时，看向发声器或者直接伸手去拿					
6—9	h. 当声音出现在身体任意一侧时，朝声源转头或伸手					
	i. 两三次尝试后，在熟悉的声音游戏中预测将要发生的事					
9—12	j. 第一次尝试后，就能在熟悉的声音游戏中预测将要发生的事					
12—15	k. 当声音不可见时，主动搜索声源					
15—18	l. 表现出对一些熟悉的声音的识别					
	m. 将声音与图片或物品相关联					
18—21	n. 关注故事、重复单词和（或）声音					
	o. 将物品与其声音配对					
21—24	p. 通过声音识别物品、人物和事件					
	q. 预测部分诗歌或歌曲					
24—30	r. 参与说童谣的活动（重复部分内容）					
	s. 在小组里和一个成人说或唱至少2首童谣或歌曲					
30—36	t. 独立地唱出或表演部分诗歌或歌曲					
	u. 注意到熟悉的诗歌、歌曲或者故事中的变化，并作出反应					

月龄	课程序列	日期:	日期:	日期:	日期:	备注

沟 通

13. 语言理解

月龄	课程序列					
0—3	a. 对语调和（或）某些面部表情作出恰当反应					
3—6	b. 被叫到名字时转向声源					
	c. 被叫到名字时停止活动					
6—9	d. 根据语言或手势提示做先前学习的任务					
	e. 用正确的姿势回应"起来"和"再见"					
	f. 对"不"作出回应（暂时停止活动）					
9—12	g. 对"给我（口语或手语）"作出回应					
12—15	h. 遵循至少2个简单指令（关于一个物品或动作的指令），可以是口语，也可以是手语					
	i. 回答问题时适当地表示"是"或"不"					
15—18	j. 在口语或手语要求下，拿回视野范围内的物品					
18—21	k. 理解"看"的意思					
21—24	l. 理解具有抑制作用的词语					
	m. 在熟悉的环境中遵循指令					
24—30	n. 在新环境中遵循包含2部分的指令					
30—36	o. 遵循包含3部分的指令（例如，指令包含3个物品和1个动作、3个动作和1个物品，或3个与活动相关的物品）					

14. 对话技能

月龄	课程序列					
0—3	a. 对正在说话和（或）打手势的人微笑					
	b. 处在饥饿、痛苦和愉悦状态时，给出一致的信号					
	c. 通过声音对不赞成的行为和（或）事件表示抗议					
	d. 发出至少5个辅音和元音					
	e. 笑					

月龄	课程序列	日期：	日期：	日期：	日期：	备注
3—6	f. 重复引发成人反应的声音和（或）动作					
	g. 通过目光注视、伸手拿或发出声音，表示对玩具或物品的兴趣					
	h. 通过身体动作、目光接触和（或）发出声音，要求继续熟悉的游戏、歌曲或活动					
	i. 能够轮流和成人进行活动（懂得轮流）					
	j. 协调看与听					
	k. 通过吸引照料者的注意来提出要求					
6—9	l. 通过发出声音、转身或把物品推开，表示"不要了"和"我不喜欢这个"					
	m. 当主要照料者离开时，注意到并发出声音					
	n. 用目光注视挑选另一个人作为沟通伙伴					
	o. 改变音高／音量以表示欲望的强度					
9—12	p. 举起胳膊要求被扶起来					
	q. 以某种一致的方式，而不是烦躁或哭泣，表示希望"下来"或"离开"					
	r. 玩轮流游戏					
12—15	s. 使用口语或手语表达需求					
	t. 通过发声、用手指或其他沟通信号，在探索环境时寻求成人的帮助					
15—18	u. 发声时有语调变化（或者好像打手语一样使用各种手势）					
	v. 使用恰当的口语或手语向熟悉的人打招呼					
	w. 通过伸手指、疑问的表情、声音变化和（或）单词，引导照料者提供信息					
18—21	x. 当物品被拿走时，通过说（或用手语表示）"不"表示反对					
	y. 使用2个词语或2个手语实现特定的目标					

月龄	课程序列	日期：	日期：	日期：	日期：	备注
21—24	z. 在适当的时候自发用口语（或手语）进行熟悉的问候或告别					
	aa. 用口语（或手语）表示"是"和"不"，以此表明愿望或偏好					
	bb. 在假装游戏中自发使用口语（或手语）					
	cc. 使用口语或手语请求采取行动					
	dd. 用口语、手势或手语回答简单的问题					
24—30	ee. 用口语或手势询问简单的问题					
	ff. 用适当的语调询问是/否问题					
	gg. 请求帮助					
	hh. 使用口语或手语组合描述已经发生的事件					
30—36	ii. 对在眼前或不在眼前的物品或人进行评论					
	jj. 维持几个回合的对话					
	kk. 使用多个字词给他人读书					
	ll. 恰当回答有关"哪里"和"为什么"的问题					

15. 语法结构

月龄	课程序列					
18—21	a. 在句子中使用带有一个或两个发音发生变化但可理解的单词（或使用手语时混合可识别的手势）					
21—24	b. 使用2个词表示占有和行动					
	c. 使用2个词表示不存在和再次发生					
24—30	d. 使用2个词表示特指和特征					
	e. 在某些单词的末尾使用"-s"来表示复数					
	f. 使用助动词，通常为缩写形式					

月龄	课程序列	日期:	日期:	日期:	日期:	备注
30—36	g. 在动词上使用"-ing"					
	h. 使用否定词					
	i. 使用人称代词					
	j. 使用介词短语					
	k. 使用包含 3 个单词的短语表示特指、反对和（或）描述					

16. 模仿：仿说

月龄	课程序列					
0—3	a. 听到声音后安静					
	b. 看正在说话的人					
3—6	c. 重复照料者模仿自己时发出的声音					
	d. 改变声音（模仿照料者发出的声音）					
	e. 模仿成人的声音变化					
6—9	f. 尝试模仿成人的嘴部动作					
	g. 尝试匹配新声音					
9—12	h. 模仿熟悉的双音节词，无音节变化					
	i. 模仿熟悉的双音节词，有音节变化					
12—15	j. 模仿最新的单音节词					
	k. 模仿各种新的双音节词					
	l. 模仿在谈话或书中无意中听到的熟悉话语					
15—18	m. 模仿他人发出的自然环境中的声音					
18—21	n. 模仿包含 2 个单词的短语或句子					
21—24	o. 模仿 3 音节词（或包含 3 个音节的 2 个单词的短语）					
24—30	p. 重复新的包含 2 个单词或 2 个数字的序列					
30—36	q. 重复包含 3 个单词的句子					

月龄	课程序列	日期：	日期：	日期：	日期：	备注

精细运动

17. 模仿：动作

月龄	课程序列					
0—3	a. 当照料者说话或发出响声时，看着照料者并做出面部动作					
3—6	b. 如果被照料者模仿，则继续进行该动作					
	c. 在观察照料者进行该活动后，模仿一个已经具备的项目技能中的活动					
6—9	d. 模仿不熟悉的动作					
9—12	e. 模仿简单的姿势，例如发出"再见"或"不"的信号					
	f. 模仿经常观察到的使用物品的动作					
12—15	g. 模仿与物品功能相关的动作					
	h. 模仿照料者常用的手势或手语					
15—18	i. 模仿涉及一个物品的组合活动或使用一个物品做2个动作					
	j. 在观察动作几个小时后，模仿一个涉及物品组合的活动					
18—21	k. 将模仿成人的活动顺序，纳入单独的游戏中					
21—24	l. 尝试通过模仿成人动作来解决问题（包括启动玩具）					
24—30	m. 模仿不涉及道具的姿势或动作					
30—36	n. 按顺序模仿2个不相关的动作					

18. 抓握与操作

月龄	课程序列					
0—3	a. 看到或听到物品后主动移动手臂					
	b. 转头看向手或玩具					
	c. 用手把玩具带到视野中，当玩具放在手上时看着它们					
	d. 将手放在视觉中线进行观察（主动移动并观察结果）					

月龄	课程序列	日期：	日期：	日期：	日期：	备注
3—6	e. 用手拍打放在胸部齐平位置上的物品					
	f. 抓住放在手上的物品（即不是反射性抓握）					
	g. 伸出手抓住身体附近的物品					
	h. 展现伸展和抓握					
	i. 用手抓和捞取小的物品（抓和捞取物品后，手指向手掌心靠拢）					
6—9	j. 当玩具出现在视野中，伸手去拿，并把它们捡起来					
	k. 用手和手指操作物品					
	l. 释放一个物品以获取另一个物品					
	m. 用拇指抵住食指和中指抓住一个物品					
	n. 使用低级钳状抓握（即拇指抵住食指的一侧）					
9—12	o. 用食指戳					
	p. 使用灵活的钳状抓握（即拇指靠在食指尖上）					
	q. 从所属物处移除物品					
12—15	r. 将物品放到容器中					
	s. 模仿搭建 2 块积木的塔楼					
	t. 用一只手抓住 2 个小物品					
15—18	u. 将圆木钉放入孔中					
	v. 模仿搭建 3—4 块积木的塔楼					
18—21	w. 戳或玩橡皮泥					
	x. 一次翻一页					
21—24	y. 模仿搭建 6—8 块积木的塔楼					
24—30	z. 旋转前臂打开门把手					
	aa. 将小物品穿过容器上的小孔					
30—36	bb. 搭建 8—10 块积木的塔楼					

月龄	课程序列	日期:	日期:	日期:	日期:	备注
19. 双边技能						
0—3	a. 当物品呈现时举起双手（手部分张开）					
	b. 看向或是操作放在中线位置的物品					
	c. 将双手放在中线上					
	d. 将双手放在中线位置的玩具上					
3—6	e. 将物品从一只手转移到另一只手					
	f. 当每只手放着一个玩具或交替地玩玩具时，能从一个玩具看向另一个玩具					
	g. 玩自己的脚或脚趾					
6—9	h. 拍手					
9—12	i. 双手做同一动作					
	j. 在中线位置玩玩具（一只手拿着玩具，另一只手操作它）					
12—15	k. 把波普珠子分开					
	l. 一只手握住木钉并把套圈套在上面					
15—18	m. 把木钉穿过一张硬纸板上的洞					
	n. 打开食物包装或其他小物品					
18—21	o. 拧开小盖子					
21—24	p. 把松散的波普珠子放在一起					
	q. 穿3个大珠子					
24—30	r. 出现用手偏好（通常在吃东西时）					
30—36	s. 解开大纽扣					
	t. 穿小珠子					
	u. 拧上盖子					
20. 工具使用						
9—12	a. 拉动绳子以获取物品或产生效果					
12—15	b. 用棍子敲鼓					

月龄	课程序列	日期：	日期：	日期：	日期：	备注
15—18	c. 用棍子获取物品					
18—21	d. 用锤子把球锤进去					
21—24	e. 用木槌敲打木琴琴键					
24—30	f. 拿着碗用勺搅拌					
	g. 用锤子在敲打工作台上敲击木钉					
	h. 用勺子转移材料					
30—36	i. 用餐刀涂抹食物					
	j. 用叉子的边缘进行切割					

21. 视觉—运动技能

月龄	课程序列	日期：	日期：	日期：	日期：	备注
12—15	a. 用书写工具在纸上做印记					
15—18	b. 自发涂鸦					
18—21	c. 用整只手来作画					
21—24	d. 模仿画垂直线条					
	e. 模仿从涂鸦到线条然后再到涂鸦的转换					
24—30	f. 模仿画水平线条					
	g. 假装书写					
	h. 用圆形涂鸦仿画一个圆形					
30—36	i. 用剪刀剪断纸					
	j. 连续剪纸					

月龄	课程序列	日期:	日期:	日期:	日期:	备注

粗大运动

22-I. 直立：姿势和移动

月龄	课程序列	日期:	日期:	日期:	日期:	备注
0—3	a. 被抱着时，保持头部稳定					
3—6	b. 当被抱着臀部时，保持躯干稳定					
6—9	c. 从俯卧位或四肢着地的姿势转移到坐姿					
	d. 独自坐着					
9—12	e. 把自己拉起来成站立的姿势					
	f. 扶着支撑物侧向迈步					
	g. 扶着支撑物弯腰捡玩具					
	h. 将手从支撑物上移开并独立站立					
	i. 独立迈步					
12—15	j. 姿势从双手和膝盖转到双手和双脚再转到站立					
	k. 蹲下取物					
15—18	l. 侧向行走					
	m. 倒退行走至少 5 英尺					
	n. 手扶栏杆，用同样的迈步方式，走上 3 级台阶					
	o. 手扶栏杆，用同样的迈步方式，走下 3 级台阶					
18—21	p. 在游戏中保持蹲姿					
	q. 僵硬地跑					
	r. 在地板上跳跃					
	s. 不需要栏杆，用同样的迈步方式，走上 3 级台阶					
21—24	t. 从台阶上跳下					
	u. 倒退行走 10 英尺					
	v. 在各种类型的表面上行走而不摔倒					
	w. 使用脚后跟—脚趾模式行走（手臂可以自由携带物品）					
24—30	x. 踮着脚尖行走 3—4 步					
	y. 在不摔倒的情况下跑至少 10 英尺					
	z. 从 8 英寸的高处跳下（单脚起跳）					
	aa. 手扶栏杆，用双脚交替走模式，走上 3 级台阶					

月龄	课程序列	日期：	日期：	日期：	日期：	备注
30—36	bb. 踮着脚尖行走至少 20 英尺					
	cc. 跑步时避开障碍物					
	dd. 不需要栏杆，用双脚交替走模式，走上 3 级台阶					
	ee. 不需要栏杆，用同样的迈步方式，走下 3 级台阶					
	ff. 跳过 2 英寸高的障碍					
	gg. 从 16—18 英寸的高度跳下（单脚起跳）					
	hh. 跳 4—14 英寸远					

22-II. 直立：平衡

月龄	课程序列	日期：	日期：	日期：	日期：	备注
15—18	a. 双手被握住时单脚站立					
18—21	b. 抬起一条腿					
21—24	c. 踮起脚尖					
	d. 单腿站立，姿势稳定（1—2 秒）					
24—30	e. 双脚侧向站立在平衡木上，姿势稳定					
	f. 一只脚在平衡木上，另一只脚在地板上，在平衡木上走 5 英尺					
	g. 沿着 10 英尺的线走，按照线的方向走					
30—36	h. 单腿站立，双手放在臀部，另一侧膝盖弯曲，姿势稳定（1—2 秒）					
	i. 在平衡木上走 3 步，保持平衡					
	j. 沿着 10 英尺的直线行走，双脚保持在直线上并维持平衡					

22-III. 直立：球类运动

月龄	课程序列	日期：	日期：	日期：	日期：	备注
15—18	a. 与成人来回滚球					
	b. 尝试踢球					
	c. 投球 3 英尺远					

月龄	课程序列	日期：	日期：	日期：	日期：	备注
18—21	d. 踢球 3 英尺远					
21—24	e. 向 5 英尺外的成人投掷 8 英寸的球					
24—30	f. 向 7 英尺外的成人投掷 3 英寸的球					
	g. 向 9 英尺外的成人投掷 3 英寸的球					
30—36	h. 从 5 英尺外的成年人手中，用手臂在身前接住一个 8 英寸的球					
	i. 踢球 4—6 英尺远					

22-Ⅳ. 直立：户外运动

月龄	课程序列	日期：	日期：	日期：	日期：	备注
12—15	a. 在监督下探索游戏区					
15—18	b. 喜欢荡秋千和滑滑梯					
18—21	c. 在低矮的游戏设备上攀爬					
21—24	d. 爬斜梯					
	e. 独立滑滑梯					
24—30	f. 在游乐场跑步，路面变化时停下来					
	g. 爬上低矮的立体方格铁架，然后从几英寸的高处跳到地面上					
	h. 爬直梯					
30—36	i. 用手提供支撑，在可移动的平面上行走					

23. 俯卧（腹部朝下）

月龄	课程序列	日期：	日期：	日期：	日期：	备注
0—3	a. 抬头，释放鼻子（手臂和腿部弯曲）					
	b. 抬头呈 45 度角（手臂和腿部部分弯曲）					

月龄	课程序列	日期:	日期:	日期:	日期:	备注
3—6	c. 以俯卧姿势伸展头部、手臂、躯干和腿部					
	d. 在俯卧姿势时，用肘部承受重量					
	e. 从俯卧位翻身成仰卧位					
	f. 在用单肘支撑时伸出另一只手					
	g. 用双手支撑自己，手臂伸展，头部呈 90 度角					
	h. 以俯卧姿势旋转					
6—9	i. 以俯卧姿势向前移动					
	j. 将自己拉至双手和膝盖着地的姿势					
	k. 以双手和膝盖着地的姿势前后摇摆					
	l. 以非对称的半坐姿势玩玩具					
9—12	m. 双手和膝盖着地向前移动（爬行）					
	n. 在以双手和膝盖着地的姿势时举起一只手					
12—15	o. 向上爬楼梯					
	p. 倒着向下爬楼梯					

24. 仰卧（背部朝下）

月龄	课程序列					
0—3	a. 对听觉或视觉刺激作出反应，头部从一侧转向另一侧					
	b. 手臂和腿可弯曲和伸直					
	c. 把手放在嘴里					
	d. 仰卧时头部保持在中线位置					
3—6	e. 仰卧时可伸出手臂					
	f. 把脚举到空中玩耍					
	g. 背部朝下时翻身为腹部朝下